瑞达法考客观题系列

2024 国家统一法律职业资格考试

行政法
真金题

④

◎徐金桂 编著

中国民主法制出版社

图书在版编目（CIP）数据

2024 国家统一法律职业资格考试. 行政法真金题. 4 /徐金桂编著
. —北京 : 中国民主法制出版社, 2023. 12
（瑞达法考客观题系列）
ISBN 978-7-5162-3432-7

Ⅰ. ①2… Ⅱ. ①徐… Ⅲ. ①行政法—中国—资格考试—习题集
Ⅳ. ①D920. 4

中国国家版本馆 CIP 数据核字（2023）第 202867 号

图书出品人： 刘海涛
责 任 编 辑： 陈 曦 张雅淇 李 郎 魏敬仁

书 名 / 2024 国家统一法律职业资格考试 · 行政法真金题 4
作 者 / 徐金桂 编著

出版 · 发行 / 中国民主法制出版社
地址 / 北京市丰台区右安门外玉林里 7 号（100069）
电话 /（010）63055259（总编室） 63058068 63057714（营销中心）
传真 /（010）63055259
http://www. npcpub. com
E-mail: mzfz@ npcpub. com
经销 / 新华书店
开本 / 16 开 787 毫米×1092 毫米
印张 / 14. 75 **字数** / 377 千字
版本 / 2023 年 12 月第 1 版 2023 年 12 月第 1 次印刷
印刷 / 三河市鑫鑫科达彩色印刷包装有限公司

书号 / ISBN 978-7-5162-3432-7
定价 / 50. 00 元

序 言

行政法与行政诉讼法内容比较分散、冗杂，不像刑法、民法那样系统。但就法考而言，行政法的内容基本上可以系统地划分为四部分，即行政法基本原则、行政组织法、行政行为法和行政救济法。行政组织法主要包括行政主体及公务员，涉及的法律文件包括《国务院行政机构设置和编制管理条例》《地方各级人民政府机构设置和编制管理条例》《公务员法》《行政机关公务员处分条例》。此外，行政组织主体资格的判断历来是法考的重点，分布于行政诉讼、行政复议和国家赔偿的各部分。比如，复议被申请人、复议机关、被告、赔偿义务机关、第三人等，一直是常考常新的知识点。行政行为法除了抽象行政行为和具体行政行为的一般理论外，重点是考查所涉相关法律法规，其中抽象行政行为部分包括《行政法规制定程序条例》《规章制定程序条例》，这两个行政法规每年一般会选择其中一部考查 1 道选择题。具体行政行为部分包括《行政许可法》、《行政处罚法》、《治安管理处罚法》、《行政强制法》和《政府信息公开条例》，即行政许可、行政处罚、行政强制、行政公开四个部分，此部分知识点是整个行政法的精髓和柱石，其既是连接行政主体和利害关系人的桥梁和纽带，也是打通行政复议、行政诉讼等行政救济途径的通道。具体行政行为理论本身也算得上是法考的重要考点。行政救济法则涵盖了行政复议、行政诉讼、国家赔偿三大版块，历来是法考的重心，其所涉法律文件众多，除了《行政复议法》《行政诉讼法》《国家赔偿法》之外，其相关配套法规与司法解释也是重点考查对象。其中，《行政复议法》在 2023 年刚刚大修，亮点很多。比如：扩大复议前置；集中复议管辖权；优化复议的申请、审理程序；丰富复议决定类型等。这些内容必将是 2024 年法考的重要内容和重量级考点。而此前考过的相关真题，因为《行政复议法》的修改导致答案发生了很大的变化，旧题新做，需要完全按照新法进行作答。

行政诉讼向来是法考行政法部分的龙头老大，几乎占据行政法总分值的半壁江山，其中有些知识点历年必考，如行政诉讼的受案范围、原被告资格、行政诉讼管辖、判决的种类和适用条件、证据制度、行政诉讼和行政复议的关系等，考生应当予以重点复习。对于其重要的司法解释切不可忽视。例如，理解《行政诉讼法》条文必须结合最高人民法院一系列司法解释的具体规定。

诉讼法之外的内容构成行政法试题的另一军团，分值大体与诉讼法相当。近年来，法考命题逐渐向此部分倾斜，考查力度有所加大。特别是《行政强制法》的颁布施行，更是进一步加大此部分的分值比重。具体而言，行政立法、行政许可、行政处罚、行政强制等部分基本上在其传统重点区域命题，平均每年 2~3 题。《行政复议法》结合《行政诉讼法》命题的比率上升，主要集中在复议申请人与被申请人、复议机关、复议程序、复议与诉讼的关系等重要考点。特别是如前所述，随着新的《行政复议法》的出台，行政复议的受案范围、复议前置、复议管辖权的集中、简易程序等必将成为 2024 考季的重点。《国家赔偿法》部分虽有反复，但历年考查分值分布基本持平，赔偿义务机关的确定、赔偿程序、赔偿范围、赔偿方式与计算标准等是其经常涉及的内容。

从试题形式来看，行政法的考查绝大部分都是以案例形式出现，且错综复杂，很多情况下四个选项会考查四个不同的知识点，变相增加题量，增加考试难度。从试题内容来看，有关行政法的题目，几乎涵盖了所有重要知识点，考查点分布广泛且细微。此外，命题综合性增强也是其重要特点，《行政复议法》、《行政诉讼法》与《国家赔偿法》的交叉命题尤为频繁，《行政强制法》、《行政处罚法》与《行政许可法》的结合也不可忽视。近三年，跨部门法的考查也越来越多。比如，行政法与三国法、经济法、理论法相结合的考题都有出现。

总而言之，行政法考试各部分的分值分布逐渐均衡，以往侧重于某一方面的内容，现在从重点论转向多点论，最为常见的就是行政复议、行政诉讼、国家赔偿三大部分的知识点相互杂糅在一起，行政救济法与具体的行政行为法之间的复合也比较常见，考生应立足真题，抓大放小，稳扎稳打，才能事半功倍。

在行政法的学习与备考中，历年真题无疑是最重要的资料。有言云："古人不可谓不读书，而后世不可谓不知已。"这么多年来命题者的法考智慧与思考，都凝聚在这些历年真题中，它们是无价的宝藏，是我们攀登法考高峰的助推器。真题不仅帮助我们熟悉考试的形式和规则，更能让我们领略到法律发展的脉络和精髓。它们是我们迎战考试的得力工具，也是我们深化法学知识的重要资源。

让我们共同铭记：复习备考之路，真题为伴。它们是我们实战演练的利器，是我们理解考试要求的晴雨表。每一道真题都是一次宝贵的机会，让我们在不断的练习中找到自己的优势与不足，更好地完善自己的知识体系与解题技巧。因此，我鼓励每一位考生，在备考过程中，要充分利用真题资源，切实提高自己的应试水平，为法考保驾护航！

最后，作为一位法考讲师，我想以一首小诗来勉励诸位：法考之路阻且长，迎难而上求通关，笔耕不辍真题伴，金榜题名笑开颜。

目录

CONTENTS

专题一　行政法概述

考情分析

本专题是行政法的基础理论，包括行政法的概念、渊源与基本原则等内容。其中，基本原则是法考中常考常新的一个知识点。在2008年和2010年都有专门针对基本原则的选择题出现，而随着命题者对基础理论知识的日益重视，这种趋势仍在延续，特别是从2011年开始，卷二与社会主义法治理念相结合的试题出现，使行政法基本原则的可考性进一步增强。2011年至2014年分别考查了3道多项选择题。2015年至2016年因为司考（法考）大纲对社会主义法治理论考查方式的调整，卷二不再承担这部分考查任务，所以只出现了1道单选题，2017年没有考查客观题。2014年、2016年和2017年卷四论述题连续结合基本原则考查行政法基本理论。2019年客观卷和主观卷分别考查了程序正当原则和比例原则，2020年考查了诚实信用原则和合理行政原则，2021年考查了信赖利益保护原则。

考点　行政法的基本原则

1. 行政机关公开的信息应当准确，是下列哪一项行政法原则的要求？（2015/2/43）

A. 合理行政

B. 高效便民

C. 诚实守信

D. 程序正当

［疑难辨析］　本题的题眼在于“行政机关公开的信息应当准确”。行政法的六大基本原则中涉及信息公开的有二：一是程序正当原则；二是诚实守信原则。其中，程序正当原则关于公开的要求是行政机关作出的所有行政行为，为了保障公众的知情权，应当做到公开透明，除了涉密依法不得公开的信息，都应当向社会公众公开。有的观点认为，既然程序正当原则要求行政公开，应当能够得出公开的信息应当准确，这也是程序正当原则的应有之义，所以D选项也正确。其实这是没有准确掌握程序正当和诚实守信两个原则之间的区别。诚实守信，包含两个方面的要求：一是诚实；二是信用。其中，诚实的要求就是行政机关公布的信息应当全面、准确、真实。虽然两个原则都有行政公开的要求，但是如果进一步分析，就会发现两者的着眼点并不一致。程序正当原则要求行政机关在行政管理中做到公开透明，不得隐瞒。至于如何公开，公开的具体要求，则并未涉及。而诚实守信原则中诚实的直接要求是行政机关公布的信息应当全面、准确和真实。可见，程序正当和诚实守信对信息公开的要求是相互配合的两个阶段。其中程序正当是前提性的底线要求，只要公开透明即可；而诚实守信则属于对如何公开的进一步要求。故本题正确答案为C选项。

［解析］　本题考查了诚实守信原则的具

体要求，角度比较细致。答题的关键是考生是否能够准确记忆行政法的六大基本原则的子原则的具体内容。

①关于A选项，合理行政属于实质性行政法治。其要求有三：一是行政机关对行政相对人应当公平公正对待。二是行政机关进行行政管理时只能考虑相关因素，不得考虑无关因素。三是比例原则，包括：第一，行政行为符合法律目的和价值；第二，采取的行政管理措施与追求的目的之间具备适当性；第三，损害最小原则，即在可以选择的情况下，行政机关应当采取对行政相对人权益损害最小的措施。可见，合理行政原则并无行政机关公开的信息应当准确的直接要求。

②关于B选项，高效便民原则是建设服务型政府，简政放权转变政府职能的必然要求。其具体要求有二：一是行政效率，即行政机关在行政管理过程中必须严格按照法律规定的程序和期限办事，不得随意拖延。如果行政机关超出法定期限没有作出行政行为，则构成行政违法，应当对行政相对人承担相应的法律责任。二是便利当事人，即行政机关对行政相对人作出行政行为时，必须遵循简单便利原则，不得无谓增加当事人在程序上的负担。可见，行政机关公开的信息应当准确，不是高效便民原则的直接要求。

③关于C选项，诚实守信原则包含两个方面的要求：一是诚实；二是信用。其中，诚实的要求就是行政机关公布的信息应当全面、准确、真实。行政机关公布的信息应当准确，此为诚实的直接要求。而信用是指行政机关进行行政管理时要言而有信。具体包括两个要求：第一，行政机关作出行政决定后要保证其效力稳定，非因法定事由并经法定程序，不得随意撤销或者变更。第二，为了公共利益或者国家利益之需要，行政机关可以依法撤回或变更已经生效的行政行为，但是对于行政相对人由此遭受的信赖利益损害，应当依法予以补偿。

④关于D选项，程序正当原则要求有三：一是行政公开，即行政机关作出行政行为应当做到公开透明，“阳光是最好的防腐剂，电灯是最好的警察”。二是公众参与，即行政机关作出重大决策时，必须通知行政相对人，征求其意见，保障其参与权、表达权和监督权。三是行政机关及其公务员在行政管理和执行公务过程中，应当根据需要进行回避。可见，程序正当原则中关于公开的要求是行政机关作出所有行政行为，为了保障公众的知情权，应当做到公开透明，除了涉密依法不得公开的信息，都应当向社会公众公开。可见，行政机关公布的信息应当准确，并不是程序正当原则的直接要求。

答案：C

2. 合法行政是行政法的重要原则。下列哪些做法违反了合法行政的要求？（2013/2/76）

A. 某规章规定行政机关对行政许可事项进行监督时，不得妨碍被许可人正常的生产经营活动

B. 行政机关要求行政处罚听证申请人承担组织听证的费用

C. 行政机关将行政强制措施权委托给另一行政机关行使

D. 行政机关对行政许可事项进行监督时发现直接关系公共安全、人身健康的重要设备存在安全隐患，责令停止使用和立即改正

[疑难辨析] 本题四个选项实际上是用四个典型表述考查大家对合法行政原则具体要求的掌握程度。只要能判断出该表述不符合法律规定，则其当然就违反了合法行政的要求。①合法行政是指行政机关的职权和行使职权中产生的权利义务必须以法律规定为依据，行政机关的行政职权应当来自法律的授权。②合法行政原则对行政机关的行政立法和行政执法活动都有两个要求：一是法律优先，即行政立法

或者行政执法活动不得超越法律，不得与法律相抵触，行政机关必须积极行使法定职权，履行自己的法定义务，不得违反法律规定。二是法律保留，即行政机关的活动应当以明确的法律授权为前提和基础，法无授权即禁止。如果没有立法文件进行规定，行政机关不得作出影响公民、法人和其他组织合法权益的行为。

[解析] ①关于A选项，从法条依据上看，《行政许可法》第63条规定："行政机关实施监督检查，不得妨碍被许可人正常的生产经营活动，不得索取或者收受被许可人的财物，不得谋取其他利益。"当然，做对这道题目并不需要记住该法条内容，即使没有记住这一法条规定，只要能具备相应的常识和生活经验也应当能够判断出该结论正确。从基本概念上来看，行政许可是指行政机关接受当事人的申请，依法进行审查，认为符合法定条件的，赋予其今后具备某种资格，从事某种活动的行政行为。依据合法行政原则的要求，被许可人自获得行政许可之日起，已经拥有了依法从事生产经营活动并取得收益的权利，非因法定的事由并经法定的程序不受非法侵害，故行政机关进行行政许可活动的监督检查，应当以不妨碍被许可人正常的生产经营活动为前提和条件，否则，就明显违反了《行政许可法》的直接规定，也违反了合法行政原则的要求。故A选项说法正确，不当选。

②关于B选项，行政法中的听证程序是法考中常考常新的知识点，主要涉及的是立法听证、许可听证、处罚听证和复议听证，其中许可听证和处罚听证考得最为频繁。在所有这些听证会中，当事人是无须承担费用的，该费用应当由组织听证会的行政机关承担。至于听证为什么是免费的，很多人不理解。其实，大家都知道公权力来源于私权利，行政机关在法律授权下主动实施行政管理，享受行政优益权，所以，只要是行政机关的执法活动，如调查取证、听证程序等，都是由国家公共财政支撑的公务行为，不会收取当事人的费用。如行政机关的查封、扣押、冻结、三检（检测、检验、检疫）、鉴定、保管等都是免费的。相反，如果行政机关通过调查确定证据，进而依法作出行政行为，确定当事人应当以某种作为履行义务，如果当事人不履行义务，行政机关强制执行的，原则上收取费用。如强制执行、代履行、非诉执行都是收费的。故B选项说法错误，当选。

[举一反三] 行政机关作出行政行为，对行政相对人是收费还是免费，一直是重要考点。其中收费的主要有强制执行费、行政复议鉴定费、行政诉讼费、部分行政许可费。免费的有许可的格式文本、所有听证会、强制措施查封、扣押的保管费、行政复议、国家赔偿、行政机关申请法院非诉执行、常规的依申请公开政府信息。

③关于C选项，《行政强制法》第17条第1款规定："行政强制措施由法律、法规规定的行政机关在法定职权范围内实施。行政强制措施权不得委托。"委托是行政法中一个重要考点，在几个重要的具体行政行为中，行政许可可以委托给其他行政机关实施，行政处罚可以委托给其他行政机关以及被授权的管理公共事务的组织实施。但是，行政强制中，行政强制执行只能由行政机关实施或申请法院实施，不得委托；行政强制措施只能由行政机关或被法律、行政法规授权的组织实施，也不得委托。故C选项错误，当选。

[举一反三] ①关于行政处罚、行政许可、行政强制是否可以委托，以及委托对象的范围，不需要去死记硬背，完全可以通过对行政行为三部曲的深入理解而成功掌握。②委托就是请别人帮忙，自己的事情让他人做。行政行为的委托涉及的行为主体更加丰富和多样化，其实是对行政权行使的进一步扩张，不利于公民权保护。③从历史发展角度看，我国行政立法一直在控制行政权，保护公民权的道路

上持续前行，不断进步。1996年的《行政处罚法》已然久远，彼时国内行政法学理论匮乏、混乱，尚处于起步阶段，在控制行政权和保护公民权方面做得并不到位，其中对委托对象的规定也最宽泛，行政处罚可以委托其他行政机关，以及管理公共事务的组织实施。其中，委托其他行政机关尚可理解，因为大家都是行政机关，都是“正规军”，都是先天性行政主体。而允许委托管理公共事务的组织，这就是将行政处罚权放任给行政机关自己请来的“民兵”，存在偶然性、随意性。当然，行政处罚法对可以被委托的“民兵”还是有严格限制的。《行政处罚法》第21条规定：“受委托组织必须符合以下条件：（一）依法成立并具有管理公共事务职能；（二）有熟悉有关法律、法规、规章和业务并取得行政执法资格的工作人员；（三）需要进行技术检查或者技术鉴定的，应当有条件组织进行相应的技术检查或者技术鉴定。”该法条第（一）项规定了只能委托组织，排除了管理公共事务的企业和社会团体；第（二）项是对人的要求；第（三）项是对检查或鉴定技术的要求。④随着我国法治的进步，依法行政的推进，控制行政权，保护公民权已经成为共识，在行政立法上当然要予以体现。于是《行政许可法》规定，行政机关如果要将许可行为委托他人实施，那就只能委托和自身一样的其他行政机关，不得委托组织和个人。⑤到了2012年的《行政强制法》，行政法作为控权法而存在的判断已经深入人心，加上行政强制是对当事人人身或财产实施强力性、物理性限制或剥夺，与处罚、许可相比，强制更需要在立法上加以严格限制。所以，无论行政强制措施还是行政强制执行，都不得委托，包括其他行政机关。

④关于D选项，《行政许可法》第68条第2款规定：“行政机关在监督检查时，发现直接关系公共安全、人身健康、生命财产安全的重要设备、设施存在安全隐患的，应当责令停止建造、安装和使用，并责令设计、建造、安装和使用单位立即改正。”本选项即使不知道法条内容，也不影响作出正确判断。行政检查的功能就是要去发现被许可人的生产经营活动是否符合法律规定，从而保护包括公共安全、人身健康、生命财产安全在内的公私合法权益。既然行政机关已经检查出直接关系公共安全、人身健康的重要设备存在安全隐患，当然应当责令停止使用并立即改正。故D选项正确，不当选。

答案：BC

3. 合理行政是依法行政的基本要求之一。下列哪些做法体现了合理行政的要求？（2012/2/78）

A. 行政机关在作出重要决定时充分听取公众的意见

B. 行政机关要平等对待行政管理相对人

C. 行政机关行使裁量权所采取的措施符合法律目的

D. 非因法定事由并经法定程序，行政机关不得撤销已生效的行政决定

［疑难辨析］①合理行政原则包括：第一，公平公正原则。要平等对待所有行政相对人，不偏私、不歧视。相同情况，相同对待；不同情况，差别对待。第二，考虑相关因素原则。作出行政决定和进行行政裁量，只能考虑符合立法授权目的的各种因素，不得考虑不相关因素。第三，比例原则。行政机关采取的措施和手段应当必要、适当。有多种手段可选择时，应当尽量避免选择采用损害行政相对人权益的方式，如果为达到行政目的必须对相对人的权益形成不利影响，那么这种不利影响应当被限制在尽可能小的范围和限度内，并且两者应当处于适当的比例之中。②一些考生还是因为无法区分行政法的六大基本原则之间的内容差异而作出错误的选择。

［解析］①A选项中行政机关在作出重要

决定时，能够充分听取公众的意见，这是行政行为的公众参与，保障当事人的参与权、表达权和监督权。此乃程序正当原则的体现。

②D选项中非因法定事由并经法定程序，行政机关不得撤销已生效的行政决定，直接体现了诚实信用原则中关于信用的要求，而不是合理行政原则的要求。行政机关进行行政管理时必须讲信用，是指行政行为具有拘束力，已经成立生效，对行政主体、行政相对人和第三机关具有法律上推定的约束力量。a. 对于行政相对人来说，应当遵守和实际履行生效的行政行为。b. 对于行政主体来说，应当保证其作出行政行为的效力稳定性，非因法定事由并经法定程序，不得随意撤销和改变行政行为。c. 对于第三机关来说，应当尊重该行为，一事不再罚。行政主体作出具体行政行为，并依法产生法律效力，社会公众基于对行政机关及其所作出的行为效力的信赖，据此安排自己的生产和生活，由此产生信赖利益。行政机关应当保证行政行为的有效和稳定，维护社会秩序的安定。故非因法定事由并经法定程序，行政机关不得撤销已生效的行政决定。

③B选项是公平公正原则的体现，C选项是比例原则的体现。故B、C选项正确。

[举一反三] 行政法的六大基本原则都有自己专属的子原则。经过对大量历年真题的研究发现，基本原则的选择题往往是将多个原则项下的各类表述打乱顺序，随机抽取四个进行考查，要求考生选出符合某一原则要求的表述。解题方法在于，复习时不但要记得住六大基本原则，更要理解和记忆各个原则项下的子原则及其要求，能够熟练地对号入座。

答案：BC

4. 权责一致是社会主义法治理论的要求，也是行政法的基本原则。下列哪些做法是权责一致的直接体现？（2011/2/76）

A. 某建设局发现所作出的行政决定违法后，主动纠正错误并赔偿当事人损失

B. 某镇政府定期向公众公布本镇公款接待费用情况

C. 某国土资源局局长因违规征地受到行政记过处分

D. 某政府召开座谈会听取群众对政府的意见

[疑难辨析] ①该题是对2011年考试大纲命题要求——各部门法与社会主义法治理论结合命题的反映，2011/2/77和2011/2/78也属于此类试题。②行政法的基本原则与社会主义法治理论结合得非常紧密，社会主义法治理论中的依法治国、执法为民、公平正义等内容在行政法基本原则中均有体现，要注意加强理解。③本题虽然在题干中将社会主义法治理论坚持依法行政中的“权责一致”与行政法基本原则中的“权责一致原则”相结合，但从选项来看，实质上考查的还是行政法权责一致原则的内容。④解决本题的关键在于准确区分权责一致原则和程序正当原则的内涵。

[解析] ①A选项中，建设局依法有权作出行政决定，并在行政管理过程中行使行政职权。但是，如果其违法行政，就必须承担由此引起的法律责任，应当主动纠正错误并赔偿当事人损失。此乃权责一致的直接体现。

②C选项中，国土资源局局长作为行政机关负责人，有权依法进行行政工作的领导活动，但是，如果违法违规作出行政决定，必须承担由其引起的法律责任，其个人应当依法受到相应的行政处分，即属于权责一致原则中的行政责任原则。

③B选项中，镇政府定期向公众公布本镇公款接待费用情况，此属于程序正当原则中的行政公开原则。该原则的主要内涵为除涉及国家秘密和依法受到保护的商业秘密、个人隐私以外，行政机关实施行政活动应当公开，以实现公民的知情权、了解权。

④D选项中，某政府召开座谈会听取群众

对政府的意见，此属于程序正当原则中的公众参与原则。该原则的主要内涵是行政机关作出重要规定或决定，尤其是不利决定时，首先应当告知行政相对人行政行为的内容，然后听取公民、法人和其他组织的意见，听取他们的陈述和申辩乃至组织听证去听取意见。

［举一反三］权责一致原则要求行政权力和法律责任的统一，即执法有保障、有权必有责、用权受监督、违法受追究、侵权须赔偿。该原则包含两个子原则，即行政效能原则和行政责任原则。所以做题时我们只要能认定所给案例中行政机关存在违法行为，并因此而承担相应法律责任，此为权责一致原则的要求。

答案：AC

5. 依法行政是法治国家对政府行政活动提出的基本要求，而合法行政则是依法行政的根本。下列哪些做法违反合法行政的要求？（2011/2/78）

A. 因蔬菜价格上涨销路看好，某镇政府要求村民拔掉麦子改种蔬菜

B. 为解决残疾人就业难，某市政府发布《促进残疾人就业指导意见》，对录用残疾人达一定数量的企业予以奖励

C. 孙某受他人胁迫而殴打他人致轻微伤，某公安局决定对孙某从轻处罚

D. 某市政府发布文件规定，外地物流公司到本地运输货物，应事前得到当地交通管理部门的准许，并缴纳道路特别通行费

［疑难辨析］①本题设计较为巧妙，表面上是对合法行政原则的考查，实质上却为一道综合性试题，C、D两项必须依据《行政处罚法》和《行政许可法》的相关规定加以解答。②许多考生对C选项存有疑义，认为其没有违反合法行政要求。出现这种情形主要有两个原因：一是只凭自我感觉和常识做题，而忽略了法律的硬性细节规定；二是虽然认识到了法律的硬性规定，但只注意到了《行政处罚法》第32条的一般规定，而忽视了《治安管理处罚法》第19条的特殊规定。C选项表面考查合法行政原则，实质上是考查治安管理处罚的适用规则。这也生动地告诫我们：法考中陷阱无处不在，细节决定成败。

［解析］①A选项违反了合法行政原则中的“行政机关应当依照法律授权活动”。行政机关采取行政措施必须有法律的明确授权，没有立法规定的授权，行政机关不得采取影响公民、法人和其他组织权利义务的行政措施。A选项中某镇政府要求村民拔掉麦子改种蔬菜，这实质上是用行政命令干预村民的农业生产自由，侵犯了村民合法享有的对麦子的财产权，村民们若对此不服可以申请行政复议或提起行政诉讼。故A选项当选。

②B选项中，某市政府发布《促进残疾人就业指导意见》，对录用残疾人达一定数量的企业予以奖励，这对于解决残疾人就业难具有积极意义，符合行政为民的思想，也是符合我国法律规定的。另外，市政府的指导意见属于典型的不具有强制性的行政指导，其只是建议各企业录用残疾人，至于是否录用，是否为了获得奖励而录用，完全取决于企业自己的选择，政府并不进行强制执行。故B选项不当选。

③C选项违反了治安管理处罚的适用规则。首先要明确C选项属于治安管理案件，依据是：a. 侵犯人身权利；b. 由公安机关处理。根据《治安管理处罚法》第19条的规定：“违反治安管理有下列情形之一的，减轻处罚或者不予处罚：（一）情节特别轻微的……（三）出于他人胁迫或者诱骗的……”孙某是受他人胁迫而殴打他人，且情节特别轻微，公安局应当对其减轻处罚或不予处罚，而不是从轻处罚，这是违反合法行政中法律优先原则的具体表现。故C选项当选。

［举一反三］这里要注意《治安管理处罚法》第19条与《行政处罚法》第32条的区别。依据《行政处罚法》第32条的规定：“当事人

有下列情形之一的，应当从轻或者减轻行政处罚：……（二）受他人胁迫或者诱骗实施违法行为的……”同样是受他人胁迫而从事违法行为，治安管理处罚案件应当减轻处罚或者不予处罚，而其他一般行政处罚案件的处罚适用规则是从轻或者减轻处罚。本案应当适用《治安管理处罚法》的规定，理由在于《行政处罚法》是一般法，《治安管理处罚法》是特别法，对于同一情形两者都作出具体规定的，适用特别法优先于一般法的原则。

④D选项违反了行政许可的设定规则，属于违法设定行政许可。首先，根据《行政许可法》第14、15条的规定，只有法律、法规、省级政府规章有行政许可设定权，其他规范性文件一律不得设定行政许可。本案中，市政府发布的文件不可能有行政许可设定权，可见其无主体资格。其次，该文件所“设定”的行政许可的内容也是不合法的。为了防止地方保护，《行政许可法》对地方立法设定行政许可进行了“三不得”的限制。《行政许可法》第15条第2款规定：“地方性法规和省、自治区、直辖市人民政府规章，不得设定应当由国家统一确定的公民、法人或者其他组织的资格、资质的行政许可；不得设定企业或者其他组织的设立登记及其前置性行政许可。其设定的行政许可，不得限制其他地区的个人或者企业到本地区从事生产经营和提供服务，不得限制其他地区的商品进入本地区市场。”D选项中某市政府实际上是通过非法设定行政许可，达到限制外地物流公司到本地运输货物的目的，这是一种基于地方保护主义的限制竞争行为，是违反法律规定的，其违反了法律优先原则。最后，从其规定要求外地物流公司缴纳道路特别通行费上来看，明显违反了法律保留原则。理由在于，《行政许可法》第58条第1款规定：“行政机关实施行政许可和对行政许可事项进行监督检查，不得收取任何费用。但是，法律、行政法规另有规定的，依照其规定。”可见，行政许可原则上不得收费，例外情形是法律、行政法规可以规定收费。本案中，市政府的文件因为没有法律授权，不得规定对外地物流公司进入本地进行收费。故D选项当选。

答案：ACD

6. 关于行政法的比例原则，下列哪一说法是正确的？（2010/2/39）

A. 是权责统一原则的基本内容之一

B. 主要适用于羁束行政行为

C. 是合法行政的必然要求

D. 属于实质行政法治范畴

［疑难辨析］①本题是对比例原则的考查，并且涉及权责统一原则和合理行政原则的内容。②合理行政原则包括三个子原则——公平公正原则、考虑相关因素原则和比例原则。比例原则是其中最具可考性的一个原则，对其内涵的准确把握非常关键，可结合法理学中法的价值冲突部分对比例原则的讲解进行深入理解，这对于解答“分析具体案例所体现的行政法原则”的题型是很有必要的。③本题的A、C两项很容易排除，难点在于B、D两项的判断，二者分别涉及羁束行政行为（具体行政行为的分类）和实质行政法治两个概念。如果理解羁束行政行为的含义——行政机关无裁量余地的行政行为，可知B选项的错误其实很明显，这实质上是对考生掌握知识点全面性的一种变相考查，因此对于冷门的知识点切不可忽视。D选项其实在2008/2/46题的B选项中考查过，属于重复命题，熟做历年真题的重要性在此可见一斑。请记住，做历年真题，就是在做未来的考题。

［解析］①权责统一原则由两个方面的内涵构成：一是行政效能；二是行政责任。合法行政是行政法的首要原则，是指行政行为应受法律及一般法律原则的拘束，是现代民主法治国家的基本要求，其主要包含法律优先和法律保留两方面要求。而比例原则要求行政行为

具有合目的性、适当性和损害最小性，是合理行政原则的具体要求之一。因此A、C两项错误。

②具体行政行为根据受法律拘束的程度可以划分为羁束行政行为和裁量性行政行为。立法对具体行政行为的范围、方法、手段等条件作出严格规定，行政机关采取行为时基本没有选择余地的，是羁束的具体行政行为；立法对具体行政行为的范围、方法、手段等方面给予行政机关根据实际情况裁量余地的，是裁量的具体行政行为。比例原则就是要求行政机关在进行行政管理时，不仅要合法行政，更要按照行政管理的目的，充分考量公平正义，作出对相对人权益损害最小的适当行为。可见，合法行政原则主要适用于羁束行政行为，而包括比例原则在内的合理行政原则主要适用于裁量性行政行为。据此，B选项错误。

③实质法治是与形式法治相对应的概念。行政法中的形式法治是指行政机关在行政管理中应当合法行政，遵循法律优先和法律保留原则的要求，如果法律已经有规定，则不得违反该规定，如果法律未规定，则不得实施该行为。可见，形式法治只要求行政机关符合现有的立法规定就行，并不考虑是良法还是恶法，不在意立法的质量，是否符合公平正义，是否能够达到良好的法律效果和社会效果。例如，《治安管理处罚法》规定，结伙斗殴的，可以处15日以下行政拘留和1000元以下罚款，那么形式法治要求行政机关在对结伙斗殴进行处罚时，不违反这一规定即可，行政机关作出的处罚在此限额之内就是合法的，而不考虑具体的案情。与其相反，实质法治是在形式法治基础上，追求显著良好的执法法律效果和社会效果，追求公平正义，具体情况具体分析，作出适当的行政行为。例如，虽然都是结伙斗殴，因为各自的案情不同，有人情节严重被拘留10日并罚款1000元，有人情节轻微只被罚款500元。合理行政原则，强调行政行为应当具有理性，属于实质法治的范畴；相反，合法行政原则追求的是行政行为符合形式上的立法条文规定，并有法律条文的明确授权，属于形式法治的范畴。比例原则作为合理行政原则的具体表现之一，属于实质法治的范畴，故D选项正确。

答案：D

7. 权责一致是行政法的基本要求。下列哪些选项符合权责一致的要求？（2013/2/77）

A. 行政机关有权力必有责任

B. 行政机关作出决定时不得考虑不相关因素

C. 行政机关行使权力应当依法接受监督

D. 行政机关依法履行职责，法律、法规应赋予其相应的执法手段

［解析］ ①本题考查权责一致原则。权责一致原则的内涵有二：一是行政效能，是指行政机关依法履行管理职责，要有法律、法规赋予其相应的执法手段，保证政令有效。二是行政责任，是指违法或者不当行使职权，应当依法承担法律责任。

②关于A选项，行政机关有权力必有责任正是权责一致的体现，即没有无权利的义务，也没有无义务的权利。A选项当选。

③关于B选项，行政机关作出决定时不得考虑不相关因素，这是合理行政原则中考虑相关因素的要求。B选项不当选。

④关于C选项，行政机关行使权力应当依法接受监督，这是指行政机关依法履行管理职责，行使相应的执法手段，必须接受监督。如果通过监督发现其违法或者不当行使职权的，应当依法承担法律责任。C选项当选。

⑤关于D选项，行政机关依法履行职责，法律、法规应赋予其相应的执法手段，正是行政效能的要求和体现。D选项当选。

答案：ACD

8. 某县政府发布通知，对直接介绍外地企业到本县投资的单位和个人按照投资项目实际到位资金金额的千分之一奖励。经张某引荐，某外地企业到该县投资500万元，但县政府拒绝支付奖励金。县政府的行为不违反下列哪些原则或要求？（2013/2/78）

A. 比例原则

B. 行政公开

C. 程序正当

D. 权责一致

［解析］ ①诚实信用是行政法中非常重要的一个原则。其中诚实要求行政机关发布的所有信息必须是全面、准确和真实的。而信用的要求主要体现在以下两个方面：一是非因法定事由并经法定程序，行政机关不得撤销、变更已经生效的行政决定。二是因国家利益、公共利益或者其他法定事由需要撤回或者变更行政决定的，应当依照法定权限和程序进行，并对行政相对人因此受到的信赖利益损失依法予以补偿。

②本案中，县政府作出决定要对招商引资有成绩的单位和个人进行奖励，该决定已经生效并具备了法律效力，非因法定事由并经法定程序不得随意撤销、改变。张某正是基于对县政府奖励承诺的信赖，引荐了500万元的投资，县政府应当恪守承诺，向张某兑现奖励，但是县政府最终言而无信，拒绝支付奖励金，该行为严重违背了诚实信用原则的要求，侵害了张某的信赖利益。故A、B、C、D选项当选。

答案：ABCD

9. 执法为民是社会主义法治的本质要求，行政机关和公务员在行政执法中应当自觉践行。下列哪些做法直接体现了执法为民理念？（2012/2/76）

A. 行政机关将行政许可申请书格式文本的费用由2元降为1元

B. 行政机关安排工作人员主动为前来办事的人员提供咨询

C. 市场监督管理局要求所属机构提高办事效率，将原20个工作日办结事项减至15个工作日办结

D. 某区设立办事大厅，要求相关执法部门进驻并设立办事窗口

［解析］ ①2012年法考大纲中明确强调了社会主义法治理论的重要性，而能够直接体现社会主义法治理论的实体法非行政法与行政诉讼法莫属。所以，连续多年出现设计行政法试题考查社会主义法治理论的情况，考生必须加以重视。

②根据《行政许可法》第58条第2款的规定："行政机关提供行政许可申请书格式文本，不得收费。"可见，行政许可中向当事人提供的格式文本都是免费的，不得收取任何费用。所以，行政机关无论收取2元还是1元，都是违法行为，故A选项错误。

③B选项中，行政机关安排工作人员主动为前来办事的人员提供咨询，表述的是行政许可机关的法定义务。《行政许可法》第30条规定："行政机关应当将法律、法规、规章规定的有关行政许可的事项、依据、条件、数量、程序、期限以及需要提交的全部材料的目录和申请书示范文本等在办公场所公示。申请人要求行政机关对公示内容予以说明、解释的，行政机关应当说明、解释，提供准确、可靠的信息。"可见，行政机关提供咨询是高效便民原则的体现，符合执法为民理念的要求。

④C选项中，行政机关提高办事效率，将原20个工作日办结事项减至15个工作日办结，体现了高效便民原则，符合执法为民理念的要求。

⑤D选项中，某区设立办事大厅，要求相关执法部门进驻并设立办事窗口反映了行政许可中的集中办理、联合办理程序，体现了高效便民，符合执法为民的要求。

答案：BCD

10. 程序正当是行政法的基本原则。下列哪些选项是程序正当要求的体现？（2012/2/77）

A. 实施行政管理活动，注意听取公民、法人或其他组织的意见

B. 对因违法行政给当事人造成的损失主动进行赔偿

C. 严格在法律授权的范围内实施行政管理活动

D. 行政执法中要求与其管理事项有利害关系的公务员回避

［解析］①程序正当原则包括行政公开、公众参与和行政回避。注意与其他行政法基本原则之间作出区分。

②A选项中，行政机关实施行政管理活动，注意听取公民、法人或其他组织的意见，保障了公众的参与权、表达权，体现了程序正当原则的要求。

③B选项中，行政机关对因违法行政给当事人造成的损失主动进行赔偿，体现了权责一致的要求。

④C选项中，行政机关严格在法律授权的范围内实施行政管理活动，体现了合法行政中法律保留的要求。

⑤D选项中，要求与其管理事项有利害关系的公务员在行政执法中回避，体现了行政回避的要求。

综上，AD选项正确。

答案：AD

11. 高效便民是社会主义法治理念的要求，也是行政法的基本原则。关于高效便民，下列哪些说法是正确的？（2011/2/77）

A. 是依法行政的重要补充

B. 要求行政机关积极履行法定职责

C. 要求行政机关提高办事效率

D. 要求行政机关在实施行政管理时排除不相关因素的干扰

［解析］①A选项错误，依法行政包含合法行政、合理行政、程序正当、诚实信用、高效便民、权责一致，其他原则都是合法行政原则的延伸。但是高效便民等其他基本原则都是各自独立的，是与合法行政相并列的原则，并不是依法行政的重要补充。

②B、C选项正确，高效便民恰恰要求行政机关既要遵守法定时限、积极履行法定职责，又要提高办事效率，提供优质服务，方便公民、法人和其他组织。

③D选项中要求行政机关在实施行政管理时排除不相关因素的干扰，只能考虑相关因素，属于合理行政原则的要求，不属于高效便民原则。

答案：BC

12. 高效便民是行政管理的基本要求，是服务型政府的具体体现。下列哪些选项体现了这一要求？（2014/2/76）

A. 简化行政机关内部办理行政许可流程

B. 非因法定事由并经法定程序，行政机关不得撤回和变更已生效的行政许可

C. 对办理行政许可的当事人提出的问题给予及时、耐心的答复

D. 对违法实施行政许可给当事人造成侵害的执法人员予以责任追究

［解析］①简化行政机关内部办理行政许可流程，必将便利当事人申请行政许可，减轻当事人申请行政许可程序方面的负担，此为高效便民原则的直接体现。故A选项当选。

②根据行政法诚实信用原则中信用的要求，行政行为一经作出，就对行政主体、行政相对人以及第三机关产生法定的约束力，当事人和社会公众将根据行政行为来安排自己的生产和生活，如果允许行政行为朝令夕改、随意变更，将严重影响当事人的合法权益。所以，

非因法定事由并经法定程序，行政机关不得撤回和变更已生效的行政许可。故B选项不当选。

③对办理行政许可的当事人提出的问题给予及时、耐心的答复，不仅符合行为时效的要求，也能够减轻当事人的程序性负担。故C选项符合高效便民的要求，当选。

④对违法实施行政许可给当事人造成侵害的执法人员予以责任追究，体现了权责一致原则。故D选项不当选。

答案：AC

13. 廖某在某镇沿街路边搭建小棚经营杂货，县建设局下发限期拆除通知后强制拆除，并对廖某作出罚款2万元的处罚。廖某起诉，法院审理认为廖某所建小棚未占用主干道，其违法行为没有严重到既需要拆除又需要实施顶格处罚的程度，判决将罚款改为1000元。法院判决适用了下列哪些原则？（2014/2/78）

A. 行政公开

B. 比例原则

C. 合理行政

D. 诚实守信

［解析］①本题考查了合理行政中的比例原则。比例原则要求行政行为要具有适当性，是指行政机关所选择的具体措施和手段应当为法律所必需，结果和手段之间存在着正当性。同时还要求损害最小，是指行政机关在可以采用多种方式实现某一行政目的的情况下，应当采用对当事人权益损害最小的方式。

②本案中，廖某所建小棚未占用主干道，其违法行为没有严重到既需要拆除又需要实施顶格处罚的程度，而县建设局下发限期拆除通知后强制拆除，并对廖某作出罚款2万元的处罚。可见，县建设局的行为属于有权任性，用力过猛，既不适当，也不是对当事人损害最小的方式，明显违反了比例原则的要求。

③合理行政包括公平公正对待、考虑相关因素和比例原则。可见，比例原则属于合理行政原则，所以只要某一行政行为违反了比例原则的要求，当然也违反了合理行政原则的要求。

综上，BC选项正确。

答案：BC

14. 程序正当是当代行政法的基本原则，遵守程序是行政行为合法的要求之一。下列哪些做法违背了这一要求？（2014/2/77）

A. 某环保局对当事人的处罚听证，由本案的调查人员担任听证主持人

B. 某县政府自行决定征收基本农田35公顷

C. 某公安局拟给予甲拘留10日的治安处罚，告知其可以申请听证

D. 乙违反治安管理的事实清楚，某公安派出所当场对其作出罚款500元的处罚

［解析］①本题考查了程序正当原则的要求，个别选项判断难度较大。

②关于A选项，行政处罚听证会的主持人主导着听证会的流程，必须完全中立，才能做到独立公正。为了防止案件前期调查人员先入为主，影响听证会的结果，行政机关应当另行指定其他工作人员主持听证会。本题A选项中某环保局对当事人的处罚听证，由本案的调查人员担任听证主持人，明显违反了这一程序性规定。具体法律依据是，《行政处罚法》第64条规定："听证应当依照以下程序组织：……（四）听证由行政机关指定的非本案调查人员主持；当事人认为主持人与本案有直接利害关系的，有权申请回避……"其中，由行政机关指定的非本案调查人员主持，是指程序回避，即参加前面的调查程序就无法参加听证程序。主持人不得与本案有直接利害关系，此为实体回避。A选项中行政机关的做法违反了程序正当原则关于回避的要求，该选项当选。

③关于B选项，根据《土地管理法》第46条第1款的规定："征收下列土地的，由国务院批准：（一）永久基本农田；（二）永久基本农田以外的耕地超过三十五公顷的；

（三）其他土地超过七十公顷的。”《基本农田保护条例》第15条规定：“基本农田保护区经依法划定后，任何单位和个人不得改变或者占用。国家能源、交通、水利、军事设施等重点建设项目选址确实无法避开基本农田保护区，需要占用基本农田，涉及农用地转用或者征收土地的，必须经国务院批准。”《土地管理法实施条例》第24条规定：“建设项目确需占用国土空间规划确定的城市和村庄、集镇建设用地范围外的农用地，涉及占用永久基本农田的，由国务院批准；不涉及占用永久基本农田的，由国务院或者国务院授权的省、自治区、直辖市人民政府批准。具体按照下列规定办理：（一）建设项目批准、核准前或者备案前后，由自然资源主管部门对建设项目用地事项进行审查，提出建设项目用地预审意见。建设项目需要申请核发选址意见书的，应当合并办理建设项目用地预审与选址意见书，核发建设项目用地预审与选址意见书。（二）建设单位持建设项目的批准、核准或者备案文件，向市、县人民政府提出建设用地申请。市、县人民政府组织自然资源等部门拟订农用地转用方案，报有批准权的人民政府批准；依法应当由国务院批准的，由省、自治区、直辖市人民政府审核后上报。农用地转用方案应当重点对是否符合国土空间规划和土地利用年度计划以及补充耕地情况作出说明，涉及占用永久基本农田的，还应当对占用永久基本农田的必要性、合理性和补划可行性作出说明。（三）农用地转用方案经批准后，由市、县人民政府组织实施。”可见，征收包括基本农田在内的集体土地，在程序上，由市、县人民政府拟订农用地转用方案、补充耕地方案、征收土地方案，逐级上报有批准权的人民政府，有批准权的人民政府土地行政主管部门对农用地转用方案、补充耕地方案、征收土地方案进行审查，提出审查意见，报有批准权的人民政府批准；有批准权的人民政府批准后，由市、县人民政府组织实施，按具体建设项目分别供地。征收基本农田的，应报国务院批准。国家征收土地的，依照法定程序批准后，由县级以上地方人民政府予以公告并组织实施。本题中，某县政府自行决定征收35公顷基本农田，而不是依法逐级报国务院批准，属于典型的程序违法，当然违反了程序正当原则的要求，该选项当选。

［举一反三］ 有观点认为，根据《土地管理法》规定，征收基本农田的权限属于国务院，县政府自行决定征收35公顷是无权限的违法行为，违反了合法行政原则的要求。这种观点具有一定道理，因为从法定权限的角度看，批准征收基本农田的权限确实属于国务院而不属于县政府。县政府违法行使法律没有授予自己的行政管理职权，当然违反了合法行政原则的要求。但是，对一个案例，不仅应从实体权限的角度，还应当从程序角度进行分析。不能以实体角度分析出来的结论来代替和否定程序角度的分析。根据上引的法条可知，在程序上，县级政府应当逐级上报，经国务院批准，才可以征收基本农田。B选项中的县政府没有依法履行法定程序，而是擅自决定征收基本农田，当然违反了法律、法规关于征收基本农田的程序规定，违反了程序正当基本原则的要求。故B选项当选。

④关于C选项，《行政处罚法》第63条第1款规定：“行政机关拟作出下列行政处罚决定，应当告知当事人有要求听证的权利，当事人要求听证的，行政机关应当组织听证：（一）较大数额罚款；（二）没收较大数额违法所得、没收较大价值非法财物；（三）降低资质等级、吊销许可证件；（四）责令停产停业、责令关闭、限制从业；（五）其他较重的行政处罚；（六）法律、法规、规章规定的其他情形。”有的考生由此认为行政机关只有在拟作出上述处罚决定时，才要通知当事人有申请听证的权利，并由此得出结论。本案中，某公安局拟给予甲拘留处罚，不属于上述法定情

形，故C选项程序违法。其实，这种观点混淆了“应当”告知和“可以”告知之间的区别。上述情形是法定的“应当”告知，即行政机关在作出这些行政处罚之前，依法必须告知对方有申请听证的权利，如果不告知，即构成程序违法。但是，该规定并不排除行政机关在作出其他种类行政处罚时，根据案件的特殊情况，“可以”告知当事人有申请听证的权利。本案中，如果公安局认为案件重大复杂，在作出行政拘留之前，当然可以告知甲有权申请听证。故C选项不违反程序正当原则的要求，不当选。

⑤关于D选项，《治安管理处罚法》第91条规定：“治安管理处罚由县级以上人民政府公安机关决定；其中警告、五百元以下的罚款可以由公安派出所决定。”《治安管理处罚法》第100条规定：“违反治安管理行为事实清楚，证据确凿，处警告或者二百元以下罚款的，可以当场作出治安管理处罚决定。”据此可知，从处罚权限上看，乙违反治安管理的事实清楚，某公安派出所有权对其作出罚款500元的处罚。但是从处罚程序上看，只有200元以下的罚款才能当场作出，本案中500元罚款不得当场作出。故D选项属于程序违法，当选。

答案：ABD

15. 杨小雄于2007年购买了瑞瑞房地产公司的一套商品房。2019年，甲市政府规划建设高铁，需要征收杨小雄房屋所在小区的国有土地，于是甲市政府与杨小雄签订了国有土地上房屋征收补偿协议，并按照约定向杨小雄支付了补偿款。甲市政府的行为，体现了行政法中哪项基本原则的要求？（2019年真题回忆版）

A. 程序正当

B. 诚实守信

C. 高效便民

D. 权责一致

［解析］ ①本题考查的是行政法的基本原则。本案中，政府先是向房地产公司作出了出让国有土地使用权，并许可其建设商品房的行政行为，房地产公司基于对政府的信任而进行了相应的房产开发和销售。杨小雄也是基于对政府此前行政管理行为的信任，才购买了该套商品房。后因建设高铁这一国家利益和公共利益的需要而撤回已作出的行政行为，并征收相对人的房屋，只要按照法定程序进行，并与相对人签订补偿协议，履行了合同义务，保护了相对人的信赖利益，这就属于合法的行政行为。此行政行为充分体现了诚实守信原则的要求。所谓诚实守信原则即行政机关进行行政管理要做到诚实和信用。诚实就是“讲真话”，发布的信息应当全面、准确、真实。守信就是“有信用”，作出行政行为不要朝令夕改；因法定事由按法定程序，为了国家利益和公共利益的需要，可以撤回，但应当对当事人遭受的损失予以补偿。可见，B选项当选。

②程序正当原则的要求有三：公开、参与和回避。本案的案情显然没有直接涉及这方面的要求。故A选项不当选。高效便民原则有两个要求，即高效和便民，不是本案的直接要求。故C选项不当选。

③有的考生在做本题时错误地认为体现的是权责一致原则的要求，理由在于只要行政机关改变了之前的行政行为，就应当对当事人承担法律责任，所以符合权责一致的要求。这个说法明显是错误的。权责一致原则内容上包括权和责两个方面，权是指行政优益权，责是指行政机关因违法行政应当承担相应的赔偿责任。可见，行政机关承担赔偿责任的前提是其实施了违法的行政行为。而本案中行政机关甲市政府的行为一直都是合法的，即使是撤回此前作出的行政行为，也是为了国家利益和公共利益的需要而为之，对给当事人造成的损失，承担补偿责任。故D选项不当选。

［举一反三］ 合法→撤回→补偿；违法→撤销→赔偿。

答案：B

16. 甲见义勇为，县政府答应给奖励，结果没给，甲先向市政府申请复议，在市政府作出维持决定后提起诉讼，县长出庭承诺履行，作出承诺后甲撤诉。关于本案，下列说法正确的是？（2023年真题回忆版）

A. 负责人出庭是执法行为合理性的体现

B. 承诺后撤诉是积极守法行为

C. 诚实守信是政府公信力的体现

D. 应判决确认县政府违法

［解析］ ①《行政诉讼法》第3条第3款规定："被诉行政机关负责人应当出庭应诉。不能出庭的，应当委托行政机关相应的工作人员出庭。"由此可见，负责人出庭属于履行行政诉讼法规定的职责和义务，是执法行为合法性而非合理性的体现。A选项说法错误。

②所谓积极守法，一般是指社会成员依据法律规定，积极地行使自己的权利。而消极守法则是指社会成员依据法律规定，不为法律所禁止的行为，或为法律所要求的行为。原告得到被告承诺后撤诉属于积极行使诉权的体现。B选项说法正确。

③政府要具备公信力，当然需要以诚实守信为前提。只有政府自身是诚实守信的，方可取信于民，获得公信力。因而诚实守信的确是政府公信力的体现。C选项说法正确。

④如果案件没有撤诉继续审理，法院经审理被告县政府未依法履行给付义务，则应判决被告履行给付义务。只是确认被告不履行给付义务违法是不够的，并未最终解决行政争议。D选项说法错误。

答案：BC

17. 比例原则是行政法的重要原则，以下选项哪些属于比例原则？（2019年真题回忆版）

A. 行政机关所采取的措施应符合法律目的

B. 在能够实现行政目的时，行政机关应采取对当事人权益损害最小的措施

C. 行政机关所采取的措施应当为法律所必需

D. 行政机关作出行政处罚时，应听取当事人意见

［解析］ 本题考查了比例原则的要求，又称最小侵害原则，由三个子原则构成。包括：a. 合目的性，是指行政机关行使裁量权所采取的具体措施必须符合法律目的。b. 适当性，是指行政机关所选择的具体措施和手段应当为法律所必需，结果和手段之间存在着正当性。c. 损害最小，是指行政机关在可以采用多种方式实现某一行政目的的情况下，应当采用对当事人权益损害最小的方式。可见，A、B、C选项正确。行政机关所采取措施时，应听取当事人意见，此为程序正当的要求。故D选项错误。

答案：ABC

18. 甲县政府印发了《招商引资意见》，承诺招商成功后按照实际到位出资给予1%的奖励。李某介绍乙企业与县招商局签订投资协议，乙企业以建设经营转移的方式投资5000万元建设垃圾焚毁场并经营至今。李某多次催促甲县政府支付奖金，甲县政府在支付10万元后，拒不支付余款，李某为此提起行政诉讼。下列说法正确的是？（2021年真题回忆版）

A. 甲县政府的《招商引资意见》是具体行政行为

B. 李某获得的10万元奖金可免缴个人所得税

C. 甲县政府拒付奖金违反了信赖利益保护原则

D. 乙企业就投资协议发生争议，可提起行政诉讼

［考点］ 行政行为性质；基本原则；行政协议

［解析］ A选项，甲县政府面向社会印发的《招商引资意见》是针对不特定对象作出并能够反复适用的，具有普遍性，不具有特定性，不属于具体行政行为，而是抽象行政行为。故A选项不当选。B选项，行政奖励的奖金的获得者需要承担个人所得税。依据法律规定，并非所有的奖金都能免征个人所得税。对于个人获得的省级人民政府、国务院部委和中国人民解放军军以上单位，以及外国组织、国际组织颁发的科学、教育、技术、文化、卫生、体育、环保等方面的奖金，以及为鼓励广大人民群众见义勇为、维护社会治安、揭发举报犯罪行为，对个人发放的奖金或奖品，按照个人所得税法相关规定都是可以免征个人所得税的。故B选项不当选。C选项，县政府没有履行约定的义务，拒不支付余款，违反了诚实信用原则中的信赖利益保护原则。D选项，行政协议属于行政诉讼受案范围，行政协议的行政相对人对行政协议的订立、履行、变更或解除不服的，有权向法院提起行政诉讼。故C、D选项正确。

答案：CD

19. 依据《行政强制法》的规定，采用非强制手段可以达到行政管理目的的，不得设定和实施行政强制。这一规定体现了下列哪一原则？（2022年真题回忆版）

A. 公平公正原则

B. 公众参与原则

C. 比例原则

D. 保护公民信赖利益原则

［考点］ 合理行政原则

［解析］ 依据《行政强制法》规定，凡是可以采用非强制手段可以达到行政管理目的的，不得设定和实施行政强制。这是行政强制法中关于行政强制适当原则的要求和体现。这一原则要求采取行政强制手段应当必要和适当，非强制手段优先。行政法中的比例原则是指行政机关实施行政行为应兼顾行政目标与行政相对人的合法权益，需要进行利益衡量，在无法避免会造成损害时，应当将对相对人权益的不利影响降低到最低限度，从而使二者处于适度的比例。由此可知，行政强制法中关于非强制手段优先的规定正是比例原则的要求和体现。故C选项说法正确，A、B、D选项说法错误。

答案：C

20. 国务院印发《国务院关于取消和下放一批行政许可事项的决定》，取消29项行政许可事项。下列说法正确的是？（2022年延考真题回忆版）

A. 该文件属于行政法规

B. 该文件可以作为地方政府制定地方规章的依据

C. 法院可以该文件进行附带性审查

D. 体现高效便民原则

［解析］ ①国务院印发《国务院关于取消和下放一批行政许可事项的决定》，此为国务院决定，不是行政法规，也不符合最高人民法院《关于审理行政案件适用法律规范问题的座谈会纪要》界定的现行有效的行政法规三种类型。A选项错误。

②地方政府规章依据法律、行政法规和地方性法规制定，作为规范性文件的国务院决定不是地方政府规章制定依据。B选项错误。

③只有规章以下的规范性文件可成为法院附带审查的对象，不包括国务院的行政法规、决定、命令等，国务院的行政行为是免检产品，不是法院附带审查的对象。C选项错误。

④国务院印发《国务院关于取消和下放一批行政许可事项的决定》，取消和下放了冗余的行政许可事项，减轻社会公众程序负担，正体现了高效便民原则。D选项正确。

答案：D

专题二 行政组织与公务员

考情分析

本专题考点主要有：行政主体的含义及特征；国务院行政机构的类型和设立；地方政府机构设置和编制管理；派出机关和派出机构的设立及其法律责任的归属问题；公务员的录用、考核、辞职、辞退、交流、回避制度以及公务员的惩戒和公务员的救济制度。

本专题重点考查的法条主要有：《国务院行政机构设置和编制管理条例》《地方各级人民政府机构设置和编制管理条例》《公务员法》《行政机关公务员处分条例》。从总体上说，本专题考题分为两部分，即行政组织法和公务员制度。行政组织法从2008年起连续6年有试题出现，之后维持在每年1题的水平；公务员法也是法考命题中的常客，平均每年2~3题，其中公务员处分是最重要的考查内容，其他如职务任免、升降、交流、聘任等也时常有试题出现。这些考点都比较细致，体现了法考命题在考查范围上越来越广泛，深度上越来越深入的规律和特点，需要我们在复习的时候关注细节知识点。

考点1 国务院行政机构的设置与编制管理

1. 2023年3月，党中央国务院印发《党和国家机构改革方案》，决定组建国家数据局，由国家发改委管理。关于国家数据局，下列说法正确的是？（2023年真题回忆版）

A. 处级内设机构的设立应经国务院机构编制管理机关审核方案，报国务院批准

B. 不具有独立的行政管理职能

C. 为国务院组成部门管理的国家行政机构

D. 其领导职数应国务院组织法关于国务院组成部门领导职数的规定确定

［解析］ ①《国务院行政机构设置和编制管理条例》第14条第2款规定："国务院行政机构的处级内设机构的设立、撤销或者合并，由国务院行政机构根据国家有关规定决定，按年度报国务院机构编制管理机关备案。"A选项说法错误。

②国务院组成部门管理的国家行政机构由国务院组成部门管理，主管特定业务，行使行政管理职能。B选项说法错误。

③国家数据局，由国家发改委管理，国家发展和改革委员会本身就是国务院组成部门，故国家数据局是由国务院组成部门管理的国家行政机构。C选项说法正确。

④国务院组成部门管理的国家行政机构的领导职数，参照国务院组织法关于国务院直属机构领导职数的规定确定。D选项说法错误。

答案：C

2. 国家海洋局为国务院组成部门管理的国家局。关于国家海洋局，下列哪一说法是正确的？（2013/2/44）

A. 有权制定规章

B. 主管国务院的某项专门业务，具有独立的行政管理职能

C. 该局的设立由国务院编制管理机关提出方案，报国务院决定

D. 该局增设司级内设机构，由国务院编制管理机关审核批准

[疑难辨析] ①政府机构设置和编制规定属于常识类知识点，每年考查1道题目。考生只有了解相关行政管理常识并加以准确记忆，方可应对此类考题。②该考点命题的法条依据有二：一是《国务院行政机构设置和编制管理条例》；二是《地方各级人民政府机构设置和编制管理条例》。

[解析] ①国家海洋局为2013年国务院机构改革时组建的部管局，本题属于以热点问题为引子，考查考生对机构设置和编制知识点的掌握情况。难度较小。

②关于A选项，国务院组成部门管理的国家局具有行政主体资格，但是没有行政规章制定权。拥有部门规章制定权的行政主体有国务院组成部门、具有行政管理权的国务院直属机构、具有行政主体资格的国务院直属事业单位。故A选项错误。

③关于B选项，《国务院行政机构设置和编制管理条例》第6条第4款、第6款规定："国务院直属机构主管国务院的某项专门业务，具有独立的行政管理职能。国务院组成部门管理的国家行政机构由国务院组成部门管理，主管特定业务，行使行政管理职能。"可见，国务院直属机构才主管国务院的某项专门业务，具有独立的行政管理职能，而部管局由组成部门领导和管理，主管特定业务，不具有独立的行政管理职能。故B选项错误。

④关于C选项，国家海洋局的设立由国务院编制管理机关提出方案，报国务院决定。依据《国务院行政机构设置和编制管理条例》第8条的规定："国务院直属机构、国务院办事机构和国务院组成部门管理的国家行政机构的设立、撤销或者合并由国务院机构编制管理机关提出方案，报国务院决定。"可见，本题C选项当选。

⑤关于D选项，《国务院行政机构设置和编制管理条例》第13条规定："国务院办公厅、国务院组成部门、国务院直属机构、国务院办事机构在职能分解的基础上设立司、处两级内设机构；国务院组成部门管理的国家行政机构根据工作需要可以设立司、处两级内设机构，也可以只设立处级内设机构。"《国务院行政机构设置和编制管理条例》第14条规定："国务院行政机构的司级内设机构的增设、撤销或者合并，经国务院机构编制管理机关审核方案，报国务院批准。国务院行政机构的处级内设机构的设立、撤销或者合并，由国务院行政机构根据国家有关规定决定，按年度报国务院机构编制管理机关备案。"可见，国家海洋局增设司级内设机构，应当由国务院编制管理机关审核方案，报国务院批准，而不是由国务院编制管理机关审核批准。故D选项错误。

[举一反三] 国务院编制管理机关简称中编办，其职责主要包括：①研究拟定行政管理体制和机构改革以及机构编制管理的政策和法规。统一管理各级党政机关，人大、政协、法院、检察院，各民主党派、人民团体的机构编制工作。②研究拟定行政管理体制与机构改革的总体方案，审核党中央各部门、国务院各部门和省级机构改革方案，指导、协调地方各级行政管理体制和机构改革以及机构编制管理工作。③协调党中央各部门、国务院各部门的职能配置及其调整，协调党中央各部门之间、国务院各部门之间、党中央各部门和国务院各部门之间以及各部门与地方之间的职责分工。④审核党中央各部门、国务院各部门、垂直管理部门、派驻地方机构、驻外使领馆的内设机构、人员编制和领导职数；审核省级党委政府厅局机构设置、省级党政群机关人员编制、口

岸查验单位机构编制和全国市县机构编制分类、省以下各级党政群机关的人员编制总额。⑤审核全国人大、全国政协及最高人民法院、最高人民检察院，各民主党派、人民团体的机构设置、人员编制和领导职数。⑥研究拟定全国事业单位管理体制和机构改革的方案；审核党中央、国务院直属事业单位的机构编制方案；审批党中央、国务院各部门所属事业单位的机构编制；负责事业机构编制管理方面的其他重要事项；指导并协调地方事业单位管理体制改革和机构编制管理工作；负责全国事业单位登记管理工作。⑦监督检查各级行政管理体制和机构改革以及机构编制的执行情况。可见，其主要工作职责是拟定或审核方案，然后报给国务院审批或决定，而不是自行作出决定。当然，有一处例外需要大家掌握，那就是当地方政府需要在同一区域不同层级调整使用行政编制时，应当由省编办提出，报中编办审批。

答案：C

3. 国家禁毒委员会为国务院议事协调机构。关于该机构，下列哪一说法是正确的？（2011/2/40）

A. 撤销由国务院机构编制管理机关决定

B. 可以规定行政措施

C. 议定事项经国务院同意，由有关的行政机构按各自的职责负责办理

D. 可以设立司、处两级内设机构

［疑难辨析］ ①本题考查国务院议事协调机构的相关法律规定。在国务院行政机构中，议事协调机构属于较为特殊的一个，很有可考性。②本题四个选项基本涵盖了国务院议事协调机构的考查点。A选项考查撤销主体，考生要注意，国务院行政机构的设立、撤销、合并，除了国务院组成部门由全国人大或其常委会决定外，其余均由国务院决定。B、C、D三项体现了国务院议事协调机构的特殊性，实际上三者也是紧密联系的。国务院议事协调机构一般没有独立的行政职权，因此也就无须设立办事机构（内设机构），经过它议定的事项是由其他有行政职权的行政机构负责实施的。

［解析］ ①A选项说法错误，国务院议事协调机构的撤销权属于国务院，而不是中编办。《国务院行政机构设置和编制管理条例》第11条规定：“国务院议事协调机构的设立、撤销或者合并，由国务院机构编制管理机关提出方案，报国务院决定。”

②B选项说法错误，C选项说法正确。国务院议事协调机构一般没有独立的行政职能，即有权议事无权实施，经其议定的事项，经国务院同意，由有关的行政机构按照各自的职责负责办理。因此，国务院议事协调机构原则上没有规定行政措施的权力，只有在特殊或者紧急的情况下，经国务院同意，享有规定临时性管理措施的权限。《国务院行政机构设置和编制管理条例》第6条第7款规定：“国务院议事协调机构承担跨国务院行政机构的重要业务工作的组织协调任务。国务院议事协调机构议定的事项，经国务院同意，由有关的行政机构按照各自的职责负责办理。在特殊或者紧急的情况下，经国务院同意，国务院议事协调机构可以规定临时性的行政管理措施。”

③D选项说法错误，国务院议事协调机构一般不设办事机构。《国务院行政机构设置和编制管理条例》第13条规定：“国务院办公厅、国务院组成部门、国务院直属机构、国务院办事机构在职能分解的基础上设立司、处两级内设机构；国务院组成部门管理的国家行政机构根据工作需要可以设立司、处两级内设机构，也可以只设立处级内设机构。”据此可知，行政法规并未规定国务院议事协调机构享有设立司、处两级内设机构的权限。法理上，对于行政法领域中行政主体的权限，“法无授权即禁止”，其不得自行设立。

答案：C

4. 国务院某部拟合并处级内设机构。关于机构合并，下列哪一说法是正确的？（2010/2/40）

A. 该部决定，报国务院机构编制管理机关备案

B. 该部提出方案，报国务院机构编制管理机关批准

C. 国务院机构编制管理机关决定，报国务院备案

D. 国务院机构编制管理机关提出方案，报国务院决定

［疑难辨析］ ①《国务院行政机构设置和编制管理条例》近年考查频繁。②本题是对国务院部门处级内设机构合并的考查。国务院各机构的设立、撤销或合并程序是本考点的重要命题对象，很容易混淆，有必要对其加以总结：a. 国务院组成部门的设立、撤销或者合并由国务院机构编制管理机关提出方案，经国务院常务会议讨论通过后，由国务院总理提请全国人民代表大会决定；在全国人民代表大会闭会期间，提请全国人民代表大会常务委员会决定。b. 国务院直属机构、办事机构和国务院组成部门管理的国家行政机构的设立、撤销或者合并由国务院机构编制管理机关提出方案，报国务院决定。c. 国务院议事协调机构的设立、撤销或者合并，由国务院机构编制管理机关提出方案，报国务院决定。d. 国务院行政机构的司级内设机构的增设、撤销或者合并，经国务院机构编制管理机关审核方案，报国务院批准。e. 国务院行政机构的处级内设机构的设立、撤销或者合并，由国务院行政机构根据国家有关规定决定，按年度报国务院机构编制管理机关备案。本题B、C、D三项的设置即是根据以上五点进行知识点间的错位对接，以此迷惑考生。

［解析］ 根据《国务院行政机构设置和编制管理条例》第14条第2款的规定："国务院行政机构的处级内设机构的设立、撤销或者合并，由国务院行政机构根据国家有关规定决定，按年度报国务院机构编制管理机关备案。"因此，对于国务院某部的处级内设机构的合并，应由该部作出决定，并报国务院机构编制管理机关备案。故A选项正确。

答案：A

5. 国家税务总局为国务院直属机构。就其设置及编制，下列哪一说法是正确的？（2014/2/43）

A. 设立由全国人大及其常委会最终决定

B. 合并由国务院最终决定

C. 编制的增加由国务院机构编制管理机关最终决定

D. 依法履行国务院基本的行政管理职能

［解析］ 本题考查了国务院行政机构设置和编制管理，比较简单。

①国家税务总局作为国务院的直属机构，其设立、撤销或合并应当由国务院机构编制管理机关提出方案，报国务院直接决定。国务院组成部门的设置才需要经全国人大或其常委会最终决定。故A选项错误，B选项正确。

②国务院行政机构增加或者减少编制，由国务院机构编制管理机关审核方案，报国务院批准。故C选项错误。

③关于国务院行政机构的行政职能，在立法上是有明确的分工的。第一，国务院组成部门作为最重要的机关，履行国务院基本的行政管理职能；第二，国务院直属机构主管国务院的某项专门业务，具有独立的行政管理职能；第三，国务院组成部门管理的国家行政机构由国务院组成部门管理，主管特定业务，行使行政管理职能。可见，组成部门行使的是基本职能，直属机构行使的是专门职能，而部门管理的国家局行使的是特定职能。三者的权限和职能范围呈越来越小趋势。故D选项错误。

答案：B

6. 关于国务院行政机构设置和编制管理的说

法，下列哪一选项是正确的？（2017/2/43）

A. 国务院议事协调机构的撤销经由国务院常务会议讨论通过后，由国务院总理提交国务院全体会议讨论决定

B. 国务院行政机构增设司级内设机构，由国务院机构编制管理机关提出方案，报国务院决定

C. 国务院议事协调机构的编制根据工作需要单独确定

D. 国务院行政机构的编制在国务院行政机构设立时确定

[解析] ①本题考查了国务院行政机构设置和编制管理，难度适中，但是考查的角度比较细致。考生如果不能对该知识点准确掌握，会作出错误的选择。

②关于A选项，考查的是国务院议事协调机构的撤销程序这一常考知识点。在国务院的所有行政机构中，只有最为重要的组成部门的设立、撤销或者合并才是由总理提请全国人大或其常委会决定。其他行政机构的设立、撤销或者合并都是由国务院自己决定。具体程序：a. 国务院组成部门的设立、撤销或者合并由国务院机构编制管理机关提出方案，经国务院常务会议讨论通过后，由国务院总理提请全国人大决定，在全国人大闭会期间，提请全国人大常委会决定。b. 国务院直属机构、办事机构、组成部门管理的国家行政机构和议事协调机构的设立、撤销或者合并由国务院机构编制管理机关提出方案，报国务院决定。可见，A选项中议事协调机构的撤销不是经由国务院常务会议讨论通过后，由国务院总理提请全国人大或其常委会决定，而是由国务院机构编制管理机关提出方案，报国务院决定。故A选项错误。

③关于B选项，国务院行政机构都是部级的，所以大部分都有司级和处级内设机构。关于部门司、处级内设机构的增设、撤销或者合并，因为司级内设机构级别较高，部门无权自行决定，必须经国务院批准。而处级内设机构级别较低，所以无须经过国务院批准，部门有权自行决定。具体程序是，司级内设机构的增设、撤销或者合并经国务院机构编制管理机关审核方案，报国务院批准。处级内设机构的设立、撤销或者合并，由国务院行政机构根据国家有关规定决定，按年度报国务院机构编制管理机关备案。故B选项错误。

④关于C选项，国务院议事协调机构的编制根据工作需要单独确定的说法是错误的。《国务院行政机构设置和编制管理条例》第20条规定："国务院议事协调机构不单独确定编制，所需要的编制由承担具体工作的国务院行政机构解决。"可见，议事协调机构自身并无内设机构，也无编制。故C选项错误。

⑤关于D选项，国务院行政机构编制的确定时间，根据《国务院行政机构设置和编制管理条例》第18条的规定："国务院行政机构的编制在国务院行政机构设立时确定。国务院行政机构的编制方案，应当包括下列事项：（一）机构人员定额和人员结构比例；（二）机构领导职数和司级内设机构领导职数。"故D选项正确。

[举一反三] 关于国务院或地方政府的议事协调机构，顾名思义，其职责是议事协调而不是办事。议事协调机构具有四个共同的特征，即"四无"。①无机构，即无内设办事机构。②无人员，即无办事工作人员。③无编制，因为前面的无机构和无人员，自然是无行政编制。④无措施，因为其只议事不办事，所以不需要作出行政措施。当然，也有例外，即在特殊或者紧急的情况下，经国务院同意，国务院议事协调机构可以规定临时性的行政管理措施。

答案：D

7. 下列属于国务院组成部门的是？（2022年真题回忆版）

A. 中国证券监督管理委员会

B. 审计署

C. 国家民族事务委员会

D. 国务院国有资产监督管理委员会

［考点］ 国务院组成部门

［解析］ 本题考查国务院组成部门的具体构成。

①中国证券监督管理委员会是被法律授权的国务院直属机构，具有行政主体资格，有权制定行政规章。但是其不属于国务院行政机关，更不是国务院组成部门。A选项说法错误。

②审计署、国家民族事务委员会均属于国务院组成部门。B、C两项说法正确。

③国务院国有资产监督管理委员会属于国务院直属特设机构，不是国务院组成部门。D选项说法错误。

答案：BC

8. 国家邮政局是交通运输部管理的国家局。下列关于国家邮政局，说法正确的是？（2022年真题回忆版）

A. 国家邮政局的设立由国务院决定

B. 国家邮政局行使主管特定业务的行政管理职能

C. 该局设立处级内设机构，由国务院机构编制管理机关提出方案，报国务院批准

D. 国家邮政局具有规章制定权

［考点］ 国务院行政机构的设置程序、职能

［解析］ ①根据《国务院行政机构设置和编制管理条例》第8条的规定："国务院直属机构、国务院办事机构和国务院组成部门管理的国家行政机构的设立、撤销或者合并由国务院机构编制管理机关提出方案，报国务院决定。"国家邮政局是由交通运输部管理的国家行政机构，故其设立应由国务院决定。A选项说法正确。

②国务院组成部门管理的国家行政机构由国务院组成部门管理，主管特定业务，行使行政管理职能。B选项说法正确。

③国务院行政机构的处级内设机构的设立、撤销或者合并，由国务院行政机构根据国家有关规定决定，按年度报国务院机构编制管理机关备案。C选项说法错误。

④国务院的组成部门和具有行政管理职能的直属机构，有权制定规章。另外，还会有一些经单行法授权可以制定规章的主体。例如，中国气象局就可以制定规章。由此可知，作为国务院组成部门管理的国家行政机构国家邮政局无权制定规章。D选项说法错误。

答案：AB

考点2 地方行政机构的设置与编制管理

9. 根据行政法规规定，县级以上地方各级政府机构编制管理机关应当评估行政机构和编制的执行情况。关于此评估，下列哪一说法是正确的？（2012/2/44）

A. 评估应当定期进行

B. 评估具体办法由国务院制定

C. 评估结果是调整机构编制的直接依据

D. 评估同样适用于国务院行政机构和编制的调整

［疑难辨析］ ①此类题目属于依据某一具体法条直接设计的问题，没有任何陷阱和附加条件，只要考生能够熟悉法条的具体规定，就可以迅速得出正确答案。②本题所有选项都直接围绕行政机构和编制执行情况的评估展开，因此，应该集中考虑关于评估事项的相关规定。

［解析］ ①根据《地方各级人民政府机构设置和编制管理条例》第24条的规定："县级以上各级人民政府机构编制管理机关应当定期评估机构和编制的执行情况，并将评估结果作为调整机构编制的参考依据。评估的具体办法，由国务院机构编制管理机关制定。"各级

地方政府及其工作部门应当依法执行机构设置和编制，但是执行中会因为各方面原因而导致出现违反规定的情况，各级政府编办依法对执行情况进行评估。至于评估方式，立法选择了定期进行，而不是不定期。故A选项中评估应当定期进行的说法正确。

②B选项中，评估具体办法由国务院制定错误，正确的说法应当是由国务院机构编制管理机关制定。评估方法是针对机构设置和编制执行情况的，属于中编办负责的专业性问题，应当由中编办制定即可，并不需要国务院亲自动手。故B选项错误。

③C选项中，评估结果是调整机构编制的参考依据而非直接依据。两者在含义上相去甚远。直接依据是指把某种事物作为单独的直接的依托或根据。而参考依据是指行政机关在处理该事项时，把评估结果拿来对照，而不是根据和依托。故C选项错误。

④D选项中，在我国，关于国务院行政机构设置和编制管理与地方各级政府的机构设置和编制管理的立法是分别进行的，专门有一个与《地方各级人民政府机构设置和编制管理条例》相并列的行政法规《国务院行政机构设置和编制管理条例》，其就国务院行政机构和编制的调整适用进行了相应规定。故D选项错误。

答案：A

10. 根据规定，地方的事业单位机构和编制管理办法由省、自治区、直辖市人民政府机构编制管理机关拟定，报国务院机构编制管理机关审核后，由下列哪一机关发布？（2016/2/43）

A. 国务院

B. 省、自治区、直辖市人民政府

C. 国务院机构编制管理机关

D. 省、自治区、直辖市人民政府机构编制管理机关

［解析］ 本题直接考查地方事业单位机构和编制管理办法拟定、审核和发布的立法规定，难度不大。

根据《地方各级人民政府机构设置和编制管理条例》第29条的规定：“地方的事业单位机构和编制管理办法，由省、自治区、直辖市人民政府机构编制管理机关拟定，报国务院机构编制管理机关审核后，由省、自治区、直辖市人民政府发布。事业编制的全国性标准由国务院机构编制管理机关会同国务院财政部门和其他有关部门制定。”可见，地方的事业单位机构和编制管理办法由省、自治区、直辖市人民政府机构编制管理机关拟定，报国务院机构编制管理机关审核后，由省、自治区、直辖市人民政府发布。故B选项正确，A、C、D选项错误。

答案：B

11. 甲市为乙省政府所在地的市。关于甲市政府行政机构设置和编制管理，下列说法正确的是？（2011/2/98）

A. 在一届政府任期内，甲市政府的工作部门应保持相对稳定

B. 乙省机构编制管理机关与甲市机构编制管理机关为上下级领导关系

C. 甲市政府的行政编制总额，由甲市政府提出，报乙省政府批准

D. 甲市政府根据调整职责的需要，可以在行政编制总额内调整市政府有关部门的行政编制

［解析］ ①A选项正确。在一届政府任期内，甲市政府的工作部门应保持相对稳定，这样的表述属于政治正确，毋庸置疑。各级政府的职能部门相当于本级政府的内阁成员，在一届任期之内，当然要保证相对的稳定，这样才能保证行政管理的稳定、持续和有序。相反，如果政府的职能部门都是三天两头改来改去，那行政管理就将无从谈起。《地方各级人民政府机构设置和编制管理条例》第8条第2款规定：“地方各级人民政府行政机构应当根

据履行职责的需要，适时调整。但是，在一届政府任期内，地方各级人民政府的工作部门应当保持相对稳定。”

②B选项错误。《地方各级人民政府机构设置和编制管理条例》第5条规定：“县级以上各级人民政府机构编制管理机关应当按照管理权限履行管理职责，并对下级机构编制工作进行业务指导和监督。”可见，上下两级机构编制管理机关并非属于领导与被领导的关系，而是业务指导和监督关系。

③C选项错误。《地方各级人民政府机构设置和编制管理条例》第16条规定：“地方各级人民政府的行政编制总额，由省、自治区、直辖市人民政府提出，经国务院机构编制管理机关审核后，报国务院批准。”可见，县级以上人民政府的行政编制总额，统一由省级政府提出、国务院批准。同时，如果要在同一区域不同层级调配适用行政编制，则应当由省编办提出，报中编办批准。

④D选项正确。《地方各级人民政府机构设置和编制管理条例》第18条规定：“地方各级人民政府根据调整职责的需要，可以在行政编制总额内调整本级人民政府有关部门的行政编制。但是，在同一个行政区域不同层级之间调配使用行政编制的，应当由省、自治区、直辖市人民政府机构编制管理机关报国务院机构编制管理机关审批。”D选项符合本条前半段规定，另外要注意本条“但书”的规定，这是一个很重要的考查点。

答案：AD

12. 甲市某县环保局与水利局对职责划分有异议，双方协商无法达成一致意见。关于异议的处理，下列哪一说法是正确的？（2015/2/45）

A. 提请双方各自上一级主管机关协商确定

B. 提请县政府机构编制管理机关决定

C. 提请县政府机构编制管理机关提出协调意见，并由该机构编制管理机关报县政府决定

D. 提请县政府提出处理方案，经甲市政府机构编制管理机关审核后报甲市政府批准

［解析］①中央和地方政府机构设置和编制管理这一知识点，每年必考，但是很多考生对此比较陌生，往往会作出错误的选择。

②《地方各级人民政府机构设置和编制管理条例》第10条规定：“地方各级人民政府行政机构职责相同或者相近的，原则上由一个行政机构承担。行政机构之间对职责划分有异议的，应当主动协商解决。协商一致的，报本级人民政府机构编制管理机关备案；协商不一致的，应当提请本级人民政府机构编制管理机关提出协调意见，由机构编制管理机关报本级人民政府决定。”本案中，甲市某县环保局与水利局对职责划分有异议，双方协商无法达成一致意见，依法应当提请县政府机构编制管理机关提出协调意见，由县政府机构编制管理机关报县政府决定。可见，C选项正确，A、B选项错误。

③关于D选项中的县政府提出处理方案，经甲市政府机构编制管理机关审核后报甲市政府批准，《地方各级人民政府机构设置和编制管理条例》第9条规定：“地方各级人民政府行政机构的设立、撤销、合并或者变更规格、名称，由本级人民政府提出方案，经上一级人民政府机构编制管理机关审核后，报上一级人民政府批准；其中，县级以上地方各级人民政府行政机构的设立、撤销或者合并，还应当依法报本级人民代表大会常务委员会备案。”可见，只有在地方政府行政机构的设立、撤销、合并或者变更规格、名称时，才需要由本级政府提出方案，经上一级政府机构编制管理机关审核后，报上一级政府批准。本案属于两个行政机构之间的职责划分争议问题，不适用该规定。故D选项错误。

答案：C

13. 甲市政府为设区的市，市规划局和市自然资源局的合并，需要经过下列哪个机关的批准？（2019年真题回忆版）

A. 国务院

B. 省政府

C. 市政府

D. 市人大常委会

［解析］ 本题考查了地方政府机构设置管理。注意：新设的找上一级政府；协商的找本级政府；内设的找本级编办。本题中，市政府的两个职能局合并，这是新设中的“有无”问题，应当由市政府提出方案，报省编办审核方案，再报省政府批准，且市政府应当将批准方案报市人大常委会备案。故B选项正确。

答案：B

14. 国务院扶贫开发领导小组办公室作为国务院议事协调机构，改组为国务院直属机构国家乡村振兴局，下列说法正确的是？（2021年真题回忆版）

A. 国务院扶贫开发领导小组办公室主管特定工作，具有行政管理职能

B. 国家乡村振兴局无权制定规章

C. 国家乡村振兴局改变应报国务院决定

D. 国务院扶贫领导开发小组单独确定编制

［考点］ 国务院直属机构和议事协调机构

［解析］ A选项，国务院部门管理国家局才是主管特定工作，具有行政管理职能，而扶贫开发领导小组办公室不是部管局，而属于议事协调机构。故A选项错误。B选项，国家乡村振兴局作为国务院直属机构，像国务院的组成部门、被授权的国务院直属机构一样，具有部门规章制定权。故B选项错误。C选项，国家乡村振兴局作为国务院直属机构，其设立、撤销、合并应当由中编办提出，报国务院决定。故C选项正确。D选项，国务院扶贫开发领导小组作为议事协调机构，无机构、无人员、无编制，一般情况下无措施。故D选项错误。

答案：C

考点3 公务员一般制度

15. 关于公务员录用的做法，下列哪一选项是正确的？（2012/2/43）

A. 县公安局经市公安局批准，简化程序录用一名特殊职位的公务员

B. 区财政局录用一名曾被开除过公职但业务和能力优秀的人为公务员

C. 市环保局以新录用的公务员李某试用期满不合格为由，决定取消录用

D. 国务院卫生行政部门规定公务员录用体检项目和标准，报中央公务员主管部门备案

［疑难辨析］ ①公务员录用制度是《公务员法》中比较重要的内容，在法考中也常会涉及。具体考点有录用的程序、禁止录用人员、试用期等。②本题中的B、C选项属于常规考点，而A选项中的特殊职位录用程序和D选项中的体检项目和标准则属于比较偏的考点。这也要求考生在复习备考时既要抓住重点，也要兼顾全面。③有些考生由于不具备公务员管理的常识，加上对《公务员法》的具体规定不熟悉，导致无法作出正确选择。

［解析］ ①《公务员法》对本题选项内容都作出了具体规定。《公务员法》第33条规定：“录用特殊职位的公务员，经省级以上公务员主管部门批准，可以简化程序或者采用其他测评办法。”可见A选项错误。另外，如果考生具备公务员管理的常识，应该能够判断出公务员录用的组织管理者是公务员主管部门，而不是招考机关的上级主管部门，从而得出该选项错误的结论。

②根据《公务员法》第26条的规定：“下

列人员不得录用为公务员：（一）因犯罪受过刑事处罚的；（二）被开除中国共产党党籍的；（三）被开除公职的；（四）被依法列为失信联合惩戒对象的；（五）有法律规定不得录用为公务员的其他情形的。”B选项中行政机关录用公务员，即使业务和能力优秀，只要是曾被开除过公职的人，就不得被录用为公务员，故该选项错误。

［举一反三］2018年修订的《公务员法》增加了两个禁止录用的条件：被开除中国共产党党籍的；被列为失信联合惩戒对象的。加上之前的受过刑事处罚和被开除公职，只要符合四个条件之一，无论其他条件多么优秀，都不得录用为公务员。

③根据《公务员法》第34条的规定：“新录用的公务员试用期为一年。试用期满合格的，予以任职；不合格的，取消录用。”试用期满的公务员如果考核不合格的，将被取消录用。故C选项正确。

［举一反三］注意区分三个概念：不予录用、取消录用和辞退

一	对象	性质
不予录用	被淘汰的考生	外部具体行政行为：可诉
取消录用	试用期不合格的公务员	内部人事管理：不可诉，可以复核、申诉
辞退	转正后但没能力、不听话的公务员	内部人事管理：不可诉，可以复核、申诉

④公务员录用体检项目和标准，属于公务员招考过程中一项重要的工作内容，从行政事务主管负责制的常识角度判断，也应当由主管公务员招考的机关来负责牵头，卫生健康行政部门从专业角度予以配合，而不可能由卫生健康行政部门牵头。同时，根据《公务员法》第31条的规定：“招录机关根据考试成绩确定考察人选，并进行报考资格复审、考察和体检。体检的项目和标准根据职位要求确定。具体办法由中央公务员主管部门会同国务院卫生健康行政部门规定。”可知，不是由国务院卫生健康行政部门规定公务员录用体检项目和标准，报中央公务员主管部门备案。故D选项错误。

答案：C

16. 关于聘任制公务员，下列做法正确的是？（2010/2/98）

A. 某县保密局聘任两名负责保密工作的计算机程序员

B. 某县财政局与所聘任的一名精算师实行协议工资制

C. 某市林业局聘任公务员的合同期限为10年

D. 某县公安局聘任网络管理员的合同需经上级公安机关批准

［疑难辨析］ 本题是专门针对公务员职位聘任的试题，对法条的精准记忆仍是解答本类试题的关键。D选项是关于聘任合同的批准与备案问题，与2006/2/49题C选项基本一致，属重复考查。

［举一反三］公务员聘任中的批准与备案。须经省级以上公务员主管部门批准，但聘任合同无须批准，报请备案即可。

一	事项	机关
批准	整个聘任工作的启动	省级以上公务员主管部门
备案	聘任合同的签订、变更、解除	同级公务员主管部门

［解析］ ①根据《公务员法》第100条的规定："机关根据工作需要，经省级以上公务员主管部门批准，可以对专业性较强的职位和辅助性职位实行聘任制。前款所列职位涉及国家秘密的，不实行聘任制。"聘任制公务员都是签1至5年合同，为了获得报酬而从事相关公务的，专业性和辅助性岗位可以聘任。但是，保密工作属于行政管理中非常重要的事项，往往涉及国家安全等，交给聘任制公务员风险太大，只能交给经过了层层筛选历经考验的一般公务员来完成。据此，保密局不能聘任负责保密工作的计算机程序员。故A选项错误。

②聘任制公务员与行政机关签订合同，就双方的权利义务进行协商达成合意，其中工资待遇肯定是合同中最为重要的事项之一。根据《公务员法》第103条第3款的规定："聘任制公务员实行协议工资制，具体办法由中央公务员主管部门规定。"故B选项中，某县财政局与所聘任的一名精算师实行协议工资制说法正确。

③根据《公务员法》第103条第2款的规定："聘任合同期限为一年至五年。聘任合同可以约定试用期，试用期为一个月至十二个月。"故C选项中，某市林业局聘任公务员的合同期限为10年的说法错误。

④根据《公务员法》第102条第2款的规定："聘任合同的签订、变更或者解除，应当报同级公务员主管部门备案。"可知聘任合同应当备案，但无须经上级机关批准，故D选项错误。

答案：B

17. 根据《公务员法》规定，经省级以上公务员主管部门批准，机关根据工作需要可以对下列哪些职位实行聘任制？（2017/2/76）

A. 涉及国家秘密的职位

B. 专业性较强的职位

C. 辅助性职位

D. 机关急需的职位

［解析］ 《公务员法》第100条规定："机关根据工作需要，经省级以上公务员主管部门批准，可以对专业性较强的职位和辅助性职位实行聘任制。前款所列职位涉及国家秘密的，不实行聘任制。"由此可知，B、C选项显然符合要求，A选项错误。至于D选项，符合聘任制的职位类型是由法律予以明确规定的，而不可能是根据某个机关职位的紧急状况来决定是否聘任。

综上，本题的正确答案是BC选项。

答案：BC

18. 财政局干部李某在机关外兼职。关于李某兼职，下列哪些说法是正确的？（2016/2/76）

A. 为发挥个人专长可在外兼职

B. 兼职应经有关机关批准

C. 不得领取兼职报酬

D. 兼职情况应向社会公示

［解析］ 本题考查的是行政机关公务员在机关外兼职的具体规定，比较简单。

①根据《公务员法》第44条的规定："公务员因工作需要在机关外兼职，应当经有关机关批准，并不得领取兼职报酬。"可见，B、C选项正确，当选。

②关于A选项中的为发挥个人专长而在外兼职，与上述法条中规定的"因工作需要"不相符合，故错误，不选。

③关于D选项中的兼职情况应向社会公示，与法条规定不相符合。实践中，公务员兼职并不需要向社会公示，故错误，不选。

答案：BC

19. 孙某为某行政机关的聘任制公务员，双方签订聘任合同。下列哪些说法是正确的？（2013/2/79）

A. 对孙某的聘任须按照公务员考试录用

程序进行公开招聘

B. 该机关应按照《公务员法》和聘任合同对孙某进行管理

C. 对孙某的工资可以按照国家规定实行协议工资

D. 如孙某与该机关因履行聘任合同发生争议，可以向人事争议仲裁委员会申请仲裁

[解析] ①公务员聘任是法考中一个较为常考的知识点。与一般录用公务员相比，其具有许多特殊规定，考生需要加以细致把握。

②关于A选项，《公务员法》第102条第1款规定："机关聘任公务员，应当按照平等自愿、协商一致的原则，签订书面的聘任合同，确定机关与所聘公务员双方的权利、义务。聘任合同经双方协商一致可以变更或者解除。"所以，聘任公务员与录用公务员不同的是，一般不需要按照考试录用程序，而是按照平等自愿、协商一致的原则，签订书面的聘任合同。故A选项错误，不当选。

③关于B选项，聘任制公务员是一种特殊类型的公务员，同样应当适用《公务员法》的具体规定。同时，聘任合同还就行政机关与聘任制公务员双方之间的权利义务进行了明确约定，该公务员同样应当遵循合同中的约定。所以，机关对孙某的管理依据包括《公务员法》和聘任合同。故B选项正确，当选。

④关于C选项，《公务员法》第103条规定："聘任合同应当具备合同期限，职位及其职责要求，工资、福利、保险待遇，违约责任等条款。聘任合同期限为一年至五年。聘任合同可以约定试用期，试用期为一个月至十二个月。聘任制公务员实行协议工资制，具体办法由中央公务员主管部门规定。"可见，对孙某的工资可以实行协议工资。故C选项正确，当选。

⑤关于D选项，《公务员法》第105条第1款和第2款规定，聘任制公务员与所在机关之间因履行聘任合同发生争议的，可以自争议发生之日起60日内申请仲裁。省级以上公务员主管部门根据需要设立人事争议仲裁委员会，受理仲裁申请。聘任制公务员与一般公务员在争议解决方式上不同，一般公务员可以通过申请复核或申诉的方式来解决，而聘任制公务员不允许复核、申诉，只能通过人事争议仲裁方式解决。省级以上公务员主管部门根据需要设立人事争议仲裁委员会，受理仲裁申请。故D选项正确，当选。

[举一反三] 争议解决方式

—	争议性质	救济途径
行政相对人	外部、具体行政行为	行政复议、行政诉讼
普通公务员	内部、人事处理	复核、申诉
聘任公务员	内部、人事处理	人事争议仲裁

答案：BCD

20. 王某经过考试成为某县财政局新录用的公务员，但因试用期满不合格被取消录用。下列哪一说法是正确的？(2014/2/44)

A. 对王某的试用期限，由某县财政局确定

B. 对王某的取消录用，应当适用辞退公务员的规定

C. 王某不服取消录用向法院提起行政诉讼的，法院应当不予受理

D. 对王某的取消录用，在性质上属于对王某的不予录用

[解析] 本题考查了公务员考试录用的试用期和取消录用相关知识点。

①考试录用的公务员必须有试用期，试用

期为1年，这是由《公务员法》规定的，而不可能由某一个行政机关确定。行政机关只有执行法律规定的职责，没有设立公务员管理制度的权力。故A选项错误。

②取消录用针对的是试用期的公务员。通过公务员考试后取得的是公务员身份，并没有任职，只有经过试用期，考核合格的，才进行任职。而公务员的辞退是指机关依照法律、法规规定的条件和程序，在法定权限内解除公务员在机关的公职关系。所以，辞退的对象是正式的、有任职的公务员。取消录用与辞退是两种不同的制度，适用不同的规定，不能混用。故B选项错误。

③行政机关对公务员的取消录用，是典型的人事处理，是内部行政行为，不具有外部性，依法不属于行政诉讼的受案范围。故C选项正确。

④不予录用是指在考试过程中因为当事人不符合公务员录用的条件而被行政机关拒绝录用，其针对的是参加公务员考试的人员，是外部行政行为。当事人对不予录用决定不服的，有权提起行政诉讼。可见，取消录用不同于不予录用。故D选项错误。

答案：C

21. 根据《公务员法》的规定，下列哪些选项属于公务员交流方式？（2014/2/85）

A. 调任

B. 转任

C. 挂职锻炼

D. 接受培训

[解析] 本题考查了公务员交流方式这一知识点。根据《公务员法》的规定，我国公务员交流方式包括两种，即调任和转任。挂职锻炼不是公务员的交流方式。接受培训是属于公务员管理中的培训内容，并没有改变公务员的任职和工作情况，不属于公务员交流方式。故本题的正确答案是A、B选项。

答案：AB

22. 根据《公务员法》规定，下列哪一选项不是公务员应当履行的义务？（2015/2/44）

A. 公道正派

B. 忠于职守

C. 恪守职业道德

D. 参加培训

[解析] ①本题是比较简单的题目，考生从法条记忆或常识判断角度，很容易作出正确的选择。

②《公务员法》第14条规定："公务员应当履行下列义务：（一）忠于宪法，模范遵守、自觉维护宪法和法律，自觉接受中国共产党领导；（二）忠于国家，维护国家的安全、荣誉和利益；（三）忠于人民，全心全意为人民服务，接受人民监督；（四）忠于职守，勤勉尽责，服从和执行上级依法作出的决定和命令，按照规定的权限和程序履行职责，努力提高工作质量和效率；（五）保守国家秘密和工作秘密；（六）带头践行社会主义核心价值观，坚守法治，遵守纪律，恪守职业道德，模范遵守社会公德、家庭美德；（七）清正廉洁，公道正派；（八）法律规定的其他义务。"可见，A选项的公道正派、B选项的忠于职守和C选项的恪守职业道德都是公务员在法律上的义务，不当选。

③《公务员法》第15条规定："公务员享有下列权利：（一）获得履行职责应当具有的工作条件；（二）非因法定事由、非经法定程序，不被免职、降职、辞退或者处分；（三）获得工资报酬，享受福利、保险待遇；（四）参加培训；（五）对机关工作和领导人员提出批评和建议；（六）提出申诉和控告；（七）申请辞职；（八）法律规定的其他权利。"可见，参加培训属于公务员依法享有的权利。从常识上判断，公务员接受培训，能够提升自己的能力，胜任更为重要的工作任务，进而获得晋

升的机会。这当然是对公务员有利的权利保障。故本题正确答案为D选项。

答案：D

23. 关于公务员的辞职和辞退，下列哪些说法是正确的？（2015/2/76）

A. 重要公务尚未处理完毕的公务员，不得辞去公职

B. 领导成员对重大事故负有领导责任的，应引咎辞去公职

C. 对患病且在规定的医疗期内的公务员，不得辞退

D. 被辞退的公务员，可根据国家有关规定享受失业保险

［解析］ 本题考查的是公务员管理中关于辞职和辞退的细节问题，需要考生细致地掌握相关知识点，才能作出正确的选择。

①关于A选项，公务员不得辞职的情形，《公务员法》第86条规定："公务员有下列情形之一的，不得辞去公职：（一）未满国家规定的最低服务年限的；（二）在涉及国家秘密等特殊职位任职或者离开上述职位不满国家规定的脱密期限的；（三）重要公务尚未处理完毕，且须由本人继续处理的；（四）正在接受审计、纪律审查、监察调查，或者涉嫌犯罪，司法程序尚未终结的；（五）法律、行政法规规定的其他不得辞去公职的情形。"可见，公务员因重要公务尚未处理完毕，且须由本人继续处理的，才不得辞职。虽然重要公务尚未处理完毕，但是该公务可以由其他人代为处理，则公务员也可以辞职。A选项中恰恰遗漏了这一关键条件，故A选项错误。

②关于B选项，引咎辞职辞去的是领导职务还是公职？《公务员法》第87条规定："担任领导职务的公务员，因工作变动依照法律规定需要辞去现任职务的，应当履行辞职手续。担任领导职务的公务员，因个人或者其他原因，可以自愿提出辞去领导职务。领导成员因工作严重失误、失职造成重大损失或者恶劣社会影响的，或者对重大事故负有领导责任的，应当引咎辞去领导职务。领导成员因其他原因不再适合担任现任领导职务的，或者应当引咎辞职本人不提出辞职的，应当责令其辞去领导职务。"可见，领导成员对重大事故负有领导责任的，应引咎辞去领导职务，而不是辞去公职。故B选项错误。

③关于C选项，不得辞退公务员的条件，《公务员法》第89条规定："对有下列情形之一的公务员，不得辞退：（一）因公致残，被确认丧失或者部分丧失工作能力的；（二）患病或者负伤，在规定的医疗期内的；（三）女性公务员在孕期、产假、哺乳期内的；（四）法律、行政法规规定的其他不得辞退的情形。"可见，对患病或者负伤，在规定的医疗期内的公务员，不得辞退。故C选项正确。

④关于D选项，被辞退公务员的待遇，《公务员法》第90条规定："辞退公务员，按照管理权限决定。辞退决定应当以书面形式通知被辞退的公务员，并应当告知辞退依据和理由。被辞退的公务员，可以领取辞退费或者根据国家有关规定享受失业保险。"可见，被辞退的公务员，可根据国家有关规定享受失业保险。故D选项正确。

［举一反三］ 辞职、免职、撤职、降级、开除、罢免、辞去领导职务、引咎辞职之间的区别

名称	含义
辞职	公务员主动以书面形式申请辞去公职，离开公务员队伍，解除人事关系
免职	中性词。可能是因工作需要，也可能工作失职、渎职而被问责，免去领导职务，但是还具有公务员身份和级别，还可以被任用

续表

名称	含义
撤职	严重的处分种类，期限 24 个月。丧失领导职务，降低级别和工资，但是还具有公务员身份，处分解除后还可以“从头再来”
降级	较为严重的处分种类，期限 24 个月。级别和工资降低，但一般不涉及职务变化
开除	最严重的处分种类。被清理门户，解除人事关系，丧失公务员身份
罢免	问责制。选任制公务员在任期内存在严重违法违纪行为，人民代表大会用投票方式将其选下来。失去领导职务，还具有公务员身份
辞去领导职务	中性词。可能因公、自愿等，也可能是领导人员因失职渎职造成重大影响而被问责，要求其辞去领导职务。还具有公务员身份
引咎辞职	问责制。领导人员因工作严重失误、失职造成重大损失或者恶劣社会影响的，或者对重大事故负有领导责任的，鉴于自身所犯的过错而辞去领导职务的行为。还具有公务员身份，只是“中场休息”，往往会有机会“东山再起”

答案：CD

24. 某县应急管理局局长王某在本县的一次火灾事故处理中，失职造成重大损失，便引咎辞去了领导职务，下列关于引咎辞职的说法正确的是？（2019 年真题回忆版）

A. 意味着王某不再具有公务员身份

B. 是追究王某责任的必经程序

C. 是对王某的行政处分

D. 是对王某的行政问责

［解析］ ①本题考查的是公务员引咎辞职的知识点。公务员辞职分为辞去公职和辞去领导职务。引咎辞职是辞去领导职务。辞去公职是指公务员根据本人意愿提出，并经过任免机关批准，依法解除其与机关的职务关系。辞去公职的直接结果是丧失公务员身份，公务员与机关的职务关系归于消灭。这是典型意义上的辞职。而引咎辞职是担任领导职务的公务员因工作严重失误、失职造成重大损失或者恶劣社会影响，或者对重大事故负有领导责任的，鉴于自身所犯的过错而辞去领导职务的行为。引咎辞职的后果是公务员丧失了领导职务，但是其仍然是公务员，并没有失去公务员身份。可见，A 选项错误。

②关于 B 选项，公务员因为违法违纪而被处分或追究法律责任，并不需要以公务员引咎辞职为必经程序。相反，《行政机关公务员处分条例》第 17 条规定：“违法违纪的行政机关公务员在行政机关对其作出处分决定前，已经依法被判处刑罚、罢免、免职或者已经辞去领导职务，依法应当给予处分的，由行政机关根据其违法违纪事实，给予处分。行政机关公务员依法被判处刑罚的，给予开除处分。”可见，B 选项错误。

③关于 C、D 选项，行政机关公务员的处分种类有：警告、记过、记大过、降级、撤职和开除。引咎辞职属于对领导的行政问责，而不属于处分。故 C 选项错误，D 选项正确。

答案：D

25. 下列关于公务员职务和职级的说法不正确的是？（2019 年真题回忆版）

A. 国家实行公务员职务与职级并行制度

B. 职级只在县级以下设置

C. 公务员职级实行委任制和聘任制

D. 公务员的领导职务、职级与级别是确定公务员工资以及其他待遇的依据

［解析］ ①我国《公务员法》实行公务

员职务与职级并行、职级与待遇挂钩制度，拓展公务员职级晋升通道，进一步调动广大公务员的积极性。

②职务、职级和级别对于规范公务员管理具有重要意义。首先，职务、职级和级别根据公务员所承担的职责而确定，是对他们分类，进行差异化管理的前提。其次，职务、职级和级别的作用各有侧重。领导职务主要反映对该岗位需要的品行、知识、能力和经验的要求，以及公务员承担的职责。职级是公务员的等级序列，是与领导职务并行的晋升通道，主要反映公务员的政治素质、业务能力、资历贡献，是确定工资、住房、医疗等待遇的重要依据，不具有领导职责。级别则主要反映公务员的待遇。三者相互补充，共同构成公务员管理的基础。最后，职务、职级和级别与公务员个人的权利义务、福利、待遇等密切关联。

③公务员职级在厅局级以下设置。公务员职级实行委任制和聘任制。

综上，A、C、D选项说法正确，B选项说法错误。

答案：B

26. 关于公务员法，下列说法正确的是？（2019年真题回忆版）

A. 刘某曾经因聚众赌博被公安机关行政拘留5日，则不能被录用为公务员

B. 杨某因违纪被留党察看，则不能被录用为公务员

C. 公务员张某2017年和2019年年度考核不称职，应当予以辞退

D. 市场监督管理局的科员王某的定期考核就是年度考核，每次考核期限为一年

［解析］ 本题考查公务员录用和考核。

①关于禁止录用公务员的情形，《公务员法》规定了四种禁止录用的情形：因犯罪受过刑事处罚的（不仅包括故意犯罪，也包括过失犯罪）；被开除中国共产党党籍的；被依法列为失信联合惩戒对象的；被开除公职的（不仅包括国家行政机关中的公职，也包括国有企业、高等院校和科研院所以及其他不参照《公务员法》管理的事业单位中的公职）。可见，A选项中刘某被行政拘留不是刑事处罚，不是禁止录用的对象。B选项中杨某是被留党察看，不是被开除中国共产党党籍，也不是被禁止录用的对象。故A、B选项错误。

②公务员只有连续两年年度考核不称职的，才予以辞退。如果只有一次年度考核不称职，那就是降低一个职务或者职级层级任职。故C选项错误。

③对非领导成员公务员的定期考核采取年度考核的方式，先由个人按照职位职责和有关要求进行总结，主管领导在听取群众意见后，提出考核等次建议，由本机关负责人或者授权的考核委员会确定考核等次。市场监督管理局的科员王某属于非领导成员公务员，对其定期考核采取年度考核的方式，说法正确。故D选项正确。

答案：D

27. 某财政局副局长孙某在2020年年度考核中被评为不称职等次，下列选项正确的是？（2021年真题回忆版）

A. 孙某可以领取2020年度奖金

B. 对孙某降低一个职级层级

C. 对孙某的不称职等次不属于人事处理行为

D. 由财政局局长或者经授权的考核委员会进行评级

［考点］ 公务员考核

［解析］ A选项，公务员在年度考核不称职的，不得领取年度奖金。故A选项错误。B选项，一般公务员定期考核不称职降低的是职级层级，领导定期考核不称职降低的是职务层级。副局长属于领导职务，考核不称职降低的不是职级层级，而是职务层级。故B选项错

误。C选项，公务员考核属于典型的人事处理行为。故C选项错误。D选项，公务员定期考核由机关负责人或者经授权的考核委员会进行评级。故D选项正确。

答案：D

28. 民政局科员刘某在年终考核中被评为基本称职，下列哪些说法正确？（2023年真题回忆版）

A. 对于刘某的考核由主管机关按照有关规定作出

B. 刘某不能享受年终奖金

C. 考核结果可作为奖励、培训、辞退的依据

D. 刘某对结果不服，可向原处理机关申请复核

［解析］ ①领导成员和非领导成员的考核方式是不一样的。只有领导成员的考核由主管机关按照有关规定办理。非领导成员公务员的定期考核采取年度考核的方式。先由个人按照职位职责和有关要求进行总结，主管领导在听取群众意见后，提出考核等次建议，由本机关负责人或者授权的考核委员会确定考核等次。本案中的刘某系某县民政局科员，不是领导成员。故A选项关于刘某的考核方式的说法是错误的。

②公务员在定期考核中被确定为优秀、称职的，按照国家规定享受年终奖金。据此可知，刘某在年终考核中被评为基本称职的，不能享受年终奖金。B选项说法正确。

③定期考核的结果作为调整公务员职位、职务、职级、级别、工资以及公务员奖励、培训、辞退的依据。C选项说法正确。

④公务员可以申请复核和申诉的事项范围是特定的，只限于：（1）处分；（2）辞退或者取消录用；（3）降职；（4）定期考核定为不称职；（5）免职；（6）申请辞职、提前退休未予批准；（7）不按照规定确定或者扣减工资、福利、保险待遇；（8）法律、法规规定可以申诉的其他情形。据此可知，在定期考核方面，只有针对定期考核定为不称职的情形，方可申请复核和提出申诉。D选项说法错误。

答案：BC

29. 某市财政局法制科副科长李某的工作年限已满30年，拟提前退休。下列关于公务员提前退休的说法，正确的是？（2022年真题回忆版）

A. 退休后可以享受国家规定的养老金和其他待遇

B. 退休后三年内不得到与原工作业务直接相关的企业或者其他营利性组织任职

C. 提前退休需要经过任免机关批准

D. 若李某对市财政局不同意提前退休的决定有异议，则可向法院提起行政诉讼

［考点］ 提前退休

［解析］ ①根据《公务员法》第94条的规定："公务员退休后，享受国家规定的养老金和其他待遇，国家为其生活和健康提供必要的服务和帮助，鼓励发挥个人专长，参与社会发展。"A选项说法正确。

②公务员辞去公职或者退休的，原系领导成员、县处级以上领导职务的公务员在离职3年内，其他公务员在离职2年内，不得到与原工作业务直接相关的企业或者其他营利性组织任职，不得从事与原工作业务直接相关的营利性活动。李某是某市财政局法制科副科长，不属于领导成员、县处级以上领导职务的公务员，故应为在离职2年内，不得到与原工作业务直接相关的企业或者其他营利性组织任职，不得从事与原工作业务直接相关的营利性活动。B选项说法错误。

③公务员工作年限满30年的，本人自愿提出申请，经任免机关批准，可以提前退休。因而，公务员提前退休需要经过任免机关批准。C选项说法正确。

④公务员对申请辞职、提前退休未予批准的，可以向原处理机关申请复核；对复核结果不服的，可以按照规定向同级公务员主管部门或者作出该人事处理的机关的上一级机关提出申诉；也可以不经复核，直接提出申诉。人民法院不受理公民、法人或者其他组织对行政机关工作人员的奖惩、任免等决定提起的诉讼。D选项说法错误。

答案：AC

30. 方某是县生态环境局二级主任科员，下列选项正确的是？（2022年真题回忆版）

A. 对方某的定期考核应当采用年度考核的方式

B. 若方某符合一级主任科员任职资历条件，可以直接晋升为一级主任科员

C. 二级主任科员是方某的职级

D. 方某认为应当晋升一级主任科员而未获得晋升的，可以依据《公务员法》进行申诉

［考点］ 公务员考核、晋升、职级和救济

［解析］ ①非领导成员公务员的定期考核采取年度考核的方式。方某是县生态环境局二级主任科员，属于非领导成员公务员，对其定期考核应当采用年度考核的方式。A选项说法正确。

②公务员职级应当逐级晋升，根据个人德才表现、工作实绩和任职资历，参考民主推荐或者民主测评结果确定人选，经公示后，按照管理权限审批。因此，即便是符合一级主任科员任职资历条件，也不可以直接晋升，还需要经过参考民主推荐或者民主测评结果确定人选、公示和审批等法定程序。B选项说法错误。

③根据《公务员法》第19条第2款的规定：“综合管理类公务员职级序列分为：一级巡视员、二级巡视员、一级调研员、二级调研员、三级调研员、四级调研员、一级主任科员、二级主任科员、三级主任科员、四级主任科员、一级科员、二级科员。”由此可见，本题中的二级主任科员是方某的职级。C选项说法正确。

④根据《公务员法》的规定，公务员对涉及本人的下列人事处理不服的，可以按照规定向同级公务员主管部门或者作出该人事处理的机关的上一级机关提出申诉；也可以不经复核，直接提出申诉：（1）处分；（2）辞退或者取消录用；（3）降职；（4）定期考核定为不称职；（5）免职；（6）申请辞职、提前退休未予批准；（7）不按照规定确定或者扣减工资、福利、保险待遇；（8）法律、法规规定可以申诉的其他情形。由此可知，认为应当晋升一级主任科员而未获得晋升的，并不属于法定可以申诉的事项范围，是不可以依据公务员法进行申诉的。D选项说法错误。

答案：AC

31. 关于国家机关公务员处分的做法或说法，下列哪一选项是正确的？（2010/2/41）

A. 张某受记过处分期间，因表现突出被晋升一档工资

B. 孙某撤职处分被解除后，虽不能恢复原职但应恢复原级别

C. 童某受到记大过处分，处分期间为24个月

D. 田某主动交代违纪行为，主动采取措施有效避免损失，应减轻处分

［解析］ ①公务员的处分包括：警告、记过、记大过、降级、撤职、开除。根据《公务员法》第64条第1款的规定：“公务员在受处分期间不得晋升职务、职级和级别，其中受记过、记大过、降级、撤职处分的，不得晋升工资档次。”可见，警告处分期间才可以涨工资，记过期间不可以。故A选项错误。

②根据《公务员法》第65条第2款的规定：“解除处分后，晋升工资档次、级别和职

务、职级不再受原处分的影响。但是，解除降级、撤职处分的，不视为恢复原级别、原职务、原职级。”理由在于，降级、撤职处分是降低级别甚至撤销了其领导职务，该处分决定生效后，公务员的级别、职务、职级已经受处分的影响，该处分后果真实发生且有效，并不会随着处分期限届满，处分解除而自动恢复。所以孙某撤职处分被解除后，既不视为恢复原职务也不视为恢复原级别和职级。故B选项错误。

③根据《公务员法》第64条第2款的规定：“受处分的期间为：警告，六个月；记过，十二个月；记大过，十八个月；降级、撤职，二十四个月。”童某受到记大过处分，处分期间为18个月。故C选项错误。本选项直接考查公务员处分的期限，难度偏低。

④根据《行政机关公务员处分条例》第14条第1款的规定：“行政机关公务员主动交代违法违纪行为，并主动采取措施有效避免或者挽回损失的，应当减轻处分。”故D选项正确。

［举一反三］处分种类之间的区别

种类	效果	期限（月）	工资	解除	考核	奖金
警告	精神	6	↑	可晋升	—	—
记过	—	12	→	可晋升	—	—
记大过	—	18	→	可晋升	—	—
降级	降低级别	24	↓	可晋升不视为恢复原级别	—	—
撤职	丧失领导职务和级别	24	↓	可晋升不视为恢复原职务、原职级、原级别	—	—
开除	失去公职	永远	无	无	—	—

答案：D

32. 某县市场监督管理局科员李某因旷工被给予警告处分。关于李某的处分，下列哪一说法是正确的？（2017/2/44）

A. 处分决定可以口头方式通知李某

B. 处分决定自作出之日起生效

C. 受处分期间为12个月

D. 李某在受处分期间不得晋升工资档次

［解析］①《公务员法》第63条规定：“对公务员的处分，应当事实清楚、证据确凿、定性准确、处理恰当、程序合法、手续完备。公务员违纪违法的，应当由处分决定机关决定对公务员违纪违法的情况进行调查，并将调查认定的事实以及拟给予处分的依据告知公务员本人。公务员有权进行陈述和申辩；处分决定机关不得因公务员申辩而加重处分。处分决定机关认为对公务员应当给予处分的，应当在规定的期限内，按照管理权限和规定的程序作出处分决定。处分决定应当以书面形式通知公务员本人。”由此可知，对公务员的处分决定应当以书面形式作出，不允许以口头形式作出，故A选项错误。

②《行政机关公务员处分条例》第46条规定：“处分决定、解除处分决定自作出之日起生效。”故B选项正确。

［举一反三］生效时间

行为类型	生效时间
公务员处分	作出生效
具体行政行为	原则上送达生效；个别的附条件生效
行政复议	决定一经送达即生效
行政诉讼一审裁判	送达后判决 15 日，裁定 10 日内不上诉生效

③《公务员法》第 64 条规定：“公务员在受处分期间不得晋升职务、职级和级别，其中受记过、记大过、降级、撤职处分的，不得晋升工资档次。受处分的期间为：警告，六个月；记过，十二个月；记大过，十八个月；降级、撤职，二十四个月。受撤职处分的，按照规定降低级别。”本题中的处分是警告，因此，受处分的期间为 6 个月。故 C 选项错误。同时根据上述法条规定，所有的处分在处分期间均不得晋升职务、职级和级别，但只有记过、记大过、降级、撤职处分的，不得晋升工资档次，即对受警告处分的，可以晋升工资档次。故 D 选项错误。

综上，本题的正确答案为 B 选项。

答案：B

33. 市监察委以市卫健委副主任刘某在疫情期间玩忽职守给予记大过处分，下列说法正确的是？（2021 年真题回忆版）

A. 若刘某不服，可以依据《公务员法》向主管部门申诉

B. 应当降低级别

C. 主管部门不能就同一行为再次进行处分

D. 可以晋升工资和级别

［考点］　公职人员政务处分

［解析］　A 选项，本案不是行政机关对公务员作出的行政处分，而是监察机关对公职人员作出的政务处分。所以，若刘某不服，不可以依据《公务员法》向主管部门申诉，而应当依据《公职人员政务处分法》第 55 条第 1 款的规定向作出决定的监察机关申请复审；对复审决定仍不服的，可以向上一级监察机关申请复核。故 A 选项错误。B 选项，记大过不涉及级别的降低，降级和撤职才会降低级别。故 B 选项错误。C 选项，基于“一事不再罚”的原则，刘某的同一个行为已经被监察机关作出政务处分，则所在机关不得再进行公务员处分。故 C 选项正确。D 选项，被记大过处分的公务员在处分期内不得晋升工资和级别。故 D 选项错误。

答案：C

34. 县教育局财务人员李某在履职中存在失职问题，该县人力资源和社会保障局对其予以诫勉。以下关于诫勉的性质和后果的说法，正确的是？（2022 年真题回忆版）

A. 诫勉的性质属于对公务员的行政处分

B. 诫勉属于公务员主管部门对李某的监督行为

C. 李某不得晋升工资档次

D. 李某对诫勉决定不服，不得提出申诉

［考点］　诫勉

［解析］　①所谓公务员的诫勉，是对思想、工作以及作风等方面存在问题的公务员进行教育的一种形式，由组织和纪检监察部门对公务员进行谈话规诫和监督管理，并组织相关的跟踪考核。所谓公务员的行政处分，是行政机关公务员违反法律、法规、规章以及行政机关的决定和命令，应当承担纪律责任的，由

行政机关给予的惩戒和制裁。由此可知，诫勉作为一种教育形式，本质不是惩戒和制裁，而是一种谈话规诫和监督管理手段，不是行政处分。另外，《公务员法》第106条也针对违反公务员法规定的公务员规定由县级以上领导机关或者公务员主管部门按照管理权限，区别不同情况，分别予以责令纠正或者宣布无效；对负有责任的领导人员和直接责任人员，根据情节轻重，给予批评教育、责令检查、诫勉、组织调整、处分；构成犯罪的，依法追究刑事责任。该条文将诫勉和处分规定为并列手段，也说明了诫勉不是处分。A选项说法错误，B选项说法正确。

②受到警告以外处分的公务员，在受处分期间不得晋升工资档次。诫勉不属于行政处分，认为不得晋升工资档次的说法于法无据。C选项说法错误。

③根据《公务员法》的规定，公务员对涉及本人的下列人事处理不服的，可以按照规定向同级公务员主管部门或者作出该人事处理的机关的上一级机关提出申诉；也可以不经复核，直接提出申诉：（1）处分；（2）辞退或者取消录用；（3）降职；（4）定期考核定为不称职；（5）免职；（6）申请辞职、提前退休未予批准；（7）不按照规定确定或者扣减工资、福利、保险待遇；（8）法律、法规规定可以申诉的其他情形。由此可知，针对诫勉这一并不属于法定可以申诉的事项，是不可以依据《公务员法》进行申诉的。另外，依据《公职人员政务处分法》的相关规定，公职人员对监察机关作出的涉及本人的政务处分决定不服的，可以依法向作出决定的监察机关申请复审；公职人员对复审决定仍不服的，可以向上一级监察机关申请复核。因此，诫勉不属于可以申请复审和申请复核的事项范围，也不属于法定可以申诉事项。D选项说法正确。

答案：BD

35. 生态环境局局长王某因截留征收的排污费被给予记大过的处分，下列哪一说法是正确的？（2022年延考真题回忆版）

A. 处分决定自作出之日起生效

B. 处分期届满后即自动解除处分

C. 应按规定降低级别

D. 王某不再享有培训权

［解析］①公务员处分决定和解除处分决定都是自作出之日起生效。A选项正确。

②根据法律规定，公务员受开除以外的处分，在受处分期间有悔改表现，并且没有再发生违纪违法行为的，处分期满后自动解除。题目未交代这些条件，过于绝对。B选项错误。

③公务员处分中，降级和撤职才会降低级别，记大过没有降级这一说。C选项错误。

④公务员有培训权，王某只是记大过，没有丧失公务员身份，当然继续享有培训权。D选项错误。

答案：A

专题三 行政法规与行政规章

考情分析

本专题通常的考点有：行政立法权限，行政法规、规章的起草程序，解释、适用与备案的规则等。

法条依据包括：《立法法》和《行政法规制定程序条例》《规章制定程序条例》。这一部分历年试题主要是对法律条文的直接考查，复习中应注意记忆的准确性。

考点1 行政法规

1. 行政法规条文本身需进一步明确界限或作出补充规定的，应对行政法规进行解释。关于行政法规的解释，下列说法正确的是？（2016/2/100）

A. 解释权属于国务院

B. 解释行政法规的程序，适用行政法规制定程序

C. 解释可由国务院授权国务院有关部门公布

D. 行政法规的解释与行政法规具有同等效力

[解析] 本题考查了行政法规的解释权限、程序、效力等考点，难度适中。依据《行政法规制定程序条例》第31条的规定："行政法规有下列情形之一的，由国务院解释：（一）行政法规的规定需要进一步明确具体含义的；（二）行政法规制定后出现新的情况，需要明确适用行政法规依据的。国务院法制机构研究拟订行政法规解释草案，报国务院同意后，由国务院公布或者由国务院授权国务院有关部门公布。行政法规的解释与行政法规具有同等效力。"

①关于A选项，行政法规的解释分为条文本身的解释即抽象解释，和具体应用问题的解释即个案解释。前者的解释权限在国务院，后者的解释权限在国务院法制机构。故A选项正确，当选。

②关于B选项，行政法规的解释程序与制定程序。行政法规的制定程序包括立项、起草、审查、决定、公布等系统程序。而解释程序仅包括国务院部门或者省级政府提出解释要求，法制机构拟定解释草案，报国务院同意后公布。因此，解释行政法规适用自己专门的程序，而不是适用行政法规制定程序。故B选项错误，不当选。

③关于C选项，行政法规解释可由国务院公布，或者由国务院授权国务院有关部门公布。故C选项正确，当选。

④关于D选项，行政法规的解释的效力。因为是对行政法规条文本身进一步明确界限或作出补充规定而进行的解释，所以解释后形成的就是新的行政法规条文，当然与之前的行政法规具有同等效力。故D选项正确，当选。

［举一反三］行政法规的解释

解释类型	适用情形	谁申请	谁解释	谁拟定	谁公布	效力
抽象解释	明确具体含义、出现新情况	省级政府、国务院部门	国务院	国务院法制机构	国务院或其授权的部门	同行政法规
应用解释	个案中具体应用问题	部门法制机构、省级政府的法制机构	国务院法制机构	国务院法制机构	无	只适用于个案

答案：ACD

2. 国务院法制机构在审查起草部门报送的行政法规送审稿时认为，该送审稿规定的主要制度存在较大争议，且未与有关部门协商。对此，可以采取下列哪些处理措施？（2011/2/85）

A. 缓办

B. 移交其他部门起草

C. 退回起草部门

D. 向社会公布，公开征求意见

［解析］ 依据《行政法规制定程序条例》第19条的规定："行政法规送审稿有下列情形之一的，国务院法制机构可以缓办或者退回起草部门：（一）制定行政法规的基本条件尚不成熟或者发生重大变化的；（二）有关部门对送审稿规定的主要制度存在较大争议，起草部门未征得机构编制、财政、税务等相关部门同意的；（三）未按照本条例有关规定公开征求意见的；（四）上报送审稿不符合本条例第十五条、第十六条、第十七条规定的。"可见，当送审稿规定的主要制度存在较大争议时，且未与有关部门协商的，国务院法制机构可以缓办或者退回起草部门，而不是移交其他部门起草或者向社会公布。故A、C选项正确，B、D选项为干扰项，错误。

答案：AC

3. 关于行政法规的决定与公布，下列哪一说法是正确的？（2010/2/42）

A. 行政法规均应由国务院常务会议审议通过

B. 行政法规草案在国务院常务会议审议时，可由起草部门作说明

C. 行政法规草案经国务院审议报国务院总理签署前，不得再作修改

D. 行政法规公布后由国务院法制机构报全国人大常委会备案

［解析］ ①根据《行政法规制定程序条例》第26条第1款的规定："行政法规草案由国务院常务会议审议，或者由国务院审批。"国务院审查通过行政法规草案有两种方式：一是召开国务院常务会议的审议；二是不开会的审批，其中对于调整范围单一、各方意见一致或者法律配套的行政法规草案还可以用传批的方式。故A选项错误。

②《行政法规制定程序条例》第26条第2款规定："国务院常务会议审议行政法规草案时，由国务院法制机构或者起草部门作说明。"行政法规提交审议的说明，就是由行政法规的起草部门或者法制机构就草案的具体情况向国务院常务会议进行说明。之所以既可以由法制机构，也可以由起草部门予以说明，理由在于，谁知情谁说明，起草部门作为草案的起草者当然了解具体情况，法制机构作为草案的审查和修改者也了解具体问题，都具备说明的条件和资格。故B选项正确。

③《行政法规制定程序条例》第27条第1款规定："国务院法制机构应当根据国务院

对行政法规草案的审议意见，对行政法规草案进行修改，形成草案修改稿，报请总理签署国务院令公布施行。”国务院大张旗鼓地开会审议草案就是要确认其是否存在需要修改的问题，如果发现问题，在签署之前当然应当予以修改，而不是不得修改。如果“不得”修改，那么审议的意义何在？故C选项错误。

④《行政法规制定程序条例》第30条规定：“行政法规在公布后的30日内由国务院办公厅报全国人民代表大会常务委员会备案。”故D选项错误，报请备案的机关为国务院办公厅。

答案：B

4. 《计算机信息网络国际联网安全保护管理办法》于1997年12月11日经国务院批准，由公安部于1997年12月30日以公安部部令发布。该办法属于哪一性质的规范？（2014/2/46）

A. 行政法规

B. 国务院的决定

C. 规章

D. 一般规范性文件

［解析］　①根据2004年《关于审理行政案件适用法律规范问题的座谈会纪要》的规定，现行有效的行政法规有以下三种类型：一是国务院制定并公布的行政法规。二是《立法法》施行以前，按照当时有效的行政法规制定程序，经国务院批准、由国务院部门公布的行政法规；但在《立法法》施行以后，经国务院批准、由国务院部门公布的规范性文件，不再属于行政法规。三是在清理行政法规时由国务院确认的其他行政法规。题干中涉及的《计算机信息网络国际联网安全保护管理办法》是1997年经国务院批准，由公安部部令发布的，符合第二种情况，故属于行政法规，A选项正确。

②本题具有较大的迷惑性，考生复习时，需要重点学习的是《行政法规制定程序条例》和《规章制定程序条例》。根据《行政法规制定程序条例》第27条第1款的规定：“国务院法制机构应当根据国务院对行政法规草案的审议意见，对行政法规草案进行修改，形成草案修改稿，报请总理签署国务院令公布施行。”可见，行政法规应当由总理签署国务院令公布施行。根据《规章制定程序条例》第29条的规定：“法制机构应当根据有关会议审议意见对规章草案进行修改，形成草案修改稿，报请本部门首长或者省长、自治区主席、市长、自治州州长签署命令予以公布。”可见，部门首长签署命令公布的应当是行政规章。

③本题依据较为冷僻的《关于审理行政案件适用法律规范问题的座谈会纪要》来命题，本身没有问题，但是选择的这个考点恰恰使认真复习的考生容易得出相反结论。

答案：A

5. 关于行政法规的立项，下列哪一说法是正确的？（2017/2/45）

A. 省政府认为需要制定行政法规的，可于每年年初编制国务院年度立法工作计划前向国务院报请立项

B. 国务院法制机构根据有关部门报送的立项申请汇总研究，确定国务院年度立法工作计划

C. 列入国务院年度立法工作计划的行政法规项目应适应改革、发展、稳定的需要

D. 国务院年度立法工作计划一旦确定不得调整

［解析］　①《行政法规制定程序条例》第8条规定：“国务院有关部门认为需要制定行政法规的，应当于国务院编制年度立法工作计划前，向国务院报请立项。国务院有关部门报送的行政法规立项申请，应当说明立法项目所要解决的主要问题、依据的党的路线方针政策和决策部署，以及拟确立的主要制度。国务院法制机构应当向社会公开征集行政法规制定

项目建议。”由此可知，只有国务院有关部门有权向国务院报请立项，没有赋予包括省级政府在内的地方政府报请立项权。这样规定的理由在于，俗话说得好，“春江水暖鸭先知”，各个部门作为专门性的机关各司其职，是各个领域中最先听到“炮声”的，具有本领域立法需求的最先体会者和最迫切需求者，由各部门提起立项申请是合适的。而省级政府作为与国务院一样的综合性行政主体，并不会身先士卒到执法第一线，对立法需求并不敏感，同时不具有足够的专业性，所以无法及时提出准确的立项申请。故A选项错误。

②《行政法规制定程序条例》第9条规定：“国务院法制机构应当根据国家总体工作部署，对行政法规立项申请和公开征集的行政法规制定项目建议进行评估论证，突出重点，统筹兼顾，拟订国务院年度立法工作计划，报党中央、国务院批准后向社会公布。列入国务院年度立法工作计划的行政法规项目应当符合下列要求：(一)贯彻落实党的路线方针政策和决策部署，适应改革、发展、稳定的需要；(二)有关的改革实践经验基本成熟；(三)所要解决的问题属于国务院职权范围并需要国务院制定行政法规的事项。”首先，拟定和确定不同。拟定是草拟出初步方案，无法发生效力，只有走完审批程序，经过有权机关批准之后才能生效。而确定才是有权机关行使职权，审查下级提交的方案，作出具有法律效力的批准决定。其次，行政法规的立法主体是国务院而不是国务院的法制机构，由此可知，国务院法制机构无权确定国务院年度立法工作计划，只有拟定权，行政法规立项确定权最终在国务院。故B选项错误。

③列入国务院年度立法工作计划的行政法规项目应适应改革、发展、稳定的需要，这是一句注定正确的废话。做行政法题目要坚持政治正确。这句话前面部分换成其他类似内容，一定还是正确的，因为行政机关无论作出何种行政管理工作，都应当适应改革、发展、稳定的需要。这样的语言表述是多么的英明正确，你认为它是错的那是你的思想出了大问题。C选项正确。

④《行政法规制定程序条例》第10条规定：“对列入国务院年度立法工作计划的行政法规项目，承担起草任务的部门应当抓紧工作，按照要求上报国务院；上报国务院前，应当与国务院法制机构沟通。国务院法制机构应当及时跟踪了解国务院各部门落实国务院年度立法工作计划的情况，加强组织协调和督促指导。国务院年度立法工作计划在执行中可以根据实际情况予以调整。”俗话说得好，“计划没有变化快”，现实生活是丰富多彩、千变万化的，所有的计划都不可能是一成不变的，必须根据实际情况及时作出相应调整。由此可知，国务院年度立法工作计划并非不能调整，而是可以根据实际情况予以调整。故D选项错误。

综上，本题的正确答案为C选项。

[举一反三] 立项

谁报请	部门
谁征集	法制机构应当向社会公开征集项目建议
谁拟定	法制机构
依据啥	立项申请+项目建议
谁批准	党中央+国务院
相衔接	与全国人大常委会的立法规划和计划相衔接

答案：C

6. 2017年11月22日国务院审批通过了《行政区划管理条例》，2018年10月10日公布。下列说法正确的是？（2019年真题回忆版）

A. 自2017年11月22日起30日内报全国人大常委会备案

B. 自2018年10月10日起30日内报全国人大常委会备案

C. 由国务院令公布

D. 由总理令公布

［解析］ 本题较为简单。《行政区划管理条例》属于行政法规，依据法律规定，行政法规由总理签署，以国务院令公布，在公布后的30日内由国务院办公厅报全国人民代表大会常务委员会备案。故B、C选项正确。

答案：BC

7. 为促进中国（上海）自由贸易试验区的发展，有关部门决定在上海市暂时停止实施行政法规《国际海运条例》的部分规定，由下列哪个主体作出决定？（2021年真题回忆版）

A. 全国人大常委会

B. 国务院

C. 上海市人大

D. 上海市政府

［考点］ 行政法规的停止适用

［解析］ 国务院可以根据全面深化改革、经济社会发展需要，就行政管理等领域的特定事项，决定在一定期限内在部分地方暂时调整或者暂时停止适用行政法规的部分规定。故B选项正确。

答案：B

考点2 行政规章

8. 2022年1月17日，某设区的市政府公布《扬尘污染防治管理办法》，以下简称《办法》。关于《办法》，下列说法正确的是？（2023年真题回忆版）

A. 可设定临时性许可

B. 公布后应报国务院备案

C. 应在省级政府公报上刊载

D. 可成为行政诉讼一并审查的对象

［解析］ 只有省级地方政府规章方可设定临时性的行政许可。A选项说法错误。

所有规章在公布后均应报国务院备案。B选项说法正确。

地方政府规章应当在本级政府公报上刊载。C选项说法错误。

只有规章以下的规范性文件方可成为行政诉讼附带审查的对象，规章不属于可以附带审查的范围。D选项说法错误。

答案：B

9. 某企业认为，甲省政府所在地的市政府制定的规章同某一行政法规相抵触，可以向下列哪些机关书面提出审查建议？（2010/2/80）

A. 国务院

B. 国务院法制机构

C. 甲省政府

D. 全国人大常委会

［疑难辨析］ 本题考查了规章与行政法规冲突时的审查机关，特别针对“设区的市的人民政府规章”这一特殊情形进行命题。由于是对单一重点法条的考查，本题难度不大，但其命题方式要引起考生重视，在复习法条时对各种“特别规定”要加以留意。规章的审查规定与行政法规、地方性法规、自治条例和单行条例的审查规定各不相同，注意《立法法》第97条、第99条、第100条的相关规定。

［解析］ 市政府服从国务院和省政府的领导，市政府规章有问题，老百姓当然有权向其上级机关提出审查建议。根据《规章制定程序条例》第35条的规定：“国家机关、社会团体、企业事业组织、公民认为规章同法律、行政法规相抵触的，可以向国务院书面提出审查的建议，由国务院法制机构研究并提出处理

意见，按照规定程序处理。国家机关、社会团体、企业事业组织、公民认为设区的市、自治州的人民政府规章同法律、行政法规相抵触或者违反其他上位法的规定的，也可以向本省、自治区人民政府书面提出审查的建议，由省、自治区人民政府法制机构研究并提出处理意见，按照规定程序处理。”甲省政府所在地的市属于设区的市，该企业可以向国务院和甲省政府提出书面审查建议。故A、C选项正确。

答案：AC

10. 关于规章的起草和审查，下列哪些说法是正确的？（2017/2/77）

A. 起草规章可邀请专家参加，但不能委托专家起草

B. 起草单位就规章起草举行听证会，应制作笔录，如实记录发言人的主要观点和理由

C. 起草规章应广泛听取有关机关、组织和公民的意见

D. 如制定规章的基本条件不成熟，法制机构应将规章送审稿退回起草单位

［解析］①《规章制定程序条例》第15条第3款规定：“起草专业性较强的规章，可以吸收相关领域的专家参与起草工作，或者委托有关专家、教学科研单位、社会组织起草。”起草规章可以邀请有关专家参加，也可以委托有关专家、组织起草。专业的人做专业的事，行政立法中的专业问题，当然需要由专业的人和团体参与。对个人可以邀请也可以委托。对教学科研机构、社会团体只能委托不能邀请。由此可知，起草规章可邀请专家参加，也可以委托专家起草。故A选项错误。

［举一反三］专业立法

主体	方式
专家	既可邀请又可委托
教学科研机构、社会团体	只委托不邀请

②《规章制定程序条例》第16条规定：“起草规章，涉及社会公众普遍关注的热点难点问题和经济社会发展遇到的突出矛盾，减损公民、法人和其他组织权利或者增加其义务，对社会公众有重要影响等重大利益调整事项的，起草单位应当进行论证咨询，广泛听取有关方面的意见。起草的规章涉及重大利益调整或者存在重大意见分歧，对公民、法人或者其他组织的权利义务有较大影响，人民群众普遍关注，需要进行听证的，起草单位应当举行听证会听取意见。听证会依照下列程序组织：（一）听证会公开举行，起草单位应当在举行听证会的30日前公布听证会的时间、地点和内容；（二）参加听证会的有关机关、组织和公民对起草的规章，有权提问和发表意见；（三）听证会应当制作笔录，如实记录发言人的主要观点和理由；（四）起草单位应当认真研究听证会反映的各种意见，起草的规章在报送审查时，应当说明对听证会意见的处理情况及其理由。”依法行政要求行政机关的行为必须程序合法，公众参与是程序正当的必然要求，而听证会是公众参与的重要方式。所以包括行政立法在内的行政行为经常用听证会的形式实现公众参与。既然是公众参与，当然就需要充分保障公众表达权、监督权的实现。听证会要安排每个参加者自由发言，还要安排记录人，如实记录发言人的主要观点和理由。故B选项正确。

③《规章制定程序条例》第15条第1款规定：“起草规章，应当深入调查研究，总结实践经验，广泛听取有关机关、组织和公民的

意见。听取意见可以采取书面征求意见、座谈会、论证会、听证会等多种形式。”行政立法应当采取民主立法方式，当然应当充分听取意见。故C选项正确。

④《规章制定程序条例》第20条规定：“规章送审稿有下列情形之一的，法制机构可以缓办或者退回起草单位：（一）制定规章的基本条件尚不成熟或者发生重大变化的；（二）有关机构或者部门对规章送审稿规定的主要制度存在较大争议，起草单位未与有关机构或者部门充分协商的；（三）未按照本条例有关规定公开征求意见的；（四）上报送审稿不符合本条例第十八条规定的。”由此可知，如制定规章的基本条件不成熟，法制机构不是只能缓办，或者只能退回，而是根据具体情况，既可以选择缓办，也可以选择退回起草单位。故D选项错误。

综上，本题的正确答案为B、C选项。

答案：BC

11. 某省会城市的市政府拟制定限制电动自行车通行的规章。关于此规章的制定，下列哪些说法是正确的？（2016/2/77）

A. 应先列入市政府年度规章制定工作计划中，未列入不得制定

B. 起草该规章应广泛听取有关机关、组织和公民的意见

C. 此规章送审稿的说明应对制定规章的必要性、规定的主要措施和有关方面的意见等情况作出说明

D. 市政府法制机构认为制定此规章基本条件尚不成熟，可将规章送审稿退回起草单位

［解析］ 本题考查的是行政规章的制定程序这一考点，这是最近几年的必考点。

①关于A选项，地方政府规章的立项和批准程序，依据《规章制定程序条例》第13条第3款规定：“年度规章制定工作计划在执行中，可以根据实际情况予以调整，对拟增加的规章项目应当进行补充论证。”“计划没有变化快”，可见，某省会城市的市政府拟制定限制电动自行车通行的规章，应由该市政府所属的工作部门或者下级政府向市政府报请立项，经市政府批准后列入年度规章制定工作计划。一般情况下，未列入年度规章制定工作计划的不得制定，但是年度规章制定工作计划在执行中可以根据实际情况予以调整，对拟增加的规章项目经过充分论证后可以制定。故A选项错误，不选。

②关于B选项，规章起草程序中听取意见，依据《规章制定程序条例》第15条第1款的规定：“起草规章，应当深入调查研究，总结实践经验，广泛听取有关机关、组织和公民的意见。听取意见可以采取书面征求意见、座谈会、论证会、听证会等多种形式。”可见，为了落实民主立法和开门立法，行政机关起草规章，应当广泛听取有关机关、组织和公民的意见。故B选项正确，当选。

③关于C选项，规章送审稿的内容，依据《规章制定程序条例》第18条第3款的规定：“规章送审稿的说明应当对制定规章的必要性、规定的主要措施、有关方面的意见及其协调处理情况等作出说明。”其实，送审稿需要附上说明很好理解。因为起草单位将送审稿报请审查，其追求的目标就是草案能够顺利通过审查，那么要想实现这一目标，就需要对自己起草的草案作出充分的说明，让审查者了解具体情况。故C选项正确，当选。

④关于D选项，规章送审稿的缓办或退回，依据《规章制定程序条例》第20条的规定：“规章送审稿有下列情形之一的，法制机构可以缓办或者退回起草单位：（一）制定规章的基本条件尚不成熟或者发生重大变化的；（二）有关机构或者部门对规章送审稿规定的主要制度存在较大争议，起草单位未与有关机构或者部门充分协商的；（三）未按照本条例有关规定公开征求意见的；（四）上报送审稿

不符合本条例第十八条规定的。”可见，如果市政府法制机构认为制定此规章基本条件尚不成熟，既可以将规章送审稿退回起草单位，也可以缓办。故D选项正确，当选。

答案：BCD

12. 2015年《立法法》修正后，关于地方政府规章，下列说法正确的是？（2015/2/97）

A. 某省政府所在地的市针对城乡建设与管理、环境保护、历史文化保护等以外的事项已制定的规章，自动失效

B. 应制定地方性法规但条件尚不成熟的，因行政管理迫切需要，可先制定地方政府规章

C. 没有地方性法规的依据，地方政府规章不得设定减损公民、法人和其他组织权利或者增加其义务的规范

D. 地方政府规章签署公布后，应及时在中国政府法制信息网上刊载

［解析］ 2015年修正的《立法法》针对行政法规和行政规章都作出了重要规定，这也是法考重点考查的内容。

①关于A选项，涉及修法之前较大市的行政规章相关事项的效力问题。首先，选项中的市政府是某省政府所在地的市，可见该市属于之前一直有规章制定权的较大市政府。在此先对较大市政府作一下普及：较大市政府有3类49个。分别是27个省会市或自治区首府；18个国务院批准的较大市，如苏州、邯郸、抚顺；还有4个经济特区所在地的市。这些较大市之前一直都有规章制定权。根据法不溯及既往原则，2015年修改《立法法》时才要求市政府制定规章不得超越城乡建设与管理、环境保护、历史文化保护等方面的事项。该项规定对较大市此前的规章并不适用，如果该市此前制定的规章中针对城乡建设与管理、环境保护、历史文化保护等以外的事项已规定的，继续有效而不是自动失效。《立法法》第93条规定：“省、自治区、直辖市和设区的市、自治州的人民政府，可以根据法律、行政法规和本省、自治区、直辖市的地方性法规，制定规章。地方政府规章可以就下列事项作出规定：（一）为执行法律、行政法规、地方性法规的规定需要制定规章的事项；（二）属于本行政区域的具体行政管理事项。设区的市、自治州的人民政府根据本条第一款、第二款制定地方政府规章，限于城乡建设与管理、环境保护、历史文化保护等方面的事项。已经制定的地方政府规章，涉及上述事项范围以外的，继续有效。除省、自治区的人民政府所在地的市，经济特区所在地的市和国务院已经批准的较大的市以外，其他设区的市、自治州的人民政府开始制定规章的时间，与本省、自治区人民代表大会常务委员会确定的本市、自治州开始制定地方性法规的时间同步。应当制定地方性法规但条件尚不成熟的，因行政管理迫切需要，可以先制定地方政府规章。规章实施满两年需要继续实施规章所规定的行政措施的，应当提请本级人民代表大会或者其常务委员会制定地方性法规。没有法律、行政法规、地方性法规的依据，地方政府规章不得设定减损公民、法人和其他组织权利或者增加其义务的规范。”故A选项错误。

②关于B选项，依据上述法条规定，应当制定地方性法规但条件尚不成熟的，因行政管理迫切需要，可以先制定地方政府规章。规章实施满2年需要继续实施规章所规定的行政措施的，应当提请本级人民代表大会或者其常务委员会制定地方性法规，即或废或转。故B选项正确。

③关于C选项，依据上述法条规定，没有法律、行政法规、地方性法规的依据，地方政府规章不得设定减损公民、法人和其他组织权利或者增加其义务的规范。可见，地方政府规章不得设定减损公民、法人和其他组织权利或者增加其义务的规范，具有三个前提条件，即法律、行政法规和地方性法规都没有作出规定的

情况下，地方政府规章才不得设定，只要上述三个立法文件中有一个作出了规定，则地方政府规章就可以设定减损公民、法人和其他组织权利或者增加其义务的规范。故C选项错误。

④关于D选项，地方政府规章的公布，《立法法》第97条规定：“部门规章签署公布后，及时在国务院公报或者部门公报和中国政府法制信息网以及在全国范围内发行的报纸上刊载。地方政府规章签署公布后，及时在本级人民政府公报和中国政府法制信息网以及在本行政区域范围内发行的报纸上刊载。在国务院公报或者部门公报和地方人民政府公报上刊登的规章文本为标准文本。”可见，地方政府规章签署公布后，应及时在中国政府法制信息网上刊载。故D选项正确。

答案：BD

13. 国家市场监督管理总局和生态环境部联合制定《关于加强生态环境监测机构监督管理规定》，以下简称《规定》，2018年5月28日由国家市场监督管理总局局长和生态环境部部长共同签署，下列选项正确的是？（2021年真题回忆版）

A. 公民甲若认为该《规定》存在问题，可以书面向国务院提出审查建议

B. 该《规定》可以以审议或审批的方式通过

C. 该《规定》应当在国务院公报上公布

D. 该《规定》解释权归国家市场监督管理总局

［考点］ 规章

［解析］ A选项，考点是社会公众对部门规章的监督，公民或社会组织认为国务院部门制定的规章存在问题的，有权向该规章制定部门的上一级机关即国务院书面提出审查建议，由国务院法制机构即司法部进行书面答复。故A选项正确。B选项，规章只能采用部务会议审议的方式通过，而不能像行政法规那样既可以审议又可以以审批方式通过。故B选项错误。C选项，部门规章签署公布后，及时在国务院公报或者部门公报和中国政府法制信息网以及在全国范围内发行的报纸上刊载。而不是应当在国务院公报上刊载。故C选项错误。D选项，行政规章谁制定谁解释，该通知由国家市场监督管理总局和生态环境部联合制定，也应当由国家市场监督管理总局和生态环境部联合解释。而不是只由国家市场监督管理总局解释。故D选项错误。

答案：A

14. 关于部门规章权限，下列说法正确的是？（2021年真题回忆版）

A. 可以对行政处罚违法所得的计算进行例外规定

B. 对上位法规定的行政许可的实施进行具体规定

C. 可以对行政处罚的地域管辖进行特别规定

D. 在法律、行政法规设定的行政强制措施范围、种类内进行具体规定

［考点］ 部门规章的规定权

［解析］ A选项，违法所得是指实施违法行为所取得的款项。法律、行政法规、部门规章对违法所得的计算另有规定的，从其规定。可见，因为在不同案件中违法所得的计算情形会有区别，所以包括法律、行政法规和部门规章这些在全国范围内实施的立法文件都可以对违法所得的计算作出例外规定。而为了防止地方性立法进行地方保护，禁止地方性法规和地方政府规章对违法所得的计算作出例外规定，故A选项正确。B选项，行政许可法中的设定权是创设权，解决的是从无到有的问题，只有法律、法规、国务院决定以及省级政府规章有权创设。而规定权是对下位法在上位法已经设定了的行政许可进行细化，解决的是从粗到细的问题。行政法规、地方性法规和所有的行

政规章都有权具体规定。故B选项正确。C选项，行政处罚由违法行为发生地的行政机关管辖。法律、行政法规、部门规章另有规定的，从其规定。此处禁止地方性法规和地方政府规章进行例外规定，原因还是为了防止地方保护。故C选项正确。D选项，相比于行政许可和行政处罚，行政强制对行政相对人的权益影响更大，立法上的限制也更严格。在规定权上，只允许地方性法规对法律、行政法规设定的行政强制措施进行具体规定，行政规章不得具体规定。故D选项错误。

答案：ABC

专题四 具体行政行为概述

考情分析

本专题内容与行政法基本原则构成行政法学科的两大理论性考查点。具体行政行为是行政法学的基本概念，贯穿于行政法学习的全过程，特别是在确定行政复议和行政诉讼受案范围时具有核心地位。本专题的主要考点包括具体行政行为的概念、分类、成立、法律效力以及合法性要件等，这些考点逐渐受到法考命题者的青睐，近几年都有试题出现，应引起足够重视。

考点1 具体行政行为的概念

1. 某区城管局以甲摆摊卖“麻辣烫”影响环境为由，将其从事经营的小推车等物品扣押。在实施扣押过程中，城管执法人员李某将甲打伤。对此，下列哪一说法是正确的？（2010/2/46）

A. 扣押甲物品的行为，属于行政强制执行措施

B. 李某殴打甲的行为，属于事实行为

C. 因甲被打伤，扣押甲物品的行为违法

D. 甲被打伤的损失，应由李某个人赔偿

[疑难辨析] 本题A、B选项考查具体行政行为的概念。其中A选项考查具体行政行为具体类别的判断。具体行政行为包括行政许可、行政处罚、行政强制措施和行政强制执行等众多类别，对案例中所涉具体行政行为进行归类判断是一种重要的考试题型。B选项考查具体行政行为和事实行为的区分问题，要对具体行政行为的构成要件有清晰了解。具体行政行为首先是一种法律行为，是处分性和有法律约束力的处理，这是它与行政事实行为的根本区别。C、D两项是对A、B选项的延伸，既然本案中城管局的扣押行为是具体行政行为，城管执法人员李某殴打甲的行为是事实行为，那么C选项即对上述两个行为之间的联系提出疑问，D选项进一步追问对事实行为产生的后果如何处理。由此看来，本题四个选项是围绕具体行政行为和事实行为概念的区别与联系层层深入展开的。

[解析] ①行政强制措施，是指行政机关在行政管理过程中，为制止违法行为、防止证据损毁、避免危害发生、控制危险扩大等情形，依法对公民的人身自由实施暂时性限制，或者对公民、法人或者其他组织的财物实施暂时性控制的行为。行政强制执行，是指行政机关或者行政机关申请人民法院，对不履行行政决定的公民、法人或者其他组织，依法强制履行义务的行为。行政强制执行与行政强制措施的最显著区别在于前者必须有行政法上的前置性义务，且当事人逾期没有履行该义务。行政强制措施具有临时性，影响财产的使用权。行政强制执行具有终局性，影响财产的所有权。本题中，甲并不存在逾期未履行行政法义务这一前提，城管局的扣押行为不是为了达到

义务履行的状态，而是为了制止甲的违法行为，对其物品予以暂时性扣押，影响的是甲物品的使用权而不是所有权。因此扣押属于行政强制措施，而非行政强制执行。故A选项错误。

[举一反三]

一	实施主体	目的	种类	特征
行政强制措施	机关+法律、行政法规授权组织；不得委托	预防、调查、制止	人身：传唤、隔离、留置等 财产：查封、扣押、冻结	临时性、使用权
行政强制执行	有强制执行权的行政机关+法院	实现第一次行为确定的义务	间接强制：代履行、执行罚 直接强制：拍卖、变卖、划拨	终局性、所有权、从属性

②行政事实行为是行政机关工作人员自觉或不自觉地作出的虽不创设新的行政法律关系，但与执行职务有密切关系的行为。行政事实行为不以建立、变更或者消灭当事人法律上权利义务关系为目的，既可以是一种意思表示，也可以是一种实际操作。行政事实行为不发生法律效果，或者虽然发生法律效果，但效果的发生与行政主体的意思无关。本案中的行政主体即城管局，其所实施的扣押行为是出于整顿市容的目的，避免甲随地摆摊卖“麻辣烫”的行为对环境造成进一步影响。而城管执法人员李某殴打甲的行为虽然是在实施扣押过程中发生的，而且产生了人身损害的后果，但这种后果与城管局实施扣押行为的意思无关，而且李某的殴打行为并不是以建立、变更或者消灭行政法律关系为目的，因此属于行政事实行为，它与城管局扣押物品这一具体行政行为是有显著区别的。故B选项正确。

③对于违法违规经营的小摊贩，城管局在法律法规规定范围内对相关物品进行扣押，属于合法行为。该扣押行为与李某打伤甲的行为无本质联系，所以尽管甲被打伤，但是扣押甲物品的行为并不违法。故C选项错误。

④行政事实行为致人权益损害的也要予以赔偿。根据《国家赔偿法》相关规定，行政机关工作人员在行使行政职权时，以殴打等方式造成公民身体伤害或者死亡的，受害人有取得赔偿的权利，该“赔偿”是指国家赔偿。本题中，李某在执法过程中打伤甲，属于在行使行政职权过程中致人伤害，应由李某所在城管局对甲予以赔偿，城管局赔偿后可按《国家赔偿法》相关规定对李某予以追偿。故D选项错误。

答案：B

2. 为落实淘汰落后产能政策，某区政府发布通告：凡在本通告附件所列名单中的企业两年内关闭。提前关闭或者积极配合的给予一定补贴，逾期不履行的强制关闭。关于通告的性质，下列哪一选项是正确的？（2016/2/44）

A. 行政规范性文件

B. 具体行政行为

C. 行政给付

D. 行政强制

[解析] 行政行为类型是丰富多样的，对各种类型的行政行为进行判断是一项难度较大的复杂工作，而行政行为的类型判定一直是法考的重点考查内容，做对这类题目的关键在于能够根据题干中提供的有效信息，分析出行为属于何种类型。

①关于A、B选项，规范性文件与具体行政行为之间的区别。本案中，区政府用发布通告的方式来落实淘汰落后产能政策，很多考生可能被“通告”这一形式所迷惑，认为是一

个规范性文件，属于抽象行政行为。但是，具体行政行为与抽象行政行为之间的区别不在于名称，而在于对象是否特定，能否反复适用。抽象行政行为是针对不特定的对象作出，能够反复适用的行政行为，而具体行政行为是针对特定的对象作出，不能反复适用的一次性处理。该通告中，附件列举了需要两年内关闭的企业名单，只有列在名单里的企业才是本通告调整的对象。可见，此通告是针对特定的对象作出的一次性处理，属于典型的具体行政行为，而不是属于抽象行政行为的规范性文件。故A选项错误，B选项正确。

[举一反三] 抽象行政行为与具体行政行为的区别

行为	对象	是否反复
抽象行政行为	不特定	可反复适用，具有普遍性
具体行政行为	特定	不得反复，一次性处理

②关于行政给付的判断，行政给付有狭义和广义之分。狭义的行政给付，是政府提供必需的生存条件、防范生活风险和社会共同生活条件的行政义务。例如，政府向公民提供最低生活保障金，提供失业、疾病、养老保险，提供公共交通通信和生活用水用气用电。广义上的行政给付，是政府满足公民社会权和其他公法受益权行政义务的总和。本案中为落实淘汰落后产能政策而关闭企业，显然不属于行政给付。故C选项错误。

③关于行政强制行为的判断，依据我国的《行政强制法》，行政强制包括行政强制措施和行政强制执行。其中，行政强制措施，是指行政机关在行政管理过程中，为制止违法行为、防止证据损毁、避免危害发生、控制危险扩大等情形，依法对公民的人身自由实施暂时性限制，或者对公民、法人或者其他组织的财物实施暂时性控制的行为。行政强制执行，是指行政机关或者行政机关申请人民法院，对不履行行政决定的公民、法人或者其他组织，依法强制履行义务的行为。本案中，为落实淘汰落后产能政策而关闭企业，显然不属于行政强制措施，也不属于行政强制执行。故D选项错误。

答案：B

3. 行政机关所实施的下列行为中，哪一项属于具体行政行为？（2017/2/46）

A. 公安交管局在辖区内城市快速路入口处悬挂“危险路段，谨慎驾驶”的横幅

B. 县公安局依照《刑事诉讼法》对李某进行拘留

C. 区政府对王某作出房屋征收决定

D. 因民间纠纷引起的打架斗殴双方经公安派出所调解达成的协议

[解析] 具体行政行为是行政机关依法就特定事项对特定的公民、法人和其他组织的权利义务作出的行政职权行为。

①A选项中公安交管局在辖区内城市快速路入口处悬挂“危险路段，谨慎驾驶”的横幅的行为属于行政指导，不具有强制性，仅是建议，并不能使行政法上的权利义务得以建立、变更或者消灭，因此不是具体行政行为。故A选项错误。

[举一反三] 所谓行政指导，是指行政机关为了实现行政管理目标，对当事人进行建议、引导、规劝等非强制性行政措施，在当事人配合下，完成行政行为，实现行政管理目标。行政指导最大的特点是非强制性，爱干就干，不干拉倒。如果案例中行政机关名义上实施行政指导，实际上采取了强制性手段，则行政指导就转变为行政强制。做题时要特别留意

“假指导真强制”。

②具体行政行为具有职权性，即行政主体是在行使行政管理职权过程中对行政相对人作出的，其强调的是行政主体必须拥有并行使该行政管理职权。而B选项中，县公安局依照《刑事诉讼法》对李某进行拘留，是作为司法机关在行使职权，不属于行使行政职权的行为，因此不是具体行政行为。故B选项错误。

［举一反三］公安机关既是行政机关，又是司法机关。区分标准是：一看依据，二看目的。要特别注意命题者往往设置“假刑事真行政”的陷阱。例如，如果公安机关假借刑事侦查为名，插手、干涉平等民事主体之间的经济纠纷，则属于行违法行政之实。当事人有权对该行为申请行政复议或提起行政诉讼。

性质	依据	目的
行政机关	治安管理处罚法	行政管理
司法机关	刑事诉讼法	刑事侦查

③C选项区政府对王某作出房屋征收决定，此为行政征收，主体为行政机关，行使的是行政职权，对象为王某，此决定直接影响了王某的权利义务，属于具体行政行为。故C选项正确。

④D选项因民间纠纷引起的打架斗殴双方经公安派出所调解达成的协议，即行政调解。行政调解是公安派出所居中调解，尊重双方当事人意思表示，所以不会使行政法上的权利义务得以建立、变更或者消灭。行政调解属于行政事实行为，而不是具体行政行为。故D选项错误。

综上，本题的正确答案为C选项。

答案：C

4. 下列哪些行为属于具体行政行为？（2021年真题回忆版）

A. 市监局发文要求电商平台规范经营，合法经营

B. 证监局对某证券公司发出警示函，指出其执业过程中存在的问题并责令采取整改措施

C. 中国证监会对某公司负责人作出禁止其终身进入证券服务行业的决定

D. 防汛指挥部发布大雨蓝色预警，请市民注意出行安全

［考点］具体行政行为的判断

［解析］A选项，市监局发文要求电商平台规范经营，合法经营，具有非强制性，属于行政指导，并不对当事人权利义务产生实质性影响，不是具体行政行为。B选项，证监局对某证券公司发出警示函，不仅指出其执业过程中存在的问题，而且责令其采取整改措施，对当事人权利义务产生实际影响，属于具体行政行为。C选项，中国证监会对某公司负责人作出禁止其终身进入证券服务行业的决定，属于限制从业的行政处罚，是具体行政行为。D选项，防汛指挥部发布大雨蓝色预警，请市民注意出行安全，是对市民的建议，不具有强制性，属于无强制力的行政指导，不是具体行政行为。

答案：BC

5. 甲市公安交通管理局发布交通管制的公告，决定在2021年7月20号上午8点到8点30分，对辖区内某条道路实施机动车交通管制，后乙区公安分局丙交警大队根据监控对违章司机李某作出罚款200元的处罚。李某提起行政诉讼，下列说法正确的是？（2021年真题回忆版）

A. 甲市交通管理局和丙交警大队应当作为共同被告

B. 对李某的处罚可以适用简易程序

C. 对李某的监控材料未经审核，不得作为证据使用

D. 公告是具体行政行为

［解析］ A选项，丙交警大队作为被授权的内设机构，具有行政主体资格，其对李某作出了罚款处罚，具有被告资格。B选项，依据《行政处罚法》规定，行政机关对公民罚款200元，可以适用简易程序。C选项，电子监控作为证据使用，应当依法经过法制和技术的双重审核。D选项，交管局发布的公告规定在未来的某个时间段，对某条道路实施交通管制，针对的对象是不特定的，属于针对不特定对象反复适用的规范性文件，不是具体行政行为，而是抽象行政行为。

答案：BC

考点2 具体行政行为的基本理论

6. 关于具体行政行为的合法性与效力，下列哪些说法是正确的？（2013/2/85）

A. 遵守法定程序是具体行政行为合法的必要条件

B. 无效行政行为可能有多种表现形式，无法完全列举

C. 因具体行政行为废止致使当事人的合法权益受到损失的，应给予赔偿

D. 申请行政复议会导致具体行政行为丧失拘束力

［解析］ 具体行政行为有两种考查方式，一是对行政许可、行政处罚、行政强制和行政公开这些具体类型的深入考查；二是直接考查具体行政行为的相关理论。

①关于A选项，具体行政行为合法要件有六：一是事实清楚、证据充分；二是适用法律规范准确；三是遵守法定程序；四是未超越职权；五是未滥用职权；六是无明显不当。故A选项正确。

②关于B选项，具体行政行为可以分为合法行为和违法行为，违法行为又可分为一般违法行为和严重违法行为，一般违法行为结果是可撤销，严重或明显违法行为的后果是无效。主要的无效情形如下：一是主体无资格；二是明显缺乏法律依据的行政行为；三是客观不可能。可见，无效行政行为可能有多种表现形式，无法完全列举。故B选项正确。

③关于C选项，具体行政行为的废止，是指因情势、法律、政策的变化，原合法、适当的行政行为已不符合现行法律、政策，或者具体行政行为已完成其原定目标、任务，则由行政主体终止其法律效力。此种废止给当事人的合法权益造成了严重损失，行政主体应对其损失予以适当补偿。简而言之，合法的行为依法可以被废止，造成合法权益损失的进行补偿；违法的行为依法可以被撤销，造成合法权益损失的进行赔偿。故C选项错误。

④关于D选项，作为一种推定的法律效力，拘束力是指具体行政行为一经成立即具有的约束和限制行政主体、行政相对人和其他国家机关的法律效力。约束力在一定的期限之内是可以争议和改变的。比如通过申请行政复议或者提起行政诉讼，具体行政行为被行政复议决定或者法院的判决予以撤销，则行为的拘束力由此丧失。但是，申请行政复议只是启动了对具体行政行为的监督程序，还未作出是否撤销行为的结论。所以，申请行政复议并不会导致具体行政行为丧失拘束力。故D选项错误。

答案：AB

7. 对于无效具体行政行为，哪一说法正确？（2023年真题回忆版）

A. 滥用裁量权的具体行政行为自始无效

B. 无效行政行为对作为一方当事人的行政机关也无拘束力

C. 我国对无效行政行为的情形未作规定

D. 具体行政行为一经确认无效应给予当事人国家赔偿

[解析] ①只有具备重大且明显违法情形的具体行政行为才会是无效的具体行政行为。通常说来，滥用裁量权属于一般违法情形，由此造成的后果是可以撤销该具体行政行为。对于可撤销的具体行政行为，撤销之前是有效的，只有在被撤销之后，才有可能会溯及为自始无效。当然如果基于法律规定的公共利益之需或者当事人自身也存在过错等原因，也有可能自撤销之日起失效。A选项说法没有讲明是否属于溯及为自始无效，也忽略了溯及为自始无效的例外情形，是错误的。

②无效的具体行政行为从发布之时起就没有任何法律约束力，当事人不受该行政行为约束。拘束力不论对行政相对人还是对行政机关都是适用的。故无效具体行政行为对作为一方当事人的行政机关也同样无拘束力。B选项说法正确。

③《行政处罚法》第38条规定了无效处罚的3种情形："行政处罚没有依据或者实施主体不具有行政主体资格的，行政处罚无效。违反法定程序构成重大且明显违法的，行政处罚无效。"此外，《行政诉讼法》第75条也规定了有关无效判决适用的情形："行政行为有实施主体不具有行政主体资格或者没有依据等重大且明显违法情形，原告申请确认行政行为无效的，人民法院判决确认无效。"C选项说法错误。

④具体行政行为确认无效后，如果给当事人合法权益造成损害后果，则应给予当事人赔偿。因此，赔偿责任的成立须以损害发生为前提，且该损害的发生须与行政机关的侵权行为存在因果关系。D选项说法过于绝对，是错误的。

[举一反三] 具体行政行为的无效、可撤销和废止

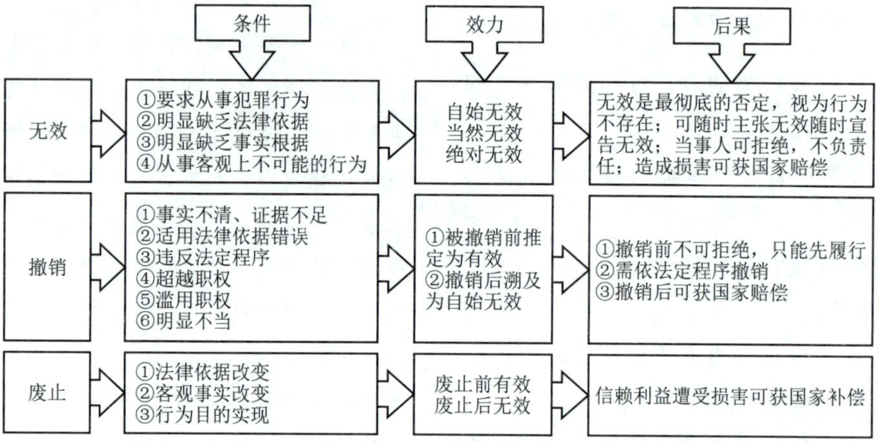

答案：B

8. 关于具体行政行为，下列哪一说法是正确的？（2011/2/49）

A. 行政许可为依职权的行政行为

B. 具体行政行为皆为要式行政行为

C. 法律效力是具体行政行为法律制度中的核心因素

D. 当事人不履行具体行政行为确定的义务，行政机关予以执行是具体行政行为确定力的表现

[解析] ①A选项说法错误。行政许可为依申请的行政行为。以具体行政行为的启动是否需要相对人的申请为标准，可以将具体行政行为划分为依职权的行政行为和依申请的行政行为：凡行政行为的发生，需要以相对人申请

为前提的，为依申请行政行为，如行政许可等；反之，为依职权的行政行为，如行政处罚、行政强制等。大多数行政行为属于依职权的行政行为。根据《行政许可法》第2条的规定："本法所称行政许可，是指行政机关根据公民、法人或者其他组织的申请，经依法审查，准予其从事特定活动的行为。"可见行政许可属于依申请的行政行为。

②B选项说法错误。以具体行政行为是否需要具备法定形式为标准，可以将具体行政行为划分为要式行政行为与不要式行政行为：需要采取法定形式的，是要式行政行为，如行政处罚需要以书面形式作出；反之，则为不要式行政行为，如公安机关对醉酒司机约束至酒醒的具体行政行为。大多数的行政行为要求具备法定形式，此乃依法行政原则的要求，不要式行政行为为例外情形。

③C选项说法正确。法律效力是具体行政行为法律制度中的核心因素。评价具体行政行为合法与否的实际意义，就在于对其法律效力的影响。

④D选项说法错误。本项表述是具体行政行为执行力的表现。具体行政行为的执行力，是指使用国家强制力迫使当事人履行义务或者以其他方式实现具体行政行为权利义务安排的效力。而具体行政行为的确定力，是指具体行政行为不再争议、不得更改的效力，具体行政行为因此取得不可撤销性。D选项中"当事人不履行具体行政行为确定的义务，行政机关予以执行"，是国家机关使用国家强制力迫使当事人履行义务的行为，恰恰是具体行政行为执行力的表现。

［举一反三］具体行政行为的分类

标准	类型
启动方式	依申请行为和依职权行为
主动程度	羁束行为和裁量行为
法定形式	要式行为和非要式行为
作出方式	作为和不作为

答案：C

9. 关于具体行政行为的效力，下列哪些说法是正确的？（2010/2/81）

A. 可撤销的具体行政行为在被撤销之前，当事人应受其约束

B. 具体行政行为废止前给予当事人的利益，在该行为废止后应收回

C. 为某人设定专属权益的行政行为，如此人死亡其效力应终止

D. 对无效具体行政行为，任何人都可以向法院起诉主张其无效

［解析］①具体行政行为的撤销是指对违法或不当但已生效的具体行政行为依法使其失去法律效力，恢复具体行政行为作出前的状态。一般情况下，具体行政行为一经撤销，自始无效；特殊情况下，自撤销或确认违法之日起失效。但具体行政行为一经生效，即具备拘束力，当事人在其被撤销之前应受其约束。故A选项正确。

②具体行政行为的废止是指因客观条件的变化，没有必要继续保持其效力；被废止的具体行政行为自废止之日起无效。原则上，具体行政行为废止之前给予当事人的利益、好处不再收回；当事人也不能对已履行的义务要求补偿。只有在废止使当事人的合法权益受到严重损失，或者带来严重的社会不公正时，行政机关才应当给予受到损失的当事人以必要的补

偿。故B选项错误。

③专属权益的行政行为的效力具有专属性，则特定人死亡之后其效力自然也应该终止。故C选项正确。

④具体行政行为无效的法律后果在程序上表现为：该具体行政行为致使其合法权益受到损害的公民、法人或者其他组织，可以在任何时候主张该具体行政行为无效，有权国家机关可在任何时候宣布该具体行政行为无效。可见，对无效具体行政行为，可以向法院起诉主张其无效的只能是合法权益受到损害的公民、法人或者其他组织，即行政诉讼原告必须是与具体行政行为有法律上利害关系的公民、法人或其他组织。故D选项错误。

答案：AC

10. 有关具体行政行为的效力和合法性，下列说法正确的是？（2014/2/99）

A. 具体行政行为一经成立即生效

B. 具体行政行为违法是导致其效力终止的唯一原因

C. 行政机关的职权主要源自行政组织法和授权法的规定

D. 滥用职权是具体行政行为构成违法的独立理由

［解析］ 本题考查的是具体行政行为的效力和合法性相关知识点。

①具体行政行为并不是一经成立就生效，一般都是对当事人完成送达后生效。在一些特殊的情况下，还存在即时生效，如即时强制以及附条件生效。故A选项错误。

②具体行政行为作出并生效后就依法具有了一定的法律效力，如拘束力、确定力和执行力。其后，如果具体行政行为因为各种原因发生状态上的改变，都有可能导致其效力终止。例如，行为因为违法被撤销；再如因为客观情势发生变化或者国家利益和公共利益的需要而被撤回；还如因为作出时依据的法律、法规、规章修改而被废止。可见，能够导致具体行政行为效力终止的原因很多，既包括行为违法，也包括行为合法情况下的原因。故B选项错误。

③行政机关作为最主要的行政主体，其有权实施行政管理职能。公权力应当遵循“法无授权即禁止”的原则，故行政机关的职权应当来自法律法规的授权，而这些法律法规主要是行政组织法和授权法。故C选项正确。

④导致具体行政行为违法的原因很多，如主要证据和事实不清，依据的法律规范错误，程序违法，超越职权，滥用职权等。上述的每一个理由都可以直接地、独立地导致具体行政行为违法。可见，滥用职权是具体行政行为构成违法的一个独立理由。故D选项正确。

答案：CD

11. 某地连续发生数起以低价出售物品引诱当事人至屋内后实施抢劫的事件，当地公安局通过手机短信告知居民保持警惕以免上当受骗。公安局的行为属于下列哪一性质？（2015/2/46）

A. 履行行政职务的行为

B. 负担性的行为

C. 准备性行政行为

D. 强制行为

［解析］ 本题为基础理论题，没有具体法条相对应。考生应当根据自己对行政行为法学理论的理解，对案中的行为性质和种类作出正确的判断。

①本案中，公安局通过手机短信告知居民保持警惕以免上当受骗的行为，属于一种非强制性的建议，在种类上属于典型的行政指导行为。所谓行政指导，即行政机关在其职能、职责或管辖事务范围内，为适应复杂多样化的经济和社会管理需要，基于国家的法律精神、原则、规则或政策，适时灵活地采取指导、劝告、建议等非强制性方法，谋求相对人同意或

协力，以有效地实现一定行政目的之行为。简言之，行政指导就是行政机关在其职责范围内为实现一定行政目的而采取的符合法律精神、原则、规则或政策的指导、劝告、建议等行为。故A选项正确。

②关于B选项，按照具体行政行为与当事人之间的权益关系，可以分为授益性具体行政行为和负担性具体行政行为。所谓授益性具体行政行为，是指授予行政相对人以一定权利或利益，或者免除其义务的行为，如行政许可。所谓负担性具体行政行为，是指要求行政相对人负担一定的义务或者对其权利进行限制的行为，如行政处罚、行政命令。本案中，公安局的行政行为对居民而言是授益性的，而非负担性的。故B选项错误。

③关于C选项，准备性行政行为是为最终作出权利义务安排进行的程序性、阶段性工作行为。通常是一些监察、检查活动。例如，电子眼的拍照行为、交管部门在高速公路上的测速行为。本案的行政指导不属于准备性行政行为。故C选项错误。

④关于D选项，强制性是绝大多数行政行为的特征，也是行政行为区别于民事行为的重要特征。但并不是所有行政行为都具有强制性，比如本案中的行政指导，就是典型的非强制行为，行政机关是采用建议方式鼓励行政相对人作出或者不作出某些行为。故D选项错误。

答案：A

12. 下列关于具体行政行为的说法，正确的是？（2019年真题回忆版）

A. 2014年修改的《行政诉讼法》中未出现具体行政行为这一词语

B. 具体行政行为与抽象行政行为的区别在于对象是否特定，能否反复适用

C. 负担性行政行为与裁量性行政行为是相对应的

D. 确定力是指对生效具体行政行为，行政主体和行政相对人都应当遵守和履行

［解析］ 本题考查的是关于具体行政行为的知识点。

①2014年修改的《行政诉讼法》中未出现具体行政行为这一词语，理由在于：作为受案范围的行政行为不仅包括具体行政行为，行政机关的部分抽象行政行为也可以附带审查。旧法中用具体行政行为概念，目的是与抽象行政行为相区别，当时的主要考虑是限定行政诉讼的受案范围。由于具体行政行为是一个相对概念，不科学、不准确，实践中有的地方法院不愿受理行政案件，对具体行政行为作过窄解释，对应当受理的行政案件不受理，客观上造成立案难。实际上，对哪些具体行政行为可诉，哪些具体行政行为不可诉，法律作了明确列举，没有必要再从概念上加以限制。因此，新法用“行政行为”取代“具体行政行为”，与“规范性文件”相对应，解决了行政行为概念存在的模糊空间，实际上扩大了受案范围。故A选项正确。

②特定性是具体行政行为与抽象行政行为之间最主要的区别。抽象行政行为是针对不特定的对象作出的，而且能够反复适用的行为，主要包括行政法规、行政规章和其他规范性文件。与此相反，具体行政行为是针对特定对象和特定事项作出的，且不可以反复适用的一次性处理。故B选项正确。

③按照不同的标准，具体行政行为可以有多种分类。按照具体行政行为与当事人之间的权益关系，可以分为授益性具体行政行为和负担性具体行政行为。按照行为受法律的拘束程度，可以分为羁束性具体行政行为和裁量性具体行政行为。可见，负担性行政行为是与授益性行政行为相对应的，而裁量性行政行为是与羁束性行政行为相对应的。故C选项错误。

④具体行政行为生效后就具有了拘束力。作为一种推定的法律效力，拘束力是指具体行政行为一经成立即具有的约束和限制行政主

体、行政相对人和其他国家机关的法律效力。具体体现为行政主体不得随意更改，行政相对人应当接受并实际履行行为确定的义务，其他国家机关不得以相同事实和理由再次受理和处理该同一案件，第三人也不得对该案件进行随意干预。而确定力是指具体行政行为经过一定期限和程序被最终地、实质性地确定下来，不可再争议、不得再更改的效力。具体行政行为成立之后推定产生的约束力在一定的期限之内是可以争议和改变的，但是出于稳定行政管理法律关系的需要，该期限不可能无限延长，这就需要在法律上规定一个明确的争议期限，如行政复议中60天的行政复议申请期限，行政诉讼中6个月的行政诉讼起诉期限等。当该期限经过之后，如果具体行政行为没有被撤销或者宣告无效，则由其确定的权利义务内容将不得再变更。可见，D选项是关于拘束力的描述，而不是确定力。故D选项错误。

答案：AB

13. 甲市政府发布通知，决定“征收某小区土地，让辖区内某小区所有住户60日内搬离，并在期限内与政府签订安置补偿协议”。关于该通知的性质，下列说法正确的是？（2019年真题回忆版）

A. 行政合同

B. 行政指导

C. 单方行政行为

D. 有普遍约束力的规范性文件

［解析］　本案中，通知是甲市政府针对某一小区住户发布的，内容是限期搬离，并与政府签订协议。可见，此通知是单方性的行政行为，具有强制性，而不是双方性的行政合同，不是非强制性的行政指导，也不是对象不特定的规范性文件。

①行政合同也称为行政协议，是指行政机关为实现公共利益或者行政管理目标，与公民、法人或者其他组织协商订立的具有行政法上权利义务内容的协议。比如，城市特许经营协议和农村集体土地使用权的承包协议等。行政协议是一个矛盾的结合体。一方面具有合意性的基本特性，比如双方当事人，协商一致达成合意等。一方面又具有鲜明的行政性，比如必须有一方主体是行政机关，在协议的履行、变更和解除中，行政机关明显地享有优益权。本题中甲市政府发布通知，决定“征收某小区土地，让辖区内某小区所有住户60日内搬离”，属于完全单方性的行政行为，而不是含有双方性的行政协议。故A选项错误。

②行政指导，是指行政机关在其职责范围内为实现一定的行政目的而采取的符合法律精神、原则、规则或政策的指导、劝告、建议、提醒等不具有国家强制力的一种行政行为。行政指导与行政决定的根本区别在于其对行政相对人并不产生法律上的强制效力。本案中的通知是强制性的行为，不可能是行政指导。故B选项错误。

③根据上述分析，甲市政府发布通知，决定“征收某小区土地，让辖区内某小区所有住户60日内搬离，并在期限内与政府签订安置补偿协议”。这是一个完全单方性的行政行为，不存在双方性。故C选项正确。

④规范性文件也就是抽象行政行为，特定性是具体行政行为与抽象行政行为之间最主要的区别。抽象行政行为是针对不特定的对象作出的，而且能够反复适用的行为，主要包括行政法规、行政规章和其他规范性文件。与此相反，具体行政行为是针对特定对象和特定事项作出的，且不可以反复适用的行为。本案中的通知是市政府针对某小区居民这一特定的对象作出的，而且属于一次性处理，不能反复适用。所以该行为是典型的具体行政行为，而不是规范性文件。故D选项错误。

答案：C

14. 田某到吉安电信公司办理手机号码业务，

吉安电信公司收取了其20元卡费并出具了发票。田某认为吉安电信公司收取原告首次办理手机号码的卡费，违反了《集成电路卡应用和收费管理办法》中不得向用户单独收费的禁止性规定，故向吉安市物价局申诉举报，并提出了要求被告履行法定职责进行查处和作出书面答复等诉求。吉安市物价局在调查后书面答复了田某，答复内容为："2012年5月31日我局收到您反映吉安电信公司收取新办手机卡用户20元手机卡卡费的申诉书后，我局非常重视，及时进行调查。经调查核实：江西省通管局和江西省发改委联合下发的《关于江西电信全业务套餐资费优化方案的批复》（赣通局〔2012〕14号）规定，UIM卡收费上限标准为入网50元/张，补卡、换卡30元/张。我局非常感谢您对物价工作的支持和帮助。"田某不服，欲寻求救济。下列说法正确的是？（2019年真题回忆版）

A. 该行政行为是对信访的重复行为

B. 田某对该行为应当先申请行政复议，对复议决定不服的，才能提起行政诉讼

C. 田某对该行为可以直接提起行政诉讼

D. 该行政行为属于行政机关不作为

［解析］　①本案中，田某作为消费者，在购买产品过程中认为商家存在违法行为，于是向价格主管行政机关物价局举报，物价局应当依法履行职责，对商家的行为展开调查并作出处理。而物价局的答复只是列出了某个文件的一个条款，并没有对田某的举报作出实质性处理，属于行政不作为，是典型的具体行政行为，不是重复处理行为。

②该行政行为不是对信访的重复行为。重复处理行为是指行政机关根据公民的申请或者申诉，对原有的生效行政行为作出的没有任何改变的二次决定。重复处理行为实质上是对原已生效的行政行为的简单重复，并没有形成新的行政法律关系或者权利义务状态。所以，不属于行政诉讼受案范围。相反，如果允许当事人对这种重复处理行为提起行政诉讼，那么行政复议或者行政诉讼中设定的争议时效就形同虚设了。这就意味着一个当事人任何时候都可以通过申诉的方式将任何一个行政行为提交行政机关或者法院重新审查，这不仅不利于行政法律关系的稳定，也不利于行政相对人对行政行为的信任。当然，经过重复处理之后，如果当事人发现原行为还在起诉期限之内，则可以就原行为向法院提起行政诉讼。本案中，田某认为电信公司行为违法而向行政机关物价局举报，请求查处。物价局的行政不作为，不属于对信访的重复处理，而是典型的具体行政行为。故A选项错误。

③依据《行政复议法》第23条规定："有下列情形之一的，申请人应当先向行政复议机关申请行政复议，对行政复议决定不服的，可以再依法向人民法院提起行政诉讼：（一）对当场作出的行政处罚决定不服；（二）对行政机关作出的侵犯其已经依法取得的自然资源的所有权或者使用权的决定不服；（三）认为行政机关存在本法第十一条规定的未履行法定职责情形；（四）申请政府信息公开，行政机关不予公开；（五）法律、行政法规规定应当先向行政复议机关申请行政复议的其他情形。对前款规定的情形，行政机关在作出行政行为时应当告知公民、法人或者其他组织先向行政复议机关申请行政复议。"不作为是指行政机关当为、能为而不为，这是一种典型的具体行政行为，往往会侵害当事人的合法权益，利害关系人不服而寻求救济的，应当复议前置，而不能直接提起行政诉讼。故B选项正确，C选项错误。

④物价局作为价格行政主管机关，接到当事人的举报线索，应当依法展开调查，并根据调查结果作出处理。本案中，物价局虽然给田某作出了书面答复，但是答复的内容并没有对该问题进行实质性的处理，未能依法履行保护举报人财产权的职责，而是仅仅罗列了一个文

件的条款，此行为属于典型的行政不作为。故D选项正确。

答案：BD

15. 海关总署公告提醒广大消费者通过海外直邮网购奶粉存在风险。关于海关总署和该公告，下列说法正确的是？（2018年真题回忆版）

A. 公告属负担的具体行政行为

B. 公告是具有强制力的行政决定

C. 公告是事实行为

D. 海关总署是国务院直属事业单位

［解析］ ①本案中，海关总署在履行工作职责的过程中，为了保护广大消费者的合法权益，用公告的形式告知社会通过海外直邮网购奶粉存在风险，此为典型的行政指导。所谓行政指导，是指行政机关在其职责范围内为实现一定的行政目的而采取的符合法律精神、原则、规则或政策的指导、劝告、建议、提醒等不具有国家强制力的一种行政行为。行政指导具有授益性。行政指导与行政决定的根本区别在于其对行政相对人并不产生法律上的强制效力，在性质上属于事实行为。与此相关联的是，行政相对人与行政机关由于行政指导而产生的行政纠纷，不属于行政诉讼的受案范围。可见，A、B选项错误，C选项正确。

②关于D选项，海关总署不是国务院直属事业单位，而是国务院的直属机构，主管国务院某项专门业务，具有独立的行政管理职能。国务院直属事业单位，分为以专业技术提供社会公益服务的公益型事业单位和依法具有公共事务管理职能的管理型事业单位，共9个：证监会、银行保险监督管理委员会、气象局、新华社、中科院、社科院、工程院、国务院发展研究中心、中央广播电视总台。国务院直属机构和直属事业单位虽然都直接归国务院领导，但是它们之间区别明显，直属机构属于行政机关，是先天性行政主体；而直属事业单位不是行政机关，一般没有行政主体资格，只有被法律、法规、规章授权之后，才具有行政主体资格，如证监会等。故D选项错误。

答案：C

16. 重大且明显违法的行政行为构成无效，下列属于行政行为无效情形的是？（2018年真题回忆版）

A. 行政行为实施主体不具有行政主体资格

B. 减损权利或者增加义务的行政行为没有法律规范依据

C. 行政行为的内容客观上不可能实施

D. 超越行政管理职权作出行政行为

［解析］ 本题考查的是行政行为无效的情形，即“重大且明显违法”的含义。最高院司法解释对此作出了具体的规定，难度较低。

①行政行为作出之后，根据不同的情况，可以分为合法又合理、合法但一般不合理、合法但明显不当、一般违法及严重且明显违法五种情形。构成严重且明显违法的情形很多，无法一一列举，但是《最高人民法院关于适用〈中华人民共和国行政诉讼法〉的解释》（以下简称《行诉法解释》）第99条对此进行了列举规定：“有下列情形之一的，属于行政诉讼法第七十五条规定的‘重大且明显违法’：（一）行政行为实施主体不具有行政主体资格；（二）减损权利或者增加义务的行政行为没有法律规范依据；（三）行政行为的内容客观上不可能实施；（四）其他重大且明显违法的情形。”可见，A、B、C选项正确。

②关于D选项，根据《行政诉讼法》第70条的规定：“行政行为有下列情形之一的，人民法院判决撤销或者部分撤销，并可以判决被告重新作出行政行为：（一）主要证据不足的；（二）适用法律、法规错误的；（三）违反法定程序的；（四）超越职权的；（五）滥用职权的；（六）明显不当的。”可见，超越行政管理职权作出的行政行为构成一般违法，应当

予以撤销，而不是无效。故D选项错误。

答案：ABC

17. 下列关于具体行政行为的说法，正确的是？（2022年延考真题回忆版）

A. 具体行政行为一经成立立即生效

B. 具体行政行为被废止的，自废止之日起丧失效力

C. 违反法定程序的具体行政行为均无效

D. 已生效的具体行政行为仅拘束行政机关和行政相对人

［解析］ ①具体行政行为原则上一经送达就生效，但也有附条件生效的情形。故该说法过于绝对。附条件生效的具体行政行为，以及无效的具体行政行为均属于例外情形。A选项错误。

②具体行政行为既然被废止，当然会失效，从废止之日起失去效力。B选项正确。

③严重违反法定程序会被确认无效；一般的程序违法会被撤销；轻微违反法定程序，对当事人权利义务关系不产生实际影响会被确认违法。因此C选项表述过于绝对，C选项错误。

④具体行政行为的拘束力不只是约束行政主体和行政相对人双方，其他国家机关和社会成员也应对其予以尊重。D选项错误。

答案：B

专题五 行政许可

考情分析

《行政许可法》自2004年实施以来，成为法考每年的必考内容。其主要考点有：行政许可的设定、实施机关与实施程序，行政许可的撤回、撤销与注销，行政许可诉讼等。除了专门针对《行政许可法》考查外，行政许可还常与其他知识点相结合命题。如在抽象行政行为的试题中考查法律法规对行政许可的设定，在具体行政行为的试题中考查行政许可行为的特征，而与《行政复议法》和《行政诉讼法》结合的试题则更为常见。

考点1 行政许可的设定

1. 下列哪些地方性法规的规定违反《行政许可法》？（2010/2/82）

A. 申请餐饮服务许可证，须到当地餐饮行业协会办理认证手续

B. 申请娱乐场所表演许可证，文化主管部门收取的费用由财政部门按一定比例返还

C. 外地人员到本地经营网吧，应当到本地电信管理部门注册并缴纳特别管理费

D. 申请建设工程规划许可证，需安装建设主管部门指定的节能设施

［疑难辨析］ 行政许可的设定在法考中考查较少，多与抽象行政行为结合命题。主要应掌握法律、行政法规、规章对行政许可的不同设定权限，尤其注意其中的特别规定。本题的错误多出在A、B、C三项中。A选项办理许可证须先经验证，实际是设定了一种前置性行政许可；B选项是对法条的直接考查，漏选原因在于对法条掌握不够熟悉；C选项乍一看是正确的，但“特别管理费”显然是对外地人员的一种限制，因此审题一定要认真、仔细。总体上，本题难度不大，多数选项通过常识可以作答。

［解析］ ①根据《行政许可法》第16条第4款的规定：“法规、规章对实施上位法设定的行政许可作出的具体规定，不得增设行政许可；对行政许可条件作出的具体规定，不得增设违反上位法的其他条件。”到餐饮行业协会办理认证手续并不是办理餐饮服务许可证的必要程序，地方性法规将其规定为必经手续，明显属于增设违反上位法的其他条件的情形（违法设置前置性许可）。故A选项违反了《行政许可法》，当选。

②根据《行政许可法》第59条的规定：“行政机关实施行政许可，依照法律、行政法规收取费用的，应当按照公布的法定项目和标准收费；所收取的费用必须全部上缴国库，任何机关或者个人不得以任何形式截留、挪用、私分或者变相私分。财政部门不得以任何形式向行政机关返还或者变相返还实施行政许可所收取的费用。”可知，行政许可收取的费用，财政部门不得以任何形式返还给行政机关。故

B选项违反了《行政许可法》，当选。

③根据《行政许可法》第58条第1款的规定："行政机关实施行政许可和对行政许可事项进行监督检查，不得收取任何费用。但是，法律、行政法规另有规定的，依照其规定。"可见，一般情况下行政许可不得收取任何费用，即使要收费也只能由法律、行政法规规定，地方性法规无权规定。故C选项违反了《行政许可法》，当选。

④根据《行政许可法》第27条第1款的规定："行政机关实施行政许可，不得向申请人提出购买指定商品、接受有偿服务等不正当要求。"故D选项违反了《行政许可法》，当选。

[举一反三]《行政许可法》为了保障行政机关在实施行政许可行为时能够合法行政，规定了很多制度。①地方立法设定行政许可的"三不得"：国家统一确定资格的不得；企业登记及前置的不得；地方保护的不得。②格式文本全免费；行政许可原则上免费，法律、行政法规可例外规定。③诚信：当事人对自己的申请材料实质内容的真实性负责；行政机关的高效便民、解释说明义务、推行电子政务。④合法行政：不得截留私分；不得搭售；不得指定销售等。

答案：ABCD

考点2 行政许可的实施程序

2. 关于行政许可的设定权限，下列哪些说法是不正确的？（2016/2/79）

A. 必要时省政府制定的规章可设定企业的设立登记及其前置性行政许可

B. 地方性法规可设定应由国家统一确定的公民、法人或者其他组织的资格、资质的行政许可

C. 必要时国务院部门可采用发布决定的方式设定临时性行政许可

D. 省政府报国务院批准后可在本区域停止实施行政法规设定的有关经济事务的行政许可

[解析] 本题考查了行政许可的设定权限，地方立法设定许可要求"三不得"。

[举一反三] 研究本题，首先需要对立法中的设定权与规定权进行区别。设定权属于立法性权力，是指法的创制权，是立法机关创设新的法律规范的权力，解决的是从无到有的问题；规定权属于执行性权力，是指对现有的法律规范具体化的权力，不创设新的法律规范，解决的是从粗到细的问题。即规定权是对已有的法律规范结合实施的需要，进行具体的解释和适用的权力。具体的行政许可规定权，是对上位法设定的行政许可制定条件、标准程序等具体适用事项进行规定的权力。

①关于A、B选项，省政府规章的行政许可设定权，依据《行政许可法》第15条第2款的规定："地方性法规和省、自治区、直辖市人民政府规章，不得设定应当由国家统一确定的公民、法人或者其他组织的资格、资质的行政许可；不得设定企业或者其他组织的设立登记及其前置性行政许可。其设定的行政许可，不得限制其他地区的个人或者企业到本地区从事生产经营和提供服务，不得限制其他地区的商品进入本地区市场。"可见，为了建设全国统一市场，防止地方保护，省政府制定的规章不得设定企业的设立登记及其前置性行政许可，地方性法规不得设定应由国家统一确定的公民、法人或者其他组织的资格、资质的行政许可。故A、B选项错误，当选。

②关于C选项，国务院部门是否有设定临时性行政许可的权限，依据《行政许可法》第14条的规定："本法第十二条所列事项，法律可以设定行政许可。尚未制定法律的，行政法规可以设定行政许可。必要时，国务院可以采用发布决定的方式设定行政许可。实施后，除临时性行政许可事项外，国务院应当及时提请全国人民代表大会及其常务委员会制定法

律，或者自行制定行政法规。”《行政许可法》第15条第1款规定：“本法第十二条所列事项，尚未制定法律、行政法规的，地方性法规可以设定行政许可；尚未制定法律、行政法规和地方性法规的，因行政管理的需要，确需立即实施行政许可的，省、自治区、直辖市人民政府规章可以设定临时性的行政许可。临时性的行政许可实施满一年需要继续实施的，应当提请本级人民代表大会及其常务委员会制定地方性法规。”可见，有权设定经常性行政许可的是法律、行政法规、地方性法规。有权设定非经常性或临时性行政许可的是国务院决定和省级政府的规章。国务院部门无权采用发布决定的方式设定临时性行政许可。故C选项错误，当选。

③关于D选项，有关经济事务的行政许可的停止实施程序，依据《行政许可法》第21条的规定：“省、自治区、直辖市人民政府对行政法规设定的有关经济事务的行政许可，根据本行政区域经济和社会发展情况，认为通过本法第十三条所列方式能够解决的，报国务院批准后，可以在本行政区域内停止实施该行政许可。”《行政许可法》第13条规定：“本法第十二条所列事项，通过下列方式能够予以规范的，可以不设行政许可：（一）公民、法人或者其他组织能够自主决定的；（二）市场竞争机制能够有效调节的；（三）行业组织或者中介机构能够自律管理的；（四）行政机关采用事后监督等其他行政管理方式能够解决的。”可见，如果某一项正在实施的有关经济事务的行政许可满足了第13条规定的四个条件之一，则省政府报国务院批准后可在本区域停止实施行政法规设定的有关经济事务的行政许可。故D选项正确，不当选。

答案：ABC

3. 《执业医师法》规定，执业医师需依法取得卫生行政主管部门发放的执业医师资格，并经注册后方能执业。关于执业医师资格，下列哪些说法是正确的？（2016/2/78）

A. 该资格属于直接关系人身健康，需按照技术规范通过检验、检测确定申请人条件的许可

B. 对《执业医师法》规定的取得资格的条件和要求，部门规章不得作出具体规定

C. 卫生行政主管部门组织执业医师资格考试，应公开举行

D. 卫生行政主管部门组织执业医师资格考试，不得组织强制性考前培训

［解析］ 本题考查了认定特定资格类行政许可的设定、方式等知识点，比较冷僻，难度较大。

①关于A选项，特定资格类行政许可的作出程序，依据《行政许可法》第54条的规定：“实施本法第十二条第三项所列事项的行政许可，赋予公民特定资格，依法应当举行国家考试的，行政机关根据考试成绩和其他法定条件作出行政许可决定；赋予法人或者其他组织特定的资格、资质的，行政机关根据申请人的专业人员构成、技术条件、经营业绩和管理水平等的考核结果作出行政许可决定。但是，法律、行政法规另有规定的，依照其规定。公民特定资格的考试依法由行政机关或者行业组织实施，公开举行。行政机关或者行业组织应当事先公布资格考试的报名条件、报考办法、考试科目以及考试大纲。但是，不得组织强制性的资格考试的考前培训，不得指定教材或者其他助考材料。”《行政许可法》第55条第1款和第2款规定：“实施本法第十二条第四项所列事项的行政许可的，应当按照技术标准、技术规范依法进行检验、检测、检疫，行政机关根据检验、检测、检疫的结果作出行政许可决定。行政机关实施检验、检测、检疫，应当自受理申请之日起五日内指派两名以上工作人员按照技术标准、技术规范进行检验、检测、检疫。不需要对检验、检测、检疫结果作进一

步技术分析即可认定设备、设施、产品、物品是否符合技术标准、技术规范的，行政机关应当当场作出行政许可决定。”依据《行政许可法》第12条的规定：“下列事项可以设定行政许可：……（三）提供公众服务并且直接关系公共利益的职业、行业，需要确定具备特殊信誉、特殊条件或者特殊技能等资格、资质的事项；（四）直接关系公共安全、人身健康、生命财产安全的重要设备、设施、产品、物品，需要按照技术标准、技术规范，通过检验、检测、检疫等方式进行审定的事项……”可见，执业医师资格虽然直接关系人身健康，但其属于赋予公民特定资格，依法应当举行国家考试的，行政机关根据考试成绩和其他法定条件作出行政许可决定。而只有直接关系公共安全、人身健康、生命财产安全的重要设备、设施、产品、物品，才需要按照技术标准、技术规范，通过检验、检测、检疫等方式进行行政许可。故A选项错误，不当选。

②关于B选项，行政许可的规定权限，依据《行政许可法》第16条第3款和第4款的规定：“规章可以在上位法设定的行政许可事项范围内，对实施该行政许可作出具体规定。法规、规章对实施上位法设定的行政许可作出的具体规定，不得增设行政许可；对行政许可条件作出的具体规定，不得增设违反上位法的其他条件。”可见，《执业医师法》作为上位法，其规定的取得资格的条件和要求，作为下位法的部门规章可以作出具体规定，只要不增设违反《执业医师法》规定的其他条件即可。故B选项错误，不当选。

③关于C、D选项，特定资格类行政许可组织考试的问题，依据《行政许可法》第54条第2款规定：“公民特定资格的考试依法由行政机关或者行业组织实施，公开举行。行政机关或者行业组织应当事先公布资格考试的报名条件、报考办法、考试科目以及考试大纲。但是，不得组织强制性的资格考试的考前培训，不得指定教材或者其他助考材料。”可见，卫生行政主管部门组织执业医师资格考试，应公开举行。卫生行政主管部门组织执业医师资格考试，不得组织强制性考前培训。故C、D选项正确，当选。

答案：CD

4. 刘某向卫健委申请在小区设立个体诊所，卫健委受理申请。小区居民陈某等人提出，诊所的医疗废物会造成环境污染，要求卫健委不予批准。对此，下列哪一选项符合《行政许可法》规定？（2010/2/43）

A. 刘某既可以书面也可以口头申请设立个体诊所

B. 卫健委受理刘某申请后，应当向其出具加盖本机关专用印章和注明日期的书面凭证

C. 如陈某等人提出听证要求，卫健委同意并听证的，组织听证的费用应由陈某承担

D. 如卫健委拒绝刘某申请，原则上应作出书面决定，必要时口头告知即可

［疑难辨析］　本题具体考查了行政许可实施程序中的申请、审查决定和听证程序。总体上来看，本题较为简单。A选项法律条文中并无直接的文字表示，应作为常识性知识点掌握，不难排除；B、C、D选项是直接针对行政许可法律条文的命题，其中C选项的“听证收费”明显错误，D选项在2005年考查过，属重复命题，也不难判断。由此，本题很容易用排除法确定B选项的正确性。作为《行政许可法》最重要的命题对象，本考点基本每年都会有试题涉及，但一般难度不大，对法条的记忆准确程度要求较高，复习中应以法条为主攻对象。

［解析］　①根据《行政许可法》第29条第1款的规定：“公民、法人或者其他组织从事特定活动，依法需要取得行政许可的，应当向行政机关提出申请。申请书需要采用格式文本的，行政机关应当向申请人提供行政许可申

请书格式文本。申请书格式文本中不得包含与申请行政许可事项没有直接关系的内容。”第3款规定：“行政许可申请可以通过信函、电报、电传、传真、电子数据交换和电子邮件等方式提出。”据此，申请行政许可应当提交申请书，申请书的提交方式有多种。可见行政许可不能以口头形式提出，必须书面申请。故A选项错误。

[举一反三] 行政法中关于申请方式的规定

行为	方式
许可	个人和企业都必须书面，不得口头
公开	个人原则上书面，书写困难的可以口头。企业必须书面，不得口头
复议	个人原则上书面，书写困难的可以口头。企业必须书面，不得口头。有条件的复议机构应当接受电子邮件方式的复议申请
诉讼	个人原则上书面，书写困难的可以口头。企业必须书面，不得口头
赔偿	个人原则上书面，书写困难的可以口头。企业必须书面，不得口头

②《行政许可法》第32条第2款规定：“行政机关受理或者不予受理行政许可申请，应当出具加盖本行政机关专用印章和注明日期的书面凭证。”立法理由在于，当事人向行政机关提出了申请，行政机关就有义务作出回应和相应的行政行为，无论是受理还是不受理，都属于具体行政行为。特别是不予受理，直接损害了当事人获得行政许可的权利，当事人对此行为不服的，有权利申请行政复议和提起行政诉讼。而要起诉行政机关的不作为，在举证责任上，原告应当证明自己曾向行政机关申请过。此时，能够证明其提出过申请的，只能是手里拿到了行政机关向其出具的书面凭证。所以，无论受理与否，行政机关都应当向当事人出具书面凭证。故B选项正确。

③《行政许可法》第47条第2款规定：“申请人、利害关系人不承担行政机关组织听证的费用。”听证是行政调查程序，属于正常的行政执法行为，由国家公共财政划拨的专项经费承担。对当事人而言都是免费的。据此，陈某不承担听证费用。故C选项错误。

④《行政许可法》第38条规定：“申请人的申请符合法定条件、标准的，行政机关应当依法作出准予行政许可的书面决定。行政机关依法作出不予行政许可的书面决定的，应当说明理由，并告知申请人享有依法申请行政复议或者提起行政诉讼的权利。”可见，无论是否准予行政许可都应作出书面决定，不能口头告知。故D选项错误。

[举一反三] 行政机关作出的具体行政行为原则上都是书面方式的，不得口头作出。

答案：B

5. 天龙房地产开发有限公司拟兴建天龙金湾小区项目，向市规划局申请办理建设工程规划许可证，并提交了相关材料。下列哪一说法是正确的？（2017/2/47）

A. 公司应到市规划局办公场所提出申请

B. 公司应对其申请材料实质内容的真实性负责

C. 公司的申请材料不齐全的，市规划局应作出不受理决定

D. 市规划局为公司提供的申请格式文本可收取工本费

[解析] ①《行政许可法》第29条规定：“公民、法人或者其他组织从事特定活动，依法需要取得行政许可的，应当向行政机关提出申请。申请书需要采用格式文本的，行政机

关应当向申请人提供行政许可申请书格式文本。申请书格式文本中不得包含与申请行政许可事项没有直接关系的内容。申请人可以委托代理人提出行政许可申请。但是，依法应当由申请人到行政机关办公场所提出行政许可申请的除外。行政许可申请可以通过信函、电报、电传、传真、电子数据交换和电子邮件等方式提出。”由此可知，行政许可申请人的申请方式灵活，除非有法律特别规定外，无须至行政机关办公场所。《城乡规划法》并未要求申请人到行政机关办公场所提出申请。故A选项错误。

②《行政许可法》第31条第1款规定：“申请人申请行政许可，应当如实向行政机关提交有关材料和反映真实情况，并对其申请材料实质内容的真实性负责。行政机关不得要求申请人提交与其申请的行政许可事项无关的技术资料和其他材料。”由此可知，本着诚实守信原则，每个人都应当保证自己的行为和意思表示是真实可靠的。天龙房地产开发有限公司申请规划许可证应当对申请材料实质内容的真实性负责。故B选项正确。

③《行政许可法》第32条规定：“行政机关对申请人提出的行政许可申请，应当根据下列情况分别作出处理：（一）申请事项依法不需要取得行政许可的，应当即时告知申请人不受理；（二）申请事项依法不属于本行政机关职权范围的，应当即时作出不予受理的决定，并告知申请人向有关行政机关申请；（三）申请材料存在可以当场更正的错误的，应当允许申请人当场更正；（四）申请材料不齐全或者不符合法定形式的，应当当场或者在五日内一次告知申请人需要补正的全部内容，逾期不告知的，自收到申请材料之日起即为受理；（五）申请事项属于本行政机关职权范围，申请材料齐全、符合法定形式，或者申请人按照本行政机关的要求提交全部补正申请材料的，应当受理行政许可申请。行政机关受理或者不予受理行政许可申请，应当出具加盖本行政机关专用印章和注明日期的书面凭证。”由此可知，根据高效便民原则的要求，公司的申请材料不齐全的，市规划局应当当场或者在5日内一次告知申请人需要补正的全部内容，逾期不告知的，自收到申请材料之日起即为受理，而不能不予受理。故C选项错误。

④《行政许可法》第58条规定：“行政机关实施行政许可和对行政许可事项进行监督检查，不得收取任何费用。但是，法律、行政法规另有规定的，依照其规定。行政机关提供行政许可申请书格式文本，不得收费。行政机关实施行政许可所需经费应当列入本行政机关的预算，由本级财政予以保障，按照批准的预算予以核拨。”由此可知，行政机关提供行政许可申请格式文本，不得收费。故D选项错误。

综上，本题的正确答案为B选项。

答案：B

6. 某公司向规划局交纳了一定费用后获得了该局发放的建设用地规划许可证。刘某的房屋紧邻该许可规划用地，刘某认为建筑工程完成后将遮挡其房屋采光，向法院起诉请求撤销该许可决定。下列哪一说法是正确的？（2013/2/47）

A. 规划局发放许可证不得向某公司收取任何费用

B. 因刘某不是该许可的利害关系人，规划局审查和决定发放许可证无须听取其意见

C. 因刘某不是该许可的相对人，不具有原告资格

D. 因建筑工程尚未建设，刘某权益受侵犯不具有现实性，不具有原告资格

［解析］ ①本题考查了行政许可中的收费制度、行政行为的相对人和相关人、行政诉讼的原告资格，有一定难度。关于A选项，《行政许可法》第58条规定：“行政机关实施行政许可和对行政许可事项进行监督检查，不

得收取任何费用。但是，法律、行政法规另有规定的，依照其规定。行政机关提供行政许可申请书格式文本，不得收费。行政机关实施行政许可所需经费应当列入本行政机关的预算，由本级财政予以保障，按照批准的预算予以核拨。”可见，本案中规划局对公司作出土地使用权的出让，要依法收取土地出让金，获得建设用地规划许可证和施工许可证，只要相关法律或行政法规规定收费的，有权收取行政许可费。规划局向公司发放许可证，属于格式文本的提供，依法不得收费。故A选项正确，当选。

②关于B、C选项，考查了具体行政行为的相对人和相关人问题。本案中行政机关是规划局，发放许可证的相对人是某公司，该许可虽然不是直接针对刘某作出的，但是，因为该许可行为将直接导致刘某的相邻权遭到损害，所以，刘某与该行为之间存在着法律上的利害关系，是本案的相关人，规划局审查和决定发放许可证需要听取其意见。如果刘某对该许可行为不服，具有原告资格，有权提起行政诉讼。故B、C选项均错误。

③关于D选项，《行政诉讼法》第2条规定：“公民、法人或者其他组织认为行政机关和行政机关工作人员的行政行为侵犯其合法权益，有权依照本法向人民法院提起诉讼。前款所称行政行为，包括法律、法规、规章授权的组织作出的行政行为。”本案中，规划局已经向某公司发放了建设用地规划许可证，该具体行政行为已经完成，虽然工程尚未建设，刘某的相邻权没有被现实的侵犯，但是对于已经实际作出并且发生法律效力的具体行政行为而言，刘某具有原告资格，有权提起行政诉讼。故D选项错误。

答案：A

7. 关于行政许可实施程序的听证规定，下列说法正确的是？（2011/2/99）

A. 行政机关应在举行听证7日前将时间、地点通知申请人、利害关系人

B. 行政机关可视情况决定是否公开举行听证

C. 申请人、利害关系人对听证主持人可以依照规定提出回避申请

D. 举办听证的行政机关应当制作笔录，听证笔录应当交听证参与人确认无误后签字或者盖章

［解析］ ①根据《行政许可法》第48条的规定：“听证按照下列程序进行：（一）行政机关应当于举行听证的七日前将举行听证的时间、地点通知申请人、利害关系人，必要时予以公告；（二）听证应当公开举行；（三）行政机关应当指定审查该行政许可申请的工作人员以外的人员为听证主持人，申请人、利害关系人认为主持人与该行政许可事项有直接利害关系的，有权申请回避；（四）举行听证时，审查该行政许可申请的工作人员应当提供审查意见的证据、理由，申请人、利害关系人可以提出证据，并进行申辩和质证；（五）听证应当制作笔录，听证笔录应当交听证参加人确认无误后签字或者盖章。行政机关应当根据听证笔录，作出行政许可决定。”

②A、C、D选项分别符合上述第（一）、（三）、（五）项规定，当选；B选项违反第（二）项规定，不当选。

［举一反三］行政法中的听证程序

听证种类	启动方式	听证必须	条件	期限	公开	费用承担	公告	委托代理人	回避	案卷排他
立法听证	职权	可以	重大分歧、切身利益	30日前通知	公开	机关	无	无	无	无

续表

听证种类	启动方式	听证必须	条件	期限	公开	费用承担	公告	委托代理人	回避	案卷排他
许可听证	职权+申请	应当	公共利益、他人重大利益	申请5日内；组织20日内；通知7日前	公开	机关	依职权的应当公告；依申请的必要时公告	无	程序回避；实体回避	无
处罚听证	申请	应当	较大数额罚款；没收较大数额违法所得、没收较大价值非法财物；降低资质等级、吊销许可证件；责令停产停业、责令关闭、限制从业；其他较重的行政处罚	申请5日内；通知7日前	公开	机关	无	可以委托1至2人	程序回避；实体回避	根据案卷作出决定
复议听证	职权+申请	应当	重大、复杂	5日前将听证的时间、地点和拟听证事项书面通知当事人	公开	机关	无	申请人、第三人可以委托1至2人	程序回避；实体回避	应当根据听证笔录、审查认定的事实和证据作出行政复议决定

答案：ACD

8. 根据甲石油销售公司（以下简称甲公司）申请，市住建局向其颁发了城市临时建设许可证，后根据举报，该局撤销了该许可证。甲公司未经批准对一个加油站罩棚改造重建，市住建局根据《城乡规划法》第64条的规定限其15日内改正，并按工程价款的6%对其处以1万元罚款。甲公司不服提起诉讼。关于本案说法正确的是？（2020年真题回忆版）

A. 甲公司申请临时建设许可应对其申请材料内容的真实性负责

B. 城市建设许可属于关系公共利益的特定行业的准入许可

C.《行政许可法》未对撤销行政许可的程序作出规定

D. 若甲公司逾期不缴纳罚款，住建局可每日按罚款数额的3%加处罚款，但追加数额不得超过1万元

[解析]　①依据《行政许可法》的规定和诚实守信的要求，行政许可的申请人应当如实向行政机关提交有关材料和反映真实情况，并对其申请材料实质内容的真实性负责。故A选项正确。

②关系公共利益的特定行业的准入许可主要包括三类：一是供水供气供暖等；二是污水

处理和垃圾处理等；三是公共交通运输等。城市建设许可不属于关系公共利益的特定行业的准入许可。故B选项错误。

③《行政许可法》规定了行政许可的申请、受理、审查、听证、决定和送达程序，还规定了行政许可撤销的条件、主体、后果等，但是没有就行政许可的撤销程序作出规定。故C选项正确。

④《行政处罚法》规定，当事人应当自收到行政处罚决定书之日起15日内，到指定的银行或者通过电子支付系统缴纳罚款。到期不缴纳罚款的，每日按罚款数额的3%加处罚款，加处罚款的数额不得超出罚款的数额。故D选项正确。

答案：ACD

9. 远航船舶公司向县政府申请在某河段设置渡口的行政许可，县政府在征求海事管理部门意见后作出不予许可决定。远航公司遂私自设置渡口，被县交通运输局在执法检查中发现。县交通运输局认为设置渡口属于行政许可事项，故责令远航公司限期恢复原状，并罚款20万元。远航公司按时缴纳罚款但却并未在指定期限内对河段恢复原状，县交通运输局也未作出进一步处理。县检察院以县交通运输局未督促远航公司履行恢复原状义务为由向法院提起诉讼。则下列说法正确的是？（2022年真题回忆版）

A. 设置渡口属于需要行政许可的特定事项

B. 县检察院应当在起诉前向县交通运输局提出检察建议

C. 设置渡口的事项属于公共利益范围

D. 县交通运输局可以代为履行恢复原状

［考点］ 行政许可；公益诉讼；代履行

［解析］ ①依据《行政许可法》的规定，针对有限自然资源开发利用、公共资源配置以及直接关系公共利益的特定行业的市场准入等需要赋予特定权利的事项，可以设定行政许可。在河段设置渡口应当需要行政许可，属于行政许可的特定事项即特许事项。故A选项说法正确。

②人民检察院在履行职责中发现生态环境和资源保护、食品药品安全、国有财产保护、国有土地使用权出让等领域负有监督管理职责的行政机关违法行使职权或者不作为，致使国家利益或者社会公共利益受到侵害的，应当向行政机关提出检察建议，督促其依法履行职责。行政机关不依法履行职责的，人民检察院依法向人民法院提起诉讼。由此可知，提出检察建议乃是提起公益诉讼的前置程序，是不可绕开的程序。故B选项说法正确。

③能否以及如何设置渡口的事项直接关系到公共交通、航运安全、防洪防汛以及河流生态环境保护等重大公共利益，故设置渡口事项无疑属于公共利益范围，应该设定和实施行政许可。故C选项说法正确。

④依据《行政强制法》的规定，行政机关依法作出要求当事人履行排除妨碍、恢复原状等义务的行政决定，当事人逾期不履行，经催告仍不履行，其后果已经或者将危害交通安全、造成环境污染或者破坏自然资源的，行政机关可以代履行，或者委托没有利害关系的第三人代履行。本题中远航公司缴纳罚款但却并未在指定期限内恢复原状，故县交通运输局可以代为履行恢复原状。故D选项说法正确。

答案：ABCD

考点3 行政许可的撤销、撤回、注销与吊销

10. 某市安监局向甲公司发放《烟花爆竹生产企业安全生产许可证》后，发现甲公司所提交的申请材料系伪造。对于该许可证的处理，下列哪一选项是正确的？（2011/2/42）

A. 吊销

B. 撤销

C. 撤回

D. 注销

[解析] ①本题考查行政许可的撤销、撤回、吊销、注销四个概念，要正确理解与区别它们的内涵：a. 行政许可的撤销，是由于作出行政许可决定的过程中存在违法行为，即本不应该准予许可却准予了许可，从而对该许可予以撤销。b. 行政许可的撤回是针对合法的行政许可而言的，该行政许可在实施过程中不存在违法行为，而是因为其赖以存在的依据或客观情况发生变化，为了公共利益的需要而予以撤回。c. 行政许可的吊销是一种行政处罚行为，吊销行为的作出与许可实施过程无关，而与被许可人在获得许可后所实施的违法行为有关。d. 行政许可的注销，是指被许可人取得的行政许可的实体权利消灭后，行政机关履行的终止许可的程序性行为。

②本题中，某市安监局向甲公司发放《烟花爆竹生产企业安全生产许可证》后，发现甲公司所提交的申请材料系伪造，也就是说，甲公司在申请行政许可的过程中存在违法行为，市安监局本不应向甲公司发放《烟花爆竹生产企业安全生产许可证》却发放了许可证，因此应当对该许可证予以撤销。依据《行政许可法》第69条第2款的规定："被许可人以欺骗、贿赂等不正当手段取得行政许可的，应当予以撤销。"故B选项正确，当选。

答案：B

11. 下列哪些情形中，行政机关应依法办理行政许可的注销手续？（2017/2/78）

A. 某企业的产品生产许可证有效期限届满未申请延续的

B. 某企业的旅馆业特种经营许可证被认定为以贿赂手段取得而被撤销的

C. 某房地产开发公司取得的建设工程规划许可证被吊销的

D. 拥有执业医师资格证的王医生死亡的

[解析] 本题比较简单，直接考查了法条规定。《行政许可法》第70条规定："有下列情形之一的，行政机关应当依法办理有关行政许可的注销手续：（一）行政许可有效期届满未延续的；（二）赋予公民特定资格的行政许可，该公民死亡或者丧失行为能力的；（三）法人或者其他组织依法终止的；（四）行政许可依法被撤销、撤回，或者行政许可证件依法被吊销的；（五）因不可抗力导致行政许可事项无法实施的；（六）法律、法规规定的应当注销行政许可的其他情形。"A选项的情形符合《行政许可法》第70条第（一）项的规定，B、C选项符合第（四）项的规定，D选项符合第（二）项的规定。

综上，本题的正确答案为ABCD选项。

答案：ABCD

12. 食品药品监督管理局向一药店发放药品经营许可证。后接举报称，该药店存在大量非法出售处方药的行为，该局在调查中发现药店的药品经营许可证系提供虚假材料欺骗所得。关于对许可证的处理，该局下列哪一做法是正确的？（2015/2/47）

A. 撤回

B. 撤销

C. 吊销

D. 待有效期限届满后注销

[解析] 本题考查了行政许可管理中非常重要又容易混淆的四种行政行为：行政许可的撤回、撤销、吊销和注销。其中，要区分撤销和吊销的适用条件，尤为困难。

①适用条件：a. 行政许可的撤销，是指已经生效的行政许可基于实施过程中行政主体或被许可人的违法因素而被行政主体取消其效力。依据《行政许可法》第69条的规定："有下列情形之一的，作出行政许可决定的行政机关或者其上级行政机关，根据利害关系人的请求或者依据职权，可以撤销行政许可：（一）

行政机关工作人员滥用职权、玩忽职守作出准予行政许可决定的；（二）超越法定职权作出准予行政许可决定的；（三）违反法定程序作出准予行政许可决定的；（四）对不具备申请资格或者不符合法定条件的申请人准予行政许可的；（五）依法可以撤销行政许可的其他情形。被许可人以欺骗、贿赂等不正当手段取得行政许可的，应当予以撤销。依照前两款的规定撤销行政许可，可能对公共利益造成重大损害的，不予撤销。依照本条第一款的规定撤销行政许可，被许可人的合法权益受到损害的，行政机关应当依法给予赔偿。依照本条第二款的规定撤销行政许可的，被许可人基于行政许可取得的利益不受保护。”b. 撤回，是指行政许可行为合法，但是因行政许可所依据的客观情形发生重大变化、法律依据修改或废止，为了公共利益依法而由行政主体取消其效力。法条依据是《行政许可法》第8条：“公民、法人或者其他组织依法取得的行政许可受法律保护，行政机关不得擅自改变已经生效的行政许可。行政许可所依据的法律、法规、规章修改或者废止，或者准予行政许可所依据的客观情况发生重大变化的，为了公共利益的需要，行政机关可以依法变更或者撤回已经生效的行政许可。由此给公民、法人或者其他组织造成财产损失的，行政机关应当依法给予补偿。”c. 吊销，是指被许可人违法从事行政许可事项的活动而被行政主体施以取消行政许可的处罚。d. 注销，是指基于特定事实的出现，而由行政机关依据法定程序收回行政许可证件或者公告行政许可失去效力。法条依据是《行政许可法》第70条：“有下列情形之一的，行政机关应当依法办理有关行政许可的注销手续：（一）行政许可有效期届满未延续的；（二）赋予公民特定资格的行政许可，该公民死亡或者丧失行为能力的；（三）法人或者其他组织依法终止的；（四）行政许可依法被撤销、撤回，或者行政许可证件依法被吊销的；（五）因不可抗力导致行政许可事项无法实施的；（六）法律、法规规定的应当注销行政许可的其他情形。”

[举一反三] 四个行为的区别

首先，行为性质不同。①撤销是行政机关的纠错行为，是对实施中存在违法因素的行政许可行为的纠正。②撤回是一种补救行为，是因行政许可所赖以存在的事实和法律依据发生重大改变，出于对公共利益的考虑而实施的。③吊销是行政处罚中的一种资格罚，是针对被许可人的违法行为作出的。④注销是一种程序行为，并不直接影响被许可人的实体权利，因为在注销之前，被许可人从事许可活动的权利已经灭失或无法实际行使了。

其次，原因不同。①撤销的原因在于行政许可决定的违法性。②撤回的原因在于行政许可的依据已经不复存在。③吊销的原因则是被许可人从事许可活动违法。④注销是因为被许可人从事许可事项的权利已经灭失或无法实际行使，行政许可的实际效力已经不存在。

②关于本案，食品药品监督管理局[1]在调查中发现某药店的药品经营许可证系提供虚假材料欺骗所得，可见食品药品监督管理局调查中发现的是该药店在申请行政许可过程中存在着提供虚假材料的违法行为，根据《行政许可法》第69条之规定，符合撤销的情形。故B选项正确。

③关于A选项，撤回的适用条件是行政许可合法，但所依据的客观情形发生重大变化、法律依据修改或废止，为了公共利益的需要而适用，本案显然不符合这些条件。故A选项错误。

④关于C选项，虽然食品药品监督管理局接举报称，该药店存在大量非法出售处方药的行为，但是该局在调查中发现药店的药品经营许可证系提供虚假材料欺骗所得。可见，题目中给出的条件是该药店在申请行政许可时出现了通过虚假材料获取许可的违法行为，至于是

[1] 现为市场监督管理局（本书后同）。

否存在举报所称的大量非法出售处方药的行为，题目中并未明确，基于事实不清原因，不得作出吊销处罚。故C选项错误。有很多考生受到“举报”这一信息的干扰，想当然地认为，举报的信息就是案件的事实，于是选择了行政机关应当对药店作出吊销处罚的决定。这就提醒我们，在做题时一定要仔细审题，找到题眼，根据案情作出正确的判断。关于D选项，基于上述的分析，注销属于程序行为，是撤回、吊销、撤销的后续程序。可见，虽然本案中药店之前所获得的药品经营许可证最终将被注销，但是题目问的是行政机关在调查出其申请时存在提供虚假材料行为时首先应当作出何种管理行为，当然是依法先作出撤销决定，然后再依法对该药品经营许可证予以注销。故D选项错误。

答案：B

13. 区生态环境局为长生公司发放了排污许可证，后查明该公司申请许可证时采用欺诈手段，于是区生态环境局决定撤销该行政许可。下列说法正确的是？（2019年真题回忆版）

A. 长生公司不服撤销决定，应当向市生态环境局申请行政复议

B. 区生态环境局提供格式文本不得收取任何费用

C. 准予许可决定和拒绝许可决定都应当向社会公开

D. 区生态环境局的撤销决定在性质上属于行政处罚

［解析］①A选项考查的是行政复议机关的确定。依据《行政复议法》第24条的规定：“县级以上地方各级人民政府管辖下列行政复议案件：（一）对本级人民政府工作部门作出的行政行为不服的；（二）对下一级人民政府作出的行政行为不服的；（三）对本级人民政府依法设立的派出机关作出的行政行为不服的；（四）对本级人民政府或者其工作部门管理的法律、法规、规章授权的组织作出的行政行为不服的。除前款规定外，省、自治区、直辖市人民政府同时管辖对本机关作出的行政行为不服的行政复议案件。”区生态环境局属于条块管辖，双重领导的行政机关，其作为被申请人时，复议机关是同级人民政府，即区政府，而不是上一级主管部门市生态环境局。所以，长生公司应向区政府申请行政复议，而不是向市生态环境局申请行政复议。故A选项错误。

②按照《行政许可法》的规定，行政机关提供格式文本属于正常的行政执法，有国家财政负担的办公经费，不得向当事人收取任何费用。故B选项正确。

③行政许可决定分为准予决定和拒绝决定，准予决定除了涉密的之外应当公开，允许公众查阅。但是，拒绝许可决定本身就是对申请人的不利决定，又不存在行政许可，所以就没有公开的对象。故C选项错误。

④当事人在申请行政许可过程中存在欺诈，骗得行政许可，说明该行政许可作出时是违法的，行政机关纠正违法行为的方式就是依法撤销该许可。而吊销属于行政处罚，吊销许可证件是对违法者从事某种活动的权利或享有的某种资格的取消。可见，本案中撤销性质上属于行政许可，而不是行政处罚。故D选项错误。

［举一反三］撤销、撤回、吊销与注销

对行政许可进行监督检查的后果可能是行政许可被撤销、撤回或者注销，此三种行政行为加上行政处罚中的吊销，都是与行政许可相关的重要制度安排，有必要进行分析和区别。

（1）含义

①行政许可的撤销，是指已经生效的行政许可基于实施过程中行政主体或被许可人的违法因素而被行政主体取消其效力。

②撤回，是指因行政许可所依据的客观情形发生重大变化、法律依据修改或废止，出于对公共利益的考虑而由行政主体取消其效力。

③吊销，是指被许可人违法从事行政许可

事项的活动而被行政主体施以取消行政许可的处罚。

④注销，是指基于特定事实的出现，而由行政机关依据法定程序收回行政许可证件或者公告行政许可失去效力。

（2）四者的区别

①行为性质不同：a. 撤销是行政机关的纠错行为，是对实施中存在违法因素的行政许可行为的纠正。b. 撤回是一种补救行为，是因行政许可所赖以存在的事实和法律依据发生重大改变，出于对公共利益的考虑而实施的。c. 吊销是行政处罚中的一种资格罚，是针对被许可人的违法行为作出的。d. 注销是一种程序行为，并不直接影响被许可人的实体权利，因为在注销之前，被许可人从事许可活动的权利已经灭失或无法实际行使了。

②原因不同：a. 撤销的原因在于行政许可决定的违法性。b. 撤回的原因在于行政许可的依据已经不复存在。c. 吊销的原因则是被许可人从事许可活动的违法性。d. 注销是因为被许可人从事许可事项的权利已经灭失或无法实际行使，行政许可的实际效力已经不存在。

行为	主体	性质	条件	赔偿与补偿
撤回	许可机关	许可的监督	立法依据修改、客观情势变化、为了公共利益	补偿
撤销	许可机关、上级机关、被越权的法定许可机关	许可的监督	行政许可作出时违法	赔偿条件：机关违法且被许可人合法权益受损
吊销	行政处罚机关	行政处罚	被许可人违法实施许可行为	违法吊销需赔偿
注销	法定的注销登记机关	许可的监督	许可效力已经终止	违法注销需赔偿

答案：B

14. 依据行政许可法的相关规定，以下关于行政许可撤销与注销的说法，错误的是？（2022年真题回忆版）

A. 两者均属于依申请的行政行为

B. 两者均属于裁量性行政行为

C. 两者均不具有可诉性

D. 两者均属于行政处罚

［考点］ 行政许可的撤销与注销

［解析］ （1）所谓依申请的行政行为，是指只有经过当事人提出申请，行政机关才能作出的行政行为。针对依申请的行政行为，若未经当事人申请，行政机关不得依据职权主动作出。所谓行政许可的撤销，是指已经获得的行政许可由于在申请和作出行政许可决定的过程中存在违法情形，由行政机关依法剥夺被许可人继续从事某种活动的资格，从而使行政许可丧失法律效力的行政行为。撤销许可既有可能是行政机关依职权实施，又有可能是行政机关依申请实施。至于注销许可，则是指由于现有的行政许可已经失效或者无法实施，而由有关机关依法收回许可证件或者公告许可证件失效的行政行为。由此可见，注销许可一般都是依职权实施的。故A选项说法错误。

（2）依据《行政许可法》的规定，有下列情形之一的，作出行政许可决定的行政机关或者其上级行政机关，根据利害关系人的请求或者依据职权，可以撤销行政许可：①行政机关工作人员滥用职权、玩忽职守作出准予行政许可决定的；②超越法定职权作出准予行政许可决定的；③违反法定程序作出准予行政许可决定的；④对不具备申请资格或者不符合法定条件的申请人准予行政许可的；⑤依法可以撤销行政许可的其他情形。被许可人以欺骗、贿赂等不正当手段取得行政许可的，应当予以撤销。依照前述规定撤销行政许可，可能对公共利益造成重大损害的，不予撤销。由此可见，是否撤销行政许可，行政机关需要根据具体情形进行利益衡量，因而属于裁量范围。

依据《行政许可法》的规定，有下列情形之一的，行政机关应当依法办理有关行政许可的注销手续：①行政许可有效期届满未延续的；②赋予公民特定资格的行政许可，该公民死亡或者丧失行为能力的；③法人或者其他组织依法终止的；④行政许可依法被撤销、撤回，或者行政许可证件依法被吊销的；⑤因不可抗力导致行政许可事项无法实施的；⑥法律、法规规定的应当注销行政许可的其他情形。由此可见，只要符合法定注销情形就应予注销，是否注销许可属于羁束性行政行为，不属于裁量性行政行为。故B选项说法错误。

(3) 依据《最高人民法院关于审理行政许可案件若干问题的规定》的规定，公民、法人或者其他组织认为行政机关作出的行政许可决定以及相应的不作为，或者行政机关就行政许可的变更、延续、撤回、注销、撤销等事项作出的有关具体行政行为及其相应的不作为侵犯其合法权益，提起行政诉讼的，人民法院应当依法受理。由此可知，两者均具有可诉性。故C选项说法错误。

(4) 所谓行政处罚，是指行政机关依法对违反行政管理秩序的公民、法人或者其他组织，以减损权益或者增加义务的方式予以惩戒的行为。行政许可的吊销针对的就是被许可人违法实施许可行为的惩戒和制裁手段，是一种行政处罚。行政许可的撤销是针对违法发放的许可进行纠正，属于对错误行政许可的监督行为，注销则是对已经失效或无法实施的行政许可宣告无效的行为，属于行政许可的管理行为。与行政许可的吊销不同，行政许可的撤销和注销从性质上来讲都不属于对违法实施许可行为的制裁和惩戒，只是对错误发放许可行为的纠正以及宣告行政许可失效的管理手段。故D选项说法错误。

答案：ABCD

✪ 考点4 行政许可和行政处罚的比较

15. 关于一个行政机关行使有关行政机关的行政许可权和行政处罚权的安排，下列哪些说法是正确的？(2016/2/80)

A. 涉及行政处罚的，由国务院或者经国务院授权的省、自治区、直辖市政府决定

B. 涉及行政许可的，由经国务院批准的省、自治区、直辖市政府决定

C. 限制人身自由的行政处罚只能由公安机关行使，不得交由其他行政机关行使

D. 由公安机关行使的行政许可，不得交由其他行政机关行使

[解析] 本题考查的是行政许可和行政处罚中的集中实施。考生在复习备考时，如果能够有意识地将行政许可、行政处罚和行政强制相关知识点进行比较学习和记忆，那么应对这样的题目就不存在太大问题。

①关于A选项，行政处罚的集中实施决定权限，依据《行政处罚法》第18条第1、2款的规定：“国家在城市管理、市场监管、生态环境、文化市场、交通运输、应急管理、农业等领域推行建立综合行政执法制度，相对集中行政处罚权。国务院或者省、自治区、直辖市人民政府可以决定一个行政机关行使有关行政机关的行政处罚权。”可见，国务院或者省级政府可以决定行政处罚权的相对集中实施。故A选项错误，不选。

②关于B选项，行政许可的集中实施决定权限，依据《行政许可法》第25条的规定：“经国务院批准，省、自治区、直辖市人民政府根据精简、统一、效能的原则，可以决定一个行政机关行使有关行政机关的行政许可权。”

故B选项正确，当选。

③关于C选项，依据《行政处罚法》第18条第3款的规定："限制人身自由的行政处罚权只能由公安机关和法律规定的其他机关行使。"可见，限制人身自由的行政处罚权不是只能由公安机关行使，还可以由法律规定的其他行政机关行使。例如，《反间谍法》和《国家情报法》都规定了国家安全机关有权限制人身自由。《海关法》规定国家在海关总署设立专门侦查走私犯罪的公安机构，配备专职缉私警察，负责对其管辖的走私犯罪案件的侦查、拘留、执行逮捕、预审。故C选项认为限制人身自由的行政处罚只能由公安机关行使，不得交由其他行政机关行使的说法错误，不选。

④关于D选项，由公安机关行使的行政许可，是否交由其他行政机关行使，行政许可方面，《行政许可法》上并没有规定公安机关专属的行政许可种类，也没有不得交由其他行政机关行使的规定。故D选项错误，不选。

［举一反三］相对集中管辖

行为	省政府	国务院	备注
处罚（2021年）	直接决定	直接决定	人身自由（公安）不得集中
许可（2004年）	主动申请	批准	精简高效
强制（2012年）	不需要申请	不需要批准	与处罚的集中自动配套

答案：B（旧题新解）

16. 关于规章，下列哪一说法是正确的？（2011/2/41）

A. 较大的市的人民政府制定的规章可以在上位法设定的行政许可事项范围内，对实施该行政许可作出具体规定

B. 行政机关实施许可不得收取任何费用，但规章另有规定的，依照其规定

C. 规章可以授权具有管理公共事务职能的组织实施行政处罚

D. 违法行为在二年内未被发现的，不再给予行政处罚，但规章另有规定的除外

［解析］①本题以规章的例外规定权为角度，比较巧妙地考查了行政许可和行政处罚中的设定、收费、实施和时效问题。

②A选项说法正确。《立法法》规定了设区的市的人民政府有权制定规章，《行政许可法》规定了规章享有本选项所说之权力。《行政许可法》第16条第3款规定："规章可以在上位法设定的行政许可事项范围内，对实施该行政许可作出具体规定。"

③B选项说法错误。《行政许可法》第58条第1款规定："行政机关实施行政许可和对行政许可事项进行监督检查，不得收取任何费用。但是，法律、行政法规另有规定的，依照其规定。"可见，行政机关实施行政许可原则上不收费，例外情况只能由法律、行政法规规定，规章不能对此加以规定。

④C选项说法错误。只有法律、法规可以授权具有管理公共事务职能的组织实施行政处罚，规章无权作出规定。《行政处罚法》第19条规定："法律、法规授权的具有管理公共事务职能的组织可以在法定授权范围内实施行政处罚。"

⑤D选项说法错误。《行政处罚法》第36条第1款规定："违法行为在二年内未被发现的，不再给予行政处罚；涉及公民生命健康安全、金融安全且有危害后果的，上述期限延长至五年。法律另有规定的除外。"可见，D选项说法有两处错误：一是处罚时效一般是2年，但是涉及公民生命健康安全、金融安全且有危害后果的，上述期限延长至5年；二是只有法律才能对处罚时效作出例外规定，规章无此权限。

答案：A

17. 对下列哪些拟作出的决定，行政机关应告知当事人有权要求听证？（2015/2/77）

A. 税务局扣押不缴纳税款的某企业价值200万元的商品

B. 交通局吊销某运输公司的道路运输经营许可证

C. 规划局发放的建设用地规划许可证，直接涉及申请人与附近居民之间的重大利益关系

D. 公安局处以张某行政拘留10天的处罚

［解析］ 听证制度一直是每年必考的知识点，在行政立法、行政许可、行政处罚和行政复议中都存在，需要考生比较学习和综合掌握。本题考查的是行政机关依申请举行听证会的适用情形。

①行政强制与听证制度存在价值上的冲突。行政强制实施具有紧急性和实力控制性特点，对时间要求高。而听证会是要保障当事人的参与权、表达权和监督权，对期限作出了很宽松的安排，比如申请听证有期限，组织听证会有期限，提前通知有期限。可见，行政强制的特点决定了其不可能采取听证会程序作出决定。关于A选项，税务局扣押不缴纳税款的某企业价值200万元的商品，虽然涉案金额特别巨大，但是因为扣押属于行政强制措施，而不是行政处罚，依据《行政强制法》的规定，基于行政强制措施的紧迫性，法律并未规定听证制度。故扣押不需要也不可能告知当事人有权要求听证。故A选项错误。

②关于B选项，《行政处罚法》第63条规定："行政机关拟作出下列行政处罚决定，应当告知当事人有要求听证的权利，当事人要求听证的，行政机关应当组织听证：（一）较大数额罚款；（二）没收较大数额违法所得、没收较大价值非法财物；（三）降低资质等级、吊销许可证件；（四）责令停产停业、责令关闭、限制从业；（五）其他较重的行政处罚；（六）法律、法规、规章规定的其他情形。当事人不承担行政机关组织听证的费用。"可见，交通局吊销某运输公司的道路运输经营许可证之前，应当告知对方有申请听证的权利。故B选项正确。

［举一反三］ 行政处罚听证会的通知

行政机关拟作出较大数额罚款、没收较大数额违法所得、没收较大价值非法财物、降低资质等级、吊销许可证件、责令停产停业、责令关闭、限制从业的，应当告知对方有申请听证的权利，不告知即违法。行政机关拟作出其他处罚决定，法律上并无义务通知对方有申请听证的权利。但是可以依职权告知对方有权申请听证。如果对方申请听证的，则也是应当举行听证会。

③关于C选项，《行政许可法》第47条规定："行政许可直接涉及申请人与他人之间重大利益关系的，行政机关在作出行政许可决定前，应当告知申请人、利害关系人享有要求听证的权利；申请人、利害关系人在被告知听证权利之日起五日内提出听证申请的，行政机关应当在二十日内组织听证。申请人、利害关系人不承担行政机关组织听证的费用。"可见，规划局发放的建设用地规划许可证，直接涉及申请人与附近居民之间的重大利益关系，依法应当告知申请人及附近居民有申请听证的权利，充分听取他们的意见。故C选项正确。

④关于D选项，《治安管理处罚法》第98条规定："公安机关作出吊销许可证以及处二千元以上罚款的治安管理处罚决定前，应当告知违反治安管理行为人有权要求举行听证；违反治安管理行为人要求听证的，公安机关应当及时依法举行听证。"可见，治安管理处罚中听证会的适用条件是吊销许可证和2000元以上的罚款，而不包括行政拘留。D选项中公安局处以张某行政拘留10天的处罚，不属于应当告知对方有申请听证权利的情形，只是可以告知。故D选项错误。

答案：BC

专题六 行政处罚

考情分析

《行政处罚法》一直都是法考的重点，特别是该法于2021年大修。主要考点有：行政处罚的种类和设定、补充设定、规定；行政处罚的管辖；行政处罚的适用（一事不再罚原则，从轻、减轻处罚的情形，首次违法不处罚和无过错不处罚规则，行政处罚与刑罚的折抵）；行政处罚的追究时效；行政处罚的决定程序；法制审核；行政处罚的执行；治安管理处罚的追究时效、决定程序和执行程序。

本专题在行政法中属于具体行政行为的一部分，其本身与实际生活联系很紧密，如交通违章、乱设摊点、乱收费等现象在现实生活中比比皆是，因此命题大多是案例形式的客观题，直接或间接考查法条，且考查内容比较细致。所以，对于本部分，考生应当结合《行政处罚法》《治安管理处罚法》的相关规定进行全面掌握。

考点1 行政处罚的种类

1. 某镇镇长王某饮酒驾驶车辆被公安机关查处，公安机关决定处罚款1000元，暂扣驾驶证6个月。经县监察委调查，王某任期内长期公车私用，遂作出撤职处分，降为四级主任科员。下列选项正确的是？（2023年真题回忆版）

A. 暂扣驾驶证属于行为罚

B. 对王某长期公车私用，镇政府不得再处分

C. 对于公安机关的行政处罚，王某不能申请行政诉讼

D. 撤职处分期间为18个月

[解析] ①所谓行为罚是指通过对违反行政管理秩序的人的行为进行限制的方法进行惩戒和制裁。所谓资格罚，是指通过对违反行政管理秩序的人的资格进行剥夺和限制的方法进行惩戒和制裁。暂扣驾驶证属于对行为人的资格进行限制的惩罚方法，应属于资格罚而非行为罚。A选项说法错误。

②对同一违纪违法行为，监察机关已经作出政务处分决定的，公务员所在机关不再给予处分。B选项说法正确。

③行政处罚属于典型的具体行政行为，当然具有可诉性。《行政处罚法》第7条第1款规定："公民、法人或者其他组织对行政机关所给予的行政处罚，享有陈述权、申辩权；对行政处罚不服的，有权依法申请行政复议或者提起行政诉讼。"C选项说法错误。

④撤职处分期间应为24个月，而非18个月。D选项说法错误。

答案：B

2. 下列哪一行为属于行政处罚？（2010/2/44）

A. 公安交管局暂扣违章驾车张某的驾驶

执照六个月

B. 市场监督管理局对一企业有效期届满未申请延续的营业执照予以注销

C. 卫生局对流行性传染病患者强制隔离

D. 食品药品监督局责令某食品生产者召回其已上市销售的不符合食品安全标准的食品

［疑难辨析］ 对于行政处罚行为与其他具体行政行为，许多考生不能准确判断。其实本题非常简单，行政处罚的类型是法定的，只要记住《行政处罚法》第9条以及《治安管理处罚法》第10条规定的几种法定类型即可。就本题而言，因为A选项是明显正确的选项，所以其他选项的干扰性大大降低。D选项是最容易与行政处罚混淆的，产品召回制度的本旨在于保护消费者的利益，防止损害的扩大，并不是对生产者的处罚措施。

［解析］ ①行政处罚，是指行政机关依法对违反行政管理秩序的公民、法人或者其他组织，以减损权益或者增加义务的方式予以惩戒的行为。行政违法，是指公民、法人或者其他组织违反国家管理秩序，依照法律应当由国家行政机关给予行政处罚的危害社会的行为。一般可以根据两个条件认定行政违法：第一，行为人的行为违反行政管理秩序；第二，对此种违法行为需要给予法定的行政处罚。根据《行政处罚法》第9条规定："行政处罚的种类：（一）警告、通报批评；（二）罚款、没收违法所得、没收非法财物；（三）暂扣许可证件、降低资质等级、吊销许可证件；（四）限制开展生产经营活动、责令停产停业、责令关闭、限制从业；（五）行政拘留；（六）法律、行政法规规定的其他行政处罚。"A选项中，张某被暂扣驾驶执照是法定的行政处罚种类。故A选项当选。

②行政许可的注销，是消灭行政许可法律关系的一种法定程序，在性质上属于行政许可的监督，不具有惩罚性，不属于行政处罚。故B选项不当选。

③卫生局对流行性传染病患者强制隔离，是出于公共安全的考虑，为了控制病源的扩散，依法对公民的人身自由实施的暂时性限制，属于行政强制措施而非行政处罚。故C选项不当选。

④食品药品监督局责令召回不符合食品安全标准的食品，是缺陷产品召回制度的规定，是为了防止危险扩大，制止违法行为，属于行政强制措施，不属于行政处罚。故D选项不当选。

答案：A

3. 下列哪些行政行为不属于行政处罚？（2016/2/81）

A. 质监局对甲企业涉嫌冒用他人商品识别代码的产品予以先行登记保存

B. 食品药品监管局责令乙企业召回已上市销售的不符合药品安全标准的药品

C. 环保局对排污超标的丙企业作出责令停产6个月的决定

D. 市场监督管理局责令销售不合格产品的丁企业支付消费者3倍赔偿金

［解析］ 本题考查了行政处罚行为与其他行政行为的比较，难度适中。

①关于A选项，登记保存的性质，依据《行政处罚法》第56条规定："行政机关在收集证据时，可以采取抽样取证的方法；在证据可能灭失或者以后难以取得的情况下，经行政机关负责人批准，可以先行登记保存，并应当在七日内及时作出处理决定，在此期间，当事人或者有关人员不得销毁或者转移证据。"可见，质监局[1]对甲企业涉嫌冒用他人商品识别代码的产品予以先行登记保存，此为行政强制措施，而不是行政处罚。理由在于，甲企业只是涉嫌冒用他人商品识别代码，质监局在作出处罚决定之前需要对甲企业的行为进行调

〔1〕 现为市场监督管理局（本书后同）。

查，只有在违法事实清楚，证据确凿时，才能作出行政处罚决定。为了调查甲企业的行为，如果存在证据可能灭失或者以后难以取得的情况，质监局对相关产品予以先行登记保存，此为暂时性的强制措施，没有处罚和制裁的效果。故A选项当选。

②关于B选项，责令企业召回产品行为属于行政机关的行政强制措施，而不是行政处罚。作为药品的销售者，乙企业有义务保证销售的药品符合药品安全标准，否则，将对消费者承担违约甚至侵权责任。承担责任的其中一种方式就是召回相关药品，向消费者更换合格的药品。可见，召回是企业对消费者承担的法律责任，是为了制止违法行为，防止危险发生，不具有惩戒性，不是食品药品监管局对企业的处罚。当然，如果食品药品监督管理局以乙企业销售的不符合药品安全标准的药品为由对其作出诸如罚款或者没收等行为，则属于行政处罚行为。故B选项当选。

③关于C选项，责令停产停业的性质属于行政处罚。理由在于，行政处罚中的责令停产停业属于一种行为罚，是指行政机关对违法的工商企业和个体户责令其停止生产、停止营业的一种处罚形式，其不是直接限制或者剥夺违法行为人的财产权，而是责令其暂时停止生产经营活动，一旦违法行为人在一定期限内及时纠正违法行为，按期履行了法定义务，仍可继续从事曾被停止的生产经营活动，无须重新领取有关许可证和执照。环保局对排污超标的丙企业作出责令停产6个月的决定，丙企业因为自己的超标排污行为而遭受停产的制裁和处罚，只能在6个月后重新生产。此为典型的行政处罚行为。故C选项不当选。

④关于D选项，市场监督管理局责令销售不合格产品的丁企业支付消费者3倍赔偿金，此为行政机关的行政命令行为，不是行政处罚。理由在于，丁企业向消费者销售不合格产品，在民事法律关系中对消费者构成违约甚至侵权，应当承担相应的赔偿责任。同时，丁企业因为销售不合格产品而构成行政法上的违法行为，市场监督管理局作为行政管理机关有权对其作出行政处罚。但是，本案中市场监督管理局作出的行为不是直接对丁企业进行诸如罚款之类的行政处罚，而是就丁企业与消费者之间的民事法律关系作出行政处理决定，即责令丁企业向消费者支付3倍赔偿金。故D选项当选。

答案：ABD

4. 王某驾驶货车超载被交警甲拦截，交警甲扣留了其驾照，交警大队对其罚款1800元，扣6分。交警大队经调查发现其上个月存在不按信号灯行驶的违法行为，于是又作出罚款200元，扣6分，然后注销了王某的驾照。下列说法不正确的是？（2020年真题回忆版）

A. 罚款200元违反了一事不再罚

B. 注销驾照性质属于行政处罚，本案中的注销违法

C. 扣留驾照是行政处罚

D. 扣分是行政处罚

[解析] ①所谓“一事不再罚”是指对当事人的同一个违法行为，不得给予两次以上罚款的行政处罚。同一个违法行为违反多个法律规范应当给予罚款处罚的，按照罚款数额高的规定处罚。本案中，王某存在着两个相互独立的违法行为，一是驾驶货车超载，二是不按信号灯行使。交警大队依法对其两个违法行为分别作出罚款的处罚，并不违反一事不再罚的要求。故A选项当选。

②行政许可的注销，是指行政机关针对各种效力已经消灭的行政许可，进行登记，以确认其今后不再具有许可效力的法律制度。可见，注销的前提是行政许可因为各种原因已经丧失效力，比如已经被行政机关撤回、撤销或吊销，不复存在了。本案中，交警大队在对王某罚款和扣分之后，并未经过吊销处罚，直接注销其驾照，属于违法行为。所以B选项认定

本案中的注销违法是正确的。但是该选项对注销驾照行为性质的判断是错误的。行政许可证件的注销、撤回、撤销都属于行政许可，吊销才属于行政处罚。故B选项当选。

③交警大队对违反法律规定的当事人暂扣或吊销驾照属于剥夺其驾驶资格的行政处罚，具有制裁性和终局性。而本案中的扣留驾照，是交警拦截下驾驶超载货车的王某，为了制止其违法行为，对其展开进一步调查，而临时性地扣留其驾照，不具有处罚性和终局性，属于行政强制措施而不是行政处罚。故C选项当选。

④关于扣分行为的性质，《道路交通安全法》规定，交管部门对机动车驾驶人违反道路交通安全法律、法规的行为，除依法给予行政处罚外，实行累积记分制度。交管部门对累积记分达到规定分值的机动车驾驶人，扣留机动车驾驶证，对其进行道路交通安全法律、法规教育，重新考试；考试合格的，发还其机动车驾驶证。可见，扣分行为本身并不属于行政处罚，而是对当事人违法行为的一种记录手段，属于行政事实行为。如果机动车驾驶人累积记分达到规定分值，将被扣留机动车驾驶证，需要重新参加学习、考试合格后再发还，可见，这里的扣留驾照和强制学习考试，属于行政强制措施。故D选项当选。

答案：ABCD

5. 甲交警大队民警发现王某涉嫌驾驶违法拼装车辆，当场作出扣押的决定，甲交警大队根据专门机构出具的该车辆系违法拼装的鉴定意见，对王某的车辆进行了收缴，又作出报废车辆的决定，王某不服提起行政诉讼。下列说法正确的是？（2021年真题回忆版）

A. 收缴是行政处罚

B. 报废是行政处罚

C. 扣押后，民警24小时回甲交警大队找机关负责人补办批准手续

D. 如王某能够证明鉴定意见有错误，法院不采纳鉴定意见

［考点］ 行政行为性质；扣押程序

［解析］ A选项，本案中的收缴行为，是甲交警大队对当事人违法拼装车辆予以收缴，让其丧失该财产权，是对相对人的惩戒和制裁，性质上属于行政处罚。故A选项正确。B选项，报废属于收缴之后的补充行为，不具有独立性，只是为了实现收缴行为的效果而存在的，不是行政处罚，而属于行政事实行为。故B选项错误。C选项，情况紧急需要当场扣押的，工作人员应当在实施扣押后24小时内补办机关负责人的批准手续。故C选项正确。D选项，在行政诉讼中，原告有证据证明被告提供的鉴定意见违法的，法院将不采纳该鉴定意见。故D选项正确。

答案：ACD

✪ 考点2 行政处罚的设定

6. 关于部门规章的权限，下列哪一说法是正确的？（2013/2/48）

A. 尚未制定法律、行政法规，对违反管理秩序的行为，可以设定暂扣许可证的行政处罚

B. 尚未制定法律、行政法规，且属于规章制定部门职权的，可以设定扣押财物的行政强制措施

C. 可以在上位法设定的行政许可事项范围内，对实施该许可作出具体规定

D. 可以设定除限制人身自由以外的行政处罚

［解析］ ①本题以部门规章的立法权限为着眼点，分别考查了行政许可、行政处罚、行政强制的设定权和规定权，难度较大。设定权与规定权在立法中的区别在于：设定权是从无到有，解决的是创设性填补空白的问题；规定权是从粗到细，解决的是将抽象的上位法规定加以具体细化的问题。

②关于A、D选项，《行政处罚法》第13条规定：“国务院部门规章可以在法律、行政法规规定的给予行政处罚的行为、种类和幅度的范围内作出具体规定。尚未制定法律、行政法规的，国务院部门规章对违反行政管理秩序的行为，可以设定警告、通报批评或者一定数额罚款的行政处罚。罚款的限额由国务院规定。”可见，部门规章只能设定警告、通报批评和一定数额罚款的行政处罚，不得设定暂扣行政许可证这类行政处罚，更不得设定除限制人身自由之外的行政处罚，那是行政法规的设定权限。故A、D选项错误。

③关于B选项，根据《行政强制法》的规定，规章不得设定任何种类的行政强制措施。故B选项错误。

④关于C选项，《行政许可法》第16条第3款规定：“规章可以在上位法设定的行政许可事项范围内，对实施该行政许可作出具体规定。”故C选项正确。

答案：C

7. 水利部第55号令颁布《水行政处罚实施办法》，关于该办法对行政处罚事项作出规定的权限，下列哪一说法正确？（2023年真题回忆版）

A. 可对适用简易程序的事项另行规定

B. 可对适用普通程序作出行政处罚决定的期限另行规定

C. 可补充设定行政处罚

D. 可对行政处罚的级别管辖另行规定

［解析］ 本题考查规章的处罚设定权限。

①《行政处罚法》第51条规定：“违法事实确凿并有法定依据，对公民处以二百元以下、对法人或者其他组织处以三千元以下罚款或者警告的行政处罚的，可以当场作出行政处罚决定。法律另有规定的，从其规定。”由此可见，只有法律可以规定简易程序的适用情形，规章无权另作规定。A选项说法错误。

②《行政处罚法》第60条规定：“行政机关应当自行政处罚案件立案之日起九十日内作出行政处罚决定。法律、法规、规章另有规定的，从其规定。”据此可知，规章的确可对适用普通程序作出行政处罚决定的期限作出另行规定。B选项说法正确。

③行政处罚法只允许行政法规和地方性法规补充设定行政处罚，规章无此权限。C选项说法错误。

④《行政处罚法》第23条规定：“行政处罚由县级以上地方人民政府具有行政处罚权的行政机关管辖。法律、行政法规另有规定的，从其规定。”据此可知，规章无权另行规定行政处罚的级别管辖事宜。D选项说法错误。

［举一反三］行政处罚设定权

立法类型	设定权
法律	所有，绝对保留限制人身自由处罚
行政法规	限制人身自由不可以
地方性法规	限制人身自由+吊销营业执照不可以
规章	警告+通报批评+罚款。罚款数额的确定：部门规章由国务院决定；政府规章由省级人大常委会决定

答案：B

考点3 行政处罚的管辖与适用

8. 某省政府根据实际情况决定将县级人民政

府部门的100项行政处罚权交由乡镇人民政府、街道办事处行使。则以下说法正确的是？（2022年真题回忆版）

A. 省政府应当定期组织评估

B. 县政府相关部门依然可以行使原行政处罚权

C. 乡镇人民政府、街道办事处应以县政府部门的名义实施该行政处罚

D. 该决定应当予以公布

［考点］ 处罚权下移

［解析］ 本题考查的是关于行政处罚权下沉的问题。

①为了照顾到基层行政处罚实践的需要，省、自治区、直辖市根据当地实际情况，可以决定将基层管理迫切需要的县级人民政府部门的行政处罚权交由能够有效承接的乡镇人民政府、街道办事处行使，并定期组织评估。决定应当公布。A、D选项说法正确。

②在行政处罚权下移之前，县政府相关部门作为行政执法机关，拥有相应的行政处罚权。虽然基层管理迫切需要的行政处罚权下移授予乡镇政府、街道办事处行使，县政府相关部门的处罚权仍然可以继续行使原行政处罚权。B选项说法正确。

③由于处罚权下移的性质是一种授权而非委托，是省级机关以行政处罚法作为依据进行的授权，故乡镇人民政府、街道办事处获得了相应的行政主体资格，可以自己的名义实施该行政处罚。C选项说法错误。

答案：ABD

考点4　行政处罚决定程序与执行程序

9. 质监局发现王某生产的饼干涉嫌违法使用添加剂，遂将饼干先行登记保存，期限为1个月。有关质监局的先行登记保存行为，下列哪一说法是正确的？（2011/2/44）

A. 系对王某的权利义务不产生实质影响的行为

B. 可以由2名执法人员在现场直接作出

C. 采取该行为的前提是证据可能灭失或以后难以取得

D. 登记保存的期限合法

［疑难辨析］ 本题考查行政处罚中的证据先行登记保存制度，注意不要与行政诉讼中的证据保全相混淆。这里的证据先行登记保存行为实质上是一种行政强制措施，是出于保护证据的需要而对当事人的财物予以临时性的登记保存，它类似于扣押又不同于扣押，属于《行政强制法》第9条所言的“其他行政强制措施”。

［解析］ ①《行政处罚法》第56条规定：“行政机关在收集证据时，可以采取抽样取证的方法；在证据可能灭失或者以后难以取得的情况下，经行政机关负责人批准，可以先行登记保存，并应当在七日内及时作出处理决定，在此期间，当事人或者有关人员不得销毁或者转移证据。”据此可知，行政处罚中的证据先行登记保存的适用条件包括：第一，执法人员不少于2人，且须出示证件；第二，以证据可能灭失或以后难以取得为前提；第三，经行政机关负责人批准。

②A选项说法错误。登记保存所适用的对象是人身以外的作为证据的财物，其行为具有行政强制措施的临时性、限权性、可复原性、影响使用权等特征，在性质上属于行政强制措施。如果是就地封存的，则属于查封；如果是异地保存的则属于扣押。可见，证据先行登记保存的行为已经实质影响了王某的权利义务，限制了王某对饼干的使用与处理。

③B选项说法错误。证据先行登记保存必须经行政机关负责人批准，不得直接作出。

④C选项说法正确。证据先行登记保存的前提条件是“证据可能灭失或以后难以取得”。

⑤D选项说法错误。证据先行登记保存期间为7天，而非1个月。

答案：C

10. 某国土资源局以陈某违反《土地管理法》为由，向陈某送达决定书，责令其在10日内拆除擅自在集体土地上建造的房屋3间，恢复土地原状。陈某未履行决定。下列哪一说法是错误的？（2011/2/48）

A. 国土资源局的决定书应载明，不服该决定申请行政复议或提起行政诉讼的途径和期限

B. 国土资源局的决定为负担性具体行政行为

C. 因《土地管理法》对起诉期限有特别规定，陈某对决定不服提起诉讼的，应依该期限规定

D. 如陈某不履行决定又未在法定期限内申请复议或起诉的，国土资源局可以自行拆除陈某所建房屋

［疑难辨析］ 解答本题，首先要清楚国土资源局以陈某违反《土地管理法》为由，责令其在10日内拆除擅自在集体土地上建造的房屋的行为，属于行政处罚。根据《行政处罚法》第9条的规定，其他法律和行政法规可以创设新的行政处罚种类，责令限期拆除的行政处罚即属于此类。D选项是对行政强制执行的考查。

［举一反三］ 关于强制拆除的有权主体，要分情况确定。一是对合法建筑因征收而导致的强制拆除。无论是征收集体土地还是征收国有土地上的房屋，均应在完成补偿安置工作的情况下由行政机关申请法院强制执行，在获得法院的准许强制执行裁定前，行政机关没有直接强制拆除被征收房屋的权力。二是对违法建筑的强制拆除，根据《行政强制法》和《城乡规划法》有关规定，对涉及违反《城乡规划法》的违法建筑物、构筑物、设施等的强制拆除，法律已经授予行政机关强制执行权，法院不受理行政机关提出的非诉行政执行申请。县级以上人民政府有权组织实施对违法建筑的强制拆除。

［解析］ ①A选项说法正确。依据《行政处罚法》第59条的规定，行政处罚决定书应当载明下列事项：a. 当事人的姓名或者名称、地址；b. 违反法律、法规、规章的事实和证据；c. 行政处罚的种类和依据；d. 行政处罚的履行方式和期限；e. 申请行政复议、提起行政诉讼的途径和期限；f. 作出行政处罚决定的行政机关名称和作出决定的日期。行政处罚决定书必须盖有作出行政处罚决定的行政机关的印章。责令限期拆除违法建筑决定书作为行政处罚行为，依法应当告知当事人行政救济的权利和期限。

②B选项说法正确。根据具体行政行为与当事人之间的权益关系，可以将具体行政行为划分为授益性具体行政行为和负担性具体行政行为。为当事人授予权利、利益或者免除负担义务的，是授益性具体行政行为，如行政许可。为当事人设定义务或者剥夺其权益的，是负担性具体行政行为，如行政处罚。国土资源局的决定使陈某负担了拆除擅自建造的房屋并恢复土地原状的义务，当属负担性行政行为。

③C选项说法正确。《行政诉讼法》第46条规定："公民、法人或者其他组织直接向人民法院提起诉讼的，应当自知道或者应当知道作出行政行为之日起六个月内提出。法律另有规定的除外。因不动产提起诉讼的案件自行政行为作出之日起超过二十年，其他案件自行政行为作出之日起超过五年提起诉讼的，人民法院不予受理。"可知，行政诉讼的起诉期限一般为6个月，法律另有规定的从其规定，因为作为法律的《土地管理法》对起诉期限有特别规定，所以应适用《土地管理法》的特殊规定。依据《土地管理法》第83条的规定，建设单位或者个人对责令限期拆除的行政处罚决定不服的，可以在接到责令限期拆除决定之日起15日内，向人民法院起诉；期满不起诉又不自行拆除的，由作出处罚决定的机关依法申请人民法院强制执行，费用由违法者承担。

可见，《土地管理法》规定的起诉期限为15日，不同于《行政诉讼法》6个月的一般规定。当然，在解答本题时没有必要了解《土地管理法》的具体规定，题目中所言“因《土地管理法》对起诉期限有特别规定”，实际上已经提供给大家确切的解题信息，无须对此加以判断。

④D选项说法错误。如前所述，行政强制执行权必须有法律的明确授权，法律只授权给县级以上人民政府强制拆除违法建筑，并未授权给国土资源局。

答案：D

11. 区税务局拟对甲企业作出罚款30万元的决定，经甲企业申请，区税务局举行听证会，后作出罚款30万元的处罚决定。下列说法正确的是？（2022年延考真题回忆版）

A. 甲企业可委托代理人参加听证

B. 听证会费用由甲企业承担

C. 甲企业若对罚款决定不服，可直接提起行政诉讼

D. 区税务局应制作听证笔录

［解析］ 行政处罚听证会中，当事人可以委托1至2名代理人参加听证会。当事人不承担行政机关组织听证的费用。故A选项正确、B选项错误。本案中的行政行为是罚款，属于行政处罚，当事人不服不需要复议前置，可以直接提起行政诉讼。故C选项正确。行政机关举行听证会应当制作听证笔录，并根据听证笔录作出处罚决定。故D选项正确 。

答案：ACD

12. 市场监督管理局接到群众举报去查一家熟食店，发现熟食店违反卫生规定，当即决定查封该店，当场作出停业整顿决定。下列说法正确的是？（2022年延考真题回忆版）

A. 责令停业整顿属于行政强制执行

B. 应当有两个执法人员

C. 可以当场发放责令停业整顿书

D. 查封时需要交付查封决定书和清单

［解析］ ①责令停业整顿相当于责令停产停业，给当事人造成不利的负担，属于行政处罚，不是行政强制执行。A选项错误。

②行政机关对当事人作出行政强制措施，执法人员不少于2人。B选项正确。

③行政机关作出责令停业整顿，属于严重的行政处罚种类，应当事先告知当事人有听证的权利。

根据《行政处罚法》规定，违法事实确凿并有法定依据，对公民处以200元以下、对法人或者其他组织处以3000元以下罚款或者警告的行政处罚的，可以适用简易程序，当场作出行政处罚决定。法律另有规定的，从其规定。本案不符合简易程序适用条件，不得当场作出。C选项错误。

④根据行政强制法规定，行政机关决定实施查封、扣押的，应当制作并当场交付查封、扣押决定书和清单，故D选项正确。

答案：BD

13. 区市场监督管理局对某超市销售的某品牌产品抽样，发现其中反式脂肪酸成分超标，作出没收违法所得50元、罚款2000元的处罚决定，该超市不服。下列说法正确的是？（2023年真题回忆版）

A. 若超市不履行处罚决定，可追加罚款，最高额为2050元

B. 该超市可在60天内申请行政复议

C. 对超市的罚款不能适用简易程序

D. 处罚决定书应载明复议的申请期限

［解析］ 本题考查行政处罚的程序以及行政处罚与行政复议相结合的考点。

①依据《行政处罚法》第72条第1款的规定，到期不缴纳罚款的，作出行政处罚决定的行政机关可以每日按罚款数额的3%加处罚款，

加处罚款的数额不得超出罚款的数额。本案中的罚款数额是2000元，不是2050元。A选项说法错误。

②《行政复议法》第20条第1款规定："公民、法人或者其他组织认为行政行为侵犯其合法权益的，可以自知道或者应当知道该行政行为之日起六十日内提出行政复议申请；但是法律规定的申请期限超过六十日的除外。"B选项说法正确。

③《行政处罚法》第51条规定："违法事实确凿并有法定依据，对公民处以二百元以下、对法人或者其他组织处以三千元以下罚款或者警告的行政处罚的，可以当场作出行政处罚决定。法律另有规定的，从其规定。"由于超市属于法人或者其他组织，据此可知，该案可以当场作出处罚决定。C选项说法错误。

④无论是否属于当场作出行政处罚，行政处罚决定书均应载明申请行政复议的途径和期限。D选项说法正确。

答案：BD

14. 区市场监督管理局做了一个《食品安全抽检通知》，对一个餐厅进行了抽检，发现不合格，最后给予1万元处罚决定并进行了公开。餐厅不服提起诉讼，下列说法正确的是？（2023年真题回忆版）

A. 公开处罚决定不可诉

B. 法院经过审查对数额作了改变，区市场监督管理局撤销原决定并公开说明理由

C. 被告是区市场监督管理局

D. 申请复议期限为60日

［解析］ ①《政府信息公开条例》第51条规定："公民、法人或者其他组织认为行政机关在政府信息公开工作中侵犯其合法权益的，可以向上一级行政机关或者政府信息公开工作主管部门投诉、举报，也可以依法申请行政复议或者提起行政诉讼。"A选项说法错误。

②《行政处罚法》第48条第2款规定："公开的行政处罚决定被依法变更、撤销、确认违法或者确认无效的，行政机关应当在三日内撤回行政处罚决定信息并公开说明理由。"B选项说法正确。

③《行政诉讼法》第26条第1款规定："公民、法人或者其他组织直接向人民法院提起诉讼的，作出行政行为的行政机关是被告。"C选项说法正确。

④《行政复议法》第20条第1款规定："公民、法人或者其他组织认为行政行为侵犯其合法权益的，可以自知道或者应当知道该行政行为之日起六十日内提出行政复议申请；但是法律规定的申请期限超过六十日的除外。"D选项说法正确。

答案：BCD

✪ 考点5 治安管理处罚

15. 区公安分局派出所民警发现甲在路边损坏共享单车，经过询问和查证后以派出所的名义对甲罚款500元，后公开处罚决定，下列说法正确的是？（2023年真题回忆版）

A. 笔录须有民警签字和派出所盖章

B. 甲对行政处罚行为不能提起行政诉讼

C. 可向区政府提出复议

D. 处罚决定可当场作出

［解析］ ①《最高人民法院关于行政诉讼证据若干问题的规定》第15条规定："根据行政诉讼法第三十一条[2]第一款第（七）项的规定，被告向人民法院提供的现场笔录，应当载明时间、地点和事件等内容，并由执法人员和当事人签名。当事人拒绝签名或者不能签名的，应当注明原因。有其他人在现场的，可由其他人签名。法律、法规和规章对现场笔录的制作形式另有规定的，从其规定。"据此可知，现场笔录无须加盖行政机关印章。A选项说法错误。

〔2〕 对应2017年修正的《行政诉讼法》第33条。

②行政处罚属于典型的具体行政行为，当然具有可诉性。《行政处罚法》第7条第1款规定："公民、法人或者其他组织对行政机关所给予的行政处罚，享有陈述权、申辩权；对行政处罚不服的，有权依法申请行政复议或者提起行政诉讼。"B选项说法错误。

③依据《行政复议法》第24条第1款的规定，县级以上地方各级人民政府管辖对本级人民政府工作部门作出的行政行为不服的行政复议案件。C选项说法正确。

④《治安管理处罚法》第100条规定："违反治安管理行为事实清楚，证据确凿，处警告或者二百元以下罚款的，可以当场作出治安管理处罚决定。"由此可见，本案不符合当场处罚的适用条件。D选项说法错误。

答案：C

16. 经传唤调查，某区公安分局以散布谣言，谎报险情为由，决定对孙某处以10日行政拘留，并处500元罚款。下列哪一选项是正确的？(2012/2/47)

A. 传唤孙某时，某区公安分局应当将传唤的原因和依据告知孙某

B. 传唤后对孙某的询问查证时间不得超过48小时

C. 孙某对处罚决定不服申请行政复议，应向市公安局申请

D. 如孙某对处罚决定不服直接起诉的，应暂缓执行行政拘留的处罚决定

[疑难辨析] A、B选项中的传唤是治安处罚中的一项重要制度，法考真题中连续多次出现，本次考查的传唤原因和依据告知以及询问查证的期限相对比较简单。C选项中的区公安分局属于市政府组成部门市公安局的派出机构，所以复议机关既包括区政府，也包括市政府。D选项中的行政拘留暂缓执行必须同时具备4个条件才能适用：对拘留不服，申请暂缓执行，社会危害性审查和提供担保人或交纳保证金。很多考生因为将行政拘留的不执行和暂缓执行相互混淆而作出错误的判断。

[解析] ①根据《治安管理处罚法》第82条第2款的规定，公安机关应当将传唤的原因和依据告知被传唤人。故A选项正确。

[举一反三] 根据自然正义和程序正当的要求，行政机关作出行政处罚等负担性行政决定之前，应当对当事人履行两个法定的义务，即说明理由义务和听取意见义务。前者是指，行政机关作出行政处罚之前，应当明确告知当事人，处罚的事实理由和依据，保障当事人的知情权。后者是指，行政机关在作出处罚决定之前，应当允许当事人为自己陈述申辩，应当充分听取当事人的意见，如果当事人的意见正确，应当采纳。如果行政机关违反了上述两个义务，则会导致该处罚决定不成立。

②根据《治安管理处罚法》第83条第1款的规定："对违反治安管理行为人，公安机关传唤后应当及时询问查证，询问查证的时间不得超过八小时；情况复杂，依照本法规定可能适用行政拘留处罚的，询问查证的时间不得超过二十四小时。"可见，传唤后对孙某的询问查证时间不得超过24小时，而不是48小时。故B选项错误。

③根据《行政复议法》第24条第4款规定，对县级以上地方各级人民政府工作部门依法设立的派出机构依照法律、法规、规章规定，以派出机构的名义作出的行政行为不服的行政复议案件，由本级人民政府管辖；其中，对直辖市、设区的市人民政府工作部门按照行政区划设立的派出机构作出的行政行为不服的，也可以由其所在地的人民政府管辖。本案中，行政复议的被申请人是区公安分局，是市公安局的派出机构，所以，申请人既可以向市公安局的同级政府即市政府申请行政复议，也可以向区公安分局的同级人民政府区政府申请复议。故C选项错误。

④根据《治安管理处罚法》第107条的规

定："被处罚人不服行政拘留处罚决定，申请行政复议、提起行政诉讼的，可以向公安机关提出暂缓执行行政拘留的申请。公安机关认为暂缓执行行政拘留不致发生社会危险的，由被处罚人或者其近亲属提出符合本法第一百零八条规定条件的担保人，或者按每日行政拘留二百元的标准交纳保证金，行政拘留的处罚决定暂缓执行。"行政拘留的暂缓执行，上述4个条件必须同时满足，缺一不可。本案中孙某对处罚决定不服直接起诉的，只是满足了第1个条件，其他3个条件并未满足，故D选项错误。

答案：A

17. 根据相关法律规定，在行政决定作出前，当事人有权就下列哪些情形要求举行听证？(2017/2/82)

A. 区工商分局决定对个体户王某销售的价值10万元的假冒他人商标的服装予以扣押

B. 县公安局以非法种植罂粟为由对陈某处以3000元罚款

C. 区环保局责令排放污染物严重的某公司停业整顿

D. 胡某因酒后驾车，被公安交管部门吊销驾驶证

［解析］ ①A选项中的扣押属于行政强制措施，行政强制的特点是紧急性和强制性，而听证程序是一个提供机会让当事人陈述申辩，行政机关进行调查质证并充分听取各方意见的过程。这就决定了行政强制措施和行政强制执行中不可能适用听证程序。故A选项中的情形不适用听证。

②B、C、D选项中的行为属于行政处罚，《行政处罚法》第63条规定："行政机关拟作出下列行政处罚决定，应当告知当事人有要求听证的权利，当事人要求听证的，行政机关应当组织听证：（一）较大数额罚款；（二）没收较大数额违法所得、没收较大价值非法财物；（三）降低资质等级、吊销许可证件；（四）责令停产停业、责令关闭、限制从业；（五）其他较重的行政处罚；（六）法律、法规、规章规定的其他情形。当事人不承担行政机关组织听证的费用。"由此可见，C、D选项中的行为属于听证范围。B选项中的处以3000元罚款，是否适用听证关键在于是否属于"较大数额"，《治安管理处罚法》第98条规定："公安机关作出吊销许可证以及处二千元以上罚款的治安管理处罚决定前，应当告知违反治安管理行为人有权要求举行听证；违反治安管理行为人要求听证的，公安机关应当及时依法举行听证。"故B选项中的情形也适用听证。

综上，本题的正确答案为BCD选项。

答案：BCD

18. 某区公安分局以沈某收购赃物为由，拟对沈某处以1000元罚款。该分局向沈某送达了听证告知书，告知其可以在3日内提出听证申请，沈某遂提出听证要求。次日，该分局在未进行听证的情况下向沈某送达1000元罚款决定。沈某申请复议。下列哪些说法是正确的？(2011/2/81)

A. 该分局在作出决定前，应告知沈某处罚的事实、理由和依据

B. 沈某申请复议的期限为60日

C. 该分局不进行听证并不违法

D. 该罚款决定违法

［疑难辨析］ 本题C、D选项考查治安管理处罚的听证程序，让许多考生倍感困惑。根据《治安管理处罚法》第98条的规定，只有罚款达到2000元以上时，公安机关在作出治安管理处罚决定前，才应当告知违反治安管理行为人有权要求举行听证。本案明显属于治安管理处罚案件，而区公安分局在拟对沈某处以1000元罚款时就向沈某告知了听证权利，显然是有违法律规定的。但是，有些考生因此认为公安分局不进行听证并不违法，从而认定C选项是正确的，这种认知是错误的。本案中，

既然公安机关在作出行政处罚前，已经向沈某告知了听证的权利和期限，那么基于信赖利益保护原则，在沈某提出听证要求后，公安机关应当基于沈某的信赖利益而举行听证。若公安机关出尔反尔、反复无常，则有违行政机关应遵守的诚实信用原则。《治安管理处罚法》第98条也规定，在公安机关告知当事人听证权利后，当事人要求听证的，公安机关应当及时依法举行听证。

［解析］ ①A选项正确。本案属于治安管理处罚案件，依据《治安管理处罚法》第94条第1款的规定："公安机关作出治安管理处罚决定前，应当告知违反治安管理行为人作出治安管理处罚的事实、理由及依据，并告知违反治安管理行为人依法享有的权利。"

②B选项正确。本选项直接考查了行政复议的申请期限，属于送分项。依据《行政复议法》第20条第1款的规定："公民、法人或者其他组织认为行政行为侵犯其合法权益的，可以自知道或者应当知道该行政行为之日起60日内提出行政复议申请；但是法律规定的申请期限超过60日的除外。"

③C选项错误。依据《治安管理处罚法》第98条的规定："公安机关作出吊销许可证以及处二千元以上罚款的治安管理处罚决定前，应当告知违反治安管理行为人有权要求举行听证；违反治安管理行为人要求听证的，公安机关应当及时依法举行听证。"本案中，虽然罚款额没有达到2000元，但是既然公安机关在作出行政处罚前，已经向沈某告知了听证的权利和期限，这是行政机关为了调查案情，依职权主动赋予当事人申请听证的权利，此时也使得自己要承担相应的义务。那么基于信赖利益保护原则，在沈某提出听证要求时，公安机关应当组织听证。

④D选项正确。公安机关已经告知当事人有要求举行听证的权利，在当事人提出听证请求后，公安机关依法应当组织听证，而某县公安分局却没有理会当事人的听证要求，未经听证直接作出了处罚决定，存在严重的程序违法，因此其作出的罚款决定违法。

答案：ABD

19. 某公安派出所以李某放任所饲养的烈性犬恐吓张某为由对李某处以500元罚款。关于该处罚决定，下列哪些说法是正确的？（2017/2/79）

A. 公安派出所可以自己名义作出决定

B. 可当场作出处罚决定

C. 应将处罚决定书副本抄送张某

D. 如李某不服处罚决定向法院起诉，应以该派出所所属的公安局为被告

［解析］ ①《治安管理处罚法》第75条规定："饲养动物，干扰他人正常生活的，处警告；警告后不改正的，或者放任动物恐吓他人的，处二百元以上五百元以下罚款。驱使动物伤害他人的，依照本法第四十三条第一款的规定处罚。"本题中，公安派出所以李某放任所饲养的烈性犬恐吓张某为由对李某处以500元罚款的行为，属于此种情形。《治安管理处罚法》第91条规定："治安管理处罚由县级以上人民政府公安机关决定；其中警告、五百元以下的罚款可以由公安派出所决定。"通常而言，公安派出所无权以自己的名义作出处罚决定，但根据此规定的授权，公安派出所取得警告、500元以下罚款的独立主体资格，可以自己的名义作出警告、500元以下的治安处罚决定。故A选项正确。

②《治安管理处罚法》第100条规定："违反治安管理行为事实清楚、证据确凿，处警告或者二百元以下罚款的，可以当场作出治安管理处罚决定。"本案的处罚为500元，不符合当场作出治安处罚决定的规定。故B选项错误。

③《治安管理处罚法》第97条规定："公安机关应当向被处罚人宣告治安管理处罚决定书，并当场交付被处罚人；无法当场向被处罚

人宣告的，应当在二日内送达被处罚人。决定给予行政拘留处罚的，应当及时通知被处罚人的家属。有被侵害人的，公安机关应当将决定书副本抄送被侵害人。”本案中，张某为被侵害人，公安派出所应当将决定书副本抄送张某。故C选项正确。

④《行诉法解释》第20条规定：“行政机关组建并赋予行政管理职能但不具有独立承担法律责任能力的机构，以自己的名义作出行政行为，当事人不服提起诉讼的，应当以组建该机构的行政机关为被告。法律、法规或者规章授权行使行政职权的行政机关内设机构、派出机构或者其他组织，超出法定授权范围实施行政行为，当事人不服提起诉讼的，应当以实施该行为的机构或者组织为被告。没有法律、法规或者规章规定，行政机关授权其内设机构、派出机构或者其他组织行使行政职权的，属于行政诉讼法第二十六条规定的委托。当事人不服提起诉讼的，应当以该行政机关为被告。”根据此规定，行政机关的派出机构在有法律、法规、规章授权的情况下，以自己的名义作出行政行为，应当以该派出机构为被告。本题中，公安派出所未超出法定授权范围实施行政行为，应当以该派出所为被告。故D选项错误。

综上，本题正确答案为AC选项。

答案：AC

20. 李某多次发送淫秽短信、干扰他人正常生活，公安机关经调查拟对李某作出行政拘留10日的处罚。关于此处罚决定，下列哪一做法是适当的？（2016/2/45）

A. 由公安派出所作出

B. 依当场处罚程序作出

C. 应及时通知李某的家属

D. 紧急情况下可以口头方式作出

［解析］ 本题考查了《治安管理处罚法》中非常重要的一种处罚种类：行政拘留。难度适中。

①关于A选项，有权作出行政拘留处罚的主体，依据《治安管理处罚法》第91条的规定：“治安管理处罚由县级以上人民政府公安机关决定；其中警告、五百元以下的罚款可以由公安派出所决定。”可见，行政拘留只能由县级以上公安局作出，而不能由公安派出所作出。故A选项错误。

②关于B选项，行政处罚中的当场处罚程序是为了提高执法效率。对于案情简单，事实清楚，没有争议的违法行为，《行政处罚法》和《治安管理处罚法》都规定了当场处罚程序。其中，《治安管理处罚法》第100条规定，对于警告和200元以下的罚款，警察可以当场作出处罚决定。可见，本案中的行政拘留不属于可以当场作出处罚的行为种类，只能按照一般程序作出。故B选项错误。

③关于C选项，行政拘留处罚及时通知家属的规定，公安机关作出限制人身自由的行政强制措施或者行政处罚行为的，应当及时通知当事人家属。《治安管理处罚法》第97条第1款的规定：“公安机关应当向被处罚人宣告治安管理处罚决定书，并当场交付被处罚人；无法当场向被处罚人宣告的，应当在二日内送达被处罚人。决定给予行政拘留处罚的，应当及时通知被处罚人的家属。”《治安管理处罚法》第83条规定：“对违反治安管理行为人，公安机关传唤后应当及时询问查证，询问查证的时间不得超过八小时；情况复杂，依照本法规定可能适用行政拘留处罚的，询问查证的时间不得超过二十四小时。公安机关应当及时将传唤的原因和处所通知被传唤人家属。”可见，公安机关在行政管理中作出限制人身自由的行为时，应当履行告知当事人家属的义务。故C选项正确。这样的立法理由好理解，因为当事人一旦被公安机关限制人身自由，他对外界就处于失联的状态，同时其也无法启动法律救济途径，所以，为了保护当事人的合法权益和家属的知情权，应当通知其家属。

④关于D选项，考查了行政拘留的作出方式。具体行政行为原则上都是要式的，只有极个别的才是非要式的，比如即时强制。行政处罚作为一种剥夺或者影响当事人人身权或者财产权的负担性行政行为，应当以法律规定的书面方式作出，而不得以口头方式作出。同时，依据《治安管理处罚法》第97条第1款的规定："公安机关应当向被处罚人宣告治安管理处罚决定书，并当场交付被处罚人；无法当场向被处罚人宣告的，应当在二日内送达被处罚人。决定给予行政拘留处罚的，应当及时通知被处罚人的家属。"可见，行政拘留必须以书面的形式作出。故D选项错误。

答案：C

21. 因关某以刻画方式损坏国家保护的文物，区公安分局决定对其作出拘留10日，罚款500元的处罚。关某申请复议，并向该局提出申请、交纳保证金后，该局决定暂缓执行拘留决定。下列哪一说法是正确的？（2013/2/46）

A. 关某的行为属于妨害公共安全的行为

B. 公安分局应告知关某有权要求举行听证

C. 复议机关只能是区公安分局的上一级公安机关

D. 如复议机关撤销对关某的处罚，公安分局应当及时将收取的保证金退还关某

［解析］ ①本题综合考查了治安管理处罚中行政拘留、听证程序、行政复议等重要考点。难度一般。

②关于A选项，根据《治安管理处罚法》的规定，以刻画方式损坏国家保护的文物为妨碍社会管理的行为，而不是妨害公共安全的行为。A选项错误，不选。

③关于B选项，《治安管理处罚法》第98条规定："公安机关作出吊销许可证以及处二千元以上罚款的治安管理处罚决定前，应当告知违反治安管理行为人有权要求举行听证；违反治安管理行为人要求听证的，公安机关应当及时依法举行听证。"本案中公安分局对关某的处罚决定是拘留10日、罚款500元，不符合告知其具有申请听证权利的要求。B选项错误，不选。

④关于C选项，根据《行政复议法》第24条规定，对县级以上地方各级人民政府工作部门依法设立的派出机构依照法律、法规、规章规定，以派出机构的名义作出的行政行为不服的行政复议案件，由本级人民政府管辖；其中，对直辖市、设区的市人民政府工作部门按照行政区划设立的派出机构作出的行政行为不服的，也可以由其所在地的人民政府管辖。本案中，行政复议的被申请人是区公安分局，是市公安局的派出机构，所以，申请人既可以向市公安局的同级政府即市政府申请行政复议，也可以向区公安分局的同级人民政府区政府申请复议。故C选项错误。不选。

⑤关于D选项，《治安管理处罚法》第111条规定："行政拘留的处罚决定被撤销，或者行政拘留处罚开始执行的，公安机关收取的保证金应当及时退还交纳人。"可见，行政拘留暂缓执行的保证金是当事人向公安机关保证不逃避执行的担保，如果没有出现逃避执行的情形，区公安分局应当及时将收取的保证金退还关某。D选项正确，当选。

［举一反三］行政拘留

主体	县级以上公安机关；派出所决定拘留是种类越权
场所	拘留所；不是看守所
期限	15日；同时多个行为都要被拘留，分别决定合并执行，不超20日
折抵	拘役、有期；一天折抵一天

续表

不执行	已满 14 周岁不满 16 周岁；16 至 18 周岁初犯；超过 70 周岁；怀孕或哺乳不满 1 周岁婴儿
暂缓执行	申请暂缓；复议或诉讼；机关审查；提供担保

答案：D

22. 市政府决定，将牛某所在村的集体土地征收转为建设用地。因对补偿款数额不满，牛某对现场施工进行阻挠。市公安局接警后派警察到现场处理。经口头传唤和调查后，该局对牛某处以 10 日拘留。牛某不服处罚起诉，法院受理。下列哪一说法是正确的？（2011/2/46）

A. 市公安局警察口头传唤牛某构成违法

B. 牛某在接受询问时要求就被询问事项自行提供书面材料，不予准许

C. 市政府征收土地决定的合法性不属于本案的审查范围

D. 本案不适用变更判决

［解析］ ①A 选项说法错误。对于现场违反治安管理的违法行为，人民警察可以出示工作证件后口头传唤。《治安管理处罚法》第 82 条第 1 款规定："需要传唤违反治安管理行为人接受调查的，经公安机关办案部门负责人批准，使用传唤证传唤。对现场发现的违反治安管理行为人，人民警察经出示工作证件，可以口头传唤，但应当在询问笔录中注明。"本案中，警察现场发现需要对牛某进行传唤，来不及办理书面传唤证，是可以口头传唤的。

②B 选项说法错误。牛某在接受询问时要求就被询问事项自行提供书面材料，应予准许。《治安管理处罚法》第 84 条第 2 款规定："被询问人要求就被询问事项自行提供书面材料的，应当准许；必要时，人民警察也可以要求被询问人自行书写。"

③C 选项说法正确。行政诉讼的审理对象坚持不告不理原则。原告告什么，法院就审什么、判什么。牛某不服市公安局的行政拘留决定而提起行政诉讼，法院审理的对象是行政拘留行为的合法性，而非未被起诉的市政府征收土地决定的合法性问题。

④D 选项说法错误。依据《行政诉讼法》第 77 条的规定："行政处罚明显不当，或者其他行政行为涉及对款额的确定、认定确有错误的，人民法院可以判决变更。人民法院判决变更，不得加重原告的义务或者减损原告的权益。但利害关系人同为原告，且诉讼请求相反的除外。"行政拘留属于最为严厉的行政处罚，如果人民法院经过审理后认为市公安局对牛某的行政拘留决定明显不当，则可以作出变更判决。

［举一反三］ 行政诉讼的审理对象是具体行政行为的合法性，那么对于明显不当的行政处罚决定为什么可以作出变更判决呢？如何认识明显不当？一般不合理是不合理，明显不合理就是实质性不合法。明显不当是指具体行政行为明显不合理，特别是行政主体行使行政裁量作出具体行政行为时明显逾越了合理性界限。行政行为虽然在形式上没有违反法律法规的强制性规定，但却明显违背了立法的目的、原则和精神，不适当地损害了社会和他人的利益。明显不当具有以下三个方面的特点：一是行政机关作出具体行政行为时具有事实根据和法律依据；二是行政机关作出行政行为虽然符合法律规定，但却存在明显不合理、不适当；三是这种不合理、不适当已经严重违背了法律法规的目的和精神，以至于具有一般理性的人都能够发现这种不适当，从而构成了违法。

答案：C

23. 公安局认定朱某嫖娼，对其拘留15日并处罚款5000元。关于此案，下列哪些说法是正确的？（2010/2/83）

A. 对朱某的处罚决定书应载明处罚的执行方式和期限

B. 如朱某要求听证，公安局应当及时依法举行听证

C. 朱某有权陈述和申辩，公安局必须充分听取朱某的意见

D. 如朱某对拘留和罚款处罚不服起诉，该案应由公安局所在地的法院管辖

［解析］①行政机关作出行政处罚等负担性的行政行为，通过行政管理让当事人人身或财产权益减损，而这些结果是需要当事人作出一定的行为、履行一定的义务才能实现的，所以，行政机关应当在法律文书中载明行政行为具体内容的执行方式和期限，以及不履行义务的法律后果。例如，本案中公安局对朱某拘留15日、罚款5000元，处罚决定书里一定会载明行政拘留执行的场所和期限；还会载明朱某应当在15日内交纳罚款，逾期不交的，每日加收3%的滞纳金。同时，根据《治安管理处罚法》第96条第1款第4项的规定，公安机关作出治安管理处罚决定的，应当制作治安管理处罚决定书。决定书应当载明处罚的执行方式和期限。故A选项正确。

②根据《治安管理处罚法》第98条的规定："公安机关作出吊销许可证以及处二千元以上罚款的治安管理处罚决定前，应当告知违反治安管理行为人有权要求举行听证；违反治安管理行为人要求听证的，公安机关应当及时依法举行听证。"本题中，虽然对拘留不能要求举行听证，只能申请暂缓执行，但是朱某仍然可以对罚款5000元这一行为要求举行听证。故B选项正确。

③根据自然正义原则的要求，在公安局作出处罚决定之前，朱某有权陈述和申辩，公安局必须充分听取朱某的意见。而且不得因为朱某的陈述和申辩而加重对其处罚。《治安管理处罚法》第94条第2款规定："违反治安管理行为人有权陈述和申辩。公安机关必须充分听取违反治安管理行为人的意见，对违反治安管理行为人提出的事实、理由和证据，应当进行复核；违反治安管理行为人提出的事实、理由或者证据成立的，公安机关应当采纳。"故C选项正确。

④根据《行诉法解释》第8条第2款的规定："对行政机关基于同一事实，既采取限制公民人身自由的行政强制措施，又采取其他行政强制措施或者行政处罚不服的，由被告所在地或者原告所在地的人民法院管辖。"D选项中表述为"应由"公安局所在地法院管辖，忽视了原告所在地法院也有管辖权，故D选项错误。

［举一反三］地域管辖中的"原告加被告"

对限制人身自由的行政强制措施不服提起行政诉讼，由被告所在地或者原告所在地法院管辖。此处规定的意义在于保障原告便利地行使自己的诉讼权利。因为原告的人身自由受到限制，参加诉讼活动已十分不便，如果仍然要求原告只能向被告所在地法院提起诉讼，将会给原告带来诸多不便，甚至可能剥夺原告的诉权。立法中列的是行政强制措施，如传唤、约束人身自由至酒醒等。而行政拘留性质上是行政处罚，不是行政强制措施，原本不符合"原告加被告"的情形。但是，有很多学者和法官认为，行政拘留也是限制人身自由，出于对原告权益扩大保护的原则，应当也适用"原告加被告"，所以，在法考中，当事人对行政拘留不服起诉的，既可以由被告所在地法院管辖也可以由原告所在地法院管辖。

答案：ABC

24. 某公安局以刘某引诱他人吸食毒品为由对其处以15日拘留，并处3000元罚款的处罚。刘某不服，向法院提起行政诉讼。下列哪

些说法是正确的？（2014/2/79）

A. 公安局在作出处罚决定前传唤刘某询问查证，询问查证时间最长不得超过 24 小时

B. 对刘某的处罚不应当适用听证程序

C. 如刘某为外国人，可以附加适用限期出境

D. 刘某向法院起诉的期限为 3 个月

［解析］ 本题考查了治安管理处罚的相关知识点。

①公安机关对当事人进行传唤并询问查证的时间一般不得超过 8 小时，即使案件复杂，当事人可能被作出行政拘留的处罚，也不得超过 24 小时。故 A 选项正确。

②治安管理处罚中，如果对当事人作出的罚款数额超过 2000 元或吊销执照的，公安机关应当告知当事人有权申请听证，如果当事人申请听证的，公安机关应当组织听证会。本案中，公安机关作出的是 15 日拘留，并处 3000 元罚款的处罚。故 B 选项认为本案不应当适用听证程序是错误的。

③对违反治安管理的外国人，可以附加适用限期出境或者驱逐出境。故 C 选项正确。

④依据《行政诉讼法》的规定，原告提起诉讼的期限是自知道或者应当知道作出行政行为之日起 6 个月内。故 D 选项错误。

答案：AC

25. 公安局以田某等人哄抢一货车上的财物为由，对田某处以 15 日行政拘留处罚，田某不服申请复议。下列哪一说法是正确的？（2015/2/48）

A. 田某的行为构成扰乱公共秩序

B. 公安局对田某哄抢的财物应予以登记

C. 公安局对田某传唤后询问查证不得超过 12 小时

D. 田某申请复议的期限为 6 个月

［解析］ 本题属于较为综合性试题，既考查了治安管理处罚中重要制度，也考查了行政复议的申请期限。

①关于 A 选项，本案中田某等人哄抢货车上的财物，违反了《治安管理处罚法》。但是其行为是否构成扰乱公共秩序呢？根据《治安管理处罚法》第 49 条的规定："盗窃、诈骗、哄抢、抢夺、敲诈勒索或者故意损毁公私财物的，处五日以上十日以下拘留，可以并处五百元以下罚款；情节较重的，处十日以上十五日以下拘留，可以并处一千元以下罚款。"可见，此为侵犯财产权利的行为，而不是扰乱公共秩序的行为。故 A 选项错误。

②关于 B 选项，《治安管理处罚法》第 89 条第 1、2 款规定："公安机关办理治安案件，对与案件有关的需要作为证据的物品，可以扣押；对被侵害人或者善意第三人合法占有的财产，不得扣押，应当予以登记。对与案件无关的物品，不得扣押。对扣押的物品，应当会同在场见证人和被扣押物品持有人查点清楚，当场开列清单一式二份，由调查人员、见证人和持有人签名或者盖章，一份交给持有人，另一份附卷备查。"可见，对于与案件有关的需要作为证据的物品，在不是被侵害人或者善意第三人合法占有的情况下，可以扣押。对被侵害人或者善意第三人合法占有的财产，则不得扣押，而是应当予以登记。本案中，田某等人哄抢的货车上的财物，此财物是被侵害人合法占有的，不得扣押，应当予以登记。故 B 选项正确。

③关于 C 选项，《治安管理处罚法》第 83 条规定："对违反治安管理行为人，公安机关传唤后应当及时询问查证，询问查证的时间不得超过八小时；情况复杂，依照本法规定可能适用行政拘留处罚的，询问查证的时间不得超过二十四小时。公安机关应当及时将传唤的原因和处所通知被传唤人家属。"可见，本案中公安机关对田某作出了行政拘留的处罚，询问查证的时间依法不得超过 24 小时，而不是 12 小时。故 C 选项错误。注意，这个 24 小时考

过太多次了，命题者对这个期限情有独钟。

④关于D选项，依据《行政复议法》第20条第1款的规定：“公民、法人或者其他组织认为行政行为侵犯其合法权益的，可以自知道或者应当知道该行政行为之日起六十日内提出行政复议申请；但是法律规定的申请期限超过六十日的除外。”可见，《行政复议法》规定的行政复议一般申请期限是60日，如果其他法律规定的申请期限超过60日的，从其规定。本案适用的是《治安管理处罚法》，而《治安管理处罚法》中并未对行政复议的申请期限作出例外规定，可见，本案田某的申请期限为60日，而不是6个月。行政诉讼的期限才是6个月。故D选项错误。

答案：B

26. 宋某在博物馆文物上刻下“宋某到此一游”，被县公安局罚款5000元并处以拘留10日，宋某申请行政复议。下列说法正确的是？（2019年真题回忆版）

A. 宋某的行为属于扰乱公共秩序

B. 宋某应当向县政府申请行政复议

C. 因为宋某申请行政复议，所以本案的行政拘留应当暂缓执行

D. 县公安局作出处罚决定之前，应当组织听证会

［解析］ ①依据《治安管理处罚法》的规定，刻画、涂污或者以其他方式故意损坏国家保护的文物、名胜古迹的，属于妨碍社会管理的行为，而不是扰乱公共秩序的行为。故A选项错误。

②根据《行政复议法》第24条第1款规定：“县级以上地方各级人民政府管辖下列行政复议案件：（一）对本级人民政府工作部门作出的行政行为不服的；（二）对下一级人民政府作出的行政行为不服的；（三）对本级人民政府依法设立的派出机关作出的行政行为不服的；（四）对本级人民政府或者其工作部门管理的法律、法规、规章授权的组织作出的行政行为不服的。”本案中行政复议的被申请人是县公安局，所以宋某应当向同级人民政府即县政府申请行政复议。故B选项正确。

③依据《治安管理处罚法》的规定，行政拘留的暂缓执行需要同时满足四个条件。a. 必须由被处罚人提出申请。b. 只有在对拘留决定不服而申请行政复议或提起行政诉讼后，被处罚人才能提出申请。c. 公安机关认为暂缓执行不致发生社会危险。d. 由被处罚人或者其近亲属提出担保人，或者按每日行政拘留200元的标准交纳保证金。本题中，如果宋某仅提出行政复议的申请，而不同时具备其他的条件，就不满足暂缓执行行政拘留的条件。故C选项错误。

④治安管理处罚也是依申请听证，而不是依职权听证。公安机关在作出2000元以上罚款或吊销许可证决定之前，应当告知对方有申请听证的权利，如果当事人申请听证的，公安机关应当举行听证会。可见，县公安局不是应当举行听证会，而是应当告知宋某有申请听证会的权利。故D选项错误。

答案：B

27. 美国人卡尔因琐事殴打李某，区公安分局对卡尔作出拘留7天和罚款200元的处罚，卡尔不服而起诉。下列说法正确的是？（2022年延考真题回忆版）

A. 由基层法院管辖

B. 应当附加限期出境

C. 卡尔在诉讼中可以委托美国职业律师作为诉讼代理人出庭

D. 治安管理处罚法针对外国人处罚作出了特殊规定

［解析］ 美国人作为原告提起行政诉讼属于涉外行政案件，依法应当由中级法院管辖。故A选项错误。对违反治安管理的外国人，公安机关可以附加适用限期出境或者驱逐

出境，而不是“应当”附加限期出境。故B选项错误、D选项正确。能够被委托为诉讼代理人的包括：律师、基层法律服务工作者；当事人的近亲属或者工作人员；当事人所在社区、单位以及有关社会团体推荐的公民。美国职业律师不能作为卡尔的诉讼代理人。C选项错误。

答案：D

28. 张某殴打王某，区公安分局鉴定后，对张某处以7日拘留和200元罚款，张某不服向法院提起诉讼，庭审过程中，提出有证人沈某，申请证人沈某出庭作证。下列说法正确的是？（2022年延考真题回忆版）

A. 沈某出庭费用由张某承担

B. 因申请沈某作证，法院必须延期审理

C. 伤情鉴定所用时间不计入审理期限

D. 因为王某未满16周岁，区公安分局询问时应通知其父母或监护人到场

［解析］（1）根据《行诉法解释》规定，证人因履行出庭作证义务而支出的交通、住宿、就餐等必要费用以及误工损失，由败诉一方当事人承担。本案张某不一定败诉。A选项过于绝对，错误。

（2）根据《行诉法解释》规定，有下列情形之一的，可以延期开庭审理：①应当到庭的当事人和其他诉讼参与人有正当理由没有到庭的；②当事人临时提出回避申请且无法及时作出决定的；③需要通知新的证人到庭，调取新的证据，重新鉴定、勘验，或者需要补充调查的；④其他应当延期的情形。本案若符合需要通知新的证人到庭，调取新的证据，重新鉴定、勘验，或者需要补充调查的，才是可以延期审理。B选项错误。

（3）鉴定期间不计入审理期限。C选项正确。

（4）公安机关询问未满16周岁当事人，应通知其父母或监护人到场。D选项正确。

答案：CD

29. 17岁的赵某，连续两天拿小刀刮小区内停车场的车辆（有证据证明是初次），区公安分局对其作出拘留7日、罚款500元的处罚决定，赵某不服，提起行政诉讼。法院以超过起诉期为由裁定不予受理，赵某不服提起上诉，二审法院认为没有超过起诉期，应予立案。下列说法正确的是？（2022年延考真题回忆版）

A. 公安机关应当对赵某作出从轻或者减轻的处罚决定

B. 公安机关应当对赵某执行行政拘留

C. 赵某只能向二审法院提交上诉状

D. 二审法院应当指令一审法院立案

［解析］①《治安管理处罚法》规定，已满14周岁不满18周岁的人违反治安管理的，从轻或者减轻处罚；不满14周岁的人违反治安管理的，不予处罚，但是应当责令其监护人严加管教。A选项正确。

②《治安管理处罚法》规定，已满16周岁不满18周岁，初次违反治安管理的，不执行行政拘留。B选项错误。

③原告不服一审裁判的，既可以向二审法院提交上诉状，也可以向一审法院提交上诉状。C选项错误。

④《行诉法解释》第109规定，第二审人民法院经审理认为原审人民法院不予立案或者驳回起诉的裁定确有错误且当事人的起诉符合起诉条件的，应当裁定撤销原审人民法院的裁定，指令原审人民法院依法立案或者继续审理。D选项表述为应当指令原审法院依法立案，正确。

答案：AD

30. 张某、韩某二人发生肢体冲突，经鉴定二人构成轻微伤，县公安局分别作出处罚决定，给予张某行政拘留10日、罚款500元处罚；韩某因违法行为轻微，对韩某作出行政拘

留5日、罚款200元处罚。张某不服对其作出的处罚决定向县政府申请行政复议，并申请暂缓执行对其作出的拘留决定，县政府作出维持原处罚的复议决定，张某向法院起诉。下列说法正确的是？（2003年真题回忆版）

A. 应由基层法院管辖

B. 对韩某的处罚决定书如无法当场向其宣告的，应当在7日内依民事诉讼法有关规定送达

C. 对张某作出处罚决定前，县公安局应告知其享有听证权利

D. 如县公安局决定暂缓执行对张某的拘留，应同时决定暂缓执行对韩某的拘留

［解析］ ①本案属于复议维持案件，应由复议机关与原行政机关作为共同被告，级别管辖应根据作出原行政行为的行政机关确定，作出原行政行为的行政机关是县公安局，故本案应当由基层法院管辖。A选项说法正确。

②《治安管理处罚法》第97条第1款规定：“公安机关应当向被处罚人宣告治安管理处罚决定书，并当场交付被处罚人；无法当场向被处罚人宣告的，应当在二日内送达被处罚人。决定给予行政拘留处罚的，应当及时通知被处罚人的家属。”B选项说法错误。

③《治安管理处罚法》第98条规定：“公安机关作出吊销许可证以及处二千元以上罚款的治安管理处罚决定前，应当告知违反治安管理行为人有权要求举行听证；违反治安管理行为人要求听证的，公安机关应当及时依法举行听证。”据此可知，本案中公安机关所作的治安管理处罚决定不属于法定听证范围。C选项说法错误。

④暂缓执行拘留处罚决定需要被处罚人提出申请，同时还要符合一系列条件。韩某没有申请暂缓执行行政拘留的处罚决定，自然也就不应同时决定暂缓执行对韩某的拘留。D选项说法错误。

答案：A

专题七 行政强制

考情分析

对于本专题内容，应当明晰行政强制的法律概念，明确行政强制措施与行政强制执行之间的异同，把握行政强制措施和行政强制执行各自的种类及设定、实施程序。其中，行政强制措施与行政强制执行概念、种类和设定的区别，行政强制的设定权限与行政许可、行政处罚设定权限的区别，行政强制执行中的行政机关强制执行（自行强制执行）与申请法院强制执行（非诉执行）的具体程序及其区别是本专题复习的重点与难点，务必要准确、深入把握。需要提醒的是，《行政强制法》对申请法院强制执行的程序进行了修改和完善，注意新旧法律规定的变化。

考点1 行政强制措施与行政强制执行的区别

1. 李某长期吸毒，多次自费戒毒均未成功。某公安局在一次检查中发现后，将李某送至强制隔离戒毒所进行强制隔离戒毒。强制隔离戒毒属于下列哪一性质的行为？（2013/2/43）

A. 行政处罚

B. 行政强制措施

C. 行政强制执行

D. 行政许可

［疑难辨析］ 本题D选项为行政许可，考生最容易排除。难点在于A选项行政处罚、B选项行政强制措施和C选项行政强制执行。要区分三者，其实也不难。从时间顺序上来看，往往是先有行政强制措施，再进行行政处罚，最后必要时实施行政强制执行。行政处罚是指行政机关或其他行政主体依法定职权和程序对违反行政法规尚未构成犯罪的相对人给予行政制裁的具体行政行为。主要类型包括：警告、通报批评、罚款、没收违法所得、没收非法财物、暂扣许可证件、降低资质等级、吊销许可证件、限制开展生产经营活动、责令停产停业、责令关闭、限制从业、行政拘留等。其特点在于惩罚性、终局性。行政主体在作出行政处罚时，必须做到事实清楚、证据充分，也就是说，行政主体为了作出行政处罚，应当先行调查取证，并同时进行制止违法行为、防止证据损毁、避免危害发生、控制危险扩大等行为，此为行政强制措施。在行政处罚决定作出之后，当事人有自行履行期限，如果主动履行了相关义务，则不会出现行政强制执行；相反，如果当事人逾期不履行义务，则行政主体将实施强制执行或申请法院强制执行。

［解析］ 本题考查考生对行政强制措施类型的掌握程度以及与其他具体行政行为之间的区别，难度不大。《行政强制法》第2条第2款规定："行政强制措施，是指行政机关在行政管理过程中，为制止违法行为、防止证据损毁、避免危害发生、控制危险扩大等情形，依法对公民的人身自由实施暂时性限制，

或者对公民、法人或者其他组织的财物实施暂时性控制的行为。”《行政强制法》第9条规定：“行政强制措施的种类：（一）限制公民人身自由；（二）查封场所、设施或者财物；（三）扣押财物；（四）冻结存款、汇款；（五）其他行政强制措施。”本案中，公安局将李某送至强制隔离戒毒所进行强制隔离戒毒，是为了制止违法行为，控制危险扩大而依法对公民的人身自由实施暂时性限制的行为，属于行政强制措施。本题B选项当选。

答案：B

2. 某交通局在检查中发现张某所驾驶货车无道路运输证，遂扣留了张某驾驶证和车载货物，要求张某缴纳罚款1万元。张某拒绝缴纳，交通局将车载货物拍卖抵缴罚款。下列说法正确的是？（2012/2/99）

A. 扣留驾驶证的行为为行政强制措施

B. 扣留车载货物的行为为行政强制措施

C. 拍卖车载货物的行为为行政强制措施

D. 拍卖车载货物的行为为行政强制执行

［疑难辨析］　本题考查了行政强制执行与行政强制措施之间的区别。很多考生由于没有把握好两个之间的区别而导致失分。

［举一反三］区分的方法之一：行政强制措施具有临时性、非终局性；行政强制执行具有替代性、终局性、依附性。对于财产权来说，行政强制措施影响的是当事人的使用权，行政强制执行影响当事人的所有权。区分方法之二：行政强制措施是第一次行为，是为了制止违法行为、防止证据损毁、避免危害发生、控制危险扩大等情形，依法对公民的人身自由实施暂时性限制，或者对公民、法人或者其他组织的财物实施暂时性控制的行为。行政强制执行是第二次行为，其为了实现已生效的行政处理行为确定的法律目的而实施的。可以这样理解，行政处理之前出现的为行政强制措施，行政处理之后出现的为行政强制执行。

［解析］　①本案中，张某无道路运输证，不得驾驶货车在道路上行驶，交管部门发现之后，为了制止其违法行为，防止违法行为的继续，于是临时性地扣留了其驾驶证和货物，此时驾驶证和货物的所有权并未发生转移，还是张某的。在控制住局面之后，交管部门结合调查情况，对张某作出罚款1万元的处罚，从此时开始，张某就欠国家1万元。如果张某履行义务，缴纳罚款，补办好道路运输证，则行政机关会第一时间将其驾驶证和货物物归原主。但是张某未履行义务，交管部门为了达到其履行的效果，于是拍卖其货物抵缴罚款。从此时开始，刚才还是被临时性控制的货物，已经不归张某所有，张某从此丧失了所有权。可见，扣留驾驶证和货物属于行政强制措施；拍卖货物属于终局性的行政强制执行。根据《行政强制法》第9条的规定：“行政强制措施的种类：（一）限制公民人身自由；（二）查封场所、设施或者财物；（三）扣押财物；（四）冻结存款、汇款；（五）其他行政强制措施。”本案中扣留驾驶证和车载货物的行为属于行政强制措施，并不具有惩罚性和终局性。故A、B选项正确。

②根据《行政强制法》第12条的规定：“行政强制执行的方式：（一）加处罚款或者滞纳金；（二）划拨存款、汇款；（三）拍卖或者依法处理查封、扣押的场所、设施或者财物；（四）排除妨碍、恢复原状；（五）代履行；（六）其他强制执行方式。”故C选项错误，D选项正确。

答案：ABD

3. 下列哪些行为属于行政强制措施？（2020年真题回忆版）

A. 李某酒后驾车，公安机关决定暂扣其机动车驾驶证6个月

B. 警察发现吴某醉酒影响公共秩序，将其带离现场并约束至酒醒

C. 区市场监督管理局发现张某销售未经检验检疫的猪肉，暂扣尚未出售的猪肉

D. 区税务局认定某公司涉嫌转移财产逃税，扣押其相当于应纳税款的商品

[解析] ①关于A选项，当事人酒后驾车，属于行政违法行为，暂扣驾驶证属于一定期限内剥夺其驾驶资格，是行政处罚中典型的资格罚。故A选项错误。

②关于B选项，警察发现吴某醉酒影响公共秩序，为了维护公共秩序，制止其行为，将其带离现场并约束至酒醒，一旦吴某酒醒，警察将会结束对其约束。可见约束人身自由到酒醒属于典型的行政强制措施，而不属于行政处罚。理由有二：一是因为吴某醉酒本身并不违法，醉酒后只是影响而不是扰乱公共秩序，也不属于治安违法行为，不应当被行政处罚。二是因为约束醉酒的人本身没有制裁性、惩罚性，而是为了预防危险或违法行为的发生，具有临时性和非终局性。故B选项正确。

③关于C选项，经营者在市场上销售猪肉，依法应当经过检验检疫，否则不得销售。区市监局发现张某销售未经检验检疫的猪肉，为了制止其违法行为，对其未出售的猪肉采取了暂扣措施，并不是予以没收，所以并不是行政处罚，而是行政强制措施。该批猪肉在经过检验检疫符合条件的情况下，应当返还给张某继续销售。可见此处的暂扣不具有惩罚性、制裁性，只是暂时的影响张某对猪肉的使用权，符合行政强制措施的特征。故C选项正确。

④关于D选项，区税务局认定某公司涉嫌转移财产逃税，扣押其相当于应纳税款的商品，此处的“涉嫌”说明区税务局对某公司的转移财产逃税行为只是刚发现一些线索，还需要进一步调查取证，只有在事实清楚、证据充分的情况下，才能作出终局性的行政处罚或处理决定。区税务局为了预防公司转移财产逃税，以及进一步展开调查而扣押其相当于应纳税款的商品，等待调查结果出来之后，如果公司存在违法行为，不自行履行纳税义务，则将扣押的商品拍卖或变卖抵缴税款。如果经过调查发现公司并不存在逃税行为，则依法应当立即解除扣押，返还商品。可见，扣押只是为了调查和预防而对公司的商品采取的临时行政强制措施，影响的是公司对商品的使用权，并不直接影响公司对商品的所有权。故D选项正确。

答案：BCD

4. 甲县政府为了保障水上交通安全，对其辖区内一水库库区的船舶进行清理整顿。因沈某的船只未到港务监督机构进行登记，县政府要求其将船只驶到指定地点，限期不得驶离。该措施属于以下哪一种行为？（2020年真题回忆版）

A. 行政强制执行

B. 行政强制措施

C. 间接行政强制执行

D. 行政处罚

[解析] ①行政机关要求当事人在指定期限将车辆、船只存放在指定地点，此行为在性质上属于行政强制措施。一个行政行为是什么性质，是由其含义和特征所决定的。

②A选项的行政强制执行，是指行政机关或者行政机关申请人民法院，对不履行行政决定的公民、法人或者其他组织，依法强制履行义务的行为，具有终局性，影响当事人财产的所有权。行政处罚是指行政机关依法对违反行政管理秩序的公民、法人或者其他组织，以减损权益或者增加义务的方式予以惩戒的行为，具有制裁性。本案中，县政府为了保障水上交通安全，对其辖区内一水库库区的船舶进行清理整顿，可见，涉案行为目的并不是制裁或执行，不可能是行政处罚或行政强制执行。故A、C、D选项错误。

③因沈某的船只未到港务监督机构进行登记，县政府要求其将船只驶到指定地点，限期不得驶离，可见，行政机关只是要求沈某在指

定期限内将未进行登记的船舶存放在指定地点，该行为影响的是沈某对船舶的使用权，具有临时性，属于行政强制措施。可见B选项正确。

④那么该行为具体属于行政强制措施中的哪一类呢？涉及财产的行政强制措施有查封、扣押和冻结。查封的特点是“就地封存”，扣押的特点是“异地控制”，可见，查封和扣押都要求行政机关对当事人的财物予以封存或控制，当事人无法使用、处分和销毁。本案中，县政府并未对沈某的船舶“就地封存”，也没有“异地控制”，所以该行为既不是查封也不是扣押，更不是冻结，而是属于其他种类的行政强制措施。

答案：B

考点2　行政强制的类型及实施

5. 某市质监局发现一公司生产劣质产品，查封了公司的生产厂房和设备，之后决定没收全部劣质产品、罚款10万元。该公司逾期不缴纳罚款。下列哪一选项是错误的？（2012/2/48）

A. 实施查封时应制作现场笔录

B. 对公司的处罚不能适用简易程序

C. 对公司逾期缴纳罚款，质监局可以每日按罚款数额的3%加处罚款

D. 质监局可以通知该公司的开户银行划拨其存款

［疑难辨析］　本题是关于行政强制和行政处罚相结合的综合性试题。陷阱在于两者之间的区别。很多考生因为记忆性错误导致失分。

［解析］　①根据《行政强制法》第18条的规定：“行政机关实施行政强制措施应当遵守下列规定：（一）实施前须向行政机关负责人报告并经批准；（二）由两名以上行政执法人员实施；（三）出示执法身份证件；（四）通知当事人到场；（五）当场告知当事人采取行政强制措施的理由、依据以及当事人依法享有的权利、救济途径；（六）听取当事人的陈述和申辩；（七）制作现场笔录；（八）现场笔录由当事人和行政执法人员签名或者盖章，当事人拒绝的，在笔录中予以注明；（九）当事人不到场的，邀请见证人到场，由见证人和行政执法人员在现场笔录上签名或者盖章；（十）法律、法规规定的其他程序。”可见，行政机关实施查封、扣押等行政强制措施时，应制作现场笔录。故A选项正确。

［举一反三］行政法中的法律文书

行为	文书
查封、扣押	三文书：笔录、决定书、清单
冻结	三文书：笔录、通知书、决定书
信息公开	三文书：公开指南、公开目录、年度工作报告
非诉执行	六文书：申请书、行政决定、理由依据、催告情况、当事人意见、标的物情况

②根据《行政处罚法》第51条的规定：“违法事实确凿并有法定依据，对公民处以二百元以下、对法人或者其他组织处以三千元以下罚款或者警告的行政处罚的，可以当场作出行政处罚决定。法律另有规定的，从其规定。”本案中罚款10万元，不得适用简易程序。故B选项正确。

③根据《行政处罚法》第72条的规定：“当事人逾期不履行行政处罚决定的，作出行政处罚决定的行政机关可以采取下列措施：（一）到期不缴纳罚款的，每日按罚款数额的百分之三加处罚款，加处罚款的数额不得超出

罚款的数额；（二）根据法律规定，将查封、扣押的财物拍卖、依法处理或者将冻结的存款、汇款划拨抵缴罚款；（三）根据法律规定，采取其他行政强制执行方式；（四）依照《中华人民共和国行政强制法》的规定申请人民法院强制执行。行政机关批准延期、分期缴纳罚款的，申请人民法院强制执行的期限，自暂缓或者分期缴纳罚款期限结束之日起计算。”根据《行政强制法》第45条第1款的规定：“行政机关依法作出金钱给付义务的行政决定，当事人逾期不履行的，行政机关可以依法加处罚款或者滞纳金。加处罚款或者滞纳金的标准应当告知当事人。”本案中，罚款属于金钱给付类义务，当事人逾期不履行的，行政机关有权加处罚款。所以，公司逾期不缴纳罚款的，质监局有权对其以每日按罚款数额的3%加处罚款。故C选项正确。

④根据《行政强制法》第13条的规定：“行政强制执行由法律设定。法律没有规定行政机关强制执行的，作出行政决定的行政机关应当申请人民法院强制执行。”可见，划拨作为行政强制执行方式必须有法律的明确规定。质监局并没有法律的明确授权，只能申请法院执行，而不能自行强制执行。故D选项错误。

答案：D

6. 某市场监督管理局以涉嫌非法销售汽车为由扣押某公司5辆汽车。下列哪些说法是错误的？（2012/2/80）

A. 市场监督管理局可以委托城管执法局实施扣押

B. 市场监督管理局扣押汽车的最长期限为90日

C. 对扣押车辆，市场监督管理局可以委托第三人保管

D. 对扣押车辆进行检测的费用，由某公司承担

［疑难辨析］ 扣押是一项重要的行政强制措施，围绕扣押的考点非常多。一些考生因为错误认为扣押和行政处罚、行政许可一样可以委托实施，导致认为A选项正确。至于期限、费用问题，考生只要能够掌握法条的具体规定，不难作出正确的判断。

［解析］ ①行政强制不得委托实施。根据《行政强制法》第17条第1款的规定：“行政强制措施由法律、法规规定的行政机关在法定职权范围内实施。行政强制措施权不得委托。”故A选项错误。

②根据《行政强制法》第25条第1、2款的规定：“查封、扣押的期限不得超过三十日；情况复杂的，经行政机关负责人批准，可以延长，但是延长期限不得超过三十日。法律、行政法规另有规定的除外。延长查封、扣押的决定应当及时书面告知当事人，并说明理由。”可见，扣押期限最长是30日+30日，即60日，而不是90日。故B选项错误。

③查封扣押不得委托他人，但是扣押物品的保管可以委托他人进行。根据《行政强制法》第26条的规定：“对查封、扣押的场所、设施或者财物，行政机关应当妥善保管，不得使用或者损毁；造成损失的，应当承担赔偿责任。对查封的场所、设施或者财物，行政机关可以委托第三人保管，第三人不得损毁或者擅自转移、处置。因第三人的原因造成的损失，行政机关先行赔付后，有权向第三人追偿。因查封、扣押发生的保管费用由行政机关承担。”可见，对扣押车辆，市场监督管理局可以委托第三人保管。故C选项正确。

④行政法中关于收费的规定很多，要在理解的基础上掌握。原则上，行政执法和案件调查过程中所有费用都应当由行政机关承担，国家公共财政支付。如果行政机关在调查基础上作出生效的行政行为确定了当事人的履行义务，而当事人不予履行义务，行政机关代履行或直接强制执行的，由当事人承担费用。故D选项错误。

[举一反三]

收费	免费
直接强制执行费（拍卖、变卖、划拨）、代履行（法律另有规定除外）、法院非诉执行、经法律行政法规特殊规定的行政许可、数量或频次超过合理范围的依申请信息公开、行政复议申请鉴定、行政诉讼费	格式文本、一般行政许可、听证、一般信息公开、行政调查中的三检（检测、检验、检疫）评审鉴定等、行政强制措施中对扣押物品的保管、行政机关申请法院非诉执行、当事人申请行政复议、国家赔偿

答案：ABD

7. 某市质监局发现王某开设的超市销售伪劣商品，遂依据《产品质量法》对发现的伪劣商品实施扣押。关于扣押的实施，下列哪一说法是错误的？（2017/2/48）

A. 因扣押发生的保管费用由王某承担

B. 应制作现场笔录

C. 应制作并当场交付扣押决定书和扣押清单

D. 不得扣押与违法行为无关的财物

[解析] ①《行政强制法》第 26 条规定：“对查封、扣押的场所、设施或者财物，行政机关应当妥善保管，不得使用或者损毁；造成损失的，应当承担赔偿责任。对查封的场所、设施或者财物，行政机关可以委托第三人保管，第三人不得损毁或者擅自转移、处置。因第三人的原因造成的损失，行政机关先行赔付后，有权向第三人追偿。因查封、扣押发生的保管费用由行政机关承担。”由此可知因扣押发生的保管费用由行政机关承担。A 选项错误，本题是选非题，A 选项当选。

②《行政强制法》第 18 条规定：“行政机关实施行政强制措施应当遵守下列规定：（一）实施前须向行政机关负责人报告并经批准；（二）由两名以上行政执法人员实施；（三）出示执法身份证件；（四）通知当事人到场；（五）当场告知当事人采取行政强制措施的理由、依据以及当事人依法享有的权利、救济途径；（六）听取当事人的陈述和申辩；（七）制作现场笔录；（八）现场笔录由当事人和行政执法人员签名或者盖章，当事人拒绝的，在笔录中予以注明；（九）当事人不到场的，邀请见证人到场，由见证人和行政执法人员在现场笔录上签名或者盖章；（十）法律、法规规定的其他程序。”由此可知，在实施扣押时，应制作现场笔录。故 B 选项正确，不当选。

③《行政强制法》第 24 条规定：“行政机关决定实施查封、扣押的，应当履行本法第十八条规定的程序，制作并当场交付查封、扣押决定书和清单。查封、扣押决定书应当载明下列事项：（一）当事人的姓名或者名称、地址；（二）查封、扣押的理由、依据和期限；（三）查封、扣押场所、设施或者财物的名称、数量等；（四）申请行政复议或者提起行政诉讼的途径和期限；（五）行政机关的名称、印章和日期。查封、扣押清单一式二份，由当事人和行政机关分别保存。”由此可知，在实施扣押时，应制作并当场交付扣押决定书和扣押清单。故 C 选项正确，不当选。

④《行政强制法》第 23 条规定：“查封、扣押限于涉案的场所、设施或者财物，不得查封、扣押与违法行为无关的场所、设施或者财物；不得查封、扣押公民个人及其所扶养家属的生活必需品。当事人的场所、设施或者财物已被其他国家机关依法查封的，不得重复查封。”由此可知，与违法行为无关的财物不能扣押。故 D 选项正确，不当选。

综上，本题的正确答案为 A 选项。

[举一反三] 查封、扣押三不得：与违法

行为无关的不得；当事人生活必需品不得；重复的查扣不得。

答案：A

8. 某市场监督管理局因陈某擅自设立互联网上网服务营业场所扣押其从事违法经营活动的电脑15台，后作出没收被扣电脑的决定。下列哪些说法是正确的？（2016/2/82）

A. 市场监督管理局应制作并当场交付扣押决定书和扣押清单

B. 因扣押电脑数量较多，作出扣押决定前市场监督管理局应告知陈某享有要求听证的权利

C. 对扣押的电脑，市场监督管理局不得使用

D. 因扣押行为系过程性行政行为，陈某不能单独对扣押行为提起行政诉讼

［解析］ 自从2012年《行政强制法》生效以来，行政强制措施中的查封和扣押就是每年必考的知识点。本题考查了扣押的文书、程序、物品保管等知识点，难度适中。

①扣押三文书，每年必考。关于A选项，扣押的法律文书，依据《行政强制法》第24条第1款的规定："行政机关决定实施查封、扣押的，应当履行本法第十八条规定的程序，制作并当场交付查封、扣押决定书和清单。"可见，本案中的市场监督管理局决定对陈某实施扣押的，应当制作并当场交付扣押决定书和扣押清单。故A选项正确，当选。

②关于B选项，考查了行政行为中的听证程序这一重要知识点。听证，是行政管理过程中一种重要的听取当事人意见的程序，在行政立法、行政许可、行政处罚和行政复议中被广泛使用。听证制度的确立，源自自然程序法则，即行政机关作出所有的行政行为，必须履行两个方面的义务，一是说明理由，二是听取意见。听证已成为当今世界各法治国家行政程序法的一项共同的，同时也是极其重要的制度。听证制度的发展顺应了现代社会立法、执法的民主化趋势，也体现了政府管理方式的不断进步。虽然听证制度如此重要，但是由于其实施对时间和场所上的要求很高，而行政强制行为具有鲜明的强制性，突出的紧急性、即时性等特点，在实践中做不到采取听证的方式听取当事人意见。当然，行政机关在行政强制中不采取听证方式，不代表其就不听取当事人意见，相反，行政机关无论在作出行政强制措施还是行政强制执行行为时必须充分听取当事人的陈述和申辩。可见，作出扣押决定前市场监督管理局没有履行告知陈某享有要求听证的权利的法律义务。B选项错误，不选。

③行政机关对被扣押物品有妥善保管义务，这还是很好理解的。因为行政机关行使职权进行行政强制措施，目的是调查案情，保证执法效果。所以，查封扣押的目的是调查、预防和控制，而不是占有和使用当事人的财物。关于C选项，行政机关扣押的物品的保管问题，依据《行政强制法》第26条第1款的规定："对查封、扣押的场所、设施或者财物，行政机关应当妥善保管，不得使用或者损毁；造成损失的，应当承担赔偿责任。"可见，对扣押的电脑，市场监督管理局不得使用，说法正确。故C选项当选。

④关于D选项，扣押作为一种行政强制措施，在作出之日已经实际地损害了当事人对财产的使用权，是对当事人权益造成实质性影响的具体行政行为。当事人对行为不服的，有权申请复议或提起诉讼。依据《行政强制法》第2条第2款的规定："行政强制措施，是指行政机关在行政管理过程中，为制止违法行为、防止证据损毁、避免危害发生、控制危险扩大等情形，依法对公民的人身自由实施暂时性限制，或者对公民、法人或者其他组织的财物实施暂时性控制的行为。"可见，扣押虽然是临时性的行政强制行为，但是其对当事人的财物实施了物理性的控制，剥夺了当事人对财

物的占有和使用，属于对当事人财产权利的实质性损害，是典型的具体行政行为，依法属于行政诉讼的受案范围。故 D 选项说法错误，不选。

答案：AC

9. 某市交通管理部门发现方某驾驶车辆在一平台接单，经查方某没有办理《平台接单许可证》，遂对方某车辆进行了扣押，并停放于一收费停车场。下列说法正确的有？（2021 年真题回忆版）

A. 扣押应由两名执法人员实施

B. 应现场制作扣押清单

C. 经查不需要扣押的应制作解除扣押的决定书

D. 停车费用应由方某承担

［解析］ A 选项，扣押作为行政强制措施应当由 2 名以上工作人员实施。故 A 选项正确。B 选项，行政机关实施扣押应当现场制作并送达决定书和清单。故 B 选项正确。C 选项，行政机关解除扣押需要制作并向当事人交付决定书。故 C 选项正确。D 选项，行政机关实施扣押后对财物的保管不得向当事人收费，由行政机关承担费用。故 D 选项错误。

答案：ABC

10. 某工商分局接举报称肖某超范围经营，经现场调查取证初步认定举报属实，遂扣押与其经营相关物品，制作扣押财物决定及财物清单。关于扣押程序，下列哪些说法是正确的？（2013/2/80）

A. 扣押时应当通知肖某到场

B. 扣押清单一式二份，由肖某和该工商分局分别保存

C. 对扣押物品发生的合理保管费用，由肖某承担

D. 该工商分局应当妥善保管扣押的物品

［解析］ ①行政强制措施是法考中一个重要考点，其中查封和扣押更是每年必考。本题是对相关法条的直接考查，难度不大。

②根据自然正义和程序正当原则要求，行政机关在实施行政强制措施时，应当做到行政公开和公众参与，保障当事人的参与权、表达权和监督权。所以，行政机关扣押时应当通知当事人到场，还要告知当事人理由和依据。当事人有权利陈述和申辩，行政机关应当充分听取当事人的意见。关于 A 选项，《行政强制法》第 18 条规定：“行政机关实施行政强制措施应当遵守下列规定：（一）实施前须向行政机关负责人报告并经批准；（二）由两名以上行政执法人员实施；（三）出示执法身份证件；（四）通知当事人到场；（五）当场告知当事人采取行政强制措施的理由、依据以及当事人依法享有的权利、救济途径；（六）听取当事人的陈述和申辩；（七）制作现场笔录；（八）现场笔录由当事人和行政执法人员签名或者盖章，当事人拒绝的，在笔录中予以注明；（九）当事人不到场的，邀请见证人到场，由见证人和行政执法人员在现场笔录上签名或者盖章。（十）法律、法规规定的其他程序。”可见，A 选项正确。

③扣押涉及对当事人财物的占有和处理，减损了当事人对自己财物的使用权。行政机关作出这一行为时应当做到事实清楚、证据充分。其中一项重要的事实内容就是扣押财物的具体情况。如果不遵循法定的程序，导致扣押对象错误、混乱、遗失或双方就此发生争议，那行政机关就会构成违法行政。所以，开列财物清单，一式两份，双方分别保管，是依法扣押的必然要求。关于 B 选项，《行政强制法》第 24 条规定：“行政机关决定实施查封、扣押的，应当履行本法第十八条规定的程序，制作并当场交付查封、扣押决定书和清单。查封、扣押决定书应当载明下列事项：（一）当事人的姓名或者名称、地址；（二）查封、扣

押的理由、依据和期限；（三）查封、扣押场所、设施或者财物的名称、数量等；（四）申请行政复议或者提起行政诉讼的途径和期限；（五）行政机关的名称、印章和日期。查封、扣押清单一式二份，由当事人和行政机关分别保存。”可见，B选项正确。

④保管这个知识点已经考查太多次了，免费，妥善保管，不得使用，可以委托第三人保管。关于C、D选项，《行政强制法》第26条规定：“对查封、扣押的场所、设施或者财物，行政机关应当妥善保管，不得使用或者损毁；造成损失的，应当承担赔偿责任。对查封的场所、设施或者财物，行政机关可以委托第三人保管，第三人不得损毁或者擅自转移、处置。因第三人的原因造成的损失，行政机关先行赔付后，有权向第三人追偿。因查封、扣押发生的保管费用由行政机关承担。”可见，C选项错误，D选项正确。

答案：ABD

11. 某区公安分局以非经许可运输烟花爆竹为由，当场扣押孙某杂货店的烟花爆竹100件。关于此扣押，下列哪一说法是错误的？（2014/2/47）

A. 执法人员应当在返回该分局后立即向该分局负责人报告并补办批准手续

B. 扣押时应当制作现场笔录

C. 扣押时应当制作并当场交付扣押决定书和清单

D. 扣押应当由某区公安分局具备资格的行政执法人员实施

［解析］ 本题考查的是扣押这一行政强制措施相关知识点。

①查封、扣押等行政强制措施实施之前，执法人员应当先履行一个内部报批程序，即向机关负责人报告批准，然后确定人员对外实施行政强制措施。但是如果现场发现或者情况紧急来不及报告批准的，也可以现场立即实施查封、扣押，由执法人员在返回行政机关后24小时之内向机关负责人报告并补办批准手续。此处为24小时内报告，而不是立即报告。故A选项说法错误。

②查封、扣押应当制作现场笔录，现场笔录由当事人和行政执法人员签名或者盖章，当事人拒绝的，在笔录中予以注明。查封、扣押应当制作并当场交付查封、扣押决定书和清单。查封、扣押清单一式二份，由当事人和行政机关分别保存。故B、C选项说法正确。

③《行政强制法》规定，行政强制措施应当由行政机关具备资格的行政执法人员实施，其他人员不得实施。故D说法正确。

［举一反三］现场强制措施的事后补批

情形	要求
查封、扣押	应当在24小时内向行政机关负责人报告，并补办批准手续
限制人身自由	在返回行政机关后，立即向行政机关负责人报告并补办批准手续

答案：A

12. 某公安交管局交通大队民警发现王某驾驶的电动三轮车未悬挂号牌，遂作出扣押的强制措施。关于扣押应遵守的程序，下列哪些说法是正确的？（2015/2/78）

A. 由两名以上交通大队行政执法人员实施扣押

B. 当场告知王某扣押的理由和依据

C. 当场向王某交付扣押决定书

D. 将三轮车及其车上的物品一并扣押，当场交付扣押清单

［解析］ 行政强制措施中的查封、扣押

是每年必考的知识点。

①关于A选项，《行政强制法》第18条规定："行政机关实施行政强制措施应当遵守下列规定：(一) 实施前须向行政机关负责人报告并经批准；(二) 由两名以上行政执法人员实施；(三) 出示执法身份证件；(四) 通知当事人到场；(五) 当场告知当事人采取行政强制措施的理由、依据以及当事人依法享有的权利、救济途径；(六) 听取当事人的陈述和申辩；(七) 制作现场笔录；(八) 现场笔录由当事人和行政执法人员签名或者盖章，当事人拒绝的，在笔录中予以注明；(九) 当事人不到场的，邀请见证人到场，由见证人和行政执法人员在现场笔录上签名或者盖章；(十) 法律、法规规定的其他程序。"可见，由2名以上交通大队行政执法人员实施扣押，说法正确。故A选项当选。

②关于B选项，依据上述法条第5项规定："当场告知当事人采取行政强制措施的理由、依据以及当事人依法享有的权利、救济途径。"可见，执法民警当场告知王某扣押的理由和依据的做法正确。故B选项当选。

③关于C选项，《行政强制法》第24条规定："行政机关决定实施查封、扣押的，应当履行本法第十八条规定的程序，制作并当场交付查封、扣押决定书和清单。查封、扣押决定书应当载明下列事项：(一) 当事人的姓名或者名称、地址；(二) 查封、扣押的理由、依据和期限；(三) 查封、扣押场所、设施或者财物的名称、数量等；(四) 申请行政复议或者提起行政诉讼的途径和期限；(五) 行政机关的名称、印章和日期。查封、扣押清单一式二份，由当事人和行政机关分别保存。"可见，C选项说法正确，当选。

④关于D选项，《行政强制法》第23条规定："查封、扣押限于涉案的场所、设施或者财物，不得查封、扣押与违法行为无关的场所、设施或者财物；不得查封、扣押公民个人及其所扶养家属的生活必需品。当事人的场所、设施或者财物已被其他国家机关依法查封的，不得重复查封。"本案中，某公安交管局交通大队民警发现王某驾驶的电动三轮车未悬挂号牌，遂作出扣押的强制措施。可见，扣押的对象是违法未悬挂号牌的电动三轮车，而不包括三轮车上的物品，因为物品与违法行为无关，不得扣押。故D选项错误。

答案：ABC

13. 区消防支队发现张某经营的商店无消防喷头和消防设备，做了一份《消防监督检查笔录》，根据区政府制定的一个有关消防的通告，对其进行了消防整治，查封了张某的商店，张某向法院起诉该查封行为，并且请求法院对通告进行审查。下列说法正确的是？（2021年真题回忆版）

A. 若通告违法，法院应当报上一级法院备案

B. 区消防支队应当场交付查封决定书

C. 对消防监督检查笔录有异议，张某可要求法院通知执法人员出庭说明

D. 查封以前，应告知张某可申请听证

［考点］ 行政强制措施

［解析］ A选项，附带审查区政府的规范性文件，法院判决认为其违法的，应当报上一级法院备案。故A选项正确。B选项，行政机关作出查封、扣押决定的，应当当场交付查封决定书和清单。故B选项正确。C选项，在行政诉讼中，原告对行政机关制作的现场笔录有异议的，可要求法院通知行政机关执法人员出庭说明。故C选项正确。D选项，行政强制措施和行政强制执行具有紧急性，不符合听证的条件和程序，所以行政强制行为中没有听证会程序。故D选项错误。

答案：ABC

14. 代履行是行政机关强制执行的方式之一。

有关代履行，下列哪些说法是错误的？（2014/2/81）

A. 行政机关只能委托没有利害关系的第三人代履行

B. 代履行的费用均应当由负有义务的当事人承担

C. 代履行不得采用暴力、胁迫以及其他非法方式

D. 代履行 3 日前应送达决定书

［解析］ 本题考查代履行相关知识点。

①行政机关既可以自己实施代履行，也可以委托没有利害关系的第三人代为履行。故 A 选项错误。

②代履行的费用根据成本合理确定，由当事人承担，但是法律另有规定的除外。故 B 选项错误。

③在依法治国、文明执法的今天，代履行必须文明执法，充分保障当事人的合法权益，当然不得采用暴力以及其他非法方式。故 C 选项正确。

④《行政强制法》规定在实施代履行的 3 日前，行政机关应当再次催告当事人履行义务。对于决定书何时送达，法律没有作出规定，但应当是在催告之前。故 D 选项错误。

答案：ABD

15. 在行政强制执行过程中，行政机关依法与甲达成执行协议。事后，甲应当履行协议而不履行。行政机关可采取下列哪一措施？（2015/2/49）

A. 申请法院强制执行

B. 恢复强制执行

C. 以甲为被告提起民事诉讼

D. 以甲为被告提起行政诉讼

［解析］ 本题考查的是行政强制执行中的和解制度。

①《行政强制法》第 42 条规定："实施行政强制执行，行政机关可以在不损害公共利益和他人合法权益的情况下，与当事人达成执行协议。执行协议可以约定分阶段履行；当事人采取补救措施的，可以减免加处的罚款或者滞纳金。执行协议应当履行。当事人不履行执行协议的，行政机关应当恢复强制执行。"执行和解是我国行政强制执行制度的创新，是指在行政强制执行过程中，行政机关与当事人达成协议，就当事人履行义务的时间、方式作出约定，行政机关决定中止执行，暂时听由当事人自行依约履行义务。执行和解属于行政合同的一种。其意义在于缓解社会矛盾，减少社会冲突，符合构建和谐社会的要求。a. 执行和解的时间：行政机关与当事人达成执行和解，应当在行政强制执行程序启动之后，行政机关强制执行终结之前。b. 执行和解的内容：不得损害公共利益和他人合法权益；就当事人自动履行义务的时间进行协商，可以约定分阶段履行义务；对于当事人采取补救措施的，可以减免加处的罚款或滞纳金，不能减免罚款本金。c. 当事人不履行执行协议的后果：当事人不履行执行协议的，行政机关应当恢复强制执行。可见，通过执行和解达到皆大欢喜是目标，如果当事人出尔反尔，反悔了，那就说明执行和解道路走不通，就只能回到之前的强制执行的老路上来了，即恢复强制执行。本题 B 选项正确。

②关于 A 选项，甲应当履行协议而不履行，行政机关可申请法院强制执行。这一说法具有一定的欺骗性。大家首先想到的是非诉执行，然后认为该选项是正确的。其实，此处并不是非诉执行。理由在于，两者的对象不同。没有强制执行权的行政机关申请法院强制执行的对象是其作出的具体行政行为。而此处的执行对象是行政机关在强制执行过程中与当事人签订的执行协议。依据《行政强制法》第 42 条之规定，本题属于行政机关自行强制执行的执行协议，并不是申请法院强制执行中的执行协议。故 A 选项错误。

③关于C选项，因为本案中行政机关与甲之间发生的是行政法律关系，而非民事法律关系，故不存在民事诉讼问题。故C选项错误。

④关于D选项，在我国的行政诉讼中，法律明确规定了“两造恒定”原则，即行政主体只能当被告，行政相对人或者行政相关人只能当原告，而不允许行政机关当原告起诉当事人。只能“民告官”，不得“官告民”。故D选项错误。

答案：B

16. 某水果经营小商贩李某占道经营，区城管局于9月8日扣押了李某的物品，并于9月10日向李某交付扣押决定书和清单，10月12日作出没收扣押商品的决定并予以销毁。则下列关于本案的说法正确的是？（2022年真题回忆版）

A. 区城管局未当场交付扣押决定书和清单的行为违法

B. 扣押应当由法律、法规规定的行政机关实施

C. 销毁扣押物品的行为是行政强制措施

D. 没收扣押财产的行为是行政处罚

［考点］　扣押

［解析］　①为了规范行政程序以及便利当事人寻求救济，行政机关决定实施查封、扣押的，应当制作并当场交付查封、扣押决定书和清单。A选项说法正确。

②行政强制措施不得委托。查封、扣押应当由法律、法规规定的行政机关实施，其他任何行政机关或者组织不得实施。B选项说法正确。

③行政强制措施，是指行政机关在行政管理过程中，为制止违法行为、防止证据损毁、避免危害发生、控制危险扩大等情形，依法对公民的人身自由实施暂时性限制，或者对公民、法人或者其他组织的财物实施暂时性控制的行为。销毁扣押物品的行为已经经过没收这一处罚行为，财产所有权已经转移给国家，此时销毁行为已经没有行政相对人，也谈不上作出效果意思表示，故不是具体行政行为，更不是行政强制措施，只是后续的事实管理行为。C选项说法错误。

④行政处罚是指行政机关依法对违反行政管理秩序的公民、法人或者其他组织，以减损权益或者增加义务的方式予以惩戒的行为。没收扣押财产的行为就是针对李某的违法行为以减损权益的方式所实施的惩戒和制裁，因而是一种行政处罚行为。D选项说法正确。

答案：ABD

17. 宋某被公安机关决定强制戒毒2年，在戒毒期间，宋某不服提起诉讼，下列哪些说法是正确的？（2022年延考真题回忆版）

A. 强制戒毒只能由法律设定

B. 强制戒毒属于行政强制执行

C. 宋某可以口头委托近亲属以其名义起诉

D. 宋某可以向其经常居住地法院起诉

［解析］　①强制戒毒属于限制人身自由的行政强制措施，只能由法律设定。A选项正确，B选项错误。

②被限制人身自由的公民提起行政诉讼时，可以口头或书面委托其近亲属以其名义起诉。C选项正确。

③被限制人身自由的人不服限制其人身自由的行为而提起诉讼，原告所在地法院和被告所在地法院都有管辖权，其中原告所在地包括其住所地、经常居住地以及被限制人身自由地。D选项正确。

答案：ACD

考点3　行政强制与行政处罚、行政许可的区别

18. 市林业局接到关于孙某毁林采矿的举报，遂致函当地县政府，要求调查。县政府召开专

题会议形成会议纪要：由县林业局、矿产资源管理局与安监局负责调查处理。经调查并与孙某沟通，三部门形成处理意见：要求孙某合法开采，如发现有毁林或安全事故，将依法查处。再次接到举报后，三部门共同发出责令孙某立即停止违法开采，对被破坏的生态进行整治的通知。责令孙某立即停止违法开采的性质是？（2013/2/97）

A. 行政处罚

B. 行政强制措施

C. 行政征收

D. 行政强制执行

［举一反三］行政处罚与行政强制措施的区别

很多考生将本属于行政强制措施的责令停止违法行为误认为是行政处罚中的责令停产停业，从而得出错误的判断。责令停止违法行为，是指行政机关在行政管理过程中，为制止违法行为、避免危害发生、控制危险扩大等情形，依法作出的要求违法行为人履行法定义务、停止违法行为、消除不良后果或恢复原状的具有强制性的决定。其性质属于行政强制措施，特点在于：首先，责令停止违法行为的实施以行政相对人不履行法定义务、存在违法行为为前提，是行政机关对违法行为人作出的要求其为或者不为的行政行为。其次，责令停止违法行为具有临时性和非惩罚性。行政处罚中的责令停产停业属于一种行为罚，是指行政机关对违法的工商企业和个体户责令其停止生产、停止营业的一种处罚形式，其不是直接限制或者剥夺违法行为人的财产权，而是责令其暂时停止生产经营活动，一旦违法行为人在一定期限内及时纠正违法行为，按期履行了法定义务，仍可继续从事曾被停止的生产经营活动，无须重新领取有关许可证和执照。判断一个责令行为是行政强制措施还是行政处罚，区别在于：一是该责令行为是否具有明显的惩罚性，如果只是责令违法行为人停止违法行为，采取措施以使其由违法状态恢复到合法状态，而并不要求其付出更多的代价，则为行政强制措施。相反，如果责令行为要求违法行为人付出的代价超过修复违法行为状态的成本，或者非恢复到合法状态所必需，而是代价过大，那么就是具有制裁性质的行政处罚行为。二是该责令行为是否具有终局性。行政处罚中的责令停产停业目的是通过责令当事人停止生产经营活动来对其实施惩罚和制裁，具有终局性；行政强制措施中的责令停止违法行为只是控制住当事人违法状态的一种临时性措施，伴随而来的是根据进一步的调查作出相关行政处罚行为。

—	行政处罚	行政强制措施
程序	终局性	临时的，非终局性
目的	惩罚性	非惩罚性
阶段	在措施之后	在处罚之前

［解析］本案中，行政机关对孙某毁林采矿作出了责令停止违法行为的通知，此为行政强制措施，而不是行政处罚。县林业局、矿产资源管理局与安监局要求孙某合法开采，如发现有毁林或安全事故，将依法查处。后因孙某继续从事毁林采矿违法行为，三部门共同发出责令孙某立即停止违法开采，对被破坏的生态进行整治的通知。该停止不是因为孙某的其他违法行为而对其作出的责令停产停业的行政处罚，而是基于其毁林采矿行为而责令其停止违法开采的行政强制措施，在责令孙某停止开采的同时，还伴随着要求其对被破坏的生态进

行整治，当然还将根据其违法情形对其作出进一步的行政处罚决定。本题B选项正确。

答案：B

19. 规划局认定一公司所建房屋违反规划，向该公司发出《拆除所建房屋通知》，要求公司在15日内拆除房屋。到期后，该公司未拆除所建房屋，该局发出《关于限期拆除所建房屋的通知》，要求公司在10日内自动拆除，否则将依法强制执行。下列哪些说法是正确的？（2012/2/84）

A.《拆除所建房屋通知》与《关于限期拆除所建房屋的通知》性质不同

B.《关于限期拆除所建房屋的通知》系行政处罚

C. 公司可以对《拆除所建房屋通知》提起行政诉讼

D. 在作出《拆除所建房屋通知》时，规划局可以适用简易程序

［疑难辨析］ 本题的陷阱在于行政处罚与行政强制执行中催告之间的区别。案件中命题者巧妙地用两个通知的形式设计了干扰选项，使得考生在判断时产生错误认识。其实，《拆除所建房屋通知》属于行政处罚，而《关于限期拆除所建房屋的通知》则属于行政强制执行中的催告程序。

［解析］ ①公司所建房屋违法，规划局责令其拆除房屋属于涉及财产权的行政处罚，公司不自行履行义务，作为行政主体的规划局限定其在10日内必须拆除，否则强制执行，此属于典型的行政强制执行中的催告程序。根据《行政强制法》第35条的规定："行政机关作出强制执行决定前，应当事先催告当事人履行义务。催告应当以书面形式作出，并载明下列事项：（一）履行义务的期限；（二）履行义务的方式；（三）涉及金钱给付的，应当有明确的金额和给付方式；（四）当事人依法享有的陈述权和申辩权。"本案中的2个通知，前者属于行政处罚，后者属于强制执行催告。故A选项正确，B选项错误。

②《拆除所建房屋通知》是行政处罚，当然属于行政诉讼的受案范围。故C选项正确。

③根据《行政处罚法》第51条关于简易程序的规定："违法事实确凿并有法定依据，对公民处以二百元以下、对法人或者其他组织处以三千元以下罚款或者警告的行政处罚的，可以当场作出行政处罚决定。法律另有规定的，从其规定。"本案不属于简易程序的适用情形。故D选项错误。

答案：AC

20. 下列哪一行政行为不属于行政强制措施？（2016/2/46）

A. 审计局封存转移会计凭证的被审计单位的有关资料

B. 公安交通执法大队暂扣酒后驾车的贾某机动车驾驶证6个月

C. 税务局扣押某企业价值相当于应纳税款的商品

D. 公安机关对醉酒的王某采取约束性措施至酒醒

［解析］ 本题考查了行政强制措施的判断，需要考生对行政强制措施和行政处罚能够作出正确的区分。此类型的考题每年必考，重点在于区分行政处罚与行政强制，行政强制措施与行政强制执行，其中2016年真题中就考查了3次之多。

①关于A选项，审计局封存转移会计凭证的被审计单位的有关资料，此处的封存就相当于行政强制措施中的查封。行政机关审计局认为被审计单位存在着转移会计凭证的违法行为，需要对其进行调查和处理，为此而封存该单位的有关资料，此行为是临时性的行政强制措施。故A选项不当选。

②关于B选项，公安交通执法大队暂扣酒后驾车的贾某机动车驾驶证6个月，此处的暂

扣驾驶证不是行政强制措施，而属于行政处罚。理由在于，公安交通执法大队对酒后驾车的行为人贾某进行行政处罚，剥夺其机动车驾驶资格6个月，该行为具有制裁性，贾某6个月内不得驾驶机动车，否则就是违法的无证驾驶行为。故B选项当选。

③关于C选项，税务局扣押某企业价值相当于应纳税款的商品，此处的扣押为行政强制措施。理由在于，企业依法应当缴纳税款，否则将构成违法。税务局为了预防企业不缴纳应纳税款，先行暂时扣押企业的价值相当的商品，如果企业依法纳税，则将扣押商品返还企业；如果企业违法不缴纳税款，则将扣押的商品拍卖或者变卖以其款额抵缴相应税款。故C选项不当选。

④关于D选项，公安机关对醉酒的王某采取约束性措施至酒醒，此处的约束性措施属于行政强制措施。理由在于，本案中并未提及醉酒的王某存在需要被处罚的违法行为，而是因为其醉酒使得自己处于一个危险的境地。公安机关为了预防王某发生危险和被侵害，而暂时性地对其采取约束性措施，待其酒醒后恢复其人身自由。故D选项不当选。

答案：B

21. 某县公安局开展整治非法改装机动车的专项行动，向社会发布通知：禁止改装机动车，发现非法改装机动车的，除依法暂扣行驶证、驾驶证6个月外，机动车所有人须到指定场所学习交通法规5日并出具自行恢复原貌的书面保证，不自行恢复的予以强制恢复。某县公安局依此通知查处10辆机动车，要求其所有人到指定场所学习交通法规5日并出具自行恢复原貌的书面保证。下列哪一说法是正确的？(2014/2/45)

A. 通知为具体行政行为

B. 要求10名机动车所有人学习交通法规5日的行为为行政指导

C. 通知所指的暂扣行驶证、驾驶证6个月为行政处罚

D. 通知所指的强制恢复为行政强制措施

［解析］ 本题考查了行政行为的种类。

①本案中，某县公安局为了整治非法改装机动车的行为，面向社会发布通知，对非法改装机动车的处理事项进行告知。该通知是针对不特定的对象作出的，而且可以反复适用。所以，是典型的抽象行政行为，而不是具体行政行为。故A选项错误。

②行政指导是指行政机关在其职责范围内为实现一定的行政目的而采取的符合法律精神、原则、规则或政策的指导、劝告、建议、提醒等不具有国家强制力的一种行政行为。行政指导与行政决定的根本区别在于其对行政相对人并不产生法律上的强制效力，在性质上属于事实行为。本案中，某县公安局对10名非法改装机动车的行为人办“学习班”，指定时间、地点学习交通法规，具有明显的强制性，属于行政强制措施，而不是自愿、不强制的行政指导。故B选项错误。

③暂扣行驶证、驾驶证，是中止机动车上路行驶和行为人从事机动车驾驶活动的资格，待非法改装的机动车恢复原貌，或者行为人改正以后或经过一定期限以后，再返还行驶证、驾驶证。此为剥夺当事人行为资格的处罚，属于典型的行政处罚。故C选项正确。

④通知中要求非法改装机动车的当事人出具自行恢复原貌的书面保证，不自行恢复的予以强制恢复。公安局为了达到与自行恢复同样的效果，强制进行恢复原貌，这属于典型的行政强制执行。故D选项错误。

答案：C

考点4 行政强制执行

22. 下列哪些规范无权设定行政强制执行？(2017/2/80)

A. 法律

B. 行政法规

C. 地方性法规

D. 部门规章

[解析]　行政强制执行具有负担性、强制性和终局性，对当事人的权利将产生重大影响，什么情形下行使强制执行权，由哪一主体行使，是行政法上的重要问题。《行政强制法》将行政强制执行的权力授予权保留在法律层面，其他立法文件都没有权力设立。根据《行政强制法》第13条规定："行政强制执行由法律设定。法律没有规定行政机关强制执行的，作出行政决定的行政机关应当申请人民法院强制执行。"由此可见，行政法规、地方性法规和规章，均无权设定行政强制执行。

综上，本题为选非题，正确答案为BCD选项。

答案：BCD

23. 林某在河道内修建了"农家乐"休闲旅社，在紧急防汛期，防汛指挥机构认为需要立即清除该建筑物，林某无法清除。对此，下列哪些说法是正确的？（2017/2/81）

A. 防汛指挥机构可决定立即实施代履行

B. 如林某提起行政诉讼，防汛指挥机构应暂停强制清除

C. 在法定节假日，防汛指挥机构也可强制清除

D. 防汛指挥机构可与林某签订执行协议约定分阶段清除

[解析]　①《行政强制法》第50条规定的是一般代履行，行政机关依法作出要求当事人履行排除妨碍、恢复原状等义务的行政决定，当事人逾期不履行，经催告仍不履行，其后果已经或者将危害交通安全、造成环境污染或者破坏自然资源的，行政机关可以代履行，或者委托没有利害关系的第三人代履行。第51条规定了相应的程序，第52条规定的是立即实施代履行，需要立即清除道路、河道、航道或者公共场所的遗洒物、障碍物或者污染物，当事人不能清除的，行政机关可以决定立即实施代履行；当事人不在场的，行政机关应当在事后立即通知当事人，并依法作出处理。由此可见，防汛指挥机构认为需要立即清除该建筑物，林某无法清除，此时防汛指挥机构可决定立即实施代履行。故A选项正确。

②《行政诉讼法》第56条第1款规定："诉讼期间，不停止行政行为的执行。但有下列情形之一的，裁定停止执行：（一）被告认为需要停止执行的；（二）原告或者利害关系人申请停止执行，人民法院认为该行政行为的执行会造成难以弥补的损失，并且停止执行不损害国家利益、社会公共利益的；（三）人民法院认为该行政行为的执行会给国家利益、社会公共利益造成重大损害的；（四）法律、法规规定停止执行的。"本案发生在紧急防汛期，防汛指挥机构认为需要立即清除该建筑物，如果不立即清除将会给国家利益、社会利益造成重大损失，由此可见，如林某提起行政诉讼，原则上防汛指挥机构不停止强制清除。故B选项错误。

③行政机关不得对居民生活采取停止供水、供电、供热、供燃气等方式迫使当事人履行相关行政决定。行政机关在强制执行时要文明执法，不得在夜间或法定节假日执行，但是紧急情况的除外。本题属于紧急情况，所以可以在法定节假日执行。故C选项正确。

④行政强制执行中的约定分阶段履行，是指行政机关可以在不损害公共利益和他人合法权益的情况下，与当事人达成执行协议约定分阶段履行。本题中的情形属于立即实施代履行的情形。本案是在紧急防汛期清理河道里的障碍物，十万火急，如果约定分阶段清除，将会损害公共利益。故D选项错误。

综上，本题的正确答案为AC选项。

答案：AC

24. 甲区河务局认定A公司在河滩区违法存放工程废土，决定对其罚款10万元。A公司未在法定期限内申请行政复议或提起行政诉讼，也未在指定期限内缴纳罚款。河务局向法院申请强制执行该罚款。下列说法正确的是？（2021年真题回忆版）

A. 如法院审查后认为符合执行条件，应判决准予执行

B. 应由法院执行庭对被执行行为的合法性进行审查

C. 申请法院强制执行前，河务局应催告A公司履行义务

D. 应向A公司所在地的基层法院申请

［考点］ 法院的非诉执行

［解析］ A选项错误。法院对行政机关提出的非诉执行申请，认为申请成立的，应当裁定予以执行，而不是作出判决。B选项错误。法院对行政机关申请执行的具体行政行为，要先审查其是否合法，是否符合执行的条件。这需要由法院的行政审判庭对行政行为的合法性进行审查，而不是执行庭。C选项正确。申请法院执行之前，行政机关应当对当事人进行履行催告，并给当事人10个工作日的履行期。当事人逾期不履行的，行政机关才能向法院申请非诉执行。D选项错误。非诉执行的管辖法院，从级别管辖来看，由申请执行的行政机关确定，本案中的申请主体是甲区河务局，由基层法院管辖。从地域管辖角度，应当由申请机关所在地而不是被执行人所在地的法院管辖。

答案：C

25. 某区城管局发现孙某未经批准在一农贸市场东部公共通道摆摊经营，经多次教育劝说无效后，遂对其商品进行了扣押，扣押全程进行了摄像。针对此扣押，下列行为正确的有？（2018年真题回忆版）

A. 应当制作扣押清单

B. 应当制作现场笔录

C. 不得在夜间或法定节假日实施

D. 全程摄像是《行政强制法》的规定

［解析］ 行政强制措施中的扣押是法考中常考常新的一个知识点。每年集中考查的是扣押的程序、文书、保管等，都是法条的直接规定，难度较低。

①关于A、B选项，根据《行政强制法》第24条第1款的规定："行政机关决定实施查封、扣押的，应当履行本法第十八条规定的程序，制作并当场交付查封、扣押决定书和清单。"第18条规定："行政机关实施行政强制措施应当遵守下列规定：（一）实施前须向行政机关负责人报告并经批准；（二）由两名以上行政执法人员实施；（三）出示执法身份证件；（四）通知当事人到场；（五）当场告知当事人采取行政强制措施的理由、依据以及当事人依法享有的权利、救济途径；（六）听取当事人的陈述和申辩；（七）制作现场笔录……"可见，本案中区城管局执法人员对孙某商品实施扣押，依法应当制作扣押清单和现场笔录。故A、B选项正确。

②关于C选项，行政机关实施行政强制措施是否不得在夜间和法定节假日进行，《行政强制法》并未作规定。根据《行政强制法》第43条第1款的规定："行政机关不得在夜间或者法定节假日实施行政强制执行。但是，情况紧急的除外。"可见，行政机关在实施强制执行时，除了情况紧急，一般不得在夜间或法定节假日执行。这是由于行政强制执行是因为当事人不履行义务，行政机关为了达到与其履行义务同样的效果，根据行政管理的职权，按照法定程序，有计划、有步骤地强制执行，所以，一般不得将强制执行安排在夜间或法定节假日。但是，行政强制措施与行政强制执行不同，其紧急性、突发性的特点更加突出，如果行政机关发现当事人的违法行为就是发生在夜

间或法定节假日，则需要立即对其实施包括扣押在内的行政强制措施。故C选项错误。

③关于D选项，对于行政机关实施强制行为是否需要全程录像？《行政强制法》中没有作出任何规定。故D选项错误。

答案：AB

26. 关于省政府规章的设定权，下列说法不正确的是？（2019年真题回忆版）

A. 有权设定临时性行政许可

B. 有权设定警告和罚款的行政处罚，并决定罚款数额

C. 有权设定查封、扣押行政强制措施

D. 无权设定任何行政强制执行

［解析］ 本题考查的是省政府规章的设定权，考查的很细致，一不小心就会犯错。规章有3种，即部门规章、省政府规章和市政府规章。

①省政府规章有权设定1年以内的临时性行政许可，实施1年之后或废或转。要么转化为省级地方性法规而继续实施，要么予以废止。A选项正确。而部门规章和市政府规章都不得设定行政许可。

②行政处罚因为立法较早，在规章设定权上比行政许可宽泛得多。三个规章都有权设定警告、通报批评和一定数额的罚款。区别在于，部门规章的罚款数额由国务院决定，省政府和市政府的规章设定的罚款数额都是由省级人大常委会决定。B选项，省规章有权设定警告、通报批评和罚款的行政处罚，但是其自身并不能决定罚款数额，而是应当由省级人大常委会决定。故B选项错误。

③因为《行政强制法》是2012年立法，相较于行政许可和行政处罚而言，最新也最严格。另外，行政强制措施直接限制或损害了当事人的人身权和财产使用权，具有明显的强制性，行政优益权较为突出，所以，立法规定行政强制措施最低只能由地方性法规设定，所有规章不得涉及。故C选项错误。

④行政强制执行具有终局性，影响当事人的财产所有权，立法上对设定权的限制最为严格，只有法律有权设定，其他任何立法文件不得设定，此为法律保留也。故D选项正确。

答案：BC

27. 区市场监督管理局检查中发现好再来超市售卖过期变质的香肠，经调查后对其作出没收香肠并处罚款10万元的处罚决定，超市对处罚决定不履行。下列说法正确的是？（2019年真题回忆版）

A. 区市场监督管理局可以每日按罚款数额的3%加处罚款

B. 区市场监督管理局可以拍卖香肠抵扣罚款

C. 区市场监督管理局作出处罚决定之前，应当举行听证会

D. 区市场监督管理局可以与超市签订执行协议，约定分期缴纳罚款，减免部分加处的罚款

［解析］ 本题考查的是行政强制措施知识点。

①对于金钱给付类的义务，当事人逾期不履行的，行政机关依法进行执行罚。《行政处罚法》规定，当事人逾期不缴纳罚款的，每日按罚款数额的3%加处罚款。可见，A选项正确。

②无强制执行权的行政机关原则上只能申请法院执行，即罚执分离。但是如果满足一定的条件，行政机关也可以自己拍卖。四个条件是：一是行政机关已经在实施行政管理过程中采取了查封、扣押措施；二是行政机关作出的行政行为是罚款、征税等金钱给付类的行政处理；三是当事人在法定期限内未申请复议或提起诉讼，经催告仍不履行；四是只能以拍卖的方式实施强制执行。此为直接强制执行需要法律单独授权的一个例外。本题只是提到超市不履行义务，并未提到其不复议、不诉讼和

经催告不履行，故不符合行政机关自行拍卖的条件。B选项错误。

③《行政处罚法》规定，行政处罚中的听证会是依申请听证，未经当事人申请，即使符合听证规定的条件，行政机关一般也不会主动组织听证。当事人申请听证的条件为：行政机关在作出较大数额罚款，没收较大数额违法所得、没收较大价值非法财物，降低资质等级、吊销许可证件，责令停产停业、责令关闭、限制从业等较重的行政处罚决定之前应当告知当事人有申请听证的权利；当事人要求听证的，应当在行政机关告知后5日内提出听证申请。本题中，10万元罚款属于较大数额，但是行政机关不是应当举行听证会，而是应当在处罚决定作出之前告知当事人有申请听证的权利。故C选项错误。

④执行和解是我国行政强制执行制度的创新，是指在行政强制执行过程中，行政机关与当事人达成协议，就当事人履行义务的时间、方式作出约定，行政机关决定中止执行，暂时听由当事人自行依约履行义务。执行和解属于行政协议的一种。其意义在于缓解社会矛盾，减少社会冲突，符合构建和谐社会的要求。依据法律规定，执行协议可以就当事人自动履行义务的时间进行协商，可以约定分阶段履行义务；对于当事人采取补救措施的，可以减免加处的罚款或滞纳金，不能减免罚款本金。故D选项正确。

答案：AD

28. 王某用货车送一批鲜活的海鲜，因撞坏道路设施被交警大队扣留车辆，王某称海鲜会因为受热而死亡，请求交警大队对其货车进行妥善保管，但是对方一直不予理会，后大部分海鲜都因过热而死，造成4万元损失，王某提起行政诉讼。下列说法正确的是？（2019年真题回忆版）

A. 交警大队对损失不需要承担赔偿责任

B. 交警大队对扣押的财物应当妥善保管

C. 因为王某存在违法行为，所以所有损失都由其自行承担

D. 交警大队的行为违反了比例原则中损害最小化的要求

［解析］ ①行政机关扣押了当事人的财物之后，应当妥善保管，尽到应有的注意义务，并不得擅自使用或者损毁。因行政机关的原因造成损失的，行政机关应当承担赔偿责任。本案中，交警大队扣押了王某的车辆，车上运输的是鲜活的海鲜，所谓妥善保管就是指交警大队应当采取措施，防止鲜活海鲜死亡。如果交警大队未采取必要措施，即为违法行为，造成当事人财物损害的，交警大队应当承担赔偿责任。故A选项错误，B选项正确。

②王某违法撞坏道路设施，应当受到行政处罚，承担相应的法律责任。但是，不能因为其存在违法行为，行政机关就可以违法地侵害其合法权益。所以，本案中鲜活的海鲜死亡，是由于交警大队的违法不作为所导致的，该损失应当由国家赔偿，而不是由王某自己承担。故C选项错误。

③损害最小是指行政机关在可以采用多种方式实现某一行政目的的情况下，应当采用对当事人权益损害最小的方式。也就是说，行政机关如果能够用较为轻微的方式实现行政目的，就不能选择使用手段更激烈的方式。本案中，交警大队在行政管理中应当采取措施，处理好鲜活海鲜，而不是对王某的请求不予理睬，放任海鲜死亡，从而给王某造成重大损失。所以交警大队的行为违反了损害最小的要求。故D选项正确。

答案：BD

29. 区林业局认定韩某未办理林木采伐许可证而砍伐3棵杨树，告知其拟罚款300元，并责令其补种5棵杨树。韩某辩称砍伐的是自有杨树，不存在违法行为，也不会补种杨树，区

林业局对韩某作出罚款500元的处罚，并责令补种6棵杨树。下列说法正确的是？（2018年真题回忆版）

A. 韩某逾期不补种杨树，林业局可以对其收取滞纳金

B. 如韩某补种杨树不符合国家要求，林业局可以代为补种

C. 林业局作出的行政决定合法

D. 责令补种6棵杨树属于行政强制措施

[解析] ①行政强制执行中的滞纳金只发生在金钱给付类义务中。例如，本案韩某逾期不缴纳罚款，则应当对其收取滞纳金。而不补种杨树，不属于金钱给付义务，不适用滞纳金制度。故A选项错误。

②代履行是一种间接强制执行，是指当事人拒绝或者没有能力履行义务时，由行政机关或者行政机关委托的第三人代替当事人履行义务，履行费用由当事人承担的行政强制执行方式。代履行主要适用于保障交通安全、防止环境污染、保护自然资源领域。本案补种杨树属于代履行范围。故B选项正确。

③区林业局先是认定韩某未办理林木采伐许可证而砍伐3棵杨树，告知其拟罚款300元，并责令其补种5棵杨树，在韩某陈述申辩之后，对其作出罚款500元，并责令补种6棵杨树的处罚决定，违反了“上诉不加刑”原则，属于违法行为。故C选项错误。

④韩某违法砍伐3棵杨树，被区林业局要求补种6棵树，该行为明显增加了韩某的负担，具有惩戒性和制裁性，性质上属于行政处罚，而不是行政强制措施。故D选项错误。

答案：B

30. 区市场监督管理局对违反广告法的A公司作出罚款10万元的处罚，A公司到期没有履行，区市场监督管理局对其每日按罚款数额的3%加处罚款，A公司对加处罚款不服，申请复议。关于本案，下列哪些说法是正确的？（2022年延考真题回忆版）

A. 在复议期限内，加处罚款停止计算

B. 加处罚款数额不超过10万元

C. 加处罚款是间接强制执行

D. 区局在作出罚款决定前，应当组织听证

[解析] ①根据《行政处罚法》的规定，当事人申请行政复议或者提起行政诉讼的，加处罚款的数额在行政复议或者行政诉讼期间不予计算。因此A选项中，在诉讼期限内，加处罚款不计算，是正确的。A选项正确。

②根据《行政处罚法》的规定，当事人到期不缴纳罚款的，每日按罚款数额的3%加处罚款，加处罚款的数额不得超出罚款的数额。B选项正确。

③加处罚款和滞纳金都属于间接强制执行。C选项正确。

④行政机关作出较大数额罚款之前应告知当事人听证权利。何谓较大数额罚款，需要酌定。另外，即使符合听证情形，也只有当事人申请听证，才应当组织听证。D选项过于绝对，错误。

答案：ABC

专题八 行政公开

考情分析

行政公开，即政府信息公开。本专题的命题对象只有一个，即《政府信息公开条例》。本专题每年均有试题出现，但难度不大，一般是对法条内容的直接考查，复习中需要注重法条掌握的广度与准确度。

考点 政府信息公开

1. 甲在网上申请信息公开，区自然资源和规划局答复申请单位不明确，告知补正材料，甲补正材料后，区自然资源和规划局答复，建筑规划四界的信息公开已移交档案局，依据档案法，应向区档案局申请公开。甲不服，申请行政复议。下列说法正确的是？（2023 年真题回忆版）

A. 复议期限是 60 日

B. 区自然资源和规划局答复期限应当从补正材料后开始计算

C. 甲应当向区政府申请行政复议

D. 区自然资源和规划局二次告知违法

［解析］ ①《行政复议法》第 20 条第 1 款规定："公民、法人或者其他组织认为行政行为侵犯其合法权益的，可以自知道或者应当知道该行政行为之日起六十日内提出行政复议申请；但是法律规定的申请期限超过六十日的除外。" A 选项说法正确。

②《政府信息公开条例》第 30 条规定："政府信息公开申请内容不明确的，行政机关应当给予指导和释明，并自收到申请之日起 7 个工作日内一次性告知申请人作出补正，说明需要补正的事项和合理的补正期限。答复期限自行政机关收到补正的申请之日起计算。申请人无正当理由逾期不补正的，视为放弃申请，行政机关不再处理该政府信息公开申请。" B 选项说法正确。

③依据 2023 年修订的《行政复议法》规定，政府工作部门作为被申请人的，复议机关为同级人民政府，而不是上一级主管部门。C 选项正确。

④依据《政府信息公开条例》第 36 条第 5 项的规定，对政府信息公开申请，所申请公开信息不属于本行政机关负责公开的，行政机关应当告知申请人并说明理由；能够确定负责公开该政府信息的行政机关的，告知申请人该行政机关的名称、联系方式。本案中，区自然资源和规划局在审查中发现申请内容不明确，告知甲须补正材料。甲补正材料后，区自然资源和规划局认为申请公开的信息已移交档案局，依据档案法的相关规定，应向区档案局申请公开。区自然资源和规划局的答复是合法的。D 选项说法错误。

答案：ABC

2. 刘某系某工厂职工，该厂经区政府批准后改制。刘某向区政府申请公开该厂进行改制的全部档案、拖欠原职工工资如何处理等信息。区政府公开后，刘某对公开的内容不服，向法院起诉。下列哪一说法是正确的？（2011/2/43）

A. 如果区政府作出拒绝答复，应告知刘某并说明理由

B. 刘某向法院起诉的期限为2个月

C. 此案应由区政府所在地的区法院管辖

D. 如果刘某与所申请的信息无利害关系，则区政府作出拒绝公开是合法的

［疑难辨析］ 本题将政府信息公开与行政诉讼结合起来命题，虽然难度不大，但它提供给我们法考对政府信息公开进行考查的新方式。

［解析］ ①A选项说法正确。依据《政府信息公开条例》第36条的规定："对政府信息公开申请，行政机关根据下列情况分别作出答复：……（三）行政机关依据本条例的规定决定不予公开的，告知申请人不予公开并说明理由……"

［举一反三］行政机关接受当事人的申请后，如果作出的是拒绝决定，则应当向当事人作出书面的决定，并且要说明理由。而且不仅限于政府信息公开，所有的拒绝行政行为都应当说明理由。与此相关的是，行政机关拒绝公开被起诉的，应当对拒绝的根据以及履行法定告知和说明理由的义务的情况举证。

②B选项说法错误。《行政诉讼法》规定在一般情况下，起诉期限是6个月，而不是2个月。

③C选项说法错误。本案中的被告是区政府，级别管辖应当是中院而不是区法院。所以本案的管辖法院是被告区政府所在地的中级人民法院。

［举一反三］行政诉讼级别管辖

级别	被告
基层	一般行政机关当被告
中院	专业强：被告是海关 级别高： ①政府：县级以上地方政府 ②部门：中央部门 重大复杂
复议维持共同告：原行机关确定级别管辖	

④D选项说法错误。《政府信息公开条例》中没有要求政府信息公开的申请人与申请信息有利害关系，所以区政府拒绝公开答复是不合法的。当事人提起行政诉讼和申请行政复议要求是被诉行政行为的利害关系人，但是政府信息公开保障的是当事人的知情权，不需要与被申请公开的信息之间存在利害关系。

答案：A

3. 某环保联合会对某公司提起环境民事公益诉讼，因在诉讼中需要该公司的相关环保资料，遂向县环保局提出申请公开该公司的排污许可证、排污口数量和位置等有关环境信息。申请书中载明了单位名称、住所地、联系人及电话并加盖了公章、获取信息的方式等。县环保局收到申请后，要求环保联合会提供申请人身份的证明材料。环保联合会提供了社会团体登记证复印件。县环保局公开后，环保联合会

对公开的内容不服，向法院起诉。关于本案的信息公开申请及其处理，下列说法正确的是？（2017/2/97）

A. 环保联合会可采用数据电文形式提出信息公开

B. 环保联合会不具有提出此信息公开申请的资格

C. 县环保局有权要求环保联合会提供申请人身份的证明材料

D. 县环保局认为申请内容不明确的，应告知环保联合会作出更改、补充

［解析］①《政府信息公开条例》第29条第1款规定："公民、法人或者其他组织申请获取政府信息的，应当向行政机关的政府信息公开工作机构提出，并采用包括信件、数据电文在内的书面形式；采用书面形式确有困难的，申请人可以口头提出，由受理该申请的政府信息公开工作机构代为填写政府信息公开申请。"由此可见，环保联合会可采用数据电文形式提出信息公开，且政府信息公开申请应当包括申请人的身份证明。故A选项正确。

［举一反三］申请方式

环保联合会作为社会团体，只能采用书面方式申请，不得采用口头方式申请。而如果申请人是公民，则原则上以书面方式申请，书写有困难的，可以口头提出。

②本题中的申请人为某环保联合会，因对某公司提起环境民事公益诉讼而申请信息公开。公民、法人或其他组织，需要知道相关政府信息的都有权提出申请。所以，环保联合会具有提出此信息公开申请的资格。故B选项错误。

③政府信息公开申请书内容：谁申请，即申请人的姓名或者名称、身份证明、联系方式；申请啥，即申请公开的内容；啥形式，即申请公开的政府信息的形式要求，包括获取信息的方式、途径。如果申请人环保联合会申请材料中未包含其身份信息，是不符合要求的，县环保局有权要求环保联合会提供申请人身份的证明材料。故C选项正确。

④《政府信息公开条例》第30条规定："政府信息公开申请内容不明确的，行政机关应当给予指导和释明，并自收到申请之日起7个工作日内一次性告知申请人作出补正，说明需要补正的事项和合理的补正期限。答复期限自行政机关收到补正的申请之日起计算。申请人无正当理由逾期不补正的，视为放弃申请，行政机关不再处理该政府信息公开申请。"由此可见，当事人申请材料往往会出现问题，行政机关不是一推了之，而是遵循高效便民的原则，进行指导释明，并自收到申请之日起7个工作日内一次性告知申请人作出补正，说明需要补正的事项和合理的补正期限。县环保局认为申请内容不明确的，应告知环保联合会作出更改、补充。故D选项正确。

答案：ACD

4. 田某为在校大学生，以从事研究为由向某市场监督管理局提出申请，要求公开该局2012年度作出的所有行政处罚决定书，该局公开后，田某对公开的内容不服，向法院起诉。下列哪一说法是正确的？（2013/2/45）

A. 因田某不具有申请人资格，即使市场监督管理拒绝公开也是合法的

B. 因行政处罚决定为主动公开的政府信息，如果市场监督管理拒绝公开违法

C. 如果本案中该局拒绝公开，田某应先申请复议再向法院起诉

D. 田某的起诉期限为3个月

［解析］①本题既考查了《政府信息公开条例》中的依申请公开，又以此为出发点考查了行政复议前置和行政诉讼起诉期限。也就是说，本题A、B选项考查政府信息公开，C、D选项考查行政复议、诉讼。这也是行政法中最常见的命题思路。难度一般。

②关于A选项，《政府信息公开条例》中

没有要求政府信息公开的申请人与申请信息有利害关系，田某作为在校大学生，有权向某市场监督管理局提出申请，要求公开该局2012年度作出的所有行政处罚决定书，故A选项错误。

③关于B选项，主动公开是指行政机关对涉及公民、法人或者其他组织切身利益的，需要社会公众广泛知晓或者参与的，反映本行政机关机构设置、职能、办事程序等情况的信息，不需要当事人申请就积极主动予以公开。《政府信息公开条例》第20条规定："行政机关应当依照本条例第十九条的规定，主动公开本行政机关的下列政府信息：……（六）实施行政处罚、行政强制的依据、条件、程序以及本行政机关认为具有一定社会影响的行政处罚决定……"由此可知，不是所有的行政处罚决定均属于主动公开的政府信息。故B选项错误。

④关于C选项，依据2023修订的《行政复议法》规定，政府信息公开不作为案件属于行政复议前置情形，当事人不服该行为的，应当先申请复议，对复议决定不服再提起行政诉讼。故C选项正确。

⑤关于D选项，按照《行政诉讼法》的规定，在一般情况下，起诉期限是6个月，而不是3个月。故D选项错误。

答案：C

5. 某镇政府主动公开一胎生育证发放情况的信息。下列哪些说法是正确的？（2011/2/79）

A. 该信息属于镇政府主动公开的信息

B. 镇政府可以通过设立的信息公告栏公开该信息

C. 在无法律、法规或者规章特别规定的情况下，镇政府应当在该信息形成之日起3个月内予以公开

D. 镇政府应当及时向公共图书馆提供该信息

［解析］　①A选项错误。根据《政府信息公开条例》第20条的规定，执行计划生育政策的情况不属于镇政府应当主动公开的信息。另外，随着国家废止计划生育政策，《政府信息公开条例》不再将计划生育信息作为主动公开的政府信息。

②B选项正确。主动公开的场所，法定场所：各级政府应当在国家档案馆、公共图书馆、政务服务场所设置政府信息查阅场所。非法定场所：行政机关可以根据需要设立公共查阅室、资料索取点、信息公告栏、电子信息屏等场所、设施，公开政府信息。

③C选项错误。《政府信息公开条例》第26条规定："属于主动公开范围的政府信息，应当自该政府信息形成或者变更之日起20个工作日内及时公开。法律、法规对政府信息公开的期限另有规定的，从其规定。"可见C选项错误有两点：一是只有法律、法规能对政府信息公开的期限作另行规定，规章无权规定；二是应在"20个工作日"内公开，而非3个月内。

④D选项错误。计划生育工作不再属于镇政府主动公开的信息。

答案：B

6. 区房管局向某公司发放房屋拆迁许可证。被拆迁人王某向区房管局提出申请，要求公开该公司办理拆迁许可证时所提交的建设用地规划许可证，区房管局作出拒绝公开的答复。对此，下列哪一说法是正确的？（2010/2/45）

A. 王某提出申请时，应出示有效身份证件

B. 因王某与申请公开的信息无利害关系，拒绝公开是正确的

C. 因区房管局不是所申请信息的制作主体，拒绝公开是正确的

D. 拒绝答复应自收到王某申请之日起1个月内作出

［解析］　①根据《政府信息公开条例》

第29条第2款规定："政府信息公开申请应当包括下列内容：（一）申请人的姓名或者名称、身份证明、联系方式……"故A选项正确。

②首先，申请政府信息公开并不要求当事人与该信息之间存在利害关系。其次，本案中，区房管局向某公司发放房屋拆迁许可证，某公司凭借房屋拆迁许可证这一合法凭证即可对王某的房屋实施拆迁行为，这将对王某的生活造成重大影响。如果证明某公司办理房屋拆迁许可证时没有依法提交或者提交的是不合格的建设用地规划许可证，那么即可认定某公司是违法取得房屋拆迁许可证，因此不得对王某的房屋实施拆迁行为。可见，王某要求公开某公司办理拆迁许可证时所提交的建设用地规划许可证，是与其有重大利害关系的。故B选项错误。

③政府信息公开的主体，按照谁的信息谁公开原则。本案中，建设规划用地许可证是由规划局制定的信息，而区房管局不是所申请信息的制作主体，拒绝公开是正确的。根据《政府信息公开条例》第10条第1款的规定："行政机关制作的政府信息，由制作该政府信息的行政机关负责公开。行政机关从公民、法人和其他组织获取的政府信息，由保存该政府信息的行政机关负责公开；行政机关获取的其他行政机关的政府信息，由制作或者最初获取该政府信息的行政机关负责公开。法律、法规对政府信息公开的权限另有规定的，从其规定。"第36条规定："对政府信息公开申请，行政机关根据下列情况分别作出答复：……（五）所申请公开信息不属于本行政机关负责公开的，告知申请人并说明理由；能够确定负责公开该政府信息的行政机关的，告知申请人该行政机关的名称、联系方式……"根据《城乡规划法》的规定，建设用地规划许可证的制作和颁发主体是城乡规划行政主管部门，而非房管局，区房管局以此为由拒绝公开是正确的。故C选项正确。注意，区房管局在拒绝公开的同时，对能够确定该政府信息的公开机关的，应当告知申请人该行政机关的名称、联系方式。

需要提醒考生注意的是，解答C选项时，不要纠缠于"因区房管局不是所申请信息的制作主体"是否正确，在行政法中不会考查建设用地规划许可证的制作主体是谁，一般像此类的提示性语言都是正确的，无须对其进行判断。

④《政府信息公开条例》第33条第1、2款规定："行政机关收到政府信息公开申请，能够当场答复的，应当当场予以答复。行政机关不能当场答复的，应当自收到申请之日起20个工作日内予以答复；需要延长答复期限的，应当经政府信息公开工作机构负责人同意并告知申请人，延长的期限最长不得超过20个工作日。"故D选项错误，应当在20个工作日内予以答复。

答案：AC（旧题新解）

7. 某乡属企业多年未归还方某借给的资金，双方发生纠纷。方某得知乡政府曾发过5号文件和210号文件处分了该企业的资产，遂向乡政府递交申请，要求公开两份文件。乡政府不予公开，理由是5号文件涉及第三方，且已口头征询其意见，其答复是该文件涉及商业秘密，不同意公开，而210号文件不存在。方某向县政府申请行政复议，复议机关不予受理，方某向法院起诉。下列哪一说法是正确的？（2014/2/48）

A. 方某申请时应当出示有效身份证明或者证明文件

B. 对所申请的政府信息，方某不具有申请人资格

C. 乡政府不公开5号文件合法

D. 本案的被告是县政府

［解析］ 本题考查的是政府信息公开。

①根据《政府信息公开条例》第29条第2款的规定："政府信息公开申请应当包括下

列内容：(一) 申请人的姓名或者名称、身份证明、联系方式；(二) 申请公开的政府信息的名称、文号或者便于行政机关查询的其他特征性描述；(三) 申请公开的政府信息的形式要求，包括获取信息的方式、途径。”故A选项正确。

②《政府信息公开条例》中没有要求政府信息公开的申请人与申请信息有利害关系，方某有权向乡政府提出公开的申请。故B选项错误。

③乡政府认为申请公开的政府信息涉及第三方合法权益的，应当书面而不是口头征求第三方的意见；第三方不同意公开且有合理理由的，不予公开。但是，乡政府认为不公开可能对公共利益造成重大影响的，可以予以公开，并将决定公开的政府信息内容和理由书面告知第三方。本案中乡政府不予公开，理由是5号文件涉及第三方，且已口头征询其意见，其答复是该文件涉及商业秘密，不同意公开。首先，错在不是书面而是口头征求意见；其次，即使第三方不同意公开，也只是原则上不公开，如果不公开将严重损害公共利益的，行政机关应当予以公开。故C选项错误。

④本案中原行为是政府信息公开的不作为，根据2023年修订的《行政复议法》的规定，应当复议前置，复议机关不予受理属于复议不作为，视为原行为未经过行政复议，所以第三人不能起诉原行为，而只能起诉复议不作为，所以本案应当以复议机关县政府为被告。故D选项正确。

答案：AD（旧题新解）

8. 某环保公益组织以一企业造成环境污染为由提起环境公益诉讼，后因诉讼需要，向县环保局申请公开该企业的环境影响评价报告、排污许可证信息。环保局以该组织无申请资格和该企业在该县有若干个基地，申请内容不明确为由拒绝公开。下列哪一说法是正确的？(2015/2/50)

A. 该组织提出申请时应出示其负责人的有效身份证明

B. 该组织的申请符合根据自身生产、生活、科研等特殊需要要求，环保局认为其无申请资格不成立

C. 对该组织的申请内容是否明确，环保局的认定和处理是正确的

D. 该组织所申请信息属于依法不应当公开的信息

[解析] 本题考查了政府信息公开的申请条件、申请人资格、政府信息公开范围等考点。

①关于A选项，社会团体申请政府信息公开时需要提供身份证明，此时如何理解申请人的身份证明，是组织的身份证明还是其负责人的身份证明？有人错误地认为应当提供的是负责人的身份证明。其实，这个问题很好回答。提供的既然是申请人的身份证明，那么请问谁是申请人？是环保公益组织还是其负责人？当然是环保公益组织。既然如此，申请人的身份证明当然是环保公益组织的身份证明，而不是其负责人的身份证明。公民的身份证明是其身份证复印件，那么环保公益组织的身份证明是什么呢？应当是其社会团体登记证书。关于A选项，根据《政府信息公开条例》第29条第2款的规定：“政府信息公开申请应当包括下列内容：(一) 申请人的姓名或者名称、身份证明、联系方式；(二) 申请公开的政府信息的名称、文号或者便于行政机关查询的其他特征性描述；(三) 申请公开的政府信息的形式要求，包括获取信息的方式、途径。”故A选项错误。

②关于B选项，按照2019年修订后的《政府信息公开条例》的规定，申请人并不需要和所申请信息之间存在利害关系，也不需要有特殊需要。B选项虽然最后的结论是正确的，但是因为其理由是错误的。故B选项错误。

③关于C选项，对于申请的处理，《政府信息公开条例》第30条规定："政府信息公开申请内容不明确的，行政机关应当给予指导和释明，并自收到申请之日起7个工作日内一次性告知申请人作出补正，说明需要补正的事项和合理的补正期限。答复期限自行政机关收到补正的申请之日起计算。申请人无正当理由逾期不补正的，视为放弃申请，行政机关不再处理该政府信息公开申请。"可见，如果申请人的申请内容不明确，行政机关应当给予指导与释明，而不是直接拒绝公开。本案中，环保公益组织向县环保局申请公开该企业的环境影响评价报告、排污许可证信息，该申请内容明确，环保局以该企业在该县有若干个基地，申请内容不明确为由拒绝公开，属于违法行为。故C选项错误。

④关于D选项，环保公益组织申请的是否属于依法不应当予以公开的信息，《环境保护法》第56条规定："对依法应当编制环境影响报告书的建设项目，建设单位应当在编制时向可能受影响的公众说明情况，充分征求意见。负责审批建设项目环境影响评价文件的部门在收到建设项目环境影响报告书后，除涉及国家秘密和商业秘密的事项外，应当全文公开；发现建设项目未充分征求公众意见的，应当责成建设单位征求公众意见。"本案中，环保公益组织向县环保局申请公开该企业的环境影响评价报告、排污许可证信息，在没有明确说明涉及国家秘密和商业秘密的情况下，都属于应当公开的内容。故D选项错误。

答案：无答案（旧题新解）

9. 沈某向住建委申请公开一企业向该委提交的某危改项目纳入危改范围的意见和申报材料。该委以信息中有企业联系人联系电话和地址等个人隐私为由拒绝公开，沈某经过行政复议后，向法院起诉，法院受理。下列哪些说法是正确的？（2015/2/79）

A. 在作出拒绝公开决定前，住建委无须书面征求企业联系人是否同意公开的意见

B. 本案的起诉期限为6个月

C. 本案应当复议前置

D. 住建委拒绝公开答复合法

［解析］ 本题属于综合性试题，既考查了政府信息公开的程序，又考查了政府信息公开诉讼。

①关于A选项，《政府信息公开条例》第32条规定："依申请公开的政府信息公开会损害第三方合法权益的，行政机关应当书面征求第三方的意见。第三方应当自收到征求意见书之日起15个工作日内提出意见。第三方逾期未提出意见的，由行政机关依照本条例的规定决定是否公开。第三方不同意公开且有合理理由的，行政机关不予公开。行政机关认为不公开可能对公共利益造成重大影响的，可以决定予以公开，并将决定公开的政府信息内容和理由书面告知第三方。"可见，如果政府信息涉及个人隐私，行政机关在作出是否公开决定之前，依法应当书面征求第三方意见，如果第三方同意公开的，则予以公开；如果第三方不同意公开的，原则上不公开，但是如果不公开将损害公共利益的，则予以公开，并书面告知当事人公开的理由和内容。故A选项错误。

②关于B选项，依照《行政诉讼法》对行政诉讼的起诉期限的规定，经过行政复议后再诉讼的，期限是15日。故B选项错误。

③关于C选项，依据2023年修订的《行政复议法》的规定，申请政府信息公开，行政机关不予公开，当事人起诉的，应当先向行政复议机关申请行政复议，对行政复议决定不服的，可以再依法向人民法院提起行政诉讼。本案中，住建委拒绝公开政府信息，属于复议前置情形。故C选项正确。

④关于D选项，《政府信息公开条例》第37条规定："申请公开的信息中含有不应当公开或者不属于政府信息的内容，但是能够作区

分处理的，行政机关应当向申请人提供可以公开的政府信息内容，并对不予公开的内容说明理由。”此为“区分处理”制度。本案中，即使政府信息中包含了企业联系人的联系电话和地址等个人隐私信息，行政机关也应当将此信息与其他部分区分处理，向当事人公开可以公开部分的政府信息，而不是直接拒绝公开。故D选项错误。

答案：C（旧题新解）

10. 刘某的一块住宅被批准为建设用地，遂向市自然资源局申请公开建设用地批准书及附图，该局告知此信息不存在，刘某不服申请行政复议。下列哪些说法正确？（2023年真题回忆版）

A. 市自然资源局应举证经检索没有查到该信息

B. 刘某申请时应明确获取该信息的方式和途径

C. 刘某应向复议机关举证所申请公开的信息与其生产生活科研等特殊需要有关

D. 刘某可以向省自然资源厅申请行政复议

［解析］　①依据《政府信息公开条例》第36条第4项的规定，对政府信息公开申请，经检索没有所申请公开信息的，行政机关应当告知申请人该政府信息不存在。由此可知，市自然资源局应举证证明经检索没有所申请公开的信息。A选项说法正确。

②《政府信息公开条例》第29条第2款规定：“政府信息公开申请应当包括下列内容：（一）申请人的姓名或者名称、身份证明、联系方式；（二）申请公开的政府信息的名称、文号或者便于行政机关查询的其他特征性描述；（三）申请公开的政府信息的形式要求，包括获取信息的方式、途径。”B选项说法正确。

③《政府信息公开条例》第13条规定：“除本条例第十四条、第十五条、第十六条规定的政府信息外，政府信息应当公开。行政机关公开政府信息，采取主动公开和依申请公开的方式。”据此可知，《政府信息公开条例》对申请人资格没有特殊要求。C选项说法错误。

④按照2023年修订的《行政复议法》的规定，对县级以上地方政府的职能部门行政行为不服申请行政复议的，应当向其同级人民政府提出，而不得向其上一级主管部门提出，所以，本案的复议机关是市政府，而不是省自然资源厅。D选项说法错误。

答案：AB

11. 沈某以生活需要为由，向省财政厅申请公开2017年本县农耕退还补贴信息，该财政厅以本信息不存在为由决定不公开，沈某经过行政复议后再起诉。下列说法正确的是？（2018年真题回忆版）

A. 申请公开需要说明申请公开的用途

B. 沈某应先申请复议再起诉

C. 诉讼中沈某提供该信息制作和保存线索的，可以申请法院调取证据

D. 本案的被告是省财政厅

［解析］　本题考查的是政府信息公开及信息公开诉讼知识点。难度适中。

①关于A选项，根据《政府信息公开条例》的规定，当事人的政府信息公开申请书，需要的内容包括申请人姓名和联系方式、申请的内容、形式要求，不需要说明申请公开的用途。故A选项错误。

②关于B选项，考查的是复议前置知识点。依据2023年修订的《行政复议法》规定，行政机关拒绝政府信息公开申请人不服而起诉的，属于复议前置的情形，应当先申请行政复议，对复议决定不服的再提起行政诉讼。故B选项正确。

③关于C选项，原告和第三人在行政管理法律关系中处于弱势地位，很多证据材料无法获得。为了保护公民、法人或其他组织的合法

权利，《最高人民法院关于行政诉讼证据若干问题的规定》第23条第1款规定："原告或者第三人不能自行收集，但能够提供确切线索的，可以申请人民法院调取下列证据材料：（一）由国家有关部门保存而须由人民法院调取的证据材料；（二）涉及国家秘密、商业秘密、个人隐私的证据材料；（三）确因客观原因不能自行收集的其他证据材料。"本案中，如果沈某能够提供该信息由省财政厅制作和保存线索的，可以申请法院调取证据。故C选项正确。

④关于D选项，此属于复议前置案件，经过复议之后在起诉的，被告由复议结果决定：复议维持的，应当以原机关和复议机关为共同被告；复议改变的，应当单独告复议机关；复议不作为的，应当以复议机关为被告起诉复议不作为，而不能选择起诉原行为。故D选项错误。

答案：BC

12. 宋小明连续66次向镇政府申请防汛信息公开，2019年6月15日又向镇政府申请信息公开。镇政府下列做法正确的是？（2019年真题回忆版）

A. 要求宋小明说明理由

B. 收取相应的信息处理费

C. 以宋小明不具有申请人资格为由不予提供

D. 以宋小明此前多次重复申请为由不予处理

［解析］①为了防止当事人滥用自己的信息公开的申请权，《政府信息公开条例》第35条对当事人申请数量和频次进行了一定的限制。如果申请人申请公开政府信息的数量、频次明显超过合理范围，行政机关可以要求申请人说明理由。行政机关认为申请理由不合理的，告知申请人不予处理；行政机关认为申请理由合理，但是无法在规定的期限内答复申请人的，可以确定延迟答复的合理期限并告知申请人。本案中，宋小明在已经连续66次向镇政府申请防汛信息公开之后，再次申请信息公开，此属于申请频次明显超过合理范围，镇政府依法可以要求宋小明说明理由。故A选项正确。

②行政机关依申请提供政府信息，不收取费用。但是，申请人申请公开政府信息的数量、频次明显超过合理范围的，行政机关可以收取信息处理费。本案属于申请频次明显超过合理范围，所以镇政府可以收取信息处理费。故B选项正确。

③当事人向行政机关申请政府信息公开，保护的是自己的知情权，并不要求是政府信息的利害关系人，不存在不具有申请人资格的说法。所以，镇政府以宋小明不具有申请人资格为由不予提供是违法的。C选项错误。

④如前所述，行政机关不能以当事人之前多次重复申请为由而直接不受理其再次申请，而是可以要求当事人说明理由，然后根据其说明理由的情况具体处理。故D选项错误。

答案：AB

13. 李某向县海事局申请公开该局的设立、职责、机构和人员编制的政府信息，该局以信息不存在为由拒绝公开，李某不服申请复议，复议机关作出不予受理决定，李某不服而起诉。下列说法正确的是？（2019年真题回忆版）

A. 李某申请公开时应当说明其用途

B. 李某申请时应当提供其身份证明

C. 复议机关应当就复议不作为的合法性进行举证

D. 本案的起诉期限是15日

［解析］①当事人向行政机关申请政府信息公开，保护自己的知情权，并不需要说明其用途，只要符合法律规定，行政机关就应当公开。故A选项错误。

②按照2019年修订的《政府信息公开条例》第29条第2款的规定，当事人申请县海

事局信息公开，应当提供其身份证明和联系方式。B 选项正确。

③行政诉讼中，被告应当就被诉行政行为的合法性承担举证责任。本案原行为是政府信息公开的不作为，属于复议前置，复议机关不作为的，当事人只能起诉复议不作为而不能起诉原行为。所以本案被诉的行政行为是复议机关的不作为，所以，被告复议机关应当就复议不作为的合法性进行举证。故 C 选项正确。

④本案是经过复议的案件，当事人不服再起诉的，起诉期限是 15 日。故 D 选项正确。

答案：BCD

14. 张某的房屋因位于一建设规划项目内，被市政府决定予以征收。张某以邮寄平常信函的方式向市自然资源和规划局申请公开有关该建设项目的详细规划信息。市自然资源和规划局答复称张某所申请公开的信息不存在。张某不服，经过复议后再向法院提起诉讼。则下列说法错误的是？（2022 年真题回忆版）

A. 张某需对该项政府信息的存在承担举证责任

B. 以市自然资源和规划局签收时间为收到申请的时间

C. 张某应当向市政府申请行政复议

D. 该市自然资源和规划局可要求张某就申请公开该政府信息的特殊需要事由作出说明

［考点］　政府信息公开

［解析］　①对政府信息公开申请，经检索没有所申请公开信息的，行政机关应当告知申请人该政府信息不存在。由此可知，若市自然资源和规划局主张张某所申请公开的信息不存在，则应承担举证责任，证明自己已经经过检索，确认的确没有所申请公开的政府信息。A 选项说法错误。

②申请人以平常信函等无须签收的邮寄方式提交政府信息公开申请的，政府信息公开工作机构应当于收到申请的当日与申请人确认，确认之日为收到申请之日。B 选项说法错误。

③对县级以上地方各级人民政府工作部门的具体行政行为不服的，应当向该部门的同级人民政府申请行政复议。故以市自然资源和规划局作为被申请人，复议机关应当是市政府，而不是是省级自然资源和规划部门。C 选项说法正确。

④《政府信息公开条例》第 13 条第 1 款规定："除本条例第十四条、第十五条、第十六条规定的政府信息外，政府信息应当公开。"因此，行政机关不可以要求申请人就申请公开该政府信息的特殊需要事由作出说明。D 选项说法错误。

答案：ABD

15. 县政府决定征收某区域国有土地使用权，王某向县政府申请公开政府补偿方案三十余次，县政府认为该申请明显超过合理次数和范围。下列说法正确的是？（2022 年延考真题回忆版）

A. 如果申请理由不合理，县政府告知王某不予处理

B. 县政府可以要求王某说明理由

C. 行政机关不得收取信息处理费

D. 申请公开的信息属于政府应当主动公开的

［解析］　①《政府信息公开条例》第 35 条规定："申请人申请公开政府信息的数量、频次明显超过合理范围，行政机关可以要求申请人说明理由。行政机关认为申请理由不合理的，告知申请人不予处理；行政机关认为申请理由合理，但是无法在本条例第三十三条规定的期限内答复申请人的，可以确定延迟答复的合理期限并告知申请人。"本案中，王某的政府信息公开申请属于明显超出合理数量和频次，县政府可以要求王某说明理由。B 选项正确。如果申请理由不合理，县政府告知王某不予处理。A 选项正确。

②《政府信息公开条例》第42条第1款规定："行政机关依申请提供政府信息，不收取费用。但是，申请人申请公开政府信息的数量、频次明显超过合理范围的，行政机关可以收取信息处理费。"本案中，王某的政府信息公开申请属于明显超出合理数量和频次，可以收取信息处理费，C选项表述为不得收取，过于绝对。C选项错误。

③《政府信息公开条例》第21条规定："除本条例第二十条规定的政府信息外，设区的市级、县级人民政府及其部门还应当根据本地方的具体情况，主动公开涉及市政建设、公共服务、公益事业、土地征收、房屋征收、治安管理、社会救助等方面的政府信息；乡（镇）人民政府还应当根据本地方的具体情况，主动公开贯彻落实农业农村政策、农田水利工程建设运营、农村土地承包经营权流转、宅基地使用情况审核、土地征收、房屋征收、筹资筹劳、社会救助等方面的政府信息。"由此可见，县政府征收国有土地的补偿方案属于主动公开的政府信息。故D选项正确。

答案：ABD

16. 潘某向县财政局申请农田返耕补贴的信息公开，县财政局向县政府提出批准申请后，然后对潘某作出决定不予公开决定，潘某不服经过行政复议后提起行政诉讼。下列说法正确的是？（2022年延考真题回忆版）

A. 潘某应当承担所申请信息和自己有利害关系的举证责任

B. 潘某应当向县法院起诉

C. 潘某不得口头申请

D. 本案的起诉期限是15日

［解析］①《政府信息公开条例》未规定政府信息公开申请人要与申请公开的信息有利害关系。A选项错误。

②本案中原行为是政府信息公开的不作为，又属于下级经上级批准的行政行为，当事人不服的申请复议的，应当以批准机关为被申请人。本案中，批准机关是县政府，所以应当以县政府为被申请人提起诉讼，复议机关为市政府，可见，无论复议结果为何，都应当由中级法院管辖。B选项错误。

③公民申请政府信息公开原则上书面申请，书写有困难的，可以口头申请。C选项错误。

④经过复议再诉讼的案件，起诉期限为15日。D选项正确。

答案：D

专题九　行政复议

考点分析

行政复议是解决行政争议、进行行政救济的重要途径，从而决定了它在行政法中的独特地位，在法考中占有较高的比例。本专题分值年均3~6分，主要考点有：复议的范围、复议的法律依据、复议程序、复议申请人和被申请人的确定、复议机关的确定、复议决定与执行、复议申请期间和决定期间、行政复议与行政诉讼的关系等。

行政复议法具有重要知识点重复考查的特点，如行政复议机关、行政复议与行政诉讼的关系、行政复议的执行等都属于法考的高频考点。从命题方式上看，行政复议法的试题多为综合性试题，常与行政许可、行政处罚、行政强制、行政诉讼结合命题，特别是行政复议与行政诉讼的综合试题基本每年都会出现，对此要加以重视。

考点1　行政复议范围

1. 县食药局认定某公司用超保质期的食品原料生产食品，根据《食品安全法》没收违法生产的食品和违法所得，并处5万元罚款。公司不服申请行政复议。下列哪些说法是正确的？(2017/2/84)

A. 公司可向市食药局申请行政复议，也可向县政府申请行政复议

B. 公司可委托1至2名代理人参加行政复议

C. 公司提出行政复议申请时错列被申请人的，行政复议机构应告知公司变更被申请人

D. 对县食药局的决定，申请行政复议是向法院起诉的必经前置程序

[解析]　①《行政复议法》第24条规定，对一般的职能部门作出的行政行为不服，申请行政复议的，应当以同级人民政府为行政复议机关，而不得向上一级主管部门申请行政复议。本案中，县食药局不属于垂直领导部门，而属于“双重领导，条块管辖”，对其作出的决定不服，不可以向上一级主管部门（市食药局）申请复议，而只能向同级政府（县政府）申请复议。故A选项错误。

②《行政复议法》第17条第1款规定：“申请人、第三人可以委托一至二名律师、基层法律服务工作者或者其他代理人代为参加行政复议。”由此可见，某公司作为行政复议申请人可以委托1至2名代理人参加行政复议。故B选项正确。注意，被申请人县食药局不得委托。

③《行政复议法实施条例》第22条规定：“申请人提出行政复议申请时错列被申请人的，行政复议机构应当告知申请人变更被申请人。”由此可见，公司提出行政复议申请时错列被申请人的，行政复议机构应告知某公司变更被申请人。故C选项正确。

④《行政复议法》第23条规定："有下列情形之一的，申请人应当先向行政复议机关申请行政复议，对行政复议决定不服的，可以再依法向人民法院提起行政诉讼：（一）对当场作出的行政处罚决定不服；（二）对行政机关作出的侵犯其已经依法取得的自然资源的所有权或者使用权的决定不服；（三）认为行政机关存在本法第十一条规定的未履行法定职责情形；（四）申请政府信息公开，行政机关不予公开；（五）法律、行政法规规定应当先向行政复议机关申请行政复议的其他情形。对前款规定的情形，行政机关在作出行政行为时应当告知公民、法人或者其他组织先向行政复议机关申请行政复议。"由此可见，复议与诉讼的关系是以自由选择为原则，复议前置为例外，是否复议前置关键取决于是否有明确的法律、法规规定。本题涉及食品安全处罚，《食品安全法》未规定复议前置。故D选项错误。

答案：BC

2. 方某因与陈某发生冲突，用砖头扔向陈某9周岁的儿子致其脚部受伤，经法医鉴定构成轻微伤。县公安局决定对方某处行政拘留10日，方某申请行政复议。下列说法错误的是？（2020年真题回忆版）

A. 因致未成年人受到伤害，对方某应从重处罚

B. 陈某为本案复议第三人

C. 方某应当向县政府申请行政复议

D. 因方某申请行政复议，应暂停行政拘留决定

［解析］①关于A选项，治安管理处罚中的从重处罚是指，在法律规定的处罚限度内作出较重的处罚决定。《治安管理处罚法》第20条规定："违反治安管理有下列情形之一的，从重处罚：（一）有较严重后果的；（二）教唆、胁迫、诱骗他人违反治安管理的；（三）对报案人、控告人、举报人、证人打击报复的；（四）六个月内曾受过治安管理处罚的。"本案属于殴打他人、故意伤害身体的违法行为，根据《治安管理处罚法》第43条的规定："殴打他人的，或者故意伤害他人身体的，处五日以上十日以下拘留，并处二百元以上五百元以下罚款；情节较轻的，处五日以下拘留或者五百元以下罚款。有下列情形之一的，处十日以上十五日以下拘留，并处五百元以上一千元以下罚款：（一）结伙殴打、伤害他人的；（二）殴打、伤害残疾人、孕妇、不满十四周岁的人或者六十周岁以上的人的；（三）多次殴打、伤害他人或者一次殴打、伤害多人的。"可见，殴打他人或者故意伤害他人身体的处罚法定限度是5日以上10日以下拘留，并处200元以上500元以下罚款，从重处罚是指在5日至10日之间，选择10日或8日、9日比较重的拘留处罚。在200元至500元之间，选择500元、400元比较重的罚款处罚。但是，从重处罚只能在法定的限度之内选择重的，而不得超出法定限度作出处罚决定。方某故意伤害陈某9周岁儿子的身体，属于殴打、伤害不满14周岁的人，依法应当被处10日以上15日以下拘留，并处500元以上1000元以下罚款。此为加重处罚的情形，不属于前述的从重处罚。故A选项错误，当选。

②关于B选项，陈某为本案复议第三人的说法是错误的。理由在于，本案被诉的行为是县公安局对方某作出的行政处罚，处罚的原因是方某故意伤害陈某9周岁的儿子，在行政处罚中，方某是被处罚的行政相对人，陈某的儿子是行政相关人。在行政诉讼中，方某是原告，陈某的儿子是第三人。陈某本人不是受害人，也不是行政相关人，与被诉行为之间没有行政法意义上的利害关系，不是本案的第三人。因为陈某的儿子只有9周岁，无法自行参加复议，所以陈某作为其监护人，以其法定代理人身份参加复议。故B选项错误，当选。

③关于C选项，方某可以向县政府申请行

政复议，说法正确。理由在于，本案的被申请人是县公安局，属于“条块管辖，双重领导”，《行政复议法》第24条规定，对一般的职能部门作出的行政行为不服，申请行政复议的，应当以同级人民政府为行政复议机关，而不得向上一级主管部门申请行政复议。本案中，不可以向上一级主管部门（市公安局）申请复议，而应当向同级政府（县政府）申请复议。故C选项正确，不当选。

④关于D选项，行政拘留的暂缓执行需要同时具备4个条件：一是当事人不服行政拘留决定，已经申请行政复议或者提起行政诉讼；二是向公安局提出暂缓执行的申请；三是公安机关对当事人是否存在社会危害性进行审查；四是当事人应当提供保证人或者交纳保证金。故D选项错误，当选。

答案：ABD

3. 甲市乙区公安分局所辖派出所以李某制造噪声干扰他人正常生活为由，处以500元罚款。李某不服申请复议。下列哪些机关可以成为本案的复议机关？（2011/2/84）

A. 乙区公安分局

B. 乙区政府

C. 甲市公安局

D. 甲市政府

［解析］①根据《治安管理处罚法》第91条的规定：“治安管理处罚由县级以上人民政府公安机关决定；其中警告、五百元以下的罚款可以由公安派出所决定。”因此，派出所有权实施500元以下罚款，没有越权。根据公安派出所的“未越权或幅度越权告机构，种类越权告机关”的原则，李某对该罚款决定不服，应以派出所为被申请人。

②根据《行政复议法》第24条第4款规定：“对县级以上地方各级人民政府工作部门依法设立的派出机构依照法律、法规、规章规定，以派出机构的名义作出的行政行为不服的行政复议案件，由本级人民政府管辖；其中，对直辖市、设区的市人民政府工作部门按照行政区划设立的派出机构作出的行政行为不服的，也可以由其所在地的人民政府管辖。”因此，若以公安派出所为被申请人，则复议机关为设立该派出机构的部门（乙区公安分局）的本级地方人民政府（乙区人民政府）。故B选项当选。

答案：B

4. 市税务局认为甲公司违反“假自营，真代理”，遂决定对甲公司追缴税款500万元，甲公司逾期不履行义务，后市税务局直接强制从甲公司账户上划拨500万元，甲公司提起行政复议，复议机关作出维持决定，甲公司仍不服，提起行政诉讼。下列说法正确的是？（2021年真题回忆版）

A. 追缴税款属于行政处罚

B. 划拨属于行政强制执行

C. 被告为市税务局和上一级税务局

D. 甲公司起诉期限为3个月

［考点］　行政行为性质；行政强制；行政复议机关；行政诉讼起诉期限

［解析］　“假自营，真代理”指的是通过代理公司出口，即委托方出口，但为了退税和操作的方便，委托方与代理方既签订了代理协议，又签订销售合同，伪造成是委托方把货物销售给代理方，代理方在自营出口的业务。A选项，追缴税款属于行政征收，不属于行政处罚。B选项，划拨属于直接行政强制执行。C选项，复议机关作出维持决定，当事人不服提起行政诉讼的，应当以原机关和复议机关为共同被告。D选项，公民、法人或者其他组织不服复议决定的，可以在收到复议决定书之日起15日内向人民法院提起诉讼。可见，B、C选项正确，A、D选项错误。

答案：BC

5. 甲新买一辆车，向A局申请网约车运输证。A局作出不予许可决定，理由是该车是新车，不符合B局文件中车龄3年的要求。甲不服申请行政复议，并提出一并审查该文件的请求。下列说法不正确的是？（2023年真题回忆版）

A. 甲不可以用电子邮件的方式申请行政许可

B. 网络运输服务许可证属于涉及公共利益的许可，需要技术检测部门检测

C. A局和B局为共同被申请人

D. 本案复议机关应当为A局的上一级主管部门

［解析］ 本题综合考查行政许可和行政复议的考点。

①《行政许可法》第29条第3款规定："行政许可申请可以通过信函、电报、电传、传真、电子数据交换和电子邮件等方式提出。"A选项说法错误。

②《行政许可法》第12条规定："下列事项可以设定行政许可：（一）直接涉及国家安全、公共安全、经济宏观调控、生态环境保护以及直接关系人身健康、生命财产安全等特定活动，需要按照法定条件予以批准的事项；（二）有限自然资源开发利用、公共资源配置以及直接关系公共利益的特定行业的市场准入等，需要赋予特定权利的事项；（三）提供公众服务并且直接关系公共利益的职业、行业，需要确定具备特殊信誉、特殊条件或者特殊技能等资格、资质的事项；（四）直接关系公共安全、人身健康、生命财产安全的重要设备、设施、产品、物品，需要按照技术标准、技术规范，通过检验、检测、检疫等方式进行审定的事项；（五）企业或者其他组织的设立等，需要确定主体资格的事项；（六）法律、行政法规规定可以设定行政许可的其他事项。"网络运输服务许可证属于有限自然资源开发利用、公共资源配置以及直接关系公共利益的特定行业的市场准入等，需要赋予特定权利的事项，即特许事项，不属于涉及公共利益的许可，需要技术检测部门检测的核准事项。B选项说法错误。

③本案尽管依据的是不符合B局文件中有关车龄不少于3年的要求这一理由，但却是A局作出的不予许可决定，因而应以A局作为被申请人。C选项说法错误。

④依据《行政复议法》规定，A局作为被申请人，复议机关应当为其同级政府，而不是上一级主管部门。D选项说法错误。

答案：ABCD

6.《反不正当竞争法》规定，当事人对监督检查部门作出的处罚决定不服的，可以自收到处罚决定之日起15日内向上一级主管机关申请复议；对复议决定不服的，可以自收到复议决定书之日起15日内向法院提起诉讼；也可以直接向法院提起诉讼。某县市场监督管理局认定某企业利用广告对商品作引人误解的虚假宣传，构成不正当竞争，处10万元罚款。该企业不服，申请复议。下列哪些说法是正确的？（2014/2/80）

A. 复议机关应当为该市场监督管理局的上一级市场监督管理局

B. 申请复议期间为15日

C. 如复议机关作出维持决定，该企业向法院起诉，起诉期限为15日

D. 对罚款决定，该企业可以不经复议直接向法院起诉

［解析］ 本题考查了行政复议机关、复议申请期限、起诉期限等知识点。

①本案的被申请人是县市场监督管理局，市场监督管理局是政府组成部门，实行"条块管辖，双重领导"，复议机关应当是同级人民政府，即县政府，而不是是上一级主管部门市市场监督管理局。故A选项错误。

②根据《行政复议法》的规定，申请人应当在知道或者应当知道行政行为之日起60

日内申请行政复议，法律规定超过60日的从其规定。可见，申请复议的一般期限是60日，其他法律也可以作出例外规定，但是对例外规定的期限有要求，即只能比60日这一期限更长，而不能更短。本案中，《反不正当竞争法》规定复议期限是15日，少于60日，此规定无效，不得适用。本案还应当按照60日作为申请复议的期限。故B选项错误。

③经过复议的案件，当事人向法院提起诉讼的，应当自收到复议决定之日起15日内起诉。故C选项正确。

④根据《行政复议法》规定，行政处罚的作为案件并不属于复议前置的情形，故对罚款决定，该企业既可以经过复议程序之后再诉讼，也可以不经复议直接向法院起诉。故D选项正确。

答案：CD

7. 某区环保局因某新建水电站未报批环境影响评价文件，且已投入生产使用，给予其罚款10万元的处罚。水电站不服，申请复议，复议机关作出维持处罚的复议决定书。下列哪一说法是正确的？（2014/2/49）

A. 复议机构应当为某区政府

B. 如复议期间案件涉及法律适用问题，需要有权机关作出解释，行政复议终止

C. 复议决定书一经送达，即发生法律效力

D. 水电站对复议决定不服向法院起诉，应由复议机关所在地的法院管辖

[解析]　本题考查了行政复议机构、复议终止、复议决定生效时间以及经过复议的行政诉讼案件管辖等考点。

①行政复议机构是行政复议机关中专门负责法制工作的内设机构。县级以上政府的复议机构是同级司法行政主管部门，即司法局、司法厅。本案中，被申请人是区环保局，复议机关应当是区政府。本案的复议机构就是区政府的法制机构，即区司法局。故区政府在本案中是复议机关，区司法局是复议机构。故A选项错误。

②复议期间案件涉及法律适用问题，需要有权机关作出解释，解释工作不会导致复议程序的最终结束，而只是暂时中止，等到解释结论出来之后，再根据解释的具体情形，继续审理行政复议案件。故B选项错误。

③行政复议决定与具体行政行为的生效不一样，具体行政行为原则上是送达生效，但是也存在即时生效和附条件生效的情形。而复议决定则是送达生效。故C选项正确。

④本案属于经过复议后起诉的案件，在行政诉讼的地域管辖上，根据《行政诉讼法》的规定，既可以由原机关所在地法院管辖，也可以由复议机关所在地法院管辖，故D选项错误。

答案：C

8. 国家市场监督管理总局对甲公司作出罚款50万元的处罚决定，该公司不服申请行政复议。关于本案的复议机关，下列说法正确的是？（2019年真题回忆版）

A. 国务院

B. 国家市场监督管理总局

C. 全国人大

D. 国家市场监督管理总局和国务院

[解析]　为了避免国务院直接作为行政复议机关被提起行政诉讼，法律对省部级机关作为被申请人时行政复议机关的确定规则上进行了特殊的设计。即对国务院部门或者省级政府的行政行为不服的，申请人应当向作出该行政行为的国务院部门或者省级政府申请行政复议。对行政复议决定不服的，可以向法院提起行政诉讼；也可以向国务院申请裁决，国务院根据《行政复议法》的规定作出最终裁决。此为行政复议的“自我管辖”，即省级政府或者国务院部门在案件中既是被申请人，又是审理案件作出复议决定的复议机关。本案中，被

申请人国家市场监督管理总局属于国务院的直属机构，满足自我管辖的条件，所以复议机关是其自身。故B选项正确。A、C、D选项错误。

答案：B

9. A船舶公司向甲区政府申请筹建和经营渡口，甲区政府向当地B海事管理机构征求意见，B海事管理机构复函认定A船舶公司目前不具备筹建和经营渡口的条件，甲区政府经过勘验、调查、取证后作出了不予许可的决定，A船舶公司不服决定申请复议。下列说法正确的是？（2021年真题回忆版）

A. 专家评估的时间计入行政许可期限

B. 复议决定一经送达即发生效力

C. A船舶公司可以对复函提起诉讼

D. 复议机关应列B海事管理机构为第三人

［考点］ 行政复议

［解析］ A选项，包括行政许可在内的行政行为实施程序中，听证、拍卖、检测、检验、检疫、评审、鉴定的时间都是另算，要从行政行为实施期限中扣除。故A选项错误。B选项，复议决定一经送达即发生效力，不像具体行政行为那样，还存在附条件生效的情形。故B选项正确。C选项，复函是B海事管理机构对区政府作出的内部公文来往，属于内部行政行为，不具有外部性，不是具体行政行为，不可诉。故C选项错误。D选项，本案被申请行政复议的具体行政行为是区政府作出的不予许可决定，B海事管理机构与被申请行政复议的行政行为无利害关系，不是本案第三人。故D选项错误。

答案：B

考点2 行政复议与行政诉讼的关系

10. 当事人对下列哪些事项既可以申请行政复议也可以提起行政诉讼？（2013/2/83）

A. 行政机关对民事纠纷的调解

B. 出入境边防检查机关对外国人采取的遣送出境措施

C. 是否征收反倾销税的决定

D. 税务机关作出的处罚决定

［解析］ 复议前置是每年都会重复考查的知识点。本题具有一定难度。

①关于A选项，《治安管理处罚法》第9条规定："对于因民间纠纷引起的打架斗殴或者损毁他人财物等违反治安管理行为，情节较轻的，公安机关可以调解处理。经公安机关调解，当事人达成协议的，不予处罚。经调解未达成协议或者达成协议后不履行的，公安机关应当依照本法的规定对违反治安管理行为人给予处罚，并告知当事人可以就民事争议依法向人民法院提起民事诉讼。"可见，行政机关对民事纠纷的调解是为平等的民事主体就纠纷解决提供一个协商平台，其并不用强制力迫使当事人达成调解。相反，只有在民事主体协商一致达成合意时，纠纷才得以调解解决。所以，行政调解属于不具有强制力的行政行为，既不可以申请行政复议，也不可以提起行政诉讼。故A选项不当选。

②关于B选项，《出境入境管理法》第64条第1款规定："外国人对依照本法规定对其实施的继续盘问、拘留审查、限制活动范围、遣送出境措施不服的，可以依法申请行政复议，该行政复议决定为最终决定。"可见，对外国人遣送出境措施不服的，只能选择申请行政复议，而且该复议为终局救济，当事人即使对复议决定不服，也不得再提起行政诉讼。故B选项不当选。

③关于C选项，很多考生朋友掌握了《税收征收管理法》中纳税争议需要复议前置的规定，于是错误地认为C选项涉及征税问题也应当复议前置。本选项的陷阱在于其提到的是反倾销税的征收问题，而不是普通的纳税争议，依据《最高人民法院关于审理反倾销行政案件

应用法律若干问题的规定》的规定，当事人对反倾销案件，既可以申请行政复议，也可以提起行政诉讼。故C选项当选。

④关于D选项，《税收征收管理法》第88条第1款规定："纳税人、扣缴义务人、纳税担保人同税务机关在纳税上发生争议时，必须先依照税务机关的纳税决定缴纳或者解缴税款及滞纳金或者提供相应的担保，然后可以依法申请行政复议；对行政复议决定不服的，可以依法向人民法院起诉。"可见，只有纳税争议才需要复议前置，主要是指税款"交不交、谁来交、交多少、怎么交"方面的争议。对于税务机关罚款不服的，既可以申请复议，也可以提起诉讼。故D选项当选。

答案：CD

考点3　行政复议的申请期限

11.《环境保护法》规定，当事人对行政处罚决定不服，可以在接到处罚通知之日起15日内申请复议，也可以在接到处罚通知之日起15日内直接向法院起诉。某县环保局依据《环境保护法》对违法排污企业作出罚款处罚决定，该企业不服。对此，下列哪一说法是正确的？（2010/2/48）

A. 如该企业申请复议，申请复议的期限应为60日

B. 如该企业直接起诉，提起诉讼的期限应为3个月

C. 如该企业逾期不缴纳罚款，县环保局可从该企业的银行账户中划拨相应款项

D. 如该企业逾期不缴纳罚款，县环保局可扣押该企业的财产并予以拍卖

［疑难辨析］　本题的难点在于区分行政复议与行政诉讼期限规定的不同。行政复议的申请期限最低为60日，其他法律规定期限超过60日，则适用其他法律规定，短于60日则按60日计算；行政诉讼期限原则上为6个月，若其他法律有特别规定，一律适用特别规定。

［解析］　①根据《行政复议法》第20条第1款的规定："公民、法人或者其他组织认为行政行为侵犯其合法权益的，可以自知道或者应当知道该行政行为之日起六十日内提出行政复议申请；但是法律规定的申请期限超过六十日的除外。"可知，行政复议的申请期限为知道具体行政行为之日起60日内，但如其他法律规定的申请期限超过60日的，则依照其他法律的规定，如少于60日则依照《行政复议法》的规定。此处，《环境保护法》规定的复议期限是15日，没有超过60日，所以应当适用《行政复议法》中规定的60日行政复议期限。因此A选项正确。

②《行政诉讼法》第46条第1款规定："公民、法人或者其他组织直接向人民法院提起诉讼的，应当自知道或者应当知道作出行政行为之日起六个月内提出。法律另有规定的除外。"可知，对于行政诉讼的起诉期限的特殊规定与行政复议不同，通常情况下起诉期限为6个月，如法律有特殊规定则遵从特殊规定。本题中，《环境保护法》对当事人向法院起诉的期限另行作了规定，据此该企业直接起诉的诉讼期限为15日。故B选项错误。

③划拨款项和拍卖扣押财产都属于行政强制执行，根据《行政强制法》第13条的规定："行政强制执行由法律设定。法律没有规定行政机关强制执行的，作出行政决定的行政机关应当申请人民法院强制执行。"由于《环境保护法》没有赋予环保机关直接强制执行的权力，则县环保局只能申请法院强制执行。因此C、D选项错误。

答案：A

12. 某区食品药品监管局以某公司生产经营超过保质期的食品违反《食品安全法》为由，作出处罚决定。公司不服，申请行政复议。关于此案，下列哪一说法是正确的？（2016/2/48）

A. 申请复议期限为60日

B. 公司不得以电子邮件形式提出复议申请

C. 行政复议机关不能进行调解

D. 公司如在复议决定作出前撤回申请，行政复议中止

［解析］ 本题综合考查了行政复议的几个重要考点，难度适中。

①关于A选项，行政复议的申请期限，根据《行政复议法》第20条第1款的规定：“公民、法人或者其他组织认为具体行政行为侵犯其合法权益的，可以自知道该具体行政行为之日起六十日内提出行政复议申请；但是法律规定的申请期限超过六十日的除外。”可见，一般情况下，行政复议申请人申请行政复议的期限是60日，法律规定超过60日的从其规定，规定少于60日的无效。《食品安全法》并没有对行政复议的申请期限作出例外规定，故本案的申请期限为60日。可见A选项正确，当选。

②关于B选项，行政复议的申请方式，根据《行政复议法》第22条第2款的规定：“书面申请的，可以通过邮寄或者行政复议机关指定的互联网渠道等方式提交行政复议申请书，也可以当面提交行政复议申请书。行政机关通过互联网渠道送达行政行为决定书的，应当同时提供提交行政复议申请书的互联网渠道。”可见，如果申请人以书面方式申请行政复议，可以采取电子邮件形式提出申请。故B选项错误，不选。

③关于C选项，行政复议中的调解，根据《行政复议法》第73条的规定：“当事人经调解达成协议的，行政复议机关应当制作行政复议调解书，经各方当事人签字或者签章，并加盖行政复议机关印章，即具有法律效力。调解未达成协议或者调解书生效前一方反悔的，行政复议机关应当依法审查或者及时作出行政复议决定。”本案中，当事人对食品药品监管局的处罚决定不服申请行政复议，而行政处罚属于行政机关行使法律、法规规定的自由裁量权作出的具体行政行为，依法可以进行调解。故C选项错误，不选。

④根据《行政复议法》第41条的规定：“行政复议期间有下列情形之一的，行政复议机关决定终止行政复议：（一）申请人撤回行政复议申请，行政复议机构准予撤回……”由此可知，经行政复议机构同意后，申请人才可以撤回申请。并且撤回申请的后果不是复议“中止”，而是行政复议“终止”。故D选项错误，不选。

答案：A

13. 甲公司未申报上年度营业所得税，A市税务局责令其补缴2万元税款，并罚款1万元，甲公司不服，申请行政复议。下列说法正确的是？（2021年真题回忆版）

A. 甲公司应当向市政府申请行政复议

B. 甲公司可以直接提起行政诉讼

C. 该公司未按时补缴，A市税务局可以书面通知银行划拨其存款

D. 复议的申请期限为60日

［考点］ 行政复议

［解析］ A选项，《行政复议法》第27条规定：“对海关、金融、外汇管理等实行垂直领导的行政机关、税务和国家安全机关的行政行为不服的，向上一级主管部门申请行政复议。”可见，税务局的复议机关只有上一级主管机关，而没有同级政府。故甲公司只能向省税务局申请行政复议，而不能向市政府申请行政复议。故A选项错误。B选项，补缴税款是纳税争议，属于复议前置案件，对复议决定不服的才可以提起行政诉讼，不可以直接起诉。故B选项错误。C选项，A市税务局具有强制执行权，可以书面通知银行划拨其存款。D选项，行政复议申请期限为60日。故C、D选项正确。

答案：CD

✪ 考点4　行政复议的审理

14. 国务院某部对一企业作出罚款50万元的处罚。该企业不服，向该部申请行政复议。下列哪一说法是正确的？（2012/2/49）

A. 在行政复议中，不应对罚款决定的适当性进行审查

B. 企业委托代理人参加行政复议的，可以口头委托

C. 如在复议过程中企业撤回复议的，即不得再以同一事实和理由提出复议申请

D. 如企业对复议决定不服向国务院申请裁决，企业对国务院的裁决不服向法院起诉的，法院不予受理

［疑难辨析］　一些考生没有掌握行政复议和行政诉讼对具体行政行为审查深度之间的区别，不清楚行政复议中既可以对具体行政行为的合法性，也可以对其适当性进行审查，所以会认为A选项正确。B选项的陷阱在于公民在委托代理人时，才可能出现口头委托情况，本案中企业只能书面委托，不得口头委托。

［解析］　①《行政复议法》第44条规定："被申请人对其作出的行政行为的合法性、适当性负有举证责任。"可见，行政复议中，因为行政复议机关与被申请人之间是上下级领导关系，属于行政权审查行政权，所以行政复议机关可以对具体行政行为的合法性、适当性进行全面审查。故A选项错误。

②根据《行政复议法》第17条第1款的规定："申请人、第三人可以委托一至二名律师、基层法律服务工作者或者其他代理人代为参加行政复议。"《行政复议法实施条例》第10条规定："申请人、第三人可以委托1至2名代理人参加行政复议。申请人、第三人委托代理人的，应当向行政复议机构提交授权委托书。授权委托书应当载明委托事项、权限和期限。公民在特殊情况下无法书面委托的，可以口头委托。口头委托的，行政复议机构应当核实并记录在卷。申请人、第三人解除或者变更委托的，应当书面报告行政复议机构。"可见，如果申请人为公民，特殊情况下可以口头委托，作为企业，则不存在口头委托的可能。故B选项错误。

③行政复议和行政诉讼在占用着国家的公共资源，所以需要对当事人起诉自由进行必要的限制，即撤回复议申请就不得再就同一个事实和理由申请行政复议，撤诉后不得就同一事实和理由再次起诉。这就是所谓的"一事不再理，一案不再诉"。这里有一个例外情形，即如果当事人能够证明撤回复议申请或撤诉违背其真实意愿，则有权再次申请复议或起诉。根据《行政复议法实施条例》第38条第2款的规定："申请人撤回行政复议申请的，不得再以同一事实和理由提出行政复议申请。但是，申请人能够证明撤回行政复议申请违背其真实意思表示的除外。"可见，如果申请人能够证明撤回行政复议申请违背其真实意思表示的，则可以再次申请复议。C选项的说法过于绝对，错误。

④根据《行政复议法》第26条的规定，对省、自治区、直辖市人民政府自我管辖中作出的行政复议决定不服的，可以向人民法院提起行政诉讼；也可以向国务院申请裁决，国务院依照本法的规定作出最终裁决。在我国，国务院作出的抽象行政行为和具体行政行为都是司法审查豁免的，国务院作出的裁决具有终局性。企业对国务院的裁决不服向法院起诉的，法院不予受理。故D选项正确。

答案：D

15. 关于行政复议，下列哪一说法是正确的？（2011/2/47）

A.《行政复议法》规定，被申请人应自收到复议申请书或笔录复印件之日起10日提出书面答复，此处的10日指工作日

B. 行政复议期间，被申请人不得改变被

申请复议的具体行政行为

C. 行政复议期间，复议机关发现被申请人的相关行政行为违法，可以制作行政复议意见书

D. 行政复议实行对具体行政行为进行合法性审查原则

［疑难辨析］ 本题难度不大，B、D 两项都属于基础知识，很容易排除，A 选项根据法理也不难排除，应作为常识加以掌握，由此，通过排除法也不难选定答案。C 选项中的行政复议意见书容易被考生忽略，但这属于较为重要的知识点，不要与行政复议建议书相混淆，二者在制作主体、对象、内容和效力方面都存在区别。

［解析］ ①A 选项说法正确。《行政复议法》第 88 条第 2 款规定，本法关于行政复议期间有关“3 日”“5 日”“7 日”“10 日”的规定是指工作日，不含法定休假日。因此，A 选项中所说的“10 日”是指工作日。

②被申请人或被告改变原行政行为是行政机关在行使法律赋予的行政管理职权，法院作为司法机关无权干预。行政机关在被申请复议或提起诉讼后，都会检讨自身的行为，如果发现行政行为存在违法情形，就会有改变原行政行为以期获得当事人的谅解，从而大事化小，小事化了。这与行政复议和行政诉讼解决行政争议这一基本目的是不谋而合的。B 选项说法错误，复议期间，被申请人可以改变被复议的具体行政行为。《行政复议法实施条例》第 39 条规定：“行政复议期间被申请人改变原具体行政行为的，不影响行政复议案件的审理。但是，申请人依法撤回行政复议申请的除外。”

③C 选项说法正确。《行政复议法》第 76 条规定：“行政复议机关在办理行政复议案件过程中，发现被申请人或者其他下级行政机关的有关行政行为违法或者不当的，可以向其制发行政复议意见书。有关机关应当自收到行政复议意见书之日起六十日内，将纠正相关违法或者不当行政行为的情况报送行政复议机关。”

④D 选项说法错误，行政复议属于行政机关内部监督，上下级之间是领导关系，对被申请复议的具体行政行为实行合法性审查与合理性审查相结合的原则。

答案：AC（旧题新解）

16. 关于行政复议案件的审理和决定，下列哪些说法是正确的？（2017/2/83）

A. 行政复议期间涉及专门事项需要鉴定的，当事人可自行委托鉴定机构进行鉴定

B. 对重大、复杂的案件，被申请人提出采取听证方式审理的，行政复议机构应采取听证方式审理

C. 申请人在行政复议决定作出前自愿撤回行政复议申请的，经行政复议机构同意，可以撤回

D. 行政复议人员调查取证时应向当事人或者有关人员出示证件

［解析］ ①《行政复议法实施条例》第 37 条规定：“行政复议期间涉及专门事项需要鉴定的，当事人可以自行委托鉴定机构进行鉴定，也可以申请行政复议机构委托鉴定机构进行鉴定。鉴定费用由当事人承担。鉴定所用时间不计入行政复议审理期限。”由此可见，行政复议期间需要鉴定的，当事人可以自行委托鉴定，也可以申请行政复议机构委托鉴定。故 A 选项正确。注意，行政复议中当事人启动的鉴定费由当事人承担。

②《行政复议法》第 50 条第 1、2 款规定：“审理重大、疑难、复杂的行政复议案件，行政复议机构应当组织听证。行政复议机构认为有必要听证，或者申请人请求听证的，行政复议机构可以组织听证。”由此可见，有权申请听证的只能是作为弱势一方的申请人，被申请人也就是作出行政行为的行政主体无权提出听证审查要求。故 B 选项错误。

③《行政复议法》第 74 条第 2 款规定：

"当事人达成和解后，由申请人向行政复议机构撤回行政复议申请。行政复议机构准予撤回行政复议申请、行政复议机关决定终止行政复议的，申请人不得再以同一事实和理由提出行政复议申请。但是，申请人能够证明撤回行政复议申请违背其真实意愿的除外。"故C选项正确。

[举一反三] 如前所述，当事人的诉权是可以放弃的，在行政复议过程中可以自愿选择撤回复议申请。当然，申请撤回是当事人的权利，批不批准也是行政复议机关的权力。理由在于，当事人毕竟已经提出了行政复议的申请，行政复议机关已经受理并审理案件，行政复议是在行政复议机关的地盘上进行的，何去何从应当由复议机关说了算。所以，当申请人向行政复议机构提出撤回申请时，复议机构将就该申请进行四个方面的审查：一是被申请人改变原行为是否违法；二是是否侵害公共利益；三是是否严重损害他人利益；四是是否违背当事人真实意愿。如果条件符合的，复议机构应当允许申请人撤回复议申请。

④《行政复议法》第45条第1、2款规定："行政复议机关有权向有关单位和个人调查取证，查阅、复制、调取有关文件和资料，向有关人员进行询问。调查取证时，行政复议人员不得少于两人，并应当出示行政复议工作证件。"由此可见，行政复议人员调查取证时应当出示证件。故D选项正确。

答案：ACD

17. 甲市乙区政府决定征收某村集体土地100亩。该村50户村民不服，申请行政复议。下列哪一说法是错误的？（2013/2/50）

A. 申请复议的期限为30日

B. 村民应推选1至5名代表参加复议

C. 甲市政府为复议机关

D. 如要求申请人补正申请材料，应在收到复议申请之日起5日内书面通知申请人

[解析] 本案综合考查了行政复议法中的相关重要考点，难度适中。

①关于A选项，《行政复议法》第20条第1款规定："公民、法人或者其他组织认为行政行为侵犯其合法权益的，可以自知道或者应当知道该行政行为之日起六十日内提出行政复议申请；但是法律规定的申请期限超过六十日的除外。"故A选项中30日申请期限错误。

②关于B选项，《行政复议法实施条例》第8条规定："同一行政复议案件申请人超过5人的，推选1至5名代表参加行政复议。"本案中复议申请人为50人，依法应当推选1至5名代表参加复议。故B选项正确。

③关于C选项，《行政复议法》第24条第1、2款规定："县级以上地方各级人民政府管辖下列行政复议案件：（一）对本级人民政府工作部门作出的行政行为不服的；（二）对下一级人民政府作出的行政行为不服的；（三）对本级人民政府依法设立的派出机关作出的行政行为不服的；（四）对本级人民政府或者其工作部门管理的法律、法规、规章授权的组织作出的行政行为不服的。除前款规定外，省、自治区、直辖市人民政府同时管辖对本机关作出的行政行为不服的行政复议案件。"本案中，被申请人为乙区政府，村民应当向甲市政府申请行政复议。故C选项正确。

④关于D选项，《行政复议法》第31条规定，行政复议申请材料不齐全或者表述不清楚，无法判断行政复议申请是否符合规定的，行政复议机关应当自收到申请之日起5日内书面通知申请人补正。补正通知应当一次性载明需要补正的事项。本案中，如果复议机关甲市政府要求申请人村民补正申请材料，应在收到复议申请之日起5日内书面通知申请人。故D选项正确。

答案：A

18. 马某申请行政复议，行政复议机关工作

人员赵某负责行政复议。下列说法正确的是？（2018年真题回忆版）

①为了效率，3日内发送行政复议申请书副本给被申请人

②告知当事人必须聘任律师

③为了降低成本，本案事实清楚，案情简单的情况下，一人调查取证

④为了保证公开透明，向当事人说明法律依据和相关信息

⑤经复议机关负责人批准后复议时间延长15日，并告知当事人

A. ①②⑤

B. ①②③

C. ②③④

D. ①④⑤

［解析］ 本题考查了行政复议的程序，难度适中。

（1）关于①的说法，根据《行政复议法》第48条的规定："行政复议机构应当自行政复议申请受理之日起七日内，将行政复议申请书副本或者行政复议申请笔录复印件发送被申请人。被申请人应当自收到行政复议申请书副本或者行政复议申请笔录复印件之日起十日内，提出书面答复，并提交作出行政行为的证据、依据和其他有关材料。"可见，法律规定，行政复议机构应当在自受理复议申请之日起7日内将行政复议申请书副本发送给被申请人。而在实际工作中，为了提高工作效率，实现高效便民，允许和鼓励行政机关缩短工作时间，提前完成工作。本案中，在3日内向被申请人发送副本，符合法律规定。故①做法正确。

（2）关于②的说法，《行政复议法》第17条第1款规定："申请人、第三人可以委托一至二名律师、基层法律服务工作者或者其他代理人代为参加行政复议。"可见，委托代理人参加行政复议是申请人的权利而不是义务，行政复议申请人可以聘任律师作为代理人，而不是必须聘任律师。故②说法错误。

（3）关于③的说法，根据《行政复议法》第45条的规定："行政复议机关有权向有关单位和个人调查取证，查阅、复制、调取有关文件和资料，向有关人员进行询问。调查取证时，行政复议人员不得少于两人，并应当出示行政复议工作证件。被调查取证的单位和个人应当积极配合行政复议人员的工作，不得拒绝或者阻挠。"可见，行政复议中的调查取证，无论是简单的案件，还是重大复杂的案件，必须2人以上。故③说法错误。

（4）关于④的说法，《行政复议法》第3条第2款规定："行政复议机关履行行政复议职责，应当遵循合法、公正、公开、高效、便民、为民的原则，坚持有错必纠，保障法律、法规的正确实施。"行政复议机关在审理案件过程中要做到公开透明，应当为申请人、第三人查阅有关材料提供必要条件，并向当事人说明法律依据和相关信息。故④的说法正确。

（5）关于⑤的说法，《行政复议法》第62条规定："适用普通程序审理的行政复议案件，行政复议机关应当自受理申请之日起六十日内作出行政复议决定；但是法律规定的行政复议期限少于六十日的除外。情况复杂，不能在规定期限内作出行政复议决定的，经行政复议机构的负责人批准，可以适当延长，并书面告知当事人；但是延长期限最多不得超过三十日。适用简易程序审理的行政复议案件，行政复议机关应当自受理申请之日起三十日内作出行政复议决定。"可见，行政复议机关审理案件的期限一般为60日，如果情况复杂，在规定的期限内不能作出决定的，经机关负责人批准，可以延长审理期限最长不超过30日。本案中，经批准后延长15日，并告知当事人，符合法律规定。故⑤说法正确。

综上，本题的正确答案为D选项。

答案：D

考点5　行政复议决定与执行

19. 关于行政复议有关事项的处理，下列哪些说法是正确的？（2010/2/84）

A. 申请人因不可抗力不能参加行政复议致行政复议中止满60日的，行政复议终止

B. 复议进行现场勘验的，现场勘验所用时间不计入复议审理期限

C. 申请人对行政拘留不服申请复议，复议期间因申请人同一违法行为涉嫌犯罪，该行政拘留变更为刑事拘留的，行政复议中止

D. 行政复议期间涉及专门事项需要鉴定的，当事人可以自行委托鉴定机构进行鉴定

［疑难辨析］　本题考查行政复议的决定程序，涉及行政复议的中止与终止、复议期限、复议证据等知识点。本题纯粹考查对法条的记忆，所涉法条均为《行政复议法实施条例》的内容，对该条例不可忽视。复议中止的情形与复议终止的情形容易混淆，是解答本题的难点所在，命题人据此在A、C两项设置了陷阱，特别注意A选项，并非所有的复议中止情形满60日都导致复议终止。

［解析］①中终转化的知识点。在行政复议中，中终转化情形有三：一是作为申请人的公民死亡，其近亲属尚未确定是否参加行政复议；二是作为申请人的公民丧失参加行政复议的行为能力，尚未确定法定代理人参加行政复议；三是作为申请人的法人或者其他组织终止，尚未确定权利义务承受人，则在满60日后仍未消除的，行政复议终止。至于其他导致复议中止的情形，只能一直等待中止原因的消除，不存在中终转化的问题。故A选项错误。其实，只要做题时稍加思考，大家就都可以得出正确的结论。不可抗力而导致的复议中止，由于不可抗力是不以当事人的意志为转移的，所以我们就不可能给不可抗力一个期限让其消失，也就不可能实现中终转化。

［举一反三］行政法中终转化

种类	转化条件	期限
行政强制	无履行能力；不执行无危害	3年
行政复议	人死；无能；企散	60日
行政诉讼	人死；无能；企散	90日

②《行政复议法实施条例》第34条第3款规定："需要现场勘验的，现场勘验所用时间不计入行政复议审理期限。"故B选项正确。

③同一个案件，不是行政而是刑事，那就终止行政诉讼，将案件移送司法机关。《行政复议法》第41条规定："行政复议期间有下列情形之一的，行政复议机关决定终止行政复议：（一）申请人撤回行政复议申请，行政复议机构准予撤回；（二）作为申请人的公民死亡，没有近亲属或者其近亲属放弃行政复议权利；（三）作为申请人的法人或者其他组织终止，没有权利义务承受人或者其权利义务承受人放弃行政复议权利；（四）申请人对行政拘留或者限制人身自由的行政强制措施不服申请行政复议后，因同一违法行为涉嫌犯罪，被采取刑事强制措施；（五）依照本法第三十九条第一款第一项、第二项、第四项的规定中止行政复议满六十日，行政复议中止的原因仍未消除。"故C选项错误，应为"终止"而非"中止"。

④根据《行政复议法实施条例》第37条的规定，行政复议期间涉及专门事项需要鉴定的，当事人可以自行委托鉴定机构进行鉴定，也可以申请行政复议机构委托鉴定机构进行鉴定。故D选项正确。

答案：BD

案情：市市场监督管理局认定豪美公司的行为符合《广告法》第28条第2款第2项规定的“商品或者服务有关的允诺等信息与实际情况不符，对购买行为有实质性影响”情形，属发布虚假广告，予以行政处罚。豪美公司向市政府申请行政复议，市政府受理。请回答第20—21题。

20. 关于此案的复议，下列说法正确的是？(2016/2/97)

A. 豪美公司委托代理人参加复议，应提交授权委托书

B. 应由2名以上行政复议人员参加审理

C. 市政府应为公司查阅有关材料提供必要条件

D. 如处罚决定认定事实不清，证据不足，市政府不得作出变更决定

[解析] ①关于A选项，行政复议申请人委托代理人的程序，根据《行政复议法》第17条的规定：“申请人、第三人可以委托一至二名律师、基层法律服务工作者或者其他代理人代为参加行政复议。申请人、第三人委托代理人的，应当向行政复议机构提交授权委托书、委托人及被委托人的身份证明文件。授权委托书应当载明委托事项、权限和期限。申请人、第三人变更或者解除代理人权限的，应当书面告知行政复议机构。”可见，委托代理人应当提交授权委托书，如果申请人是公民，特殊情况下可以口头委托，但是申请人是公司的话，只能书面委托。本案中的豪美公司作为申请人，委托代理人参加复议，应当提交授权委托书，不得口头委托。故A选项正确，当选。

②关于B选项，行政复议机构审理行政复议案件的工作人员人数是2人以上，行政诉讼普通程序是3人以上。根据《行政复议法实施条例》第32条的规定：“行政复议机构审理行政复议案件，应当由2名以上行政复议人员参加。”可见，B选项正确，当选。

③关于C选项，申请人查阅案件材料的规定，根据《行政复议法》第47条的规定：“行政复议期间，申请人、第三人及其委托代理人可以按照规定查阅、复制被申请人提出的书面答复、作出行政行为的证据、依据和其他有关材料，除涉及国家秘密、商业秘密、个人隐私或者可能危及国家安全、公共安全、社会稳定的情形外，行政复议机构应当同意。”可见，C选项说法正确，当选。

④关于D选项，复议决定的类型，行政处罚作为自由裁量行为，行政复议既审查行为的合法性又审查适当性即合理性。如果发现行政行为存在不合理的情形，可以作出变更决定。根据《行政复议法》第63条的规定：“行政行为有下列情形之一的，行政复议机关决定变更该行政行为：（一）事实清楚，证据确凿，适用依据正确，程序合法，但是内容不适当；（二）事实清楚，证据确凿，程序合法，但是未正确适用依据；（三）事实不清、证据不足，经行政复议机关查清事实和证据。行政复议机关不得作出对申请人更为不利的变更决定，但是第三人提出相反请求的除外。”可见，市市场监督管理局作出的处罚决定认定事实不清，证据不足，存在不合理情形的，经过复议机关市政府审理查明，可以作出变更决定。故D选项错误，不选。

答案：ABC

21. 如市政府在法定期限内不作出复议决定，下列说法正确的是？(2016/2/98)

A. 有监督权的行政机关可督促市政府加以改正

B. 可对市政府直接负责的主管人员和其他直接负责人员依法给予警告、记过、记大过的行政处分

C. 豪美公司可向法院起诉要求市政府履行复议职责

D. 豪美公司可针对原处罚决定向法院起诉市市场监督管理局

[举一反三] 此处考查的是内部层级监督考点。行政复议机关不作为，当事人有两个救济途径：一是司法救济途径，即复议不作为选择告，不服原行为就告原机关，不服复议不作为，就告复议机关。二是行政救济，即向行政复议机关的上一级机关申诉，请求上一级机关监督复议机关的不作为。

[解析] ①关于A选项，如果复议机关不作为，根据《行政复议法》第35条的规定："公民、法人或者其他组织依法提出行政复议申请，行政复议机关无正当理由不予受理、驳回申请或者受理后超过行政复议期限不作答复的，申请人有权向上级行政机关反映，上级行政机关应当责令其纠正；必要时，上级行政复议机关可以直接受理。"可见，如果市政府在法定期限内不作出复议决定，上级政府可督促其加以改正。故A选项正确，当选。

②关于B选项，如果复议机关不作为，相关人员的法律责任，根据《行政复议法》第80条的规定："行政复议机关不依照本法规定履行行政复议职责，对负有责任的领导人员和直接责任人员依法给予警告、记过、记大过的处分；经有权监督的机关督促仍不改正或者造成严重后果的，依法给予降级、撤职、开除的处分。"可见，B选项正确，当选。

③关于C、D选项，复议机关复议不作为时，当事人的起诉对象，根据《行政诉讼法》第26条第3款的规定："复议机关在法定期限内未作出复议决定，公民、法人或者其他组织起诉原行政行为的，作出原行政行为的行政机关是被告；起诉复议机关不作为的，复议机关是被告。"可见，当复议机关不作为时，同时对当事人生效的是两个具体行政行为：一个是原机关作出的原行为；另一个是复议机关的不作为。当事人如果不服原机关的原行为，可以起诉原机关。当事人如果不服复议机关的复议不作为，可以起诉复议机关。本案中，如市政府在法定期限内不作出复议决定，豪美公司可向法院起诉要求市政府履行复议职责，也可以针对原处罚决定向法院起诉市市场监督管理局。故C、D选项说法正确，当选。

答案：ABCD

22. 某区工商分局对一公司未取得出版物经营许可证销售电子出版物100套的行为，予以取缔，并罚款6000元。该公司向区政府申请复议。下列哪些说法是正确的？（2015/2/80）

A. 公司可委托代理人代为参加行政复议

B. 在复议过程中区工商分局不得自行向申请人和其他有关组织或个人收集证据

C. 区政府应采取开庭审理方式审查此案

D. 如区工商分局的决定明显不当，区政府应予以撤销

[解析] 本题考查了行政复议中的委托代理、证据收集、审理方式、复议决定类型等知识点。

①关于A选项，《行政复议法》第17条第1款规定："申请人、第三人可以委托一至二名律师、基层法律服务工作者或者其他代理人代为参加行政复议。"本案中，公司作为行政复议的申请人，有权委托代理人代为参加行政复议。故A选项正确。

②关于B选项，《行政复议法》第46条规定："行政复议期间，被申请人不得自行向申请人和其他有关单位或者个人收集证据；自行收集的证据不作为认定行政行为合法性、适当性的依据。行政复议期间，申请人或者第三人提出被申请行政复议的行政行为作出时没有提出的理由或者证据的，经行政复议机构同意，被申请人可以补充证据。"可见，根据"卷宗主义"原则，行政机关在作出行政行为时应当先取证后裁决，一旦作出行政行为，则不得自行搜集证据。故B选项正确。

③关于C选项，行政复议的审理方式，《行政复议法》第49条规定："适用普通程序审理的行政复议案件，行政复议机构应当当面

或者通过互联网、电话等方式听取当事人的意见，并将听取的意见记录在案。因当事人原因不能听取意见的，可以书面审理。”第50条第1、2款规定：“审理重大、疑难、复杂的行政复议案件，行政复议机构应当组织听证。行政复议机构认为有必要听证，或者申请人请求听证的，行政复议机构可以组织听证。”第54条第2款规定：“适用简易程序审理的行政复议案件，可以书面审理。”可见，行政复议的审理方式包括听取意见、听证会、书面审理，但不包括开庭审理。故C选项错误。

④关于D选项，行政复议决定的类型，《行政复议法》第63条规定：“行政行为有下列情形之一的，行政复议机关决定变更该行政行为：（一）事实清楚，证据确凿，适用依据正确，程序合法，但是内容不适当；（二）事实清楚，证据确凿，程序合法，但是未正确适用依据；（三）事实不清、证据不足，经行政复议机关查清事实和证据。行政复议机关不得作出对申请人更为不利的变更决定，但是第三人提出相反请求的除外。”可见，如果具体行政行为认定事实清楚，证据确凿，程序合法，但是内容明显不当或者不适当，行政复议机关作出的是变更决定，而不是“应当”撤销。故D选项错误。

答案：AB

专题十 行政诉讼概述

考情分析

本专题是行政诉讼的基础理论部分，主要内容包括行政诉讼与民事诉讼的关系、行政诉讼与刑事诉讼的关系、行政诉讼的基本原则等内容。本专题在法考中所涉试题较少，行政诉讼与民事诉讼、刑事诉讼的关系是重点内容，特别是与民事诉讼的关系涉及行政诉讼附带民事诉讼的问题以及合并审理的问题，要加以重视。

考点 行政诉讼与民事诉讼的关系

1. 张某通过房产经纪公司购买王某一套住房并办理了转让登记手续，后王某以房屋买卖合同无效为由，向法院起诉要求撤销登记行为。行政诉讼过程中，王某又以张某为被告就房屋买卖合同的效力提起民事诉讼。下列选项正确的是？(2010/2/99)

A. 本案行政诉讼中止，等待民事诉讼的判决结果

B. 法院可以决定民事与行政案件合并审理

C. 如法院判决房屋买卖合同无效，应当判决驳回王某的行政诉讼请求

D. 如法院判决房屋买卖合同有效，应当判决确认转让登记行为合法

［疑难辨析］ 行政诉讼与民事诉讼的关系主要有：其一是A选项的先后关系，在本题中体现为民事诉讼对合同效力的判决是行政诉讼的先决性问题；其二是B选项的附带关系，即行政诉讼附带民事诉讼的问题；其三是排斥关系，即行政机关已经作出处理或者法院已经作出行政裁判，当事人不得再提起民事诉讼。

［举一反三］ 行政诉讼附带民事诉讼中法院的告知义务

行政诉讼解决的是行政争议，附带解决民事争议是当事人主动申请，法院依申请同意附带审理民事争议。可见，附带处理民事争议不是法院的义务，所以一般情况下，如果当事人在行政诉讼中未主动提出附带审理民事争议的请求，法院不会主动要求当事人提起民事诉讼。只有在民事争议的解决是行政诉讼审理的基础这种情形下，法院才有义务告知当事人附带提起民事诉讼请求，法院可以合并审理。但是，如果当事人已经另行提起民事诉讼，那么就不存在行政附带民事诉讼，也不存在合并审理的问题，应当先中止行政诉讼的审理，等着民事诉讼的审理结果，即先民事后行政。

［解析］ ①根据《行政诉讼法》第61条的规定："在涉及行政许可、登记、征收、征用和行政机关对民事争议所作的裁决的行政诉讼中，当事人申请一并解决相关民事争议的，人民法院可以一并审理。在行政诉讼中，人民法院认为行政案件的审理需以民事诉讼的裁判为依据的，可以裁定中止行政诉讼。"本

案中合同效力的确定须待民事判决生效后才能知晓，因此应先民事后行政，中止行政诉讼。故A选项正确。

②法院在审理行政案件中发现民事争议为解决行政争议的基础，当事人没有请求法院一并审理相关民事争议的，法院应当告知当事人依法申请一并解决民事争议。当事人就民事争议另行提起民事诉讼并已立案的，法院应当中止行政诉讼的审理。民事争议处理期间不计算在行政诉讼审理期限内。本案中，卖方王某以房屋买卖合同无效为由，向法院提起行政诉讼要求撤销房管局的登记行为。因为行政诉讼的审理应当以买卖合同是否无效为前提，所以，如果其未就合同无效提起附带审查民事诉讼请求，则法院应当告知其申请附带审查。但是本案案情是行政诉讼过程中，王某又以张某为被告就房屋买卖合同的效力提起民事诉讼。既然已经有了独立的民事诉讼，就不存在行政诉讼附带解决民事争议的问题，而民事争议的解决又是行政案件审理的前提，所以，法院只能中止行政诉讼，等待民事诉讼审理结果，而不是合并审理。故B选项错误。

③根据《行政诉讼法》第70条的规定："行政行为有下列情形之一的，人民法院判决撤销或者部分撤销，并可以判决被告重新作出行政行为：（一）主要证据不足的；（二）适用法律、法规错误的；（三）违反法定程序的；（四）超越职权的；（五）滥用职权的；（六）明显不当的。"本案中，如法院判决房屋买卖合同无效，则行政机关的转让登记所依据的主要证据不存在，法院应判决撤销登记行为。故C选项错误。

④根据《行政诉讼法》第69条的规定："行政行为证据确凿，适用法律、法规正确，符合法定程序的，或者原告申请被告履行法定职责或者给付义务理由不成立的，人民法院判决驳回原告的诉讼请求。"如果法院判决房屋买卖合同有效，则转让登记合法，法院不应当判决维持，也不应当判决确认合法，而是应当作出驳回原告诉讼请求的判决。故D选项错误。

答案：A

2. 甲、乙两村因土地使用权发生争议，县政府裁决使用权归甲村。乙村不服向法院起诉撤销县政府的裁决，并请求法院判定使用权归乙村。关于乙村提出的土地使用权归属请求，下列哪些说法是正确的？（2016/2/85）

A. 除非有正当理由的，乙村应于第一审开庭审理前提出

B. 法院作出不予准许决定的，乙村可申请复议一次

C. 法院应单独立案

D. 法院应另行组成合议庭审理

[解析] 本题考查了《行政诉讼法》新增的行政附带民事诉讼知识点。难度适中。

①关于A选项，附带民事争议审查提出的时间，根据《行诉法解释》第137条的规定："公民、法人或者其他组织请求一并审理行政诉讼法第六十一条规定的相关民事争议，应当在第一审开庭审理前提出；有正当理由的，也可以在法庭调查中提出。"可见，乙村不服县政府行政裁决向法院起诉撤销县政府的裁决，并附带请求法院判定土地使用权归自己所有，除非有正当理由的，应于第一审开庭审理前提出。故A选项正确，当选。

②关于B选项，法院对解决民事争议申请不予准许的救济程序，根据《行诉法解释》第139条第2款的规定："对不予准许的决定可以申请复议一次。"可见，B选项正确，当选。

③关于C、D选项，根据《行诉法解释》第140条的规定："人民法院在行政诉讼中一并审理相关民事争议的，民事争议应当单独立案，由同一审判组织审理。人民法院审理行政机关对民事争议所作裁决的案件，一并审理民事争议的，不另行立案。"可见，法院在行政诉讼中附带审理民事争议的，一般应当就民事

争议单独立案，但是审理行政机关对民事争议所作裁决的案件，一并审理民事争议的，不另行立案。本案县政府就甲、乙两村之间的土地使用权争议作出的裁决属于行政裁决，故不另行立案。C选项说法错误，不当选。D选项，行政附带民事诉讼制度的价值就是提高效率，便利当事人，同案同判，所以，法院应同一审判组织审理，而不应当另行组成合议庭审理。故D选项说法错误，不当选。

[举一反三] 行政附带民事诉讼

单独立案（裁决除外）；一并审理；分别裁判；选择撤诉；选择上诉；全案移送；双重收费。

答案：AB

3. 法院审理行政案件，对下列哪些事项，《行政诉讼法》没有规定的，适用《民事诉讼法》的相关规定？（2015/2/81）

A. 受案范围、管辖

B. 期间、送达、财产保全

C. 开庭审理、调解、中止诉讼

D. 检察院对受理、审理、裁判、执行的监督

[解析] 行政诉讼缘起于民事诉讼，《行政诉讼法》的很多制度和规定都是借鉴和参考《民事诉讼法》而作出的。特别是2017年修正的《行政诉讼法》专门就哪些《民事诉讼法》中的规定可以直接在行政诉讼中适用，进行了明确规定。《行政诉讼法》第101条规定："人民法院审理行政案件，关于期间、送达、财产保全、开庭审理、调解、中止诉讼、终结诉讼、简易程序、执行等，以及人民检察院对行政案件受理、审理、裁判、执行的监督，本法没有规定的，适用《中华人民共和国民事诉讼法》的相关规定。"可见，A选项中的受案范围和管辖制度，因为行政诉讼具有自己的鲜明特点，不可能直接适用《民事诉讼法》的规定。而B、C、D选项中的各种制度，都可以直接适用。

答案：BCD

专题十一 行政诉讼的受案范围

考情分析

行政诉讼的受案范围是行政诉讼法的核心问题之一，因此倍受重视。2017 年的《行政诉讼法》和《行诉法解释》中新增了几类可诉行政行为，并且规定了被诉行为依据的规章以下的规范性文件可以申请法院一并处理。从历年法考的试题来看，对本专题知识的考查已经从简单的法条记忆深化到对相关案例的分析，难度有逐步加大的趋势。考生应在对相关法律规定深入理解的基础上，学会灵活运用，切忌死记硬背。受案范围还与具体行政行为的判断结合考查，需要综合掌握。

考点 行政诉讼受案范围

1. 法院应当受理下列哪些对政府信息公开行为提起的诉讼？（2012/2/85）

A. 黄某要求市政府提供公开发行的 2010 年市政府公报，遭拒绝后向法院起诉

B. 某公司认为市场监督管理局向李某公开的政府信息侵犯其商业秘密向法院起诉

C. 村民申请乡政府公开财政收支信息，因乡政府拒绝公开向法院起诉

D. 甲市居民高某向乙市政府申请公开该市副市长的兼职情况，乙市政府以其不具有申请人资格为由拒绝公开，高某向法院起诉

［疑难辨析］ 本题直接考查了此类案件的受案范围问题，要作出正确的选择，考生既要掌握传统行政诉讼的受案范围判断标准，也要掌握新的司法解释的具体规定。一些考生由于对新增立法文件不熟悉，导致失分。

［解析］ ①政府信息公开保障的是当事人的知情权，行政机关的义务是公布相关信息，而不是为当事人提供信息的载体。如果当事人申请时，行政机关已经通过某种方式公布了政府信息，其只需要告知当事人获得信息的具体方式即可。如果当事人要求行政机关为其提供公报、杂志等载体，行政机关有权拒绝且不违法。如果当事人因此而起诉的，法院不予受理。根据《最高人民法院关于审理政府信息公开行政案件若干问题的规定》第 2 条的规定："公民、法人或者其他组织对下列行为不服提起行政诉讼的，人民法院不予受理：（一）因申请内容不明确，行政机关要求申请人作出更改、补充且对申请人权利义务不产生实际影响的告知行为；（二）要求行政机关提供政府公报、报纸、杂志、书籍等公开出版物，行政机关予以拒绝的；（三）要求行政机关为其制作、搜集政府信息，或者对若干政府信息进行汇总、分析、加工，行政机关予以拒绝的；（四）行政程序中的当事人、利害关系人以政府信息公开名义申请查阅案卷材料，行政机关告知其应当按照相关法律、法规的规定办理的。"A 选项中要求市政府提供政府公报，属于第（二）

项情形，故A选项不属于受案范围。

②根据《最高人民法院关于审理政府信息公开行政案件若干问题的规定》第1条的规定："公民、法人或者其他组织认为下列政府信息公开工作中的具体行政行为侵犯其合法权益，依法提起行政诉讼的，人民法院应当受理：（一）向行政机关申请获取政府信息，行政机关拒绝提供或者逾期不予答复的；（二）认为行政机关提供的政府信息不符合其在申请中要求的内容或者法律、法规规定的适当形式的；（三）认为行政机关主动公开或者依他人申请公开政府信息侵犯其商业秘密、个人隐私的；（四）认为行政机关提供的与其自身相关的政府信息记录不准确，要求该行政机关予以更正，该行政机关拒绝更正、逾期不予答复或者不予转送有权机关处理的；（五）认为行政机关在政府信息公开工作中的其他具体行政行为侵犯其合法权益的。公民、法人或者其他组织认为政府信息公开行政行为侵犯其合法权益造成损害的，可以一并或单独提起行政赔偿诉讼。"

B选项中某公司认为市场监督管理局公开信息侵犯其商业秘密向法院起诉属于第（三）项情形。

C选项中村民申请公开信息被乡政府拒绝向法院起诉属于第（一）项情形。

D选项中甲市居民高某向乙市政府申请公开的相关信息，被拒绝公开后提起行政诉讼也属于第（一）项情形。

综上，BCD选项正确。

答案：BCD

2. 下列哪一选项属于法院行政诉讼的受案范围？（2017/2/49）

A. 张某对劳动争议仲裁裁决不服向法院起诉的

B. 某外国人对出入境边检机关实施遣送出境措施不服申请行政复议，对复议决定不服向法院起诉的

C. 财政局工作人员李某对定期考核为不称职不服向法院起诉的

D. 某企业对县政府解除与其签订的政府特许经营协议不服向法院起诉的

［解析］ ①调解和仲裁行为不可诉。《劳动争议调解仲裁法》第50条规定："当事人对本法第四十七条规定以外的其他劳动争议案件的仲裁裁决不服的，可以自收到仲裁裁决书之日起十五日内向人民法院提起诉讼；期满不起诉的，裁决书发生法律效力。"根据《劳动争议调解仲裁法》和《民事诉讼法》相关规定，此诉讼为民事诉讼。同时，《行诉法解释》第1条规定："公民、法人或者其他组织对行政机关及其工作人员的行政行为不服，依法提起诉讼的，属于人民法院行政诉讼的受案范围。下列行为不属于人民法院行政诉讼的受案范围：……（二）调解行为以及法律规定的仲裁行为……"由此可知，A选项属于"法律规定的仲裁行为"即不是行政行为，故不属于行政诉讼受案范围。故A选项错误。

②复议终局行政行为不可诉。《出境入境管理法》第64条规定："外国人对依照本法规定对其实施的继续盘问、拘留审查、限制活动范围、遣送出境措施不服的，可以依法申请行政复议，该行政复议决定为最终决定。其他境外人员对依照本法规定对其实施的遣送出境措施不服，申请行政复议的，适用前款规定。"由此可知，某外国人对出入境边检机关实施遣送出境措施不服申请行政复议，该行政复议决定是最终决定，不能再次提起行政诉讼。故B选项不属于行政诉讼受案范围，错误。

③公务员人事处理是内部行政行为而不是具体行政行为，不可诉。《行政诉讼法》第13条规定："人民法院不受理公民、法人或者其他组织对下列事项提起的诉讼：……（三）行政机关对行政机关工作人员的奖惩、任免等决定……"由此可见，财政局工作人员李某被

定期考核为不称职的行为属于行政机关对机关工作人员的奖惩、任免等决定，不属于行政诉讼的受案范围。同时，《公务员法》第95条第1款规定："公务员对涉及本人的下列人事处理不服的，可以自知道该人事处理之日起三十日内向原处理机关申请复核；对复核结果不服的，可以自接到复核决定之日起十五日内，按照规定向同级公务员主管部门或者作出该人事处理的机关的上一级机关提出申诉；也可以不经复核，自知道该人事处理之日起三十日内直接提出申诉：……（四）定期考核定为不称职……"由此可见，李某可以通过复核或者申诉的方式救济自己，但是不能通过诉讼的方式。故C选项错误。

④行政协议属于行政诉讼的受案范围。《行政诉讼法》第12条第1款规定："人民法院受理公民、法人或者其他组织提起的下列诉讼：……（十一）认为行政机关不依法履行、未按照约定履行或者违法变更、解除政府特许经营协议、土地房屋征收补偿协议等协议的……"由此可知，某企业对县政府解除与其签订的政府特许经营协议不服，符合第（十一）项的规定。故属于行政诉讼的受案范围。

综上，本题的正确答案为D选项。

答案：D

3. 对于下列起诉，哪些不属于行政诉讼受案范围？（2016/2/83）

A. 某公司与县政府签订天然气特许经营协议，双方发生纠纷后该公司以县政府不依法履行协议向法院起诉

B. 环保局干部孙某对定期考核被定为不称职向法院起诉

C. 李某与房屋征收主管部门签订国有土地上的房屋征收补偿安置协议，后李某不履行协议，房屋征收主管部门向法院起诉

D. 县政府发布全县征地补偿安置标准的文件，村民万某以文件确定的补偿标准过低为由向法院起诉

［解析］本题考查的是行政诉讼的受案范围，此为每年必考点。2014年《行政诉讼法》中对于行政诉讼受案范围作出了完善性的修改，增加了规章以下规范性文件的附带审查，增列了征收征用补偿决定、限制和排除竞争行为、行政协议等行为的可诉性。在2015年和2016年真题中都专门进行了考查。这也体现了新增考点必将是命题重点的规律。

①关于A选项，某公司以县政府不依法履行行政协议向法院起诉，根据《行政诉讼法》第12条第1款的规定："人民法院受理公民、法人或者其他组织提起的下列诉讼：……（十一）认为行政机关不依法履行、未按照约定履行或者违法变更、解除政府特许经营协议、土地房屋征收补偿协议等协议的……"可见，行政协议属于行政诉讼的受案范围，县政府与某公司签订了天然气特许经营协议，如果县政府不依法履行协议，或者单方面解除或变更协议，某公司不服而向法院提起行政诉讼的，法院应当受理。故A选项属于行政诉讼受案范围，不当选。

②关于B选项，公务员对人事处理不服是否可以向法院起诉，根据《行政诉讼法》第13条的规定："人民法院不受理公民、法人或者其他组织对下列事项提起的诉讼：（一）国防、外交等国家行为；（二）行政法规、规章或者行政机关制定、发布的具有普遍约束力的决定、命令；（三）行政机关对行政机关工作人员的奖惩、任免等决定；（四）法律规定由行政机关最终裁决的行政行为。"可见，行政机关对行政机关工作人员的奖惩、任免等决定，属于行政机关的内部行政行为，不属于行政诉讼的受案范围。至于救济途径，根据《公务员法》第95条第1款的规定："公务员对涉及本人的下列人事处理不服的，可以自知道该人事处理之日起三十日内向原处理机关申请复核；对复核结果不服的，可以自接到复核决定

之日起十五日内，按照规定向同级公务员主管部门或者作出该人事处理的机关的上一级机关提出申诉；也可以不经复核，自知道该人事处理之日起三十日内直接提出申诉：（一）处分；（二）辞退或者取消录用；（三）降职；（四）定期考核定为不称职；（五）免职；（六）申请辞职、提前退休未予批准；（七）不按照规定确定或者扣减工资、福利、保险待遇；（八）法律、法规规定可以申诉的其他情形。”可见，B选项不属于行政诉讼受案范围，当选。

③只能民告官，不得官告民。关于C选项，行政诉讼是否存在“官告民”，根据《行政诉讼法》第2条第1款的规定：“公民、法人或者其他组织认为行政机关和行政机关工作人员的行政行为侵犯其合法权益，有权依照本法向人民法院提起诉讼。”可见，目前我国的行政诉讼采取“两造恒定”，即行政机关在行政管理过程中对作为被管理者的利害关系人进行行政管理，而利害关系人不服的，有权作为行政诉讼的原告以行政机关为被告提起行政诉讼。《行政诉讼法》没有规定行政机关作为原告起诉利害关系人的情形。本案中，李某与房屋征收主管部门签订国有土地上的房屋征收补偿安置协议，后李某不履行协议，房屋征收主管部门不能向法院提起行政诉讼起诉李某，而只能作为行政管理者对利害关系人李某作出行政管理。当然，如果是房屋征收主管部门在签订行政协议后不履行协议，李某可以向法院提起行政诉讼。故C选项不属于行政诉讼受案范围，当选。

④关于D选项，属于抽象行政行为的规范性文件不可诉，根据《行政诉讼法》第13条的规定：“人民法院不受理公民、法人或者其他组织对下列事项提起的诉讼：（一）国防、外交等国家行为；（二）行政法规、规章或者行政机关制定、发布的具有普遍约束力的决定、命令；（三）行政机关对行政机关工作人员的奖惩、任免等决定；（四）法律规定由行政机关最终裁决的行政行为。”《行政诉讼法》第53条规定：“公民、法人或者其他组织认为行政行为所依据的国务院部门和地方人民政府及其部门制定的规范性文件不合法，在对行政行为提起诉讼时，可以一并请求对该规范性文件进行审查。前款规定的规范性文件不含规章。”本案中，县政府发布全县征地补偿安置标准的文件，文件中确定的补偿标准是针对不特定的对象作出的，可以反复适用的，所以属于抽象行政行为。依据上述法条的规定，只能附带审查，而不能直接提起行政诉讼。可见，村民万某如果认为文件确定的补偿标准过低，可以就县政府向自己发放补偿款这一具体行政行为向法院起诉，同时请求法院附带审查确定补偿标准的文件。故D选项不属于行政诉讼受案范围，当选。

答案：BCD

4. 市林业局接到关于孙某毁林采矿的举报，遂致函当地县政府，要求调查。县政府召开专题会议形成会议纪要：由县林业局、矿产资源管理局与安监局负责调查处理。经调查并与孙某沟通，三部门形成处理意见：要求孙某合法开采，如发现有毁林或安全事故，将依法查处。再次接到举报后，三部门共同发出责令孙某立即停止违法开采，对被破坏的生态进行整治的通知。就上述事件中的行为的属性及是否属于行政诉讼受案范围，下列说法正确的是？（2013/2/98）

A. 市林业局的致函不具有可诉性

B. 县政府的会议纪要具有可诉性

C. 三部门的处理意见是行政合同行为

D. 三部门的通知具有可诉性

［解析］①行政诉讼受案范围是一个每年必考的知识点。本题难度适中。

②关于A选项，《行诉法解释》第1条第2款第5项规定，行政机关作出的不产生外部法律效力的行为不属于人民法院行政诉讼的受

案范围。本案中，市林业局致函县政府，此为行政机关之间的公文来往，如果没有针对第三人作出，就属于典型的内部行政行为，不是外部向行政相对人作出的具体行政行为，不可诉。故A选项正确。

③关于B选项，《行诉法解释》第1条第2款第6项规定，行政机关为作出行政行为而实施的准备、论证、研究、层报、咨询等过程性行为不属于人民法院行政诉讼的受案范围。县政府的会议纪要决定由三部门负责对孙某的采矿行为进行调查处理，此乃行政机关为作出行政行为而实施的准备，也是行政机关内部的职权调整和安排，属于内部行政行为，不具有外部性，不是具体行政行为，不可诉。故B选项错误。

④关于C选项，三部门形成处理意见：要求孙某合法开采，如发现有毁林或安全事故，将依法查处。该处理意见是一种行政命令，在性质上属于行政事实行为，虽然没有直接建立、变更或者消灭孙某的权利义务关系，但是具有准备性和部分性。所谓行政合同也叫行政契约，是指行政机关为维护与增进公共利益，实现行政管理目标，与当事人之间经过协商一致达成的协议。在行政合同之中，行政主体并非以民事法人的身份而是以行政主体的身份与行政相对人订立关于民事权利义务的协议，以合同的方式来达到维护与增进公共利益的目的。可见，本案的处理意见不是行政合同。故C选项错误。

⑤关于D选项，三部门共同发出责令孙某立即停止违法开采，对被破坏的生态进行整治的通知，属于责令停止违法行为的行政强制措施，影响了孙某的权利，属于典型的具体行政行为，可诉。故D选项正确。

答案：AD

5. 下列当事人提起的诉讼，哪些属于行政诉讼受案范围？（2011/2/80）

A. 某造纸厂向市水利局申请发放取水许可证，市水利局作出不予许可决定，该厂不服而起诉

B. 食品药品监管局向申请餐饮服务许可证的李某告知补正申请材料的通知，李某认为通知内容违法而起诉

C. 化肥厂附近居民要求环保局提供对该厂排污许可证监督检查记录，遭到拒绝后起诉

D. 某国土资源局以建城市绿化带为由撤回向一公司发放的国有土地使用权证，该公司不服而起诉

［解析］ ①根据2023年修订的《行政复议法》的规定，应当复议前置，未经行政复议的不得直接向法院提起行政诉讼，故A选项错误。

②《最高人民法院关于审理行政许可案件若干问题的规定》第3条规定：“公民、法人或者其他组织仅就行政许可过程中的告知补正申请材料、听证等通知行为提起行政诉讼的，人民法院不予受理，但导致许可程序对上述主体事实上终止的除外。”B选项情形属于对告知补正申请材料的通知不服，且没有“但书”的特殊情形，不属于行政诉讼受案范围。

［举一反三］ 过程性行为不可诉及其例外。一般情况下，行政机关在行政许可过程中既会作出告知补正申请材料、听证等过程性的通知行为，也会在这些过程性行为的基础上作出最终性的准予或者拒绝行政许可的实体行为。申请人如果仅不服过程性行为提起行政诉讼的，法院原则上不予受理，而只能通过起诉行政机关作出的最终决定寻求救济。但是，鉴于实践中一些程序性行为或过程性行为具有事实上的最终性，且影响申请人的合法权益，不赋予当事人对其的诉权，难以有效保护当事人的权益，所以，申请人不服导致行政许可事实上终止的过程性行为的，可以提起行政诉讼。

③根据最新《行政复议法》的规定，政府信息公开不作为的案件，属于复议前置，不得直接起诉。故C选项错误。

④实际上，本题完全可以依据行政诉讼法原理加以判断：A选项中的不予许可行为、C选项中的拒绝信息公开行为、D选项中的撤回行政许可行为，都属于具体行政行为，对相对人的权利义务有实际影响，但是A、C选项属于复议前置的情形，未经行政复议不得直接向法院提起行政诉讼。因此D选项属于行政诉讼的受案范围，故D选项正确。B选项中的告知补正申请材料的通知属于在办理行政许可过程中的程序性行为，不是具体行政行为，并不对相对人的权利义务产生实际影响，因此不属于行政诉讼受案范围。

答案：D（旧题新解）

6. 当事人不服下列行为提起的诉讼，属于行政诉讼受案范围的是？（2011/2/97）

A. 某人保局以李某体检不合格为由取消其公务员录用资格

B. 某公安局以新录用的公务员孙某试用期不合格为由取消录用

C. 某人保局给予工作人员田某记过处分

D. 某财政局对工作人员黄某提出的辞职申请不予批准

［解析］ ①本题的核心问题是外部行政行为与内部行政行为的区分。具体行政行为属于外部行政行为，而内部行政行为不属于行政诉讼受案范围。

②A选项中，某人保局以李某体检不合格为由取消其公务员录用资格，可知，此时接受体检的李某尚未被录取为公务员，因此，人保局的行为属于外部行政行为而非内部行政行为，李某的相关权利义务因此受到影响，人民法院应当受理李某的行政诉讼。故A选项当选。不予录用可诉，取消录用和辞退不可诉，只能内部复核申诉。

③B、C、D选项中，行政机关的行为对象均是机关工作人员，属于内部行政行为。《行政诉讼法》第13条规定："人民法院不受理公民、法人或者其他组织对下列事项提起的诉讼：……（三）行政机关对行政机关工作人员的奖惩、任免等决定……"据此，内部行政行为不属于行政诉讼受案范围。而《公务员法》第95条规定："公务员对涉及本人的下列人事处理不服的，可以自知道该人事处理之日起三十日内向原处理机关申请复核；对复核结果不服的，可以自接到复核决定之日起十五日内，按照规定向同级公务员主管部门或者作出该人事处理的机关的上一级机关提出申诉；也可以不经复核，自知道该人事处理之日起三十日内直接提出申诉：（一）处分；（二）辞退或者取消录用……（六）申请辞职、提前退休未予批准……"可见，B选项的取消录用、C选项的处分、D选项的辞职申请不予批准，都属于公务员申诉范围，不可提起行政诉讼。因此，B、C、D选项不当选。

答案：A

7. 下列选项属于行政诉讼受案范围的是？（2015/2/98）

A. 方某在妻子失踪后向公安局报案要求立案侦查，遭拒绝后向法院起诉确认公安局的行为违法

B. 区房管局以王某不履行双方签订的房屋征收补偿协议为由向法院起诉

C. 某企业以市场监督管理局滥用行政权力限制竞争为由向法院起诉

D. 黄某不服市政府发布的征收土地补偿费标准直接向法院起诉

［解析］ 2014年修正的《行政诉讼法》对受案范围部分作出了重大修正，本题主要就是对这些规定的考查。

①关于A选项，一个"立案侦查"就说明方某在妻子失踪后，向公安局报的是刑事案件，而不是治安案件。根据《行诉法解释》第1条第2款第1项的规定，刑事司法行为不属于行政诉讼受案范围。方某在妻子失踪后向

公安局报案要求立案侦查，遭拒绝后向法院起诉确认公安局的行为违法。公安局在本案中不是以一个行政机关的身份执行行政管理，而是依据《刑事诉讼法》的明确授权，从事刑事案件行为。故本案中公安局的不作为，不属于行政不作为，而是刑事活动，依法不属于行政诉讼的受案范围。故A选项不当选。

②关于B选项，有的考生认为行政机关不依法履行、未按照约定履行或者违法变更、解除政府特许经营协议、土地房屋征收补偿协议等协议的，有权起诉。但是，B选项明确表达的是“区房管局以王某不履行双方签订的房屋征收补偿协议为由向法院起诉”，可见，本案是以行政机关为原告，起诉行政相对人王某，这无疑违反了行政诉讼“民告官”的制度设计和安排。故B选项不当选。

③关于C选项，某企业以市场监督管理局滥用行政权力限制竞争为由向法院起诉，属于行政机关限制或禁止公平竞争，侵害当事人的公平竞争权，可诉。故C选项当选。

④关于D选项，如果不服市政府发放的补偿费直接向法院起诉，属于行政诉讼的受案范围。但是，黄某不服的是补偿费标准，而补偿费标准属于针对不特定对象反复适用的抽象行政行为，根据《行政诉讼法》第53条的规定：“公民、法人或者其他组织认为行政行为所依据的国务院部门和地方人民政府及其部门制定的规范性文件不合法，在对行政行为提起诉讼时，可以一并请求对该规范性文件进行审查。前款规定的规范性文件不含规章。”可见，补偿费标准只能附带申请审查，而不得直接起诉。故D选项不当选。

答案：C

8. 区规划局经调查发现程某在沿街修建筑，违反了《城乡规划法》，向程某发出《责令限期拆除房屋通知》，要求程某在30日内拆除房屋，程某到期后拒不自行拆除，区规划局次日实施了强拆。下列说法正确的是？（2018年真题回忆版）

A.《责令限期拆除房屋通知》性质是行政指导

B.《责令限期拆除房屋通知》属于行政诉讼受案范围

C. 区规划局强拆行为违法

D. 程某应当先申请行政复议，再提起行政诉讼

[解析] ①《责令限期拆除房屋通知》性质不是非强制性的行政指导，而属于行政处罚。理由在于，因为程某违反了《城乡规划法》，其房屋属于违法建筑，行政机关要求其自行拆除房屋，让其丧失对房屋及附属财物的所有权，对其作出具有制裁性和惩罚性的行为，在性质上属于行政处罚。故A选项错误。

②《责令限期拆除房屋通知》性质上是行政处罚，依法属于行政诉讼的受案范围，故B选项正确。

③本案中区规划局强拆行为违法。理由在于，强制拆除的合法程序是，首先，由行政机关予以公告，限期当事人自行拆除。其次，当事人在法定期限内既不申请行政复议或者提起行政诉讼，又不自行拆除的，行政机关可以经催告后依法强制拆除。另外，主体违法，只有县级以上人民政府有权对违法建筑强制拆除，区规划局无权强拆。故C选项正确。

④强制拆除违法建筑物不属于行政复议前置案件，当事人不服的，既可以申请行政复议，也可以提起行政诉讼。故D选项错误。

答案：BC

9. 甲公司职工王某下班骑摩托车回家，雨天路滑，发生单方交通事故导致身亡，交警多次调查，但无法查明事故原因，后交警大队出具了《交通事故证明》，载明了发生事故地点、人员等信息，甲公司向市人社局申请工伤认定，市人社局以《交通事故证明》未记载事故原因

为由出具了《中止工伤认定通知书》，王某之父对此不服，向复议机关申请复议，复议机关作出维持决定后，向法院起诉请求撤销该通知书。下列说法正确的是？（2020年真题回忆版）

A. 甲公司为本案第三人

B. 工伤认定是行政确认

C.《中止工伤认定通知书》具有可诉性

D.《交通事故证明》具有可诉性

［解析］ 本题来源于最高院的行政诉讼指导案例，难度较大。第一，实务中的《中止工伤认定通知书》一般属于行政事实行为，不可诉，但是本案中因为导致工伤认定程序中止的事由不可能具备和恢复，所以被中止的工伤认定程序也不可能再恢复和继续。可见，该《中止工伤认定通知书》是假程序行为，真具体行政行为，是以程序行为之名行具体行政行为之实，可诉。第二，《交通事故证明》和《交通事故认定书》都属于行政事实行为，是对交通事故实际情况的记录，并没有因此而建立、变更或消灭当事人之间的权利义务关系，不可诉。

①关于A选项，本案中市人社局进行的工伤认定，是对作为用人单位甲公司和职工王某两方作出的行政确认行为，是否进行工伤认定以及是否构成工伤，都直接关系着甲公司的权益。甲公司是被诉工伤认定的行政相对人，与本案存在法律上的利害关系，王某之父作为原告提起诉讼，则未起诉的甲公司就为本案的第三人。故A选项正确。

②关于B选项，所谓行政确认，是指行政机关经过甄别，对当事人的法律关系、法律身份或法律地位予以确定、认可或证明，并予以宣告的行政行为。所谓工伤认定，就是作为行政主管部门的人社局，接受职工或用人单位的申请，依法对双方是否存在工伤法律关系予以确定，如果人保局认定职工受到的伤害构成工伤，则在职工和其单位之间就形成了工伤救济的法律关系。可见，工伤认定属于典型的行政确认行为。故B选项正确。

③关于C选项，《中止工伤认定通知书》一般属于告知性的行政事实行为，而不是具体行政行为，不具有可诉性。理由在于中止是因为某个条件暂时不具备，所以将某个行为程序临时性停下来，等待条件具备了再继续进行。所以，一般的中止行为并不直接影响当事人的实体权利，所以不可诉。但是，本案情况特殊，由于事实不清，交警大队并不能作出常规的《交通事故认定书》，而是只能作出未载明事故原因的《交通事故证明》，而人社局正是以交警大队未作出《交通事故认定书》为由，认为自己无法作出工伤认定，并向当事人送达了《中止工伤认定通知书》。可见，因为导致工伤认定中止的条件根本不会具备，所以工伤认定也就不具有恢复的可能性了，人社局不可能根据当事人申请而作出工伤认定。该中止行为已经直接影响了当事人的实体权利，已经从过程行为演变为具体行政行为，属于假程序行为，真具体行政行为，具有可诉性。故C选项说法正确。

④关于D选项，《交通事故证明》和《交通事故认定书》都属于行政事实行为，是对交通事故实际情况的记录，并没有因此而建立、变更或消灭当事人之间的权利义务关系，不可诉。在实际生活中，如果双方发生交通事故，在事故发生之时，双方的侵权法律关系已经确定了，警察只是依法履行职责，对交通事故的具体情况进行记录，并未直接影响当事人的权利。如果事故双方不能经过调解解决侵权纠纷，可以通过民事诉讼处理，《交通事故证明》或《交通事故认定书》在民事诉讼中可以作为证明案件事实的证据使用。可见，《交通事故证明》是行政事实行为，而不是具体行政行为，不可诉。故D选项错误。

答案：ABC

10. 市自然资源局向市政府报送了《关于同

意征收瑞瑞小区国有土地上房屋的请示》，市政府经研究作出了《关于同意征收瑞瑞小区国有土地上房屋的批复》，并送达市自然资源局。市自然资源局直接将该批复送达给瑞瑞小区的所有业主，并要求业主与其签订补偿协议，于60日内搬离。业主对该批复不服提起诉讼，下列说法正确的是？（2020年真题回忆版）

A.《关于同意征收瑞瑞小区国有土地上房屋的批复》不可诉

B. 被告是市自然资源局和市政府

C. 业主的起诉期限是6个月

D. 业主申请复议，被申请人是市政府

［解析］ 本题来源于最高法的行政诉讼指导案例，难度较大。

①关于A选项，一般而言，市自然资源局向市政府报送的请示和市政府经研究作出的批复，如果没向当事人作出，不具有外部性，属于行政机关的内部行政行为，不是具体行政行为，不可诉。但是，本案中市自然资源局直接将该批复送达给作为行政相对人的业主，并直接对外实施，该行为属于内部行为外部化，具有了外部性，属于假内部真具体，以内部行为之名行具体行政行为之实，可诉。故A选项错误。

②关于B、D选项，本案是下级经上级批准的行政行为，当事人不服提起诉讼，适用“诉讼看名义，复议看职权”原则。被诉的批复是以市政府的名义作出的，并属于市政府的职权，可见本案的被告和被申请人都是市政府。故B选项错误，D选项正确。

③关于C选项，行政诉讼的起诉期限为6个月，其他法律另有规定的除外。本案是一般的行政诉讼案件，法律没有规定例外。故C选项正确。

答案：CD

11. A区政府发布6号文指定甲公司负责全区的餐厨废弃物收运处理，区城市管理局为落实6号文，发函要求本区5家生猪屠宰点与甲公司签订废弃物清运协议，违者将予以行政处罚。下列说法正确的是？（2021年真题回忆版）

A. 6号文是具有普遍约束力的行政规范性文件

B. 6号文不属于行政复议受案范围

C. 5家生猪屠宰点若对发函行为不服，提起行政诉讼，被告是区城市管理局

D. 5家生猪屠宰点有权对区城市管理局的发函行为申请复议

［考点］ 行为性质；行政诉讼受案范围；被告

［解析］ A选项，区政府的6号文是针对甲公司这一特定对象作出的，不需要反复适用，属于具体行政行为，不是具有普遍约束力的行政规范性文件。故A选项错误。B选项，6号文是具体行政行为，属于行政复议受案范围。故B选项错误。C、D选项，区城市管理局发函要求5家生猪屠宰点与甲公司签订废弃物清运协议，违者予以行政处罚，此为具体行政行为，生猪屠宰点对该要求不服的，有权以区城市管理局为被申请人申请行政复议，或以区城市管理局为被告提起行政诉讼。故C、D选项正确。

答案：CD

12. 大学老师甲对所在高校职称评价不服，向市教育局举报，市教育局出具了一个初步意见给市政府参考，甲通过其他途径，打听到初步意见的内容，就该初步意见向法院提起诉讼，法院不予受理。下列说法正确的是？（2022年延考真题回忆版）

A. 初步意见属于内部行政行为，不可诉

B. 初步意见属于复核行为，不可诉

C. 初步意见属于上级对下级的监督，不可诉

D. 初步意见属于过程性行为，不可诉

［解析］ 本案中的初步意见是由市教育

局就甲的职称形成建议供上级机关市政府参考，该初步意见是行政机关内部的公文来往，并未对外作出，不具有外部性，是典型的内部行政行为，而不是具体行政行为，不属于行政诉讼的受案范围。A选项正确，B、C、D选项错误。

答案：A

13. 甲市政府发文，决定今后将对全市所有超过200人以上的企业征收排污费，市生态环境局依据该文件对瑞都公司进行征收，瑞都公司对市生态环境局征收排污费2万元不服，向法院提起诉讼。下列说法正确的是？（2022年延考真题回忆版）

A. 瑞都公司应当以市生态环境局为被告

B. 瑞都公司可以直接对文件提起行政诉讼

C. 该文件是具体行政行为

D. 征收排污费是行政处罚

［解析］①市生态环境局是作出被诉征收决定的行政主体，是被告。A选项正确。

②本案中的文件是针对不特定对象作出的，属于抽象行政行为，只能在行政诉讼中申请附带审查，不能直接提起行政诉讼。B选项错误。

③依据上述，文件不是具体行政行为，而是抽象行政行为。C选项错误。

④征收排污费属于行政征收而不是行政处罚。D选项错误。

答案：A

专题十二　行政诉讼的管辖

考情分析

本专题是法考的重点。其主要考点有：（1）级别管辖，主要考查中级人民法院管辖的范围；（2）一般地域管辖，考生需要注意复议机关改变原行政行为案件的管辖；（3）特殊地域管辖，主要是不动产管辖和对限制人身自由的行政强制措施不服的管辖。

本专题重点突出，应用性较强，重要考点反复考查，对此，考生必须在熟记有关法条的基础上，做到灵活运用。

考点1　级别管辖

1. 甲县政府设立的临时机构基础设施建设指挥部，认定有10户居民的小区自建的围墙及附属房系违法建筑，指令乙镇政府具体负责强制拆除。10户居民对强制拆除行为不服起诉。下列说法正确的是？（2011/2/100）

A. 本案被告为乙镇政府

B. 本案应由中级法院管辖

C. 如10户居民在指定期限内未选定诉讼代表人的，法院可以依职权指定

D. 如10户居民对强拆行为申请复议，复议机关为甲县政府

［疑难辨析］　若要判断管辖，首先要确定被告。因此，解答A选项实际上是解答B选项的前提。

［解析］　①A、D选项错误。根据题意，本案存在着两个委托关系。第一个委托是指挥部委托乙镇政府拆除违建，10户居民是对强制拆除行为不服提起的诉讼，乙镇政府只是执行机关，不属于本案的被告，应当找委托者指挥部，而指挥部又是由甲县政府组建的办事机构。根据《行诉法解释》第20条第1款的规定："行政机关组建并赋予行政管理职能但不具有独立承担法律责任能力的机构，以自己的名义作出行政行为，当事人不服提起诉讼的，应当以组建该机构的行政机关为被告。"可见，指挥部并无行政主体资格，属于"假授权，真委托"，应当视为县政府委托了指挥部，这是第二个委托。顺藤摸瓜，通过指挥部又找到了县政府这个真正的被告。因此，10户居民对强拆行为不服提起诉讼，应以组建指挥部的行政机关——甲县政府为被告。

同理，10户居民对强拆行为不服申请复议，应以甲县政府为被申请人。《行政复议法》第24条第1款规定："县级以上地方各级人民政府管辖下列行政复议案件：（一）对本级人民政府工作部门作出的行政行为不服的；（二）对下一级人民政府作出的行政行为不服的；（三）对本级人民政府依法设立的派出机关作出的行政行为不服的；（四）对本级人民政府或者其工作部门管理的法律、法规、规章授权的组织作出的行政行为不服的。"因此，

本案的复议机关应当是甲县政府的上一级人民政府。

②B选项正确。《行政诉讼法》第15条规定："中级人民法院管辖下列第一审行政案件：（一）对国务院部门或者县级以上地方人民政府所作的行政行为提起诉讼的案件；（二）海关处理的案件；（三）本辖区内重大、复杂的案件；（四）其他法律规定由中级人民法院管辖的案件。"根据上述分析，本案被告为甲县政府，所以应当由中级人民法院管辖。

③C选项正确。《行诉法解释》第29条规定："行政诉讼法第二十八条规定的'人数众多'，一般指十人以上。根据行政诉讼法第二十八条的规定，当事人一方人数众多的，由当事人推选代表人。当事人推选不出的，可以由人民法院在起诉的当事人中指定代表人。行政诉讼法第二十八条规定的代表人为二至五人。代表人可以委托一至二人作为诉讼代理人。"所以，若10户居民在指定期限内未选定诉讼代表人的，法院可以依职权在起诉的当事人中指定。

答案：BC

2. 某区卫计局以董某擅自开展诊疗活动为由作出没收其违法诊疗工具并处5万元罚款的处罚。董某向区政府申请复议，区政府维持了原处罚决定。董某向法院起诉。下列哪一说法是正确的？（2016/2/49）

A. 如董某只起诉区卫计局，法院应追加区政府为第三人

B. 本案应以区政府确定案件的级别管辖

C. 本案可由区卫计局所在地的法院管辖

D. 法院应对原处罚决定和复议决定进行合法性审查，但不对复议决定作出判决

［解析］ 本题考查了《行政诉讼法》中非常重要的一个考点，即复议维持后当事人不服提起行政诉讼的诸多法律规定。近年来，这是每年必考的重要知识点。

①关于A选项，依据《行政诉讼法》第26条第2款的规定："经复议的案件，复议机关决定维持原行政行为的，作出原行政行为的行政机关和复议机关是共同被告；复议机关改变原行政行为的，复议机关是被告。"《行诉法解释》第134条第1款规定："复议机关决定维持原行政行为的，作出原行政行为的行政机关和复议机关是共同被告。原告只起诉作出原行政行为的行政机关或者复议机关的，人民法院应当告知原告追加被告。原告不同意追加的，人民法院应当将另一机关列为共同被告。"本案中，董某以区卫计局为被申请人向区政府申请复议，区政府维持了原处罚决定，董某仍然不服而向法院起诉，依法应当以区卫计局和区政府为共同被告。如果董某只起诉区卫计局而遗漏共同被告区政府的，法院应当通知原告董某追加区政府为共同被告。如果董某不同意追加共同被告的，法院应当依法将区政府列为共同被告。可见，A选项中"法院应追加区政府为第三人"的说法是错误的，不当选。

②关于B选项，关于本案的级别管辖，采用由原机关确定级别管辖的规则。依据《行诉法解释》第134条第3款的规定："复议机关作共同被告的案件，以作出原行政行为的行政机关确定案件的级别管辖。"本案中，原机关区卫计局和复议机关区政府为共同被告，但是级别管辖应当由原机关区卫计局确定，而不是由复议机关区政府来确定。故B选项错误，不当选。

［举一反三］关于本案中由原机关还是复议机关确定级别管辖，在结果上有何不同？依据《行政诉讼法》关于级别管辖的规定，《行政诉讼法》第14条规定："基层人民法院管辖第一审行政案件。"第15条规定："中级人民法院管辖下列第一审行政案件：（一）对国务院部门或者县级以上地方人民政府所作的行政行为提起诉讼的案件；（二）海关处理的案

件；（三）本辖区内重大、复杂的案件；（四）其他法律规定由中级人民法院管辖的案件。”以区卫计局为被告的案件应当由基层法院管辖，所以本案的管辖法院为基层法院。而如果由复议机关区政府来确定级别管辖，则依法应当由中级法院管辖。

③地域管辖。经过复议的案件，为了保护原告行使诉权，原机关所在地和复议机关所在地法院都有管辖权。所以本案中，原机关区卫计局和复议机关区政府所在地的法院都有管辖权。故C选项正确，当选。

［举一反三］经过复议的案件的地域管辖规则：经过复议的案件，既可以由最初作出行政行为的行政机关所在地法院管辖，也可以由复议机关所在地法院管辖。可见，只要是经过行政复议的案件，不论复议机关是否作出复议决定，作出的是维持还是改变决定，都是原机关所在地和复议机关所在地法院皆有管辖权。理由在于：为了便利原告起诉，更充分地保护当事人合法权益，应当允许原告根据自身情况选择是向原机关所在地法院起诉，还是向复议机关所在地法院起诉。所以，法律在此处规定，经过复议的案件也可以由复议机关所在地法院管辖。

④复议维持共同告，即法院对原处罚决定和复议决定合法性应当“一并审理，一并裁判”。理由在于，经复议的案件，如果复议机关作出维持原行政行为的复议决定，当事人不服提起诉讼的，则作出原行政行为的行政机关和复议机关为共同被告。此时，原行政行为和复议决定紧密地联系在一起，法院应当对这两个行为一并进行审理，既要审理原行政行为的合法性，也要审理复议决定的合法性。同时，法院还应当对两个行为一并作出判决。因为复议维持案件中存在着两个法律效力：一是原行政行为自身的法律效力；另一个是经过复议决定，由复议维持所增加的法律效力。如果法院仅对原行政行为作出裁判，那么复议维持决定的效力仍然存在；如果法院仅对复议维持决定作出裁判，则原行政行为的效力仍然存在。可见，维持复议决定与原行政行为虽然不是同一个行政行为，也非同类行为，但属于关联度很高的两个行政行为，维持复议决定强化了原行政行为，又依附于原行政行为的效力状态，因此有必要在一个诉讼中解决。故D选项说法错误，不当选。

答案：C

考点2 地域管辖

3. 甲县宋某到乙县访亲，因醉酒被乙县公安局扣留24小时。宋某认为乙县公安局的行为违法，提起行政诉讼。下列哪些说法是正确的？（2012/2/79）

A. 扣留宋某的行为为行政处罚

B. 甲县法院对此案有管辖权

C. 乙县法院对此案有管辖权

D. 宋某的亲戚为本案的第三人

［疑难辨析］行政处罚与行政强制之间存在诸多区别，考生只有准确地理解并熟悉地掌握住这些区别之处，才可能作出正确的选择。行政诉讼的地域管辖中存在原告所在地和被告所在地法院都有管辖权的情况，而这一规定比较细致，很多考生因没有掌握清楚而导致做题出错。

［解析］①根据《治安管理处罚法》第15条第2款的规定：“醉酒的人在醉酒状态中，对本人有危险或者对他人的人身、财产或者公共安全有威胁的，应当对其采取保护性措施约束至酒醒。”此处的扣留属于行政强制措施，具有临时性、单方性和非终局性，不属于行政处罚。故A选项错误。

②限制人身自由案件，为了保护原告诉权的行使，地域管辖采取“原告加被告”原则。根据《行政诉讼法》第19条的规定：“对限制人身自由的行政强制措施不服提起的

诉讼，由被告所在地或者原告所在地人民法院管辖。”本案中扣留属于行政强制措施，B选项中的甲县法院属于原告所在地，C选项中的乙县法院属于被告所在地，都有管辖权。故B、C选项正确。

③根据《行政诉讼法》第29条的规定：“公民、法人或者其他组织同被诉行政行为有利害关系但没有提起诉讼，或者同案件处理结果有利害关系的，可以作为第三人申请参加诉讼，或者由人民法院通知参加诉讼。人民法院判决第三人承担义务或者减损第三人权益的，第三人有权依法提起上诉。”本案中，宋某的亲戚只是作为民事主体请宋某喝酒，其与宋某被约束人身自由的行政行为之间无利害关系，与本案的审理结果之间也无利害关系，依法不能成为案件的第三人。故D选项错误。

答案：BC

4. 某县市场监督管理局认定王某经营加油站系无照经营，予以取缔。王某不服，向县政府申请复议，在县政府作出维持决定后向法院提起诉讼，要求撤销取缔决定。关于此案，下列哪些说法是正确的？（2010/2/85）

A. 县政府审理王某的复议案件，应由二名以上行政复议人员参加

B. 此案的被告应为某县市场监督管理局

C. 县政府所在地的法院对此案有管辖权

D. 如法院认定取缔决定违法予以撤销，县政府的复议决定自然无效

［解析］①根据《行政复议法实施条例》第32条的规定：“行政复议机构审理行政复议案件，应当由2名以上行政复议人员参加。”故A选项正确。

②根据《行政诉讼法》第26条第2款的规定：“经复议的案件，复议机关决定维持原行政行为的，作出原行政行为的行政机关和复议机关是共同被告；复议机关改变原行政行为的，复议机关是被告。”本案中，复议机关决定维持原行政行为，应以作出原行政行为的机关即县市场监督管理局和复议机关即县政府为共同被告。故B选项错误。

③《行政诉讼法》第18条第1款规定：“行政案件由最初作出行政行为的行政机关所在地人民法院管辖。经复议的案件，也可以由复议机关所在地人民法院管辖。”经过复议的案件，既可以由原机关所在地法院管辖，也可以由复议机关所在地法院管辖。本案县政府为复议机关，其所在地法院对案件有管辖权。故C选项正确。

④复议维持共同告，法院对原行为和复议决定进行“一并审理，一并裁判”。依据《行诉法解释》第136条第1款至第4款的规定：“人民法院对原行政行为作出判决的同时，应当对复议决定一并作出相应判决。人民法院依职权追加作出原行政行为的行政机关或者复议机关为共同被告的，对原行政行为或者复议决定可以作出相应判决。人民法院判决撤销原行政行为和复议决定的，可以判决作出原行政行为的行政机关重新作出行政行为。人民法院判决作出原行政行为的行政机关履行法定职责或者给付义务的，应当同时判决撤销复议决定。”复议决定维持原行政行为的，法院对原行政行为作出判决的同时，应当对复议决定一并作出相应判决。故，如法院认定取缔决定违法予以撤销，则应当同时判决撤销复议决定。本题中，县政府的复议决定不是自然无效。故D选项错误。

答案：AC

5. 区市场监督管理局因为甲公司的行为违法，责令其停产停业，并没收违法所得2万元，罚款1万元。甲公司不服，而向区政府申请行政复议，区政府把没收违法所得2万元改成15000元，其他两项处罚决定不变。甲公司仍不服，提起行政诉讼。下列说法正确的是？（2020年真题回忆版）

A. 区市场监督管理局为被告

B. 可以在区市场监督管理局所在地的中院起诉

C. 如果甲公司逾期未缴罚款，区市场监督管理局可以加处罚款，但要将标准告知甲公司

D. 决定行政处罚的数额时需要经过当事人同意

[解析] ①关于A选项，本案被申请行政复议的是3个不同的行政行为，分别是责令停产停业、没收违法所得2万元和罚款1万元，行政复议机关区政府只改变了没收违法所得，而维持了另外两个行为，此时属于复议决定中既有维持原行政行为的内容，又有改变原行政行为的情形，视为复议维持。原告依法应当以原机关区市场监督管理局和复议机关区政府为共同被告提起行政诉讼。故A选项错误。

②关于B选项，首先，从级别来看，本案是经过复议的案件，视为复议维持，原机关区市场监督管理局和复议机关区政府为共同被告，依法应当由原机关区市场监督管理局确定级别管辖，即由基层法院管辖。其次，从地域管辖来看，本案是经过复议的案件，依法既可以由原机关区市场监督管理局所在地法院管辖，也可以由复议机关区政府所在地法院管辖。综上，本案由区市场监督管理局所在地的基层法院或区政府所在地的基层法院管辖。故B选项错误。

③关于C选项，依据《行政处罚法》的规定，当事人应当自收到行政处罚决定书之日起15日内，到指定的银行或者通过电子支付系统缴纳罚款。到期不缴纳罚款的，每日按罚款数额的3%加处罚款，加处罚款的数额不得超出罚款的数额，但要将标准告知当事人。故C选项正确。

④关于D选项，决定行政处罚的数额时需要经过当事人同意，说法错误。行政处罚作为具体行政行为的一种，具有鲜明的强制性，行政机关行使行政处罚职权无须经过当事人同意，而是根据调查的事实证据，依据法律规范，按照法定程序直接作出。故D选项错误。

答案：C

6. 李某不服区公安分局对其作出的行政拘留5日的处罚，向市政府申请行政复议，市政府作出维持决定。李某不服，提起行政诉讼。下列哪些选项是正确的？（2015/2/82）

A. 李某可向区政府申请行政复议

B. 被告为市政府和区公安分局

C. 市政府所在地的法院对本案无管辖权

D. 如李某的起诉状内容有欠缺，法院应给予指导和释明，并一次性告知需要补正的内容

[解析] 本题是行政复议和行政诉讼的综合性试题，考查的知识点很丰富，需要考生准确记忆，并学会具体运用。

①关于A选项，行政复议机关的确定，《行政复议法》第24条第4款规定："对县级以上地方各级人民政府工作部门依法设立的派出机构依照法律、法规、规章规定，以派出机构的名义作出的行政行为不服的行政复议案件，由本级人民政府管辖；其中，对直辖市、设区的市人民政府工作部门按照行政区划设立的派出机构作出的行政行为不服的，也可以由其所在地的人民政府管辖。"本案中，李某对区公安分局的行政行为不服申请行政复议，既可以向上一级主管部门市公安局的同级政府即市政府提出，也可以向同级人民政府区政府提出。故A选项正确。

②关于B选项，关于行政诉讼被告的确定，《行政诉讼法》第26条规定："公民、法人或者其他组织直接向人民法院提起诉讼的，作出行政行为的行政机关是被告。经复议的案件，复议机关决定维持原行政行为的，作出原行政行为的行政机关和复议机关是共同被告……"可见，经过行政复议的案件，复议机关作出维持

决定，当事人仍然不服而起诉的，应当以原机关和复议机关为共同被告。故B选项被告为市政府和区公安分局，说法正确。

③关于C选项，行政诉讼案件的管辖，《行政诉讼法》第18条规定："行政案件由最初作出行政行为的行政机关所在地人民法院管辖。经复议的案件，也可以由复议机关所在地人民法院管辖。经最高人民法院批准，高级人民法院可以根据审判工作的实际情况，确定若干人民法院跨行政区域管辖行政案件。"可见，经过复议的案件，既可以由原机关所在地法院管辖，也可以由复议机关所在地法院管辖。故本案中，区公安分局和市政府所在地法院都有管辖权。故C选项错误。

④关于D选项，法院对原告起诉的处理。原告不会起诉的，法院应当手把手教起诉，包教包会，即指导释明。同时，对于起诉状内容欠缺的，应当一次性告知其需要补正的内容。《行政诉讼法》第51条规定："人民法院在接到起诉状时对符合本法规定的起诉条件的，应当登记立案。对当场不能判定是否符合本法规定的起诉条件的，应当接收起诉状，出具注明收到日期的书面凭证，并在七日内决定是否立案。不符合起诉条件的，作出不予立案的裁定。裁定书应当载明不予立案的理由。原告对裁定不服的，可以提起上诉。起诉状内容欠缺或者有其他错误的，应当给予指导和释明，并一次性告知当事人需要补正的内容。不得未经指导和释明即以起诉不符合条件为由不接收起诉状。对于不接收起诉状、接收起诉状后不出具书面凭证，以及不一次性告知当事人需要补正的起诉状内容的，当事人可以向上级人民法院投诉，上级人民法院应当责令改正，并对直接负责的主管人员和其他直接责任人员依法给予处分。"可见，D选项说法正确。

答案：ABD

7. **甲公司向市自然资源和规划局申请变更住房用地为商业用地，市自然资源和规划局作出批准决定，该土地周围小区居民50人不服，向法院提起诉讼，下列哪些说法是正确的？（2022年延考真题回忆版）**

A. 甲公司如果不参加诉讼，法院应当对其作出缺席审判

B. 起诉的居民应当证明自己具有原告资格

C. 本案应当由该土地所在地的法院管辖

D. 居民应当选2—5个代表参与诉讼

［解析］①行政诉讼中第三人不参加诉讼，不影响案件的申请，而不是缺席判决。A选项错误。

②原告的举证责任中包括证明自己是适格的原告。所以，居民应当证明其与被诉行政行为存在利害关系。B选项正确。

③本案中的被诉行政行为涉及土地用途和性质的改变，属于不动产案件，应当由不动产所在地法院管辖。C选项正确。

④行政诉讼一方10人以上的，应当推选诉讼代表人，人数是2—5人。D选项正确。

答案：BCD

专题十三　行政诉讼参加人

考情分析

本专题是法考的常考点，基本每年都会涉及。其主要考点有：行政诉讼原告资格的认定；行政诉讼的适格被告；行政诉讼的第三人制度以及行政诉讼代表人。

纵观历年法考试题，本专题的命题特点为重点恒定，故重复考查频率高，如原告资格确定、被告资格确定、第三人制度等，且全部以案例形式出现，考查考生对法条的灵活运用能力。

考生在复习本部分时，应务必重视历年真题，掌握一定的命题规律与思路，提高复习效率，做到备考时有的放矢。

考点 1　行政诉讼的原告

1. 经王某请求，国家专利复审机构宣告授予李某的专利权无效，并于 2011 年 5 月 20 日向李某送达决定书。6 月 10 日李某因交通意外死亡。李某妻子不服决定，向法院提起行政诉讼。下列哪一说法是正确的？（2012/2/46）

A. 李某妻子应以李某代理人身份起诉

B. 法院应当通知王某作为第三人参加诉讼

C. 本案原告的起诉期限为 60 日

D. 本案原告应先申请行政复议再起诉

[解析]　①根据《行政诉讼法》第 25 条第 2 款的规定："有权提起诉讼的公民死亡，其近亲属可以提起诉讼。"《行诉法解释》第 14 条规定："行政诉讼法第二十五条第二款规定的'近亲属'，包括配偶、父母、子女、兄弟姐妹、祖父母、外祖父母、孙子女、外孙子女和其他具有扶养、赡养关系的亲属。公民因被限制人身自由而不能提起诉讼的，其近亲属可以依其口头或者书面委托以该公民的名义提起诉讼。近亲属起诉时无法与被限制人身自由的公民取得联系，近亲属可以先行起诉，并在诉讼中补充提交委托证明。"本案中李某死亡，即丧失了法律主体资格，李某的妻子作为其近亲属可以作为原告提起诉讼，而不可能以李某代理人的身份起诉。故 A 选项错误。

②根据《行政诉讼法》第 29 条的规定："公民、法人或者其他组织同被诉行政行为有利害关系但没有提起诉讼，或者同案件处理结果有利害关系的，可以作为第三人申请参加诉讼，或者由人民法院通知参加诉讼。人民法院判决第三人承担义务或者减损第三人权益的，第三人有权依法提起上诉。"《行诉法解释》第 30 条第 1 款规定："行政机关的同一行政行为涉及两个以上利害关系人，其中一部分利害关系人对行政行为不服提起诉讼，人民法院应当通知没有起诉的其他利害关系人作为第三人参加诉讼。"本案中，李某之妻不服国家专利复审机构的决定提起诉讼，而该决定是依据王某的申请作出的，所以，王某是被诉行政行为的利害关系人，法院应当通知其参加诉讼。

且根据《专利法》第46条第2款的规定："对国务院专利行政部门宣告专利权无效或者维持专利权的决定不服的，可以自收到通知之日起三个月内向人民法院起诉。人民法院应当通知无效宣告请求程序的对方当事人作为第三人参加诉讼。"故B选项正确。

③依据《行政诉讼法》第46条的规定："公民、法人或者其他组织直接向人民法院提起诉讼的，应当自知道或者应当知道作出行政行为之日起六个月内提出。法律另有规定的除外。因不动产提起诉讼的案件自行政行为作出之日起超过二十年，其他案件自行政行为作出之日起超过五年提起诉讼的，人民法院不予受理。"本案属于专利案件，而《专利法》第46条规定："国务院专利行政部门对宣告专利权无效的请求应当及时审查和作出决定，并通知请求人和专利权人。宣告专利权无效的决定，由国务院专利行政部门登记和公告。对国务院专利行政部门宣告专利权无效或者维持专利权的决定不服的，可以自收到通知之日起三个月内向人民法院起诉。人民法院应当通知无效宣告请求程序的对方当事人作为第三人参加诉讼。"可见，本案的起诉期限为3个月。故C选项错误。

④依据上引《专利法》规定，以及《行政复议法》的规定，本案属于自由选择案件，无须复议前置。故D选项错误。

答案：B

2. 村民甲、乙因自留地使用权发生争议，乡政府作出处理决定，认定使用权归属甲。乙不服向县政府申请复议，县政府以甲乙二人争议属于农村土地承包经营纠纷，乡政府无权作出处理决定为由，撤销乡政府的决定。甲不服向法院起诉。下列说法正确的是？（2013/2/100）

A. 县政府撤销乡政府决定的同时应当确定系争土地权属

B. 甲的代理人的授权委托书应当载明委托事项和具体权限

C. 本案被告为县政府

D. 乙与乡政府为本案的第三人

［解析］①本题属于典型的行政诉讼考题，一个案例综合考查行政诉讼法中的各个重要规定。关于A选项，《土地管理法》第14条第1款、第2款规定："土地所有权和使用权争议，由当事人协商解决；协商不成的，由人民政府处理。单位之间的争议，由县级以上人民政府处理；个人之间、个人与单位之间的争议，由乡级人民政府或者县级以上人民政府处理。"可见，本案中村民甲、乙因自留地使用权发生争议，乡政府有权作出处理决定。另《行政复议法》第64条第1款规定："行政行为有下列情形之一的，行政复议机关决定撤销或者部分撤销该行政行为，并可以责令被申请人在一定期限内重新作出行政行为：（一）主要事实不清、证据不足；（二）违反法定程序；（三）适用的依据不合法；（四）超越职权或者滥用职权。"可见，县政府作为复议机关决定撤销原机关的原行为，可以责令其重新作出具体行政行为，而不是应当就当事人之间的民事争议作出裁定。故A选项错误。

②关于B选项，行政诉讼当事人委托代理人应当以书面形式，即使公民书写有困难，也应当由他人代书自己捺印，不得口头委托。《行诉法解释》第31条规定："当事人委托诉讼代理人，应当向人民法院提交由委托人签名或者盖章的授权委托书。委托书应当载明委托事项和具体权限。公民在特殊情况下无法书面委托的，也可以由他人代书，并由自己捺印等方式确认，人民法院应当核实并记录在卷；被诉行政机关或者其他有义务协助的机关拒绝人民法院向被限制人身自由的公民核实的，视为委托成立。当事人解除或者变更委托的，应当书面报告人民法院。"可见，B选项正确。

[举一反三] 委托代理人方式

程序	委托方式
行政复议	组织：必须书面
	个人：原则书面，书写困难的口头
行政诉讼	组织：必须书面
	个人：一般必须书面，书写困难也得他人代书自己捺印。例外：被限制人身自由的，可以书面或口头委托其近亲属

③关于C选项，本案属于经过复议的案件，复议机关县政府撤销了被申请人乡政府的原行为，此为复议改变。《行政诉讼法》第26条第2款规定："经复议的案件，复议机关决定维持原行政行为的，作出原行政行为的行政机关和复议机关是共同被告；复议机关改变原行政行为的，复议机关是被告。"故本案的被告为县政府，C选项正确。

④关于D选项，a.关于乙在诉讼中的地位，《行政诉讼法》第29条规定："公民、法人或者其他组织同被诉行政行为有利害关系但没有提起诉讼，或者同案件处理结果有利害关系的，可以作为第三人申请参加诉讼，或者由人民法院通知参加诉讼。人民法院判决第三人承担义务或者减损第三人权益的，第三人有权依法提起上诉。"本案中，村民甲、乙因自留地使用权发生争议，乡政府作出处理决定，认定使用权归属甲，故甲是乡政府处理行为的行政相对人，乙为该行为的行政相关人。乙不服向县政府申请复议，县政府撤销乡政府的决定，故乙为复议申请人，甲为复议第三人。甲对复议决定不服提起诉讼的，甲为行政诉讼原告，乙为本案诉讼第三人。b.关于乡政府在诉讼中的地位，本案中，乡政府决定土地权属归甲所有，但是复议机关县政府作出复议决定撤销了乡政府的决定，甲由此对县政府的复议决定不服以县政府为被告提起行政诉讼。可见，本案被诉的是县政府的复议改变行为，案件的审理和裁判也是直接针对被诉的行政复议决定，裁判结果应当由被告县政府承担。但是，因为本案的复议决定是撤销乡政府作出的行政裁决，如果复议决定经审理被判决为违法，则乡政府的原行为可能就是合法的。所以，乡政府与本案的审理之间存在法律上的利害关系，依法是本案第三人。所以，D选项正确。

答案：BCD

3. 一公司为股份制企业，认为行政机关作出的决定侵犯企业经营自主权，下列哪些主体有权以该公司的名义提起行政诉讼？（2013/2/82）

A. 股东

B. 股东大会

C. 股东会

D. 董事会

[解析] ①本题考查股份制企业权益被行政机关侵犯时的原告资格，属于直接考查法条记忆的题目，难度不大。

②《行诉法解释》第16条第1款规定："股份制企业的股东大会、股东会、董事会等认为行政机关作出的行政行为侵犯企业经营自主权的，可以企业名义提起诉讼。"可见，B、C、D选项正确，A选项中股东没有起诉的权利，故错误。

答案：BCD

4. 县森林公安局以甲公司违法铲除植被为由，

责令其恢复原状并罚款3万元，甲公司在法定期限内缴纳罚款，但并未将植被恢复原状。后县森林公安局结案。县检察院发现这一情况后，向县森林公安局提出责令甲公司恢复植被的检察建议，县森林公安局对该建议置之不理，县检察院于是向法院提起诉讼。下列说法正确的是？（2021年真题回忆版）

A. 县检察院的起诉期为6个月

B. 县检察院在提起诉讼前应先提检察建议

C. 县检察院必须在无其他公益组织提起诉讼后再起诉

D. 此诉讼为行政公益诉讼

［考点］　行政公益诉讼

［解析］　①A选项，行政公益诉讼的起诉期限是6个月，A选项正确。

②B选项，行政公益诉讼应当检察建议前置，即先向行政机关提出检察建议，行政机关在2个月内不履行职责或不纠正违法行为的，检察院才能向法院提起行政公益诉讼，B选项正确。

③C选项，行政公益诉讼的起诉人只有检察院，公益组织不得提起行政公益诉讼，C选项错误。

④D选项，本案的诉讼为行政公益诉讼，D选项正确。

答案：ABD

考点2　行政诉讼的被告

5. 区房管局以刘某享有安置房为由停止向其发放房屋租赁补贴，刘某不服向区政府申请复议，区政府经审理认为区房管局的行政行为合法，作出驳回复议请求的决定，刘某不服，以区房管局为被告提起行政诉讼，对此，下列正确的是？（2023年真题回忆版）

A. 区房管局发放住房补贴属于行政给付

B. 法院应通知区政府为第三人

C. 刘某可向法院申请先予执行房屋租赁补贴

D. 刘某申请复议的期限为60日

［解析］　所谓行政给付，是指政府提供必需的生存条件、防范生活风险和社会共同生活条件的行政义务。区房管局发放住房补贴的性质就属于行政给付。A选项说法正确。

区政府经审理认为区房管局行政行为合法，作出驳回复议请求的决定，可以视为复议维持的情形寻求救济。对于复议维持的案件，应当以原机关和复议机关为共同被告。B选项说法错误。

法院先予执行的对象是特定的，只对于人民法院对起诉行政机关没有依法支付抚恤金、最低生活保障金和工伤、医疗社会保险金的案件，权利义务关系明确、不先予执行将严重影响原告生活的，方可根据原告的申请，裁定先予执行。C选项说法错误。

《行政复议法》第20条第1款规定："公民、法人或者其他组织认为行政行为侵犯其合法权益的，可以自知道或者应当知道该行政行为之日起六十日内提出行政复议申请；但是法律规定的申请期限超过六十日的除外。"D选项说法正确。

答案：AD

6. 甲、乙两人因为林业使用权发生争议，请求镇政府解决，镇政府称林权证系县政府颁发，自己无权处理，甲不服，遂申请行政复议，复议机关维持了原行为，甲提起诉讼，下列说法正确的是？（2023年真题回忆版）

A. 根据《森林法》规定，镇政府无权处理林业使用权争议

B. 甲应当先提起复议才能提起诉讼

C. 如果镇政府处理，那镇政府对该争议的处理是行政裁决行为

D. 县政府是本案共同被告

［解析］　《森林法》第22条第2款规定：

"个人之间、个人与单位之间发生的林木所有权和林地使用权争议，由乡镇人民政府或者县级以上人民政府依法处理。"A选项说法错误。

依据《行政复议法》第23条第1款的规定，对行政机关作出的侵犯其已经依法取得的自然资源的所有权或者使用权的决定不服的，申请人应当先向行政复议机关申请行政复议，对行政复议决定不服的，可以再依法向人民法院提起行政诉讼。本案中未指明甲已经依法取得林业使用权，不符合法定复议前置的情形。B选项说法错误。

所谓行政裁决，是指行政机关居间对特定的民事争议作出有约束力处理的行为。本案中镇政府对林业使用权的解决就是运用行政职权解决民事争议，具有约束力，故属于行政裁决。C选项说法正确。

依据《行政诉讼法》规定，复议维持当事人不服而提起诉讼的，应当以原机关和复议机关为共同被告。D选项说法正确。

答案：CD

7. 某药厂以本厂过期药品作为主原料，更改生产日期和批号生产出售。甲市乙县药监局以该厂违反《药品管理法》第49条第1款关于违法生产药品规定，决定没收药品并处罚款20万元。药厂不服向县政府申请复议，县政府依《药品管理法》第49条第3款关于生产劣药行为的规定，决定维持处罚决定。药厂起诉。关于本案的被告和管辖，下列说法正确的有？（2012/2/97）

A. 被告为乙县药监局，由乙县法院管辖

B. 被告为乙县药监局，甲市中级法院对此案有管辖权

C. 被告为乙县政府，乙县法院对此案有管辖权

D. 被告为乙县政府，由甲市中级法院管辖

［疑难辨析］①本案的陷阱在于当事人起诉经过复议的行为，应当以原机关还是复议机关为被告？结论在于：复议维持的，共同告，即原机关和复议机关为共同被告；复议改变的，告复议机关；复议不作为的，可以选择告。②何为复议机关改变原行为？只有复议机关改变了原行为的处理结果，才属于复议改变。一些考生被题目中改变法律依据所迷惑，认为属于复议改变而作出错误选择。

［解析］①根据《行政诉讼法》第26条第1款至第3款的规定："公民、法人或者其他组织直接向人民法院提起诉讼的，作出行政行为的行政机关是被告。经复议的案件，复议机关决定维持原行政行为的，作出原行政行为的行政机关和复议机关是共同被告；复议机关改变原行政行为的，复议机关是被告。复议机关在法定期限内未作出复议决定，公民、法人或者其他组织起诉原行政行为的，作出原行政行为的行政机关是被告；起诉复议机关不作为的，复议机关是被告。"同时，根据《行诉法解释》第22条第1款的规定："行政诉讼法第二十六条第二款规定的'复议机关改变原行政行为'，是指复议机关改变原行政行为的处理结果。复议机关改变原行政行为所认定的主要事实和证据、改变原行政行为所适用的规范依据，但未改变原行政行为处理结果的，视为复议机关维持原行政行为。"可见，只有复议机关改变了原行为处理结果的，才属于复议改变。回答本题的关键在于判断本案中是复议维持还是复议改变。由于县药监局以该厂违反《药品管理法》第49条第1款（现为第98条第1款）关于违法生产药品规定为由作出没收药品并处罚款20万元的决定，而复议机关县政府依《药品管理法》第49条第3款（现为第98条第3款）关于生产劣药行为的规定决定维持处罚决定。可见经过对法律依据的改变，已经对违法行为的定性产生了直接影响，即从违法生产药品变更为生产劣药行为，虽然定性发生改变，但是没收药品并处罚款20万

元的结果被维持了，依法仍属于复议维持，不属于复议改变。本案的共同被告为原机关县药监局和复议机关县政府。故 A、B、C、D 选项错误。

②关于管辖，从级别管辖的角度看，根据《行诉法解释》第 134 条第 3 款的规定："复议机关作共同被告的案件，以作出原行政行为的行政机关确定案件的级别管辖。"本案共同被告是县药监局和县政府，按照级别管辖的管辖原则，应当以原机关县药监局确定级别管辖，所以应当由基层法院管辖。从地域管辖的角度看，经复议的案件，既可以由原机关也可以由复议机关所在地法院管辖。结合级别和地域管辖，本案最终的管辖法院应当确定为县法院。

答案：无答案

8. 市市场监督管理局认定豪美公司的行为符合《广告法》第 28 条第 2 款第 2 项规定的"商品或者服务有关的允诺等信息与实际情况不符，对购买行为有实质性影响"情形，属发布虚假广告，予以行政处罚。豪美公司向市政府申请行政复议，市政府受理。如市政府在复议时认定，豪美公司的行为符合《广告法》第 28 条第 2 款第 4 项规定的"虚构使用商品或者接受服务的效果"情形，亦属发布虚假广告，在改变处罚依据后维持了原处罚决定。公司不服起诉。下列说法正确的是？（2016/2/99）

A. 被告为市市场监督管理局和市政府

B. 被告为市政府

C. 市市场监督管理局所在地的法院对本案有管辖权

D. 市政府所在地的法院对本案无管辖权

［解析］ 复议机关作出维持决定，当事人不服而提起行政诉讼的，被告和管辖法院的确定、审理和裁判对象、举证责任、裁判类型，这些都是《行政诉讼法》及其司法解释的重要内容，也是近几年法考命题的重点。

①关于 A 选项和 B 选项，复议维持后起诉被告的确定，《行诉法解释》第 22 条第 1 款规定："行政诉讼法第二十六条第二款规定的'复议机关改变原行政行为'，是指复议机关改变原行政行为的处理结果。复议机关改变原行政行为所认定的主要事实和证据、改变原行政行为所适用的规范依据，但未改变原行政行为处理结果的，视为复议机关维持原行政行为。"可见，所谓"复议改变"，仅指复议机关改变原行政行为的处理结果，否则，属于复议维持。本案中，复议机关在改变原机关市市场监督管理局处罚依据后维持了原处罚决定，此属于复议维持。依据《行政诉讼法》第 26 条第 2 款的规定："经复议的案件，复议机关决定维持原行政行为的，作出原行政行为的行政机关和复议机关是共同被告；复议机关改变原行政行为的，复议机关是被告。"可见，因为本案属于复议维持，所以，如果豪美公司不服而起诉的，应当以原机关市市场监督管理局和复议机关市政府为共同被告。故 A 选项正确，当选；B 选项错误，不当选。

②关于 C 选项和 D 选项，行政诉讼地域管辖的确定，依据《行政诉讼法》第 18 条第 1 款的规定："行政案件由最初作出行政行为的行政机关所在地人民法院管辖。经复议的案件，也可以由复议机关所在地人民法院管辖。"可见，从法院地域管辖的角度来看，经过行政复议的案件，无论复议结果为何，当事人不服而起诉的，原机关所在地法院和复议机关所在地法院都有管辖权。故本案中，豪美公司在复议之后提起诉讼，市市场监督管理局所在地和市政府所在地的法院对本案都有管辖权。故 C 选项正确，当选；D 选项错误，不当选。

答案：AC

9. 县计生委认定孙某违法生育第二胎，决定对孙某征收社会抚养费 40000 元。孙某向县政府申请复议，要求撤销该决定。县政府维持该决定，并在征收总额中补充列入遗漏的 3000

元未婚生育社会抚养费。孙某不服，向法院起诉。下列哪些选项是正确的？（2010/2/86）

A. 此案的被告应为县计生委与县政府

B. 此案应由中级法院管辖

C. 此案的复议决定违法

D. 被告应当在收到起诉状副本之日起 10 日内提交答辩状

［疑难辨析］ 本题涉及行政诉讼的被告、管辖、期间以及行政复议决定等问题，综合性较强，但解题关键是对行政诉讼被告的正确判断。许多考生审题不够仔细误认为被告为县计生委，B 选项也就随之选错了。题干中表示“县政府维持该决定”，这是命题人设置的圈套，如果对后面的文字不加以分析就很容易落入陷阱。

［解析］ ①根据《行政诉讼法》第 26 条第 2 款的规定：“经复议的案件，复议机关决定维持原行政行为的，作出原行政行为的行政机关和复议机关是共同被告；复议机关改变原行政行为的，复议机关是被告。”同时《行诉法解释》第 22 条第 1 款规定：“行政诉讼法第二十六条第二款规定的‘复议机关改变原行政行为’，是指复议机关改变原行政行为的处理结果。复议机关改变原行政行为所认定的主要事实和证据、改变原行政行为所适用的规范依据，但未改变原行政行为处理结果的，视为复议机关维持原行政行为。”本案中，县政府增加征收名目和总额，属于“改变原具体行政行为的处理结果”，为复议改变，因此被告应为复议机关县政府，故 A 选项错误。

②根据《行政诉讼法》第 15 条的规定：“中级人民法院管辖下列第一审行政案件：（一）对国务院部门或者县级以上地方人民政府所作的行政行为提起诉讼的案件……”本案被告为县政府，故应由中级法院管辖，B 选项正确。

③《行政复议法实施条例》第 51 条规定：“行政复议机关在申请人的行政复议请求范围内，不得作出对申请人更为不利的行政复议决定。”县政府增加征收名目和总额，作出对孙某更为不利的复议决定，故该复议决定违法，C 选项正确。

④根据《行政诉讼法》第 67 条的规定：“人民法院应当在立案之日起五日内，将起诉状副本发送被告。被告应当在收到起诉状副本之日起十五日内向人民法院提交作出行政行为的证据和所依据的规范性文件，并提出答辩状。人民法院应当在收到答辩状之日起五日内，将答辩状副本发送原告。被告不提出答辩状的，不影响人民法院审理。”故 D 选项中，被告应当在收到起诉状副本之日起 10 日内提交答辩状的说法错误。

答案：BC

10. 王某是矿工，后患上严重肺结核，向区人社局申请工伤认定，区人社局以原用人单位股份制改革已经消亡，作出《工伤认定申请不予受理通知书》，王某不服而向区政府申请行政复议，区政府认为王某患病的情况不符合工伤认定条件，对其作出了《不予工伤认定决定书》，王某不服而以区人社局为被告提起行政诉讼，法院应当如何处理？（2021 年真题回忆版）

A. 告知追加区政府为共同被告

B. 告知变更区政府为被告

C. 裁定驳回起诉

D. 判决驳回诉讼请求

［考点］ 行政诉讼的被告；裁判

［解析］ 本案中，原行为是区人社局对王某的申请不予受理，复议决定是区政府作出了王某不构成工伤的决定书，此为复议改变，王某不服提起行政诉讼的，应当以复议机关为被告。A 选项，法院告知原告追加复议机关区政府为共同被告，错误。B 选项，法院在原告错列被告的情况下，告知原告将被告由原机关区人社局变更为复议机关区政府，正确。C 选

项，法院通知原告变更被告，如果原告不同意变更的，则裁定驳回起诉。但是本案案情中并未提到这一条件。C选项错误。D选项，被告胜诉的，法院才会作出驳回诉讼请求判决。本案案情并未涉及被告胜诉和原告败诉的信息。故D选项错误。

答案：B

11. 甲县政府认为某广告公司在高速公路附近建广告牌违法，责令其限期拆除，广告公司未予处理，甲县政府委托乙镇政府拆除了广告牌。广告公司以甲县政府为被告提起行政诉讼，请求法院确认拆除行为违法和赔偿损失50万元。下列说法正确的是？（2020年真题回忆版）

A. 法院应通知变更被告为镇政府

B. 法院直接追加镇政府为第三人

C. 应当由县政府作为赔偿义务机关

D. 应追加镇政府为被告

［解析］ ①本案中，甲县政府委托乙镇政府拆除了广告牌，当事人不服提起行政诉讼，应当以委托机关甲县政府为被告。因该行为产生赔偿责任的，应当由甲县政府作为赔偿义务机关。理由在于，在行政委托法律关系中，委托机关才是承担法律责任的行政主体，受委托机关或组织只是帮手，是行为主体，而不是责任主体。乙镇政府只是行为主体而不是行政主体，既不能当被告，也不对受委托作出的行政行为承担赔偿责任。故A、D选项错误、C选项正确。

②乙镇政府只是受委托机关，不承担责任，其与被诉行政行为无利害关系，不能作为第三人参加行政诉讼。故B选项错误。

答案：C

12. 为了优化营商环境，某市商务局将进出口许可委托给当地海关办理，一公司向当地海关申请进出口许可，当地海关不予许可。该公司向市政府申请行政复议，市政府作出维持不予许可的复议决定，该公司提起行政诉讼。下列哪一选项正确？（2023年真题回忆版）

A. 由中级法院管辖

B. 由基层法院管辖

C. 被告为市政府

D. 市商务局与当地海关为共同被告

［解析］ 某市商务局将进出口许可委托给了当地海关办理，那么对外承担责任的应为市商务局。该公司不服海关作出的不予许可决定，向市政府申请复议，被申请人应当为市商务局而非海关。市政府经审理，作出维持该不予许可的复议决定，该公司不服，向法院提起行政诉讼。复议维持案件应当是共同被告，故应以市商务局和市政府为共同被告，A、C、D选项说法错误。

复议机关作共同被告的案件，级别管辖应以作出原行政行为的行政机关即市商务局确定，故应由基层法院管辖。B选项说法正确。

答案：B

13. 市政府和甲公司签订《国有土地使用权出让合同》，其中约定了动工期限。但是甲公司超过一年以上未动工，市自然资源局经过市政府批准后，向甲公司作出《征收闲置费决定》，征收了80万元。下列说法正确的是？（2022年延考真题回忆版）

A. 如果甲公司对《征收闲置费决定》不服申请复议，复议机关为市政府

B. 《国有土地使用权出让合同》为不可撤销合同

C. 《征收闲置费决定》属于行政确认

D. 如果甲公司对《征收闲置费决定》不服提起诉讼，被告是市自然资源局

［解析］ ①本案是下级经上级批准的行政行为，应当以职权机关为被申请人，即市政府为被申请人，复议机关为省政府。故A选项

错误。

②B 选项错误。理由在于，无正当理由让建设用地长期闲置的行为，属于违法行为，若处罚后经过合理期限仍不改正，构成根本违约，出让方有权解除或撤销出让合同，收回国有用地使用权。

③《闲置土地处置办法》第 14 条第 1 项规定，未动工开发满 1 年的，由市、县国土资源主管部门报经本级人民政府批准后，向国有建设用地使用权人下达《征缴土地闲置费决定书》，按照土地出让或者划拨价款的 20% 征缴土地闲置费。土地闲置费不得列入生产成本。因而，征收闲置费在性质上属于行政处罚，而不属于行政确认。故 C 选项错误。

④本案是下级经上级批准的行政行为，当事人不服应当以作出行政行为的机关为被告，本案中，征收闲置费的行为是由市自然资源局作出的，所以被告是市自然资源局。故 D 选项正确。

答案：D

14. 区政府对某小区作出征收决定，当事人不服向市政府复议，市政府以超过行政复议的申请期限为由不予受理。当事人对征收决定不服，向法院提起诉讼，下列说法正确的是？（2022 年延考真题回忆版）

A. 区政府为被告

B. 市政府为被告

C. 区政府和市政府为共同被告

D. 市政府为被告，区政府为第三人

［解析］ 本案属于复议机关不作为案件，依据法律规定，当事人不服原行为而起诉的，应当以原机关为被告；对复议机关不作为不服的应当以复议机关为被告。本案中，当事人对征收决定不服，应当以原机关为被告。故 A 选项正确，B、C、D 选项错误。

答案：A

考点 3 行政诉讼第三人与代表人制度

15. 村民甲带领乙、丙等人，与造纸厂协商污染赔偿问题。因对提出的赔偿方案不满，甲、乙、丙等人阻止生产，将工人李某打伤。公安局接该厂厂长举报，经调查后决定对甲拘留 15 日、乙拘留 5 日，对其他人未作处罚。甲向法院提起行政诉讼，法院受理。下列哪些人员不能成为本案的第三人？（2012/2/82）

A. 丙

B. 乙

C. 李某

D. 造纸厂厂长

［疑难辨析］ 本案的陷阱在于对第三人条件的理解。行政诉讼第三人是同提起诉讼的具体行政行为有利害关系的公民、法人或者其他组织。本案中的丙和造纸厂厂长就是由此设计的干扰选项。另外，本题为选非题，考生一定要审题细致。

［解析］ ①根据《行政诉讼法》第 29 条的规定："公民、法人或者其他组织同被诉行政行为有利害关系但没有提起诉讼，或者同案件处理结果有利害关系的，可以作为第三人申请参加诉讼，或者由人民法院通知参加诉讼。人民法院判决第三人承担义务或者减损第三人权益的，第三人有权依法提起上诉。"可见，本案被诉的行政行为是行政拘留，法院审理的对象就是公安机关对甲作出的行政拘留决定。被拘留的是甲和乙，而丙未受到任何处罚。只有行政行为影响到权利义务关系的当事人才能作为第三人。本案中，丙虽然与甲、乙共同实施了违反治安管理的行为，但其没有受到处罚，即其权利义务并未受到行政行为的损害，与行政行为之间不存在法律上直接的利害关系，不能作为案件的第三人。造纸厂厂长在本案中与甲、乙、丙之间存在着民事上的法律关系，但与本案不存在行政法意义上的利害关系，厂长不能作为本案的第三人，故 A、D 选

项当选。

②依据上述法条可知，乙被处罚的事实是与甲基于同一个违反治安管理的行为，本案的审判结果对其权利义务关系会产生直接影响，所以，在甲提起的行政诉讼中可以作为相对人型的第三人。所以B选项不当选。

③《行诉法解释》第12条规定："有下列情形之一的，属于行政诉讼法第二十五条第一款规定的'与行政行为有利害关系'：……（三）要求行政机关依法追究加害人法律责任的……"李某作为受害人，与行政处罚之间存在着法律上的直接利害关系，就行政机关对甲作出的处罚决定不服，有权作为第三人参加诉讼。故C选项不当选。

[举一反三] 如果把题目改为受害人李某不服向法院起诉，则本案中的第三人有哪些？甲和乙作为被处罚的行政相对人与被诉的行政拘留之间存在利害关系，是第三人。厂长作为民事法律关系主体，依然不是第三人。关键是丙是否是第三人，答案是第三人。理由在于，李某作为受害人不服的是公安局作出的整个行政处罚决定，包括事实认定、法律适用、处罚结果等，甲、乙、丙都殴打了李某，都是加害人，李某不服的不仅是甲、乙被处罚太轻，还可能是对丙的不处罚。所以，法院会对整个处罚决定进行审查，如果发现丙是漏网之鱼，应当被行政处罚，则法院会向公安机关提出司法建议，让其处罚加害人丙。可见，此时案件的审理结果与丙存在利害关系，其是本案的第三人。

答案：AD

16. 交警江某以刘某的货车涉嫌套牌以及发动机号和车架号无法查对为由将其车辆扣留，并口头告知刘某提供其他合法有效手续。在刘某提供了更换发动机缸体造成不显示号码等证明材料的情况下，交警大队既不调查核实又长期扣留涉案车辆。刘某不服，向法院提起行政诉讼。下列说法正确的是？（2019年真题回忆版）

A. 本案中交警大队的扣留行为存在证据不足、程序违法和滥用职权等违法情形

B. 本案的被告是交警大队

C. 交警大队的行为违反了比例原则

D. 法院应当作出撤销判决

[解析]　本题考查的是行政机关在行政执法中的乱作为和不作为的违法行为，需要结合行政法多个知识点综合作答。

①依据《行政强制法》的规定，交警大队要对当事人的车辆实施扣押等强制措施，前提条件是为了调查所必须进行。本案中，交警大队以刘某的货车涉嫌套牌以及发动机号和车架号无法查对为由将其车辆扣留，并口头告知刘某提供其他合法有效手续。在刘某提供了更换发动机缸体造成不显示号码等证明材料的情况下，交警大队既不调查核实又长期扣留涉案车辆。可见，交警大队不调查核实导致其证据不足；口头告知当事人提供手续，属于程序违法；无正当理由长期扣押车辆属于滥用职权。故A选项正确。

②交警大队是公安机关的内设机构。按照《道路交通安全法》的授权，交通警察执法机构，即交警大队，享有包括处罚和强制措施在内的行政执法权，属于被授权组织，在授权范围内，以自己名义作出行政行为的，具有适格的被告资格。本案中，刘某对交警大队的扣车行为不服，应当以交警大队为被告提起行政诉讼。故B选项正确。

③行政法中的比例原则要求行政机关作出的行政行为必须符合立法的目的，采取的措施和目的之间符合适当性，应当选择对当事人权益损害最小的措施。本案中，交警大队以刘某的货车涉嫌套牌以及发动机号和车架号无法查对为由将其车辆扣留，后刘某提供了相应的证据表明了扣押行为应当被终止并返还车辆。但是，交警大队未进行调查，且一直扣押车

辆，此行为损害了当事人的车辆使用权，明显违反了比例原则的要求。故C选项正确。

④关于法院的判决类型，被诉行政行为属于作为，又是违法的，则法院一般作出撤销判决，如果不存在可撤销内容，或者撤销将给公共利益造成重大损害的，则作出确认违法判决。本案中，交警大队的行政行为是扣押车辆，该行政行为一旦实施之后，就不存在可以被撤销的可能，所以法院应当作出确认违法判决。故D选项错误。

答案：ABC

17. 某区综合执法局工作人员王某在执法过程中与公民刘某发生肢体冲突，将刘某打成轻微伤。区公安分局对王某作出拘留5天，罚款500元的处罚决定。王某不服，向区政府申请行政复议，复议机关经审理认为王某打伤刘某属于职务行为，作出复议决定撤销原处罚决定。刘某不服，提起行政诉讼。下列说法正确的是？（2019年真题回忆版）

A. 刘某应当以区政府为被告提起诉讼

B. 刘某是行政复议的第三人

C. 本案的争议焦点是王某的行为是否属于职务行为

D. 本案的被告可以提起反诉

［解析］①本案中，区政府作为行政复议机关作出了撤销决定，属于复议改变。依据法律规定，当事人对复议改变行为不服提起行政诉讼的，应当以复议机关为被告。所以，刘某应当以区政府为被告提起诉讼，A选项说法正确。

②王某殴打刘某而被区公安分局处罚，王某不服申请行政复议，被审查的行政行为是区公安分局作出的行政处罚行为，刘某作为受害人型的行政相关人，与该行为之间存在利害关系，是本次行政复议的第三人，故B选项正确。

③行政诉讼中案件的争议焦点就是各方当事人存在最主要争议的问题。本案中，复议机关区政府认为王某的行为属于职务行为，王某在执法过程中不是以独立的主体身份存在，其主体资格被区综合执法局所吸收，应当对其进行行政机关内部人事处理，而不是作为普通行政相对人进行处罚。所以区政府认为区公安分局对王某的处罚决定违法，作出了撤销原行为的复议决定。该复议决定被提起诉讼，所以，王某的行为是否属于职务行为这一问题的判断，必然决定着被起诉的复议决定是否合法。可见，王某的行为是否是职务行为属于本案的争议焦点。故C选项正确。

④行政诉讼只有“民告官”，不准许“官告民”，所以，行政诉讼与民事诉讼不一样，不存在反诉一说。故D选项错误。

答案：ABC

18. A市B区公安分局对治安违法的甲企业罚款50万元，甲企业不服处罚决定，向位于A市C区的市政府申请行政复议，市政府改为罚款20万元，甲企业仍不服，向法院起诉，下列说法错误的是？（2019年真题回忆版）

A. 区公安分局和市政府为共同被告，市中院有管辖权

B. 区公安分局和市政府为共同被告，C区法院有管辖权

C. 市政府为被告，C区法院有管辖权

D. 市政府为被告，B区法院有管辖权

［解析］①关于被告，本案中原机关区公安分局罚款50万元，复议机关市政府的复议决定将其改为20万元，此属于典型的复议改变。当事人不服而起诉的，应当以复议机关市政府为被告。

②关于管辖。首先从级别管辖角度看，因为级别管辖是由被告确定的，本案的被告是复议机关市政府，依法应当由中级法院管辖。其次从地域管辖角度看，本案是经过复议的案件，既可以由原机关区公安分局所在地法院管辖，也可以由复议机关市政府所在地法院管

辖。综上，本案有管辖权的法院是A市中级法院。所以，A、B、C、D选项错误。

答案：ABCD

19. 王某向甲区公安分局申请公开某份行政处罚决定书，甲区公安分局作出了不予公开决定。王某向区政府申请行政复议，区政府以区公安分局对王某作出的答复过期1日为由，作出确认原行政行为违法并作出不予公开的复议决定，王某仍不服而提起行政诉讼，下列说法正确的是？（2021年真题回忆版）

A. 由区政府对复议决定的合法性承担证明责任

B. 具有一定社会影响的行政处罚决定书属于应该主动公开的范围

C. 本案可以由区公安分局所在地法院管辖

D. 区公安分局和区政府为共同被告

［考点］ 行政诉讼被告；举证责任；管辖

［解析］ 复议机关区政府以原机关区公安分局作出答复过期1日为由，作出了确认原行为违法，而不是撤销决定，条件是该程序违法情节轻微，对当事人的实体权利不产生实际影响，该决定为复议维持而不是复议改变。A选项，复议维持共同告中，法院对原行为和复议决定一并审理，一并裁判，复议机关对复议决定的合法性承担举证责任。故A选项正确。B选项，实施行政处罚、行政强制的依据、条件、程序以及本行政机关认为具有一定社会影响的行政处罚决定应当主动公开。故B选项正确。C选项，经过复议再起诉的案件，原机关和复议机关所在地法院都有管辖权。故C选项正确。D选项，经过行政复议，复议机关作出复议维持决定，当事人不服而起诉的，应当以原机关和复议机关为共同被告。故D选项正确。

答案：ABCD

专题十四 行政诉讼程序

考情分析

本专题的知识点较为丰富，考点很多，但并非命题重点。从历年考题来看，重点集中在提起行政诉讼的条件，包括起诉的一般条件、起诉的时间条件、起诉的程序条件三部分。其中起诉的时间条件是常考点，易错之处在于起诉期限中不同情形下起算点的不同。本专题记忆性内容较多，复习中要注意总结归纳。

考点 1 行政诉讼的起诉期限

1. 2009 年 3 月 15 日，严某向某市房管局递交出让方为郭某（严某之母）、受让方为严某的房产交易申请表以及相关材料。4 月 20 日，该局向严某核发房屋所有权证。后因家庭纠纷郭某想出售该房产时发现房产已不在名下，于 2013 年 12 月 5 日以该局为被告提起诉讼，要求撤销向严某核发的房屋所有权证，并给自己核发新证。一审法院判决维持被诉行为，郭某提出上诉。下列哪一说法是正确的？（2014/2/84）

A. 本案的起诉期限为 2 年

B. 本案的起诉期限从 2009 年 4 月 20 日起算

C. 如诉讼中郭某解除对诉讼代理人的委托，在其书面报告法院后，法院应当通知其他当事人

D. 第二审法院应对一审法院的裁判和被诉具体行政行为是否合法进行全面审查

［解析］ 本题考查了行政诉讼的起诉期限、委托代理人、二审审理对象等知识点。《行政诉讼法》第 46 条规定："公民、法人或者其他组织直接向人民法院提起诉讼的，应当自知道或者应当知道作出行政行为之日起六个月内提出。法律另有规定的除外。因不动产提起诉讼的案件自行政行为作出之日起超过二十年，其他案件自行政行为作出之日起超过五年提起诉讼的，人民法院不予受理。"《行诉法解释》第 64 条规定："行政机关作出行政行为时，未告知公民、法人或者其他组织起诉期限的，起诉期限从公民、法人或者其他组织知道或者应当知道起诉期限之日起计算，但从知道或者应当知道行政行为内容之日起最长不得超过一年。复议决定未告知公民、法人或者其他组织起诉期限的，适用前款规定。"

①行政诉讼的起诉期限为 6 个月，即当事人应当在知道或者应当知道行政行为之日起 6 个月内向法院提起行政诉讼，而不是 2 年。故 A 选项错误。

②行政诉讼期限的起算点分三种情形：当事人知道行为内容又知道诉权时，从知道或应当知道行为之日起；当事人只知道内容不知道诉权的，从知道诉权之日起；当事人不知道行为内容也不知道诉权的，从知道内容之日起。本案原告郭某对市房管局向严某核发房屋所有

权证的行为属于既不知道内容也不知道诉权，故起诉期限不是从2009年4月20日市房管局向严某核发房屋所有权证即行为作出之日起计算，而是从郭某知道此行为内容之日起计算。故B选项错误。当然，行政行为作出之日在此案中也有意义，即郭某知道行为内容之日不得超过行为作出之日即2009年4月20日起20年。

③《行诉法解释》第31条规定："当事人委托诉讼代理人，应当向人民法院提交由委托人签名或者盖章的授权委托书。委托书应当载明委托事项和具体权限。公民在特殊情况下无法书面委托的，也可以由他人代书，并由自己捺印等方式确认，人民法院应当核实并记录在卷；被诉行政机关或者其他有义务协助的机关拒绝人民法院向被限制人身自由的公民核实的，视为委托成立。当事人解除或者变更委托的，应当书面报告人民法院。"行政诉讼中，原告如果要解除对诉讼代理人的委托，应当书面报告法院，但是司法解释并没有规定法院应当通知其他当事人。故C选项错误。

④我国行政诉讼二审实行全面审查原则。《行政诉讼法》第87条规定："人民法院审理上诉案件，应当对原审人民法院的判决、裁定和被诉行政行为进行全面审查。"故D选项正确。

答案：D

2. 甲县政府通过招商引资吸引沈某到当地开沙场，双方签订了《合作开采协议》，后来甲县政府作出决定要加强生态资源保护，不再履行协议约定义务。沈某不服，向法院起诉，主张甲县政府违约而请求解除合同。下列说法正确的是？（2020年真题回忆版）

A. 适用行政起诉期限6个月

B. 适用民法诉讼时效3年

C. 沈某对解除合同的主张承担举证责任

D. 双方可以约定由基层法院管辖

[解析] ①关于A、B选项，本案属于行政协议诉讼，在起诉期限上适用"行政的归行政，民事的归民事"原则。理由在于，行政协议案件的案由既可能是行政机关行使优益权作出的单方行政行为，也可能是行政机关违法不履行或未按照合同约定履行协议。如果是前者引发的行政诉讼，则适用行政诉讼的6个月起诉期限；如果是后者引发的行政诉讼，则要适用民事诉讼3年的诉讼时效。本案中，县政府在与沈某签订行政协议后不再履行协议约定义务，沈某以县政府违约而起诉请求解除合同，属于后者，应当适用民事诉讼3年的诉讼时效。故A选项错误，B选项正确。

②关于C选项，行政协议案件，如果原告以被告违约或存在约定或法定撤销、解除协议的情形而起诉的，适用"民事的归民事"原则，应当由原告对撤销、解除行政协议的事由承担举证责任。故C选项正确。

③关于D选项，行政协议案件当事人可以书面协议约定的是除专属管辖之外的地域管辖，而不是级别管辖。当事人依法可以书面协议的方式选择被告所在地、原告所在地、协议履行地、协议订立地、标的物所在地等与争议有实际联系地点的人民法院管辖的，人民法院从其约定，但违反级别管辖和专属管辖的除外。D选项中双方可以约定由基层法院管辖是指约定级别管辖，不符合司法解释的规定。故D选项错误。

答案：BC

3. A区政府与甲签订棚户区《征收补偿协议》，约定以仲裁方式解决争议。后甲以签协议受胁迫为由，诉求法院解除该协议。下列说法正确的是？（2021年真题回忆版）

A. 法院应当以协议中约定了仲裁条款为由裁定不予受理

B. 甲承担解除协议的举证责任

C. 本案不适用调解

D. 法院应当以协议中约定了仲裁条款为由判决确认协议无效

［考点］ 行政协议诉讼

［解析］ 关于A、D选项，行政协议约定仲裁的，法院应当确认仲裁条款无效，而不是对原告的起诉裁定不予受理，或者经审理判决确认整个行政协议无效。而应当仅就仲裁条款确认无效，整个行政协议的效力并不受影响。A、D选项错误。B选项，行政协议案件中，主张解除或撤销行政协议的一方就满足解除或撤销条件承担举证责任。原告起诉主张解除协议的，应当对自己的主张承担举证责任。故B选项正确。C选项，法院审理行政协议案件，可以依法进行调解。法院进行调解时，应当遵循自愿、合法原则，不得损害国家利益、社会公共利益和他人合法权益。故C选项错误。

答案：B

4. 甲公司与县住建局签订《征收补偿协议书》，协议约定补偿100万元。后县住建局未支付补偿款，甲公司提起诉讼，请求支付补偿款100万元以及违约金。下列说法正确的是？（2023年真题回忆版）

A. 诉讼时效按照民事法律规范确定

B. 法院不得适用民事合同的规定审理此案

C. 就县住建局是否支付补偿款发生争议，应由甲公司举证

D. 对甲公司提出按照支付违约金的条款来支付违约金这一请求，法院应不予支持

［解析］ ①《最高人民法院关于审理行政协议案件若干问题的规定》第25条规定："公民、法人或者其他组织对行政机关不依法履行、未按照约定履行行政协议提起诉讼的，诉讼时效参照民事法律规范确定；对行政机关变更、解除行政协议等行政行为提起诉讼的，起诉期限依照行政诉讼法及其司法解释确定。"本案属于公民、法人或者其他组织对行政机关不依法履行、未按照约定履行行政协议提起诉讼的情形，故诉讼时效应参照民事法律规范确定。A选项说法正确。

②《最高人民法院关于审理行政协议案件若干问题的规定》第12条第2款规定："人民法院可以适用民事法律规范确认行政协议无效。"B选项说法错误。

③《最高人民法院关于审理行政协议案件若干问题的规定》第10条第3款规定："对行政协议是否履行发生争议的，由负有履行义务的当事人承担举证责任。"C选项说法错误。

④《最高人民法院关于审理行政协议案件若干问题的规定》第19第2款规定："原告要求按照约定的违约金条款或者定金条款予以赔偿的，人民法院应予支持。"D选项说法错误。

答案：A

5. 甲县政府决定对某段国有土地上的房屋实施征收拆迁，黄某的房屋在拆迁范围内，甲县政府与黄某签订《房屋拆迁补偿协议》，拆迁款100万元，后甲县政府认为黄某房屋实际面积小于协议中约定的面积，于是自行将拆迁款改为80万元，黄某不服提起行政诉讼，以下说法错误的是？（2021年真题回忆版）

A. 诉讼时效应符合行政诉讼法及司法解释规定

B. 甲县政府单方变更，所以是违法的

C. 甲县政府违反职权法定原则，所以违法

D. 黄某应先复议再起诉

［考点］ 行政协议诉讼

［解析］ 关于A选项，在行政协议诉讼中，采取"行政的归行政，民事的归民事"原则。即如果当事人是由于对行政机关行使行政优先权单方变更或解除行政协议不服而起诉，则起诉期限、适用法律、举证责任、裁判等都适用行政诉讼法的规定。相反，如果当事人对行政机关不依法履行、未按照约定履行行政协议提起诉讼的，诉讼时效等则参照民事法律规范确定。本案的行政协议中，县政府单方变更协议，起诉期限应当符合行政诉讼法及司

法解释规定。故A选项正确。关于B选项，如果为了公共利益的需要，有权单方变更解除行政协议，属于合法的行政行为。本案中，当县政府发现房屋的实际面积小于协议约定时，为了国家利益，将补偿金依法减少，是维护公共利益的合法行为。故B选项错误。关于C选项，县政府为了实现和维护公共利益，有依法对当事人房屋进行征收并拆迁补偿的行政权力。故C选项错误。关于D选项，本案不属于复议前置的情形。故D选项错误。

答案：BCD

6. 孙某和孙小某是父子，户主孙某是房屋的所有权人。畅春区政府决定对该区大明湖周边地区进行拆迁改造。孙小某以其父亲孙某的名义与畅春区政府签订了房屋征收补偿协议。双方在行政协议中约定如果发生争议，由协议签订地法院管辖。孙某称对该征收补偿协议不知情，向法院提起诉讼，请求确认该征收补偿协议无效。则下列说法正确的是？（2022年真题回忆版）

A. 法院不能以民事法律规范确认行政协议无效

B. 该协议约定的管辖法院无效

C. 若无效的事由在一审法庭辩论终结前消失，法院可裁定驳回原告起诉

D. 法院应当对该征收协议的合法性进行审查

［考点］　行政协议诉讼

［解析］　①由于行政协议既有行政行为的基本属性，也带有民事合同的色彩，所以行政协议存在行政诉讼法规定的重大且明显违法情形的，人民法院应当确认行政协议无效；人民法院也可以适用民事法律规范确认行政协议无效。A选项说法错误。

②当事人书面协议约定选择被告所在地、原告所在地、协议履行地、协议订立地、标的物所在地等与争议有实际联系地点的人民法院管辖的，人民法院从其约定，但违反级别管辖和专属管辖的除外。本案属于不动产案件，应为专属管辖。故该协议约定的管辖法院无效。B选项说法正确。

③行政协议无效的原因在一审法庭辩论终结前消除的，人民法院可以确认行政协议有效，而不是裁定驳回起诉。C选项说法错误。

④与行政诉讼案件中法院一般只审查合法性一致，行政协议案件的司法审查同样侧重于合法性审查。法院审理行政协议案件，应当对被告订立、履行、变更、解除行政协议的行为是否具有法定职权、是否滥用职权、适用法律法规是否正确、是否遵守法定程序、是否明显不当、是否履行相应法定职责进行合法性审查。D选项说法正确。

答案：BD

✪ 考点2　行政诉讼的受理

案情： 某环保联合会对某公司提起环境民事公益诉讼，因在诉讼中需要该公司的相关环保资料，遂向县环保局提出申请公开该公司的排污许可证、排污口数量和位置等有关环境信息。申请书中载明了单位名称、住所地、联系人及电话并加盖了公章、获取信息的方式等。县环保局收到申请后，要求环保联合会提供申请人身份的证明材料。环保联合会提供了社会团体登记证复印件。县环保局以申请公开的内容不明确为由拒绝公开，该环保联合会申请行政复议，复议机关维持了原行为，遂提起行政诉讼。请回答第7—8题。

7. 关于本案的起诉，下列说法正确的是？（2017/2/98）

A. 本案由被告所在地法院或者环保联合会所在地的法院管辖

B. 本案被告是县环保局

C. 如法院当场不能判定起诉是否符合条件的，应接收起诉状，出具注明收到日期的书

面凭证，并在7日内决定是否立案

D. 如法院当场不能判定起诉是否符合条件，经7日内仍不能作出判断的，应裁定暂缓立案

[解析] ①本题被诉的行政行为是一般行为，所以属于一般地域管辖，即适用“原告就被告”而不是“原告加被告”，也就是应当由县环保局所在地法院管辖，而不是由环保联合会所在地的法院管辖。故A选项错误。

②本案原行为是政府信息公开的不作为，应当复议前置，复议机关不作为而起诉的，应当以复议机关为被告提起诉讼，而不得以原机关为被告。本案原机关是县环保局，复议机关是县政府，故本案被告为县政府。故B选项错误。

③《行政诉讼法》第51条规定：“人民法院在接到起诉状时对符合本法规定的起诉条件的，应当登记立案。对当场不能判定是否符合本法规定的起诉条件的，应当接收起诉状，出具注明收到日期的书面凭证，并在七日内决定是否立案。不符合起诉条件的，作出不予立案的裁定。裁定书应当载明不予立案的理由。原告对裁定不服的，可以提起上诉。起诉状内容欠缺或者有其他错误的，应当给予指导和释明，并一次性告知当事人需要补正的内容。不得未经指导和释明即以起诉不符合条件为由不接收起诉状。对于不接收起诉状、接收起诉状后不出具书面凭证，以及不一次性告知当事人需要补正的起诉状内容的，当事人可以向上级人民法院投诉，上级人民法院应当责令改正，并对直接负责的主管人员和其他直接责任人员依法给予处分。”由此可见，法院当场不能判定起诉是否符合条件的，应接收起诉状，出具注明收到日期的书面凭证，并在7日内决定是否立案。故C选项正确。

④《行诉法解释》第53条规定：“人民法院对符合起诉条件的案件应当立案，依法保障当事人行使诉讼权利。对当事人依法提起的诉讼，人民法院应当根据行政诉讼法第五十一条的规定接收起诉状。能够判断符合起诉条件的，应当当场登记立案；当场不能判断是否符合起诉条件的，应当在接收起诉状后七日内决定是否立案；七日内仍不能作出判断的，应当先予立案。”根据此规定，7日内仍不能作出判断的，应当先予立案，没有暂缓立案的说法。故D选项错误。

答案：C

8. 若法院受理此案，关于此案的审理，下列说法正确的是？（2017/2/99）

A. 法院审理第一审行政案件，当事人各方同意适用简易程序的，可适用简易程序

B. 县政府负责人出庭应诉的，可另委托1至2名诉讼代理人

C. 县政府应当对复议不作为的合法性举证

D. 法院应要求环保联合会对其所申请的信息与其自身生产、生活、科研等需要的相关性进行举证

[解析] ①《行政诉讼法》第82条第1款规定：“人民法院审理下列第一审行政案件，认为事实清楚、权利义务关系明确、争议不大的，可以适用简易程序：……（三）属于政府信息公开案件的。”本案中原告对县环保局拒绝公开政府信息行为不服起诉，可以适用简易程序。同时，即使是其他一般案件，只要各方当事人协商一致同意适用简易程序，就可以适用简易程序审理。故A选项正确。

②行政机关负责人是代表被告出庭，其自己并不是被告。所以，作为被告的行政机关除了由负责人作为代表出庭，还可以委托1至2名代理人参加庭审。《行诉法解释》第128条第2款规定：“行政机关负责人出庭应诉的，可以另行委托一至二名诉讼代理人。行政机关负责人不能出庭的，应当委托行政机关相应的工作人员出庭，不得仅委托律师出庭。”由此

可见，被告县政府负责人出庭应诉的，可另行委托1至2名诉讼代理人。故B选项正确。

③被告应当对被诉行政行为的合法性承担举证责任，本案被诉的行政行为是复议机关的不作为，则其应当就不作为的理由举证。故C选项正确。

④申请政府信息公开保障的是当事人的知情权，并不要求当事人与所申请的信息之间存在特殊需要的相关性，所以新修订的《政府信息公开条例》已经删除了申请人需说明其所申请的信息是其自身生产、生活、科研等有特殊需要的规定，当事人起诉时也就没有了相应的举证责任。故D选项错误。

答案：ABC

9. 2006年5月9日，县公安局以甲偷开乙的轿车为由，向其送达1000元罚款的处罚决定书。甲不服，于同月19日向市公安局申请行政复议。6月8日，复议机关同意甲撤回复议申请。6月20日，甲就该处罚决定向法院提起行政诉讼。下列说法正确的是？（2010/2/100）

A. 对甲偷开的轿车县公安局可以扣押

B. 如甲能够证明撤回复议申请违背其真实意思表示，可以同一事实和理由再次对该处罚决定提出复议申请

C. 甲逾期不缴纳1000元罚款，县公安局可以每日按罚款数额的3%加处罚款

D. 法院不应当受理甲的起诉

［解析］①根据《治安管理处罚法》第89条第1款的规定："公安机关办理治安案件，对与案件有关的需要作为证据的物品，可以扣押；对被侵害人或者善意第三人合法占有的财产，不得扣押，应当予以登记。对与案件无关的物品，不得扣押。"甲偷开的轿车为被侵害人乙所有，乙是受害人，车辆是乙的财产，公安机关应当对车辆进行登记，然后返还给乙，而不是扣押车辆。故A选项错误。

②根据《行政复议法实施条例》第38条第2款的规定："申请人撤回行政复议申请的，不得再以同一事实和理由提出行政复议申请。但是，申请人能够证明撤回行政复议申请违背其真实意思表示的除外。"可知，撤回复议申请，原则上不得再次就同一事实和理由申请复议。但是如果甲能够证明撤回复议申请违背其真实意思表示的，可以就同一事实和理由再次对该处罚决定提出复议申请。故B选项正确。

③当事人对金钱给付类义务逾期不履行的，行政机关有权强制执行，程序上是先间接强制执行，再直接强制执行。间接强制执行是指收取滞纳金或执行罚，直接强制执行是指拍卖、变卖或划拨。根据《行政处罚法》第72条的规定："当事人逾期不履行行政处罚决定的，作出行政处罚决定的行政机关可以采取下列措施：（一）到期不缴纳罚款的，每日按罚款数额的百分之三加处罚款，加处罚款的数额不得超出罚款数额……"故C选项正确。

［举一反三］罚款的强制执行

当事人应当在15日内缴纳罚款，逾期不履行的，每日加收3%的滞纳金，收取30日还不履行的，进行催告，催告期不履行的，有强制执行权的行政机关直接予以拍卖、变卖或划拨。无强制执行权的行政机关申请法院非诉执行。

④对于复议、诉讼自由选择的案件，当事人既可以复议也可以诉讼，复议之后还可以再诉讼。如果当事人先申请复议，后申请撤回复议申请被批准，只要还在起诉期限内，当事人还有权提起行政诉讼。理由是其放弃的是申请复议的权利，而不是诉讼的权利。起诉期限为从对其作出行政行为之日起6个月内。根据《行政诉讼法》第44条第1款的规定："对属于人民法院受案范围的行政案件，公民、法人或者其他组织可以先向行政机关申请复议，对复议决定不服的，再向人民法院提起诉讼；也可以直接向人民法院提起诉讼。"根据《行政诉讼法》第46条的规定："公民、法人或者其

他组织直接向人民法院提起诉讼的，应当自知道或者应当知道作出行政行为之日起六个月内提出。法律另有规定的除外。因不动产提起诉讼的案件自行政行为作出之日起超过二十年，其他案件自行政行为作出之日起超过五年提起诉讼的，人民法院不予受理。”本案中，甲知道行政行为的作出之日为5月9日，于6月20日提起行政诉讼，符合起诉期限的要求，法院应当受理。故D选项错误。

答案：BC

10. 王某提起行政诉讼被法院以不符合原告资格为由裁定驳回起诉后，王某等裁定生效后申请再审，下列选择正确的是？（2023年真题回忆版）

A. 如果裁定再审，应另行组成合议庭

B. 王某应该在裁定生效后六个月内申请

C. 法院应该将再审申请书副本发送给行政机关

D. 王某申请再审应该提交自己符合原告资格的证据

［解析］ ①《行诉法解释》第119条第2款规定：“人民法院审理再审案件，应当另行组成合议庭。”A选项说法正确。

②《行诉法解释》第110条规定：“当事人向上一级人民法院申请再审，应当在判决、裁定或者调解书发生法律效力后六个月内提出。有下列情形之一的，自知道或者应当知道之日起六个月内提出：（一）有新的证据，足以推翻原判决、裁定的；（二）原判决、裁定认定事实的主要证据是伪造的；（三）据以作出原判决、裁定的法律文书被撤销或者变更的；（四）审判人员审理该案件时有贪污受贿、徇私舞弊、枉法裁判行为的。”本案不存在这些延长再审申请期限的特殊情形，故应该在裁定生效后六个月内申请再审。B选项说法正确。

③《行诉法解释》第111条规定：“当事人申请再审的，应当提交再审申请书等材料。人民法院认为有必要的，可以自收到再审申请书之日起五日内将再审申请书副本发送对方当事人。对方当事人应当自收到再审申请书副本之日起十五日内提交书面意见。人民法院可以要求申请人和对方当事人补充有关材料，询问有关事项。”据此可知，只有在人民法院认为有必要的时候，方需将再审申请书副本发送对方当事人。C选项说法过于绝对，是错误的。

④《最高人民法院关于行政诉讼证据若干问题的规定》第4条第1款规定：“公民、法人或者其他组织向人民法院起诉时，应当提供其符合起诉条件的相应的证据材料。”既然王某向法院提起行政诉讼，被法院以不符合原告资格为由裁定驳回起诉。申请再审即应提交证明自己符合原告资格的证据材料。D选项说法正确。

答案：ABD

专题十五 行政诉讼证据

考情分析

本专题前几年是法考的热点，每年必考，这两年热度下降，考查不多。其主要考点是：行政诉讼证据的概念和种类、举证责任、提供证据的要求、调取和保全证据、证据的对质辨认和核实、证据的审核认定。

法考中对证据的考查，可以说是详尽而又有难度，历年的考查基本覆盖了证据中重要知识点的全部内容，包括物证、鉴定意见、现场笔录、证据类型辨析、证据合法性、二审新证据、举证期限和责任、原告申请法院调取证据的适用范围、质证的范围和形式、证据的效力等。考生若要在这部分中取得高分，就要将《行政诉讼法》《行诉法解释》以及《关于行政诉讼证据若干问题的规定》这三个有关行政诉讼证据制度的法律法规熟识、理解透彻，以法条为本，以不变应万变。

考点1 举证责任

1. 市城管执法局委托镇政府负责对一风景区域进行城管执法。镇政府接到举报并经现场勘验，认定刘某擅自建房并组织强制拆除。刘某父亲和嫂子称房屋系二人共建，拆除行为侵犯合法权益，向法院起诉，法院予以受理。关于此案，下列哪些说法是正确的？（2010/2/89）

A. 此案的被告是镇政府

B. 刘某父亲和嫂子应当提供证据证明房屋为二人共建或与拆除行为有利害关系

C. 如法院对拆除房屋进行现场勘验，应当邀请当地基层组织或当事人所在单位派人参加

D. 被告应当提供证据和依据证明有拆除房屋的决定权和强制执行的权力

［疑难辨析］ 行政诉讼的举证责任具有特殊性，因此成为法考的重点。注意，在行政诉讼中，原告的举证责任是有限的，证明被诉行政行为的违法性不属于原告的举证责任，而是其享有的权利，其并不承担对此举证不能的后果。而被告须对被诉行政行为的合法性承担举证责任，D选项即是对这一问题的考查。对于此考点，关键是要掌握原告和被告各自的举证责任的范围，对相关法条要熟练记忆并能理解运用。

［解析］ ①委托行政的被告确定。委托机关是行政主体，受委托机关是行为主体。当事人不服起诉的，应当以行政主体即委托机关为被告，而不是以受委托的行为主体为被告。根据《行政诉讼法》第26条第5款的规定："行政机关委托的组织所作的行政行为，委托的行政机关是被告。"本案中，虽然是镇政府对房屋实施了强制拆除行为，但其是接受了市城

管执法局的委托，故原告应以委托机关市城管执法局为被告提起行政诉讼。故A选项错误。

②行政诉讼的原告应当证明自己具有原告资格，即证明自己是被诉行政行为的利害关系人，要么是行政相对人，要么是行政相关人。根据《行政诉讼法》第49条的规定："提起诉讼应当符合下列条件：（一）原告是符合本法第二十五条规定的公民、法人或者其他组织；（二）有明确的被告；（三）有具体的诉讼请求和事实根据；（四）属于人民法院受案范围和受诉人民法院管辖。"因此刘某父亲和嫂子要作为原告向法院起诉，必须证明自己是被诉行政行为的行政相对人或者行政相关人，即应当提供相应证据证明房屋为二人共建或与拆除行为有利害关系。故B选项正确。

③《最高人民法院关于行政诉讼证据若干问题的规定》第33条第2款规定："勘验现场时，勘验人必须出示人民法院的证件，并邀请当地基层组织或者当事人所在单位派人参加。当事人或其成年亲属应当到场，拒不到场的，不影响勘验的进行，但应当在勘验笔录中说明情况。"可见，若法院对拆除房屋进行现场勘验，应当邀请当地基层组织或当事人所在单位派人参加。故C选项正确。

④被告应当对被诉行政行为的合法性承担举证责任。《行政诉讼法》第34条规定："被告对作出的行政行为负有举证责任，应当提供作出该行政行为的证据和所依据的规范性文件。被告不提供或者无正当理由逾期提供证据，视为没有相应证据。但是，被诉行政行为涉及第三人合法权益，第三人提供证据的除外。"本案中，被诉行政行为是拆除房屋的决定和强制执行行为。因此被告市城管执法局应当提供证据和依据，证明有拆除房屋的决定权和强制执行的权力，否则，将承担败诉的后果。故D选项正确。

答案：BCD

2. 某药厂以本厂过期药品作为主原料，更改生产日期和批号生产出售。甲市乙县药监局以该厂违反《药品管理法》第49条第1款关于违法生产药品规定，决定没收药品并处罚款20万元。药厂不服向县政府申请复议，县政府依《药品管理法》第49条第3款关于生产劣药行为的规定，决定维持处罚决定。药厂起诉。关于本案的举证与审理裁判，下列说法正确的有？（2012/2/98）

A. 法院应对被诉行政行为和药厂的行为是否合法一并审理和裁判

B. 药厂提供的证明被诉行政行为违法的证据不成立的，不能免除被告对被诉行政行为合法性的举证责任

C. 如在本案庭审过程中，药厂要求证人出庭作证的，法院不予准许

D. 法院对本案的裁判，应当以证据证明的案件事实为依据

［解析］①本题主要考查的是行政诉讼的证据规则。一些考生由于没有正确掌握行政诉讼的审理对象而认为A选项是正确的。B、C、D选项相对比较简单，只要能够记住相关法条规定，掌握行政诉讼举证责任的分配和证据要求就能够得出正确的结论。

②《行政诉讼法》第6条规定："人民法院审理行政案件，对行政行为是否合法进行审查。"可见，行政诉讼中法院的审查对象是被诉行政行为，本案中的被诉行政行为是作出原行为的药监局没收药品并处罚款20万元和复议维持决定，而原告药厂行为的合法性并不是本案直接的审理对象。故A选项错误。

③就行政行为的合法性而言，原告并不承担行政行为违法的举证责任，而是在行使举证权利。即使原告举证权利行使得并不成功，未能够证明被告行政行为违法，因为被告承担着证明行政行为合法的举证责任，所以并不因为原告的权利未行使而免除被告的证明责任。也就是说，如果原告未能证明行政行为违法，而

被告也未能证明行政行为合法的，由被告承担败诉的结果。根据《行政诉讼法》第37条的规定："原告可以提供证明行政行为违法的证据。原告提供的证据不成立的，不免除被告的举证责任。"可见，药厂提供的证明被诉行政行为违法的证据即使不成立，也不能免除被告对被诉行政行为合法性的举证责任。故B选项正确。

④《最高人民法院关于行政诉讼证据若干问题的规定》第43条规定："当事人申请证人出庭作证的，应当在举证期限届满前提出，并经人民法院许可。人民法院准许证人出庭作证的，应当在开庭审理前通知证人出庭作证。当事人在庭审过程中要求证人出庭作证的，法庭可以根据审理案件的具体情况，决定是否准许以及是否延期审理。"可见，如在本案庭审过程中，药厂要求证人出庭作证的，法院不是绝对不予准许，而是根据情况决定是否准许。故C选项错误。

⑤能够被作为定案依据的案件事实，一定是经过庭审程序被符合条件的证据予以证明的。《最高人民法院关于行政诉讼证据若干问题的规定》第53条规定："人民法院裁判行政案件，应当以证据证明的案件事实为依据。"故D选项正确。

答案：BD

考点2　行政诉讼证据的种类及提供证据的要求

3. 经夏某申请，某县社保局作出认定，夏某晚上下班途中驾驶摩托车与行人发生交通事故受重伤，属于工伤。夏某供职的公司认为其发生交通事故系醉酒所致，向法院起诉要求撤销认定。某县社保局向法院提交了公安局交警大队交通事故认定书、夏某住院的病案和夏某同事孙某的证言。下列说法正确的是？（2014/2/98）

A. 夏某为本案的第三人

B. 某县社保局提供的证据均系书证

C. 法院对夏某住院的病案是否为原件的审查，系对证据真实性的审查

D. 如有证据证明交通事故确系夏某醉酒所致，法院应判决撤销某县社保局的认定

［解析］　本题考查了行政诉讼第三人、证据种类、证据真实性以及法院判决类型等知识点。

①本案中，县社保局接受夏某的申请，对其作出了工伤认定这一行政行为，夏某是该行为的行政相对人，夏某供职的公司因为社保局的工伤认定行为而需要承担相应的法律责任，可见其为认定行为的行政相关人。公司不服提起诉讼，请求法院撤销认定，其为原告，而夏某与被诉的认定行为存在利害关系，依法属于本案的第三人。故A选项正确。

②书证是以文字、符号、图案等形式记载的，能够表达人的思想和行为的，能够证明案件事实的物品。本案中，公安局交警大队交通事故认定书以及夏某住院的病案为书证。证人证言是指了解案件有关情况的非本案诉讼参加人关于案件事实的陈述。证人原则上应当出庭作证，接受法庭质证。本案中，夏某同事孙某的证言为证人证言，而不是书证。故B选项错误。

③可认定案件事实的证据具有客观性，或称为真实性，即作为可定案证据的事实和材料必须是客观存在的，而不是主观捏造或者想象的。可见，法院对夏某住院的病案是否为原件的审查，就是要审查该病案是真实存在的原件，还是当事人伪造的虚假材料。这是对证据真实性的审查。故C选项正确。

④如有证据证明交通事故确系夏某醉酒所致，则本案中行政机关社保局的工伤认定行为事实错误，属于典型的违法的作为行为，且具有可以撤销的内容，法院应判决撤销某县社保局的认定。故D选项正确。

答案：ACD

4. 某区市监局查处大成奶茶公司外包装标签违法，没收了所有外包装和相关的生产设备，并对大成公司进行了罚款。大成公司不服，向法院提起行政诉讼，区市监局向法院提供了现场笔录、外包装和询问笔录等证据。则以下说法正确的是？（2022年真题回忆版）

A. 现场笔录应加盖区市监局印章

B. 区市监局应在法庭辩论终结前提供上述证据材料

C. 询问笔录应加盖大成公司的印章

D. 大成公司若对现场笔录的合法性或者真实性有异议，可以要求执法人员出庭说明

［考点］ 行政诉讼证据

［解析］ ①依据司法解释的规定，被告向人民法院提供的现场笔录，应当载明时间、地点和事件等内容，并由执法人员和当事人签名。当事人拒绝签名或者不能签名的，应当注明原因。有其他人在现场的，可由其他人签名。法律、法规和规章对现场笔录的制作形式另有规定的，从其规定。由此可知，现场笔录无须加盖行政机关印章。A选项说法错误。

②依据《行政诉讼法》的规定，被告应当在收到起诉状副本之日起15日内向人民法院提交作出行政行为的证据和所依据的规范性文件，并提出答辩状。依据司法解释的规定，若被告申请延期提供证据的，应当在收到起诉状副本之日起15日内以书面方式向人民法院提出。人民法院准许延期提供的，被告应当在正当事由消除后15日内提供证据。逾期提供的，视为被诉行政行为没有相应的证据。B选项说法于法无据，是错误的。

③依据《最高人民法院关于行政诉讼证据若干问题的规定》的规定，被告提供的被诉具体行政行为所依据的询问、陈述、谈话类笔录，应当有行政执法人员、被询问人、陈述人、谈话人签名或者盖章。由此可知，询问笔录只需要被询问人签名或者盖章，无须加盖大成公司的印章。C选项说法错误。

④依据《行诉法解释》的规定，原告或者第三人对现场笔录的合法性或者真实性有异议要求相关行政执法人员出庭说明的，人民法院可以准许。D选项说法正确。

答案：D

5. 2016年12月，某区政府拟针对该区某棚户区进行拆迁改造，区政府发布征收安置公告，方某的房屋属于征收范围，区政府按规定与方某签订了征收补偿协议。方某认为该房屋征收决定违法，向法院提起行政诉讼，请求法院认定该征收安置决定行为无效。法院经审理，认为区政府征收决定程序违法，但征收安置的结果合法，不属于行政行为无效情形，经向方某释明，要求方某变更诉讼请求，方某拒绝变更。则下列说法正确的是？（2022年真题回忆版）

A. 若方某拒绝变更诉讼请求，法院应当判决驳回其诉讼请求

B. 因征收补偿协议签订于2016年，若对该协议不服起诉，法院应裁定驳回方某起诉

C. 该房屋征收属于公益征收

D. 本案应由中级法院管辖

［考点］ 确认无效判决；行政征收；级别管辖

［解析］ ①公民、法人或者其他组织起诉请求确认行政行为无效，人民法院审查认为行政行为不属于无效情形，经释明，原告拒绝变更诉讼请求的，判决驳回其诉讼请求。A选项说法正确。

②根据2014年11月1日《全国人民代表大会常务委员会关于修改〈中华人民共和国行政诉讼法〉的决定》，完成了《行政诉讼法》第一次修正，其自2015年5月1日施行，其首次确定了行政协议属于行政诉讼受案范围。因为征收补偿协议签订于2016年，若方某对征收补偿协议不服提起诉讼，应适用第一次修正后的《行政诉讼法》，故法院应予立案，而非裁定驳回起诉。故B选项说法错误。

③行政征收是指行政机关依法向公民、法人或者其他组织强制性收取税费或私有财产的行政行为。包括税费征收和公益征收两种基本类型。所谓公益征收，是指行政机关为了公共利益需要依法以强制方式取得公民、法人或者其他组织财产权益，并给予相应补偿的行政行为。例如，土地征收、房屋征收等均属于公益征收。所以，本案中的房屋征收属于公益征收。C选项说法正确。

④依据《行政诉讼法》的规定，对国务院部门或者县级以上地方人民政府所作的行政行为提起诉讼的第一审行政案件，应由中级人民法院管辖。由于本案的被告是区政府，故应由中级法院管辖。D选项说法正确。

答案：ACD

考点3　行政诉讼证据的保全

6. 县生态环境局经调查认定甲公司超标排污，委托市监测中心站检测，后依据检测报告、现场录像与证人证言，作出罚款30万元的处罚决定，甲公司不服提起行政诉讼，该局向法院提交了证据。下列说法正确的是？（2020年真题回忆版）

A. 证人证言应有证人身份证明

B. 提交视频应该注明制作方法、制作时间、制作人员以及证明对象

C. 检测报告是现场笔录

D. 若甲公司申请行政复议，复议机关为市生态环境局

［解析］　①关于A选项，当事人向法院提供证人证言的，应当写明证人的姓名、年龄、性别、职业、住址等基本情况；有证人的签名，不能签名的，应当以盖章等方式证明；注明出具日期；附有居民身份证复印件等证明证人身份的文件。故A选项正确。

②关于B选项，当事人向人民法院提供计算机数据或者录音、录像等视听资料的，应当提供有关资料的原始载体，提供原始载体确有困难的，可以提供复制件；应当注明制作方法、制作时间、制作人和证明对象等；声音资料应当附有该声音内容的文字记录。故B选项正确。

③关于C选项，行政法中的现场笔录是指行政机关及其工作人员在行政执法过程中，当场实施行政强制措施或调查以及其他紧急处理时，对执法经过及有关事项当场所作的记录。市监测中心站接受县生态环境局的委托所作出的检测报告不是现场笔录，理由在于：一是因为报告主体市监测中心站不是行政主体；二是因为检测报告不是现场作出，不属于现场笔录。那么，检测报告属于哪种证据呢？应当属于书证，是以报告记载的检测内容和结论来证明待证事实的有关情况的文字材料。故C选项错误。

④关于D选项，本案的复议被申请人是县生态环境局，则复议机关应当为其同级人民政府即县政府，而不是市生态环境局，故D选项错误。

答案：AB

考点4　证据的审核认定

7. 关于在行政诉讼中法庭对证据的审查，下列哪一说法是正确的？（2010/2/49）

A. 从证据形成的原因方面审查证据的合法性

B. 从证人与当事人是否具有利害关系方面审查证据的关联性

C. 从发现证据时的客观环境审查证据的真实性

D. 从复制件与原件是否相符审查证据的合法性

［解析］　①根据《最高人民法院关于行政诉讼证据若干问题的规定》第56条的规定："法庭应当根据案件的具体情况，从以下方面

审查证据的真实性：（一）证据形成的原因；（二）发现证据时的客观环境；（三）证据是否为原件、原物，复制件、复制品与原件、原物是否相符；（四）提供证据的人或者证人与当事人是否具有利害关系；（五）影响证据真实性的其他因素。”可知，C选项符合上述第（二）项，当选；A、B、D选项分别与上述第（一）、（四）、（三）项内容相对应，也均为审查证据真实性的内容，并非是审查证据合法性或关联性的内容。故A、B、D选项错误。

②《最高人民法院关于行政诉讼证据若干问题的规定》第55条规定：“法庭应当根据案件的具体情况，从以下方面审查证据的合法性：（一）证据是否符合法定形式；（二）证据的取得是否符合法律、法规、司法解释和规章的要求；（三）是否有影响证据效力的其他违法情形。”

答案：C

8. 梁某酒后将邻居张某家的门、窗等物品砸坏。县公安局接警后，对现场进行拍照、制作现场笔录，并请县价格认证中心作价格鉴定意见，对梁某作出行政拘留8日处罚。梁某向法院起诉，县公安局向法院提交照片、现场笔录和鉴定意见。下列哪些说法是正确的？（2015/2/84）

A. 照片为书证

B. 县公安局提交的现场笔录无当事人签名的，不具有法律效力

C. 县公安局提交的鉴定意见应有县价格认证中心的盖章和鉴定人的签名

D. 梁某对现场笔录的合法性有异议的，可要求县公安局的相关执法人员作为证人出庭作证

［解析］ ①关于A选项，照片的证据类型。本案中，照片是县公安局对现场进行拍照形成的证据，是以图像所记载或表示的内容、含义来证明案件中门、窗等物品损坏的事实，符合书证的特点，应为书证。需要特别注意的是，此处照片不是物证，因为物证是以自己的存在、形状、质量等外部特征和物质属性来证明案件事实的物品。故A选项正确。

②关于B选项，现场笔录的规定。《最高人民法院关于行政诉讼证据若干问题的规定》第15条规定，根据《行政诉讼法》第31条[3]第1款第8项的规定，被告向人民法院提供的现场笔录，应当载明时间、地点和事件等内容，并由执法人员和当事人签名。当事人拒绝签名或者不能签名的，应当注明原因。有其他人在现场的，可由其他人签名。法律、法规和规章对现场笔录的制作形式另有规定的，从其规定。可见，县公安局提交的现场笔录无当事人签名的，只要注明原因，或者有其他在现场的人签名的，就可以作为证据使用，而不是绝对不具有法律效力。故B选项错误。

③关于C选项，鉴定意见的规定。《最高人民法院关于行政诉讼证据若干问题的规定》第14条规定，根据《行政诉讼法》第31条第1款第7项的规定，被告向人民法院提供的在行政程序中采用的鉴定结论，应当载明委托人和委托鉴定的事项、向鉴定部门提交的相关材料、鉴定的依据和使用的科学技术手段、鉴定部门和鉴定人鉴定资格的说明，并应有鉴定人的签名和鉴定部门的盖章。通过分析获得的鉴定结论，应当说明分析过程。故C选项正确。

④关于D选项，行政执法人员出庭作出说明。《行诉法解释》第41条规定：“有下列情形之一，原告或者第三人要求相关行政执法人员出庭说明的，人民法院可以准许：（一）对现场笔录的合法性或者真实性有异议的；（二）对扣押财产的品种或者数量有异议的；（三）对检验的物品取样或者保管有异议的；（四）对行政执法人员身份的合法性有异议的；（五）需要出庭说明的其他情形。”本案中，梁某对现场笔录的合法性有异议的，可要求县公安局的相

[3] 对应2017年修正的《行政诉讼法》第33条。

关执法人员出庭说明情况，但是，该说明的性质不应该是证人证言，而应当是当事人陈述。理由在于，行政执法人员是代表行政机关进行行政管理，其自身并无行为主体资格，资格已经被行政机关所吸收。其不是以自然人身份作出行政行为，行为的法律后果也不是由自身承担，而是由其背后的行政机关承担。所以，行政执法人员出庭说明，不是以证人的身份，提供的不是证人证言，而是代表行政机关进行当事人陈述。故D选项错误。

答案：AC

9. 县政府认定王某的房屋为违法建筑，并予以强制拆除，但未对王某房屋内物品进行清点造册和妥善保管，且强制拆除时王某并不在家。王某不服，提起行政诉讼，路过的行人吴某提供证言证明县政府夜间强拆房屋，而参与强拆的政府工作人员李某提供证言证明是白天实施的强拆。关于本案，说法正确的是？（2022年延考真题回忆版）

A. 政府不承担王某房屋内财物损失的赔偿责任

B. 强拆行为造成损失的举证责任由县政府来承担

C. 路人吴某的证言证明效力优先于李某的证言

D. 法院经审理认为强拆行为违法，应作出撤销判决

［解析］　本案中，强拆行为违法，行政机关应当对因此造成当事人合法财产损失承担赔偿责任，A选项错误。行政赔偿请求中，应当由原告就被告违法行为造成的损失承担举证责任。但是，如果由于被告的原因导致原告无法举证的，则由被告对未造成原告财产损失承担举证责任。本案中，被告在原告不在场的情况下违法强拆房屋，又未对王某房屋内物品清点造册、妥善保管，故本案强拆行为造成损失的举证责任由县政府来承担。故B选项正确。在行政诉讼证据的证明力上，其他证人证言优于与当事人有亲属关系或者其他密切关系的证人提供的对该当事人有利的证言。本案中，执法人员李某参与了强拆工作，与被诉行政行为关系密切，因此，路人吴某的证人证言的效力优先于李某作出的有利于被告的证言。故C选项正确。强拆行为虽然违法，但是不具有可撤销的内容，所以法院应当作出确认强拆行为违法的判决。故D选项错误。

答案：BC

专题十六 行政诉讼的特殊制度与规则

考情分析

本专题的主要考点有：撤诉、缺席判决、财产保全与先予执行、审理程序的延阻、被告在一审期间改变被诉行政行为的处理、行政行为的停止执行、合并审理、行政诉讼附带民事诉讼、行政诉讼法律冲突的适用规则等。

纵观历年考试，本专题考查重点集中在撤诉的处理、缺席判决、先予执行、合并审理、被告在一审期间改变被诉具体行政行为的处理等知识点，预计今后还会有相关命题或更细节性的知识点出现，尤其是对《行政诉讼法》中的简易程序应予重视。

考点1 简易程序

1. 交警大队以方某闯红灯为由当场处以50元罚款，方某不服起诉。法院适用简易程序审理。关于简易程序，下列哪些说法是正确的？（2016/2/84）

A. 由审判员一人独任审理

B. 法院应在立案之日起30日内审结，有特殊情况需延长的经批准可延长

C. 法院在审理过程中发现不宜适用简易程序的，裁定转为普通程序

D. 对适用简易程序作出的判决，当事人不得提出上诉

[解析] 本题考查了行政诉讼简易程序的几个重要考点，难度适中。

①普通程序3人以上合议庭，简易程序1人独任审判。但是普通程序的合议庭的组成既有审判员也可以有陪审员，而独任审判的只能是审判员不能是陪审员。关于A选项，行政诉讼简易程序的审判组织，依据《行政诉讼法》第83条的规定："适用简易程序审理的行政案件，由审判员一人独任审理，并应当在立案之日起四十五日内审结。"可见，适用简易程序审理案件，由审判员一人独任审判。故A选项正确，当选。

②关于B选项，简易程序的审理期限，依据上述法条的规定，适用简易程序，法院应当在立案之日起45日内审结，而不是30日内审结，并且不得延长。故B选项错误，不当选。

③关于C选项，简易程序向普通程序的转化，依据《行政诉讼法》第84条的规定："人民法院在审理过程中，发现案件不宜适用简易程序的，裁定转为普通程序。"可见，C选项正确，当选。

[举一反三] 简易程序转化为普通程序，审理期限6个月是从立案之日起继续计算，而不是重新计算。

④简易程序简化的只是审理程序，裁判程序及当事人的上诉权利并不受影响。关于D选项，简易程序判决的上诉问题，依据《行政诉讼法》第85条的规定："当事人不服人民法院

第一审判决的，有权在判决书送达之日起十五日内向上一级人民法院提起上诉。当事人不服人民法院第一审裁定的，有权在裁定书送达之日起十日内向上一级人民法院提起上诉。逾期不提起上诉的，人民法院的第一审判决或者裁定发生法律效力。”可见，当事人对所有的判决不服，不管是适用普通程序作出的，还是适用简易程序作出的，都有权向上一级法院提起上诉。故 D 选项错误，不当选。

[举一反三] 行政诉讼的简易程序

何时简	一审中。①法定简：当场行为；2000 元以下；公开行为。②意定简：当事人协商一致就能简
不得简	二审和再审
如何简	①简易通知，开庭通知要收到确认回复 ②简易送达，裁判文书除外
可转化	简易转为普通

答案：AC

2. 关于行政诉讼简易程序，下列哪些说法是正确的？（2015/2/83）

A. 对第一审行政案件，当事人各方同意适用简易程序的，可以适用

B. 案件涉及款额 2000 元以下的发回重审案件和上诉案件，应适用简易程序审理

C. 适用简易程序审理的行政案件，由审判员一人独任审理

D. 适用简易程序审理的行政案件，应当庭宣判

［解析］ 本题考查《行政诉讼法》中的简易程序知识点，难度不大。

①关于 A、B 选项，简易程序的适用条件。《行政诉讼法》第 82 条规定：“人民法院审理下列第一审行政案件，认为事实清楚、权利义务关系明确、争议不大的，可以适用简易程序：（一）被诉行政行为是依法当场作出的；（二）案件涉及款额二千元以下的；（三）属于政府信息公开案件的。除前款规定以外的第一审行政案件，当事人各方同意适用简易程序的，可以适用简易程序。发回重审、按照审判监督程序再审的案件不适用简易程序。”可见，B 选项中款额虽然是 2000 元以下，但是发回重审和上诉案件，都不得适用简易程序。A 选项中虽然没有明确是前三项案件，但是在当事人各方都同意的情况下，也可以适用简易程序。故 A 选项正确，B 选项错误。

②关于 C 选项，简易程序的审理程序。《行政诉讼法》第 83 条规定：“适用简易程序审理的行政案件，由审判员一人独任审理，并应当在立案之日起四十五日内审结。”可见，C 选项正确，当选。

③关于 D 选项，行政诉讼简易程序并未规定必须当庭宣判，而是根据具体案情，既可以当庭宣判，也可以定期宣判，但一律公开宣告判决。故 D 选项错误。

答案：AC

3. 甲公司与乙公司发生纠纷向县市场监督管理局申请公开乙公司的工商登记信息。该局公开了乙公司的名称、注册号、住所、法定代表人等基本信息，但对经营范围、从业人数、注册资本等信息拒绝公开。甲公司向县政府申请行政复议，县政府经审理作出驳回复议申请的决定，甲公司向法院起诉，法院受理。关于此事，下列哪一说法是正确的？（2016/2/47）

A. 本案属于复议前置案件

B. 县市场监督管理局和县政府应当对拒

绝公开的依据以及履行法定告知和说明理由义务的情况共同承担举证责任

C. 本案行政复议和行政诉讼审理不得适用简易程序

D. 因相关信息不属政府信息，拒绝公开合法

［解析］ 本题考查的是政府信息公开行为以及政府信息公开诉讼，属于最近几年的必考知识点。

①关于A选项。首先，复议程序。本案中的行政争议是拒绝公开政府信息行为是否违法，此类案件属于复议前置。故A选项中认为甲公司应先申请复议，对复议决定不服再向法院起诉的表述是正确的。其次，复议机关。因为本案的复议被申请人是县市场监督管理局，所以，在申请行政复议时，复议申请人既应当向市场监督管理局的同级政府提出复议申请，而不得向市市场监督管理局申请行政复议。

②关于B选项。复议维持共同告被告举证责任考点。依据法律规定，原行政行为的合法性由原机关和复议机关共同承担举证责任，可以由一个机关实施举证行为。故B选项正确，当选。

③关于C选项。简易程序考点，依据新行政复议法规定，政府信息公开案件适用简易程序审理。同时，《行政诉讼法》第82条规定："人民法院审理下列第一审行政案件，认为事实清楚、权利义务关系明确、争议不大的，可以适用简易程序：（一）被诉行政行为是依法当场作出的；（二）案件涉及款额二千元以下的；（三）属于政府信息公开案件的。除前款规定以外的第一审行政案件，当事人各方同意适用简易程序的，可以适用简易程序。发回重审、按照审判监督程序再审的案件不适用简易程序。"可见，政府信息公开案件可以适用简易程序。本案属于政府信息公开案件，依法可以适用简易程序审理。故C选项错误，不选。

④关于D选项。政府信息的范围判断，所谓政府信息，是指作为行政机关在履行职责过程中制作或者获取的，以一定形式记录、保存的信息。本案中的工商登记信息，属于市场监督管理局在工商行政管理过程中制作并保存的政府信息，依法属于应当公开的范围。故D选项错误，不选。

答案：AB（旧题新解）

4. 田某向市人力资源和社会保障局申请公开该市2019年养老金发放情况的相关信息，市人力资源保障局超过法定期限未予答复。田某不服，向市政府申请行政复议，市政府经审查后决定维持原行为，田某不服向法院提起行政诉讼，法院依法适用简易程序审理。则以下关于本案的说法，正确的是？（2022年真题回忆版）

A. 举证期限可由双方当事人协商一致，法院应予准许

B. 法院可以采用手机短信的方式送达裁判文书

C. 法院可以用电话方式传唤当事人到庭参加诉讼

D. 本案应当在立案之日起60日内审结

［考点］ 简易程序

［解析］ ①适用简易程序案件的举证期限由人民法院确定，也可以由当事人协商一致并经人民法院准许，但不得超过15日。被告要求书面答辩的，人民法院可以确定合理的答辩期间。由此可知，举证期限可由双方当事人协商一致是有条件限制的，认为法院均应准许的说法显然过于绝对。A选项说法错误。

②适用简易程序审理的行政案件，人民法院可以用口头通知、电话、短信、传真、电子邮件等简便方式传唤当事人、通知证人、送达裁判文书以外的诉讼文书。B选项说法错误，C选项说法正确。

③适用简易程序审理的行政案件，由审判员一人独任审理，并应当在立案之日起45日

内审结。D选项说法错误。

答案：C

考点2　先予执行

5. 陈某申请领取最低生活保障费，遭县民政局拒绝。陈某向县政府申请行政复议，县政府经过审理作出驳回复议申请决定，陈某仍不服，诉至法院，要求判令民政局履行法定职责，撤销县政府复议决定，同时申请法院先予执行。对此，下列哪一说法是正确的？（2010/2/47）

A. 陈某提出先予执行申请时，应提供相应担保

B. 陈某的先予执行申请，不属于《行政诉讼法》规定的先予执行范围

C. 如法院作出先予执行裁定，民政局不服可以申请复议

D. 如法院作出先予执行裁定，情况特殊的可以采用口头方式

［解析］ 关于行政诉讼中的先予执行，《行政诉讼法》第57条规定："人民法院对起诉行政机关没有依法支付抚恤金、最低生活保障金和工伤、医疗社会保险金的案件，权利义务关系明确、不先予执行将严重影响原告生活的，可以根据原告的申请，裁定先予执行。当事人对先予执行裁定不服的，可以申请复议一次。复议期间不停止裁定的执行。"可见，由于先予执行适用于行政给付案件，此类案件的当事人因为申请低保费、抚恤金被拒绝而起诉，不具备提供担保的条件，法律未规定其提供担保。故A选项错误。本案中，陈某申请领取最低生活保障费被拒绝而起诉，属于《行政诉讼法》规定的先予执行范围。故B选项错误。法院作出先予执行裁定，应当用书面形式，民政局不服可以申请复议。故C选项正确，D选项错误。

答案：C

6. 丁某以其房屋作抵押向孙某借款，双方到房管局办理手续，提交了房产证原件及载明房屋面积100平方米、借款50万元的房产抵押合同，该局以此出具房屋他项权证。丁某未还款，法院拍卖房屋，但因房屋面积只有70平方米，孙某遂以该局办理手续时未尽核实义务造成其15万元债权无法实现为由，起诉要求认定该局行为违法并赔偿损失。对此案，下列哪些说法是错误的？（2015/2/85）

A. 法院可根据孙某申请裁定先予执行

B. 孙某应对房管局的行为造成其损失提供证据

C. 房管局应对自己办理手续时已经尽到核实义务承担举证责任

D. 孙某的请求不属国家赔偿范围

［解析］ ①关于A选项，行政诉讼中的先予执行，《行政诉讼法》第57条规定："人民法院对起诉行政机关没有依法支付抚恤金、最低生活保障金和工伤、医疗社会保险金的案件，权利义务关系明确、不先予执行将严重影响原告生活的，可以根据原告的申请，裁定先予执行。当事人对先予执行裁定不服的，可以申请复议一次。复议期间不停止裁定的执行。"可见，行政诉讼中的先予执行适用于行政给付类案件，本案是对抵押登记行为不服，不属于先予执行的案件。故A选项错误，当选。

②关于B选项，行政诉讼中赔偿请求的举证责任，《行政诉讼法》第38条规定："在起诉被告不履行法定职责的案件中，原告应当提供其向被告提出申请的证据。但有下列情形之一的除外：（一）被告应当依职权主动履行法定职责的；（二）原告因正当理由不能提供证据的。在行政赔偿、补偿的案件中，原告应当对行政行为造成的损害提供证据。因被告的原因导致原告无法举证的，由被告承担举证责任。"同时，《国家赔偿法》第15条规定："人民法院审理行政赔偿案件，赔偿请求人和赔偿义务机关对自己提出的主张，应当提供证据。赔

偿义务机关采取行政拘留或者限制人身自由的强制措施期间，被限制人身自由的人死亡或者丧失行为能力的，赔偿义务机关的行为与被限制人身自由的人的死亡或者丧失行为能力是否存在因果关系，赔偿义务机关应当提供证据。”可见，与一般的行政诉讼对被诉行政行为合法性采取举证责任倒置不一样的是，行政赔偿诉讼中就赔偿问题采取“谁主张谁举证”原则。本案中，孙某要获得房管局的赔偿，必须对房管局的行为造成其损失提供证据。故B选项正确，不当选。

③关于C选项，行政行为合法性由被告承担举证责任，本案中，房管局应当对自己作出被诉行政行为即办理相关手续时，已经尽到了核实义务承担举证责任，C选项正确，不当选。

④无救济，无权利。关于D选项，国家赔偿的范围，《国家赔偿法》第4条规定：“行政机关及其工作人员在行使行政职权时有下列侵犯财产权情形之一的，受害人有取得赔偿的权利：（一）违法实施罚款、吊销许可证和执照、责令停产停业、没收财物等行政处罚的；（二）违法对财产采取查封、扣押、冻结等行政强制措施的；（三）违法征收、征用财产的；（四）造成财产损害的其他违法行为。”本案中，如果房管局在办理手续时没有尽到核实义务而导致孙某财产遭受损害的，应当承担赔偿责任。故D选项错误，当选。

答案：AD

考点3　被告在审理中改变被诉行政行为

7. 区司法局依据省司法厅和省公安厅联合制定的《律师管理意见》对违法执业的律师王某罚款3000元，王某不服提起行政诉讼，并请求法院附带审查《律师管理意见》，下列说法正确的是？（2019年真题回忆版）

A.《律师管理意见》性质上是规章以下的规范性文件，王某可以直接起诉《律师管理意见》

B. 省司法厅和省公安厅申请出庭陈述意见的，法院应当准许

C. 如果一审法院认为《律师管理意见》不合法，应当向省司法厅和省公安厅提出处理意见，可以抄送省政府、监察机关和文件备案机关

D. 一审区法院应当在裁判生效后报送上一级法院备案，并层报省高院备案

［解析］　本题考查行政诉讼中附带审查规范性文件这一重要知识点。

①省司法厅和省公安厅联合制定的《律师管理意见》性质上属于规章以下的规范性文件。依据法律规定，当事人如果对具体行政行为不服，可以直接提起行政诉讼，在此前提下，可以请求法院附带审查该具体行政行为作出时依据的规范性文件，但是不允许当事人直接起诉规范性文件。本案中，具体行政行为是罚款3000元，王某可以先起诉罚款决定，然后请求法院附带审查该《律师管理意见》。故A选项错误。

②法院审理《律师管理意见》这一规范性文件时，依据“每个人都有权利为自己辩护”这一体现自然正义的表述，文件制定机关省司法厅和省公安厅可以申请出庭陈述意见，法院应当充分听取。故B选项正确。

③法院如果认为被审查的规范性文件不合法，首先不得作为被诉行政行为合法的依据，并在裁判理由中载明。并且应当向文件制定机关提出处理意见，并可以抄送制定机关的同级政府、上一级行政机关、监察机关和文件备案机关。故C选项正确。

④作出生效判决的法院，如果认定规范性文件不合法，应当报上一级法院备案，如果是省级机关也就是省政府的文件，还要层报省高院备案。而本案的文件制定机关是省司法厅和省公安厅，不是省级机关省政府，故无须报省高院备案。故D选项错误。

答案：BC

8. 甲公司超标排污，区生态环境局向其作出《限期整改通知》，要求其采取措施，在规定时间内排污达标。期限届满，区生态环境局经检测认为甲公司排污仍达不到国家标准，对其作出《水污染防治设施验收不合格认定书》，并责令其停业整顿。甲公司对责令停业整顿不服，向法院提起行政诉讼。下列说法不正确的是？（2019年真题回忆版）

A.《限期整改通知》的性质为行政指导

B.《水污染防治设施验收不合格认定书》属于行政诉讼受案范围

C. 本案中法院可以裁定先予执行

D. 被告机关负责人如果不依法出庭应诉，法院可以传唤其出庭

[解析] ①甲公司超标排污，区生态环境局为了制止其违法行为，防止损害的扩大，而对甲公司作出《限期整改通知》，该通知的性质属于行政强制措施，具有明显的强制性和紧迫性，不可能是无强制力的行政指导。故A选项错误。

②《水污染防治设施验收不合格认定书》属于行政确认，是对已经发生的违法排污行为作出的不合格认定，属于对已经发生的法律事实、法律关系、法律状态作出的具有法律效力的确认、认可和说明，因而为行政确认，是典型的具体行政行为，属于行政诉讼受案范围，B选项表述正确，不选。

③行政诉讼中的先予执行只出现在行政给付案件中。例如，申请低保费、抚恤金等案件。本案属于行政处罚案件，不存在先予执行的条件。故C选项错误。

④D选项考查的是行政机关负责人出庭应诉制度中拒不出庭应诉的后果。行政机关负责人和行政机关相应的工作人员均不出庭，仅委托律师出庭的或者法院书面建议行政机关负责人出庭应诉，行政机关负责人不出庭应诉的，法院应当记录在案和在裁判文书中载明，并可以建议有关机关关依法作出处理。而不是用传票传唤机关负责人。故D选项错误。

答案：ACD

9. 2019年2月15日国务院发布《关于在市场监管领域全面推行部门联合“双随机、一公开”监管的意见》。关于该文件，下列说法正确的是？（2019年真题回忆版）

A. 该文件在性质上属于行政法规

B. 该文件是法官审判的依据

C. 该文件可以作为制定规章的依据

D. 该文件可以在行政复议和行政诉讼中被附带审查

[解析] ①行政法规是国务院通过立法程序制定的，名称上一般称“条例”，也可以称“规定”“办法”等，而不是“意见”。本案中，国务院发布《关于在市场监管领域全面推行部门联合“双随机、一公开”监管的意见》在性质上属于国务院作出的规范性文件，而不是行政法规。故A选项错误。

②法官审理案件，依据法律、法规，参照规章，参考规范性文件。本案中的《关于在市场监管领域全面推行部门联合“双随机、一公开”监管的意见》不属于法律、法规，不能成为法官审判的依据。故B选项错误。

③部门规章的制定依据是法律或者国务院的行政法规、决定、命令的依据。而地方政府规定的制定依据是法律、行政法规、地方性法规。可见，国务院发布《关于在市场监管领域全面推行部门联合“双随机、一公开”监管的意见》作为国务院决定，是部门规章的制定依据，而不是地方政府规章的制定依据。故C选项正确。

④一般的规章以下的规范性文件可以在行政诉讼中被法院附带审查，但是本案中的《关于在市场监管领域全面推行部门联合“双随机、一公开”监管的意见》制定主体是国务院，而国务院在我国行政诉讼法中属于不可能

被审查的对象。故D选项错误。

答案：C

10. 县林草局在执法检查中发现瑞都公司在未获得行政许可的情况下在某国有林地修建公路，依据《森林法》及其相关条例的规定，应责令瑞都公司恢复原状并处罚款，但县林草局只是作出了罚款的行政处罚。县检察院发现这一情况后，对县林草局未责令瑞都公司恢复原状的行为提起行政公益诉讼。下列关于本案的说法正确的是？（2022年真题回忆版）

A. 责令恢复原状属于行政处罚

B. 本案起诉期限是6个月

C. 检察院起诉前应当先向县林草局提出检察建议

D. 县林草局可以对瑞都公司未恢复原状实施代履行

［考点］ 行政处罚；公益诉讼；代履行

［解析］ ①行政处罚是指行政机关依法对违反行政管理秩序的公民、法人或者其他组织，以减损权益或者增加义务的方式予以惩戒的行为。本案中的罚款是一种对违法行为的制裁和惩戒行为，无疑属于行政处罚。然而责令恢复原状则是为了制止违法行为、避免危害发生、控制危险扩大等情形，而依法作出的要求违法行为人履行法定义务、停止违法行为的具有强制性的决定。其只是责令违法行为人停止违法行为，采取措施以使其由违法状态恢复到合法状态，而并不要求其付出更多的代价，因而性质属于行政强制措施，不是行政处罚。A选项说法错误。

②公民、法人或者其他组织直接向人民法院提起诉讼的，应当自知道或者应当知道作出行政行为之日起6个月内提出。法律另有规定的除外。关于公益诉讼的起诉期限，没有法律另作规定，故应适用一般的行政诉讼起诉期限的规定。B选项说法正确。

③人民检察院在履行职责中发现生态环境和资源保护、食品药品安全、国有财产保护、国有土地使用权出让等领域负有监督管理职责的行政机关违法行使职权或者不作为，致使国家利益或者社会公共利益受到侵害的，应当向行政机关提出检察建议，督促其依法履行职责。行政机关不依法履行职责的，人民检察院依法向人民法院提起诉讼。由此可知，提出检察建议乃是提起公益诉讼的前置程序，是不可绕开的程序。C选项说法正确。

④行政机关依法作出要求当事人履行排除妨碍、恢复原状等义务的行政决定，当事人逾期不履行，经催告仍不履行，其后果已经或者将危害交通安全、造成环境污染或者破坏自然资源的，行政机关可以代履行，或者委托没有利害关系的第三人代履行。D选项说法正确。

答案：BCD

11. 甲、乙两村因土地使用权发生争议，向县政府申请裁决。县政府裁决该土地使用权归乙村，甲村不服，向法院起诉，要求确认土地权属，法院予以受理。下列说法正确的是？（2022年延考真题回忆版）

A. 起诉期限为15天

B. 法院应分别立案

C. 本案由中院管辖

D. 法院应分别裁判

［解析］ 行政诉讼的起诉期限是6个月，故A选项错误。本案考查的是行政诉讼附带解决民事争议，行政裁决案件中，行政争议和民事争议应当一并立案，分别裁判。故B选项错误，D选项正确。本案的被告是县政府，依法应当由中级法院管辖。故C选项正确。

答案：CD

专题十七 行政诉讼的裁判与执行

考情分析

本专题是法考的重点，历年试题的综合性比较强，对此，考生只有在掌握相关理论的基础上熟记有关法条的规定，才能做到灵活运用。

本专题重点突出，分为两大部分：其一，判决部分，又分为一审判决和二审判决。对于前者，考生在复习中务必要掌握行政诉讼判决的种类及其适用条件，尤其是撤销判决、确认判决以及驳回原告诉讼请求判决的适用条件；对于后者，重点在于对一审遗漏当事人或诉讼请求以及二审提出新的诉讼请求的处理。其二，执行部分，又分为对判决的执行和非诉执行。

现行《行政诉讼法》对行政诉讼裁判类型进行了重大的完善和调整。这部分的变化必将成为今后的命题重点。

考点1 行政诉讼第一审判决

1. 采砂场获得县水利局发放的采砂许可证，后由于采砂场区域划入湿地保护范围，县水利局撤回采砂许可证，并通知停止采砂，采砂场提起行政诉讼，请求法院判令补偿250万元损失。下列说法正确的是？（2023年真题回忆版）

A. 提起行政诉讼前，采砂场应先向县水利局请求补偿

B. 补偿额以实际投入的损失为准

C. 法院应判决县水利局履行补偿义务

D. 县水利局撤回采砂许可前应当组织听证

［解析］《最高人民法院关于审理行政许可案件若干问题的规定》第14条规定："行政机关依据行政许可法第八条第二款规定变更或者撤回已经生效的行政许可，公民、法人或者其他组织仅主张行政补偿的，应当先向行政机关提出申请；行政机关在法定期限或者合理期限内不予答复或者对行政机关作出的补偿决定不服的，可以依法提起行政诉讼。"A选项说法正确。

法律、法规、规章或者规范性文件对变更或者撤回行政许可的补偿标准未作规定的，一般在实际损失范围内确定补偿数额；行政许可属于有限自然资源开发利用、公共资源配置以及直接关系公共利益的特定行业的市场准入等，需要赋予特定权利的事项的，一般按照实际投入的损失确定补偿数额。这里的采砂许可就属于有限自然资源开发利用的许可事项，补偿额以实际投入的损失为准。B选项说法正确。

《行政许可法》第8条第2款规定："行政许可所依据的法律、法规、规章修改或者废止，或者准予行政许可所依据的客观情况发生重大变化的，为了公共利益的需要，行政机关可以依法变更或者撤回已经生效的行政许可。由此给公民、法人或者其他组织造成财产损失的，行政机关应当依法给予补偿。"C选项

说法正确。

行政许可法只是规定了作出许可决定前的听证制度，并未就撤销、撤回和注销等事项规定听证制度和程序。D选项说法错误。

答案：ABC

2. 2012年9月，某计划生育委员会以李某、周某二人于2010年7月违法超生第二胎，作出要求其缴纳社会抚养费12万元，逾期不缴纳每月加收千分之二滞纳金的决定。二人不服，向法院起诉。下列哪些说法是正确的？（2013/2/81）

A. 加处的滞纳金数额不得超出12万元

B. 本案为共同诉讼

C. 二人的违法行为发生在2010年7月，到2012年9月已超过《行政处罚法》规定的追究责任的期限，故决定违法

D. 法院不能作出允许少缴或免缴社会抚养费的变更判决

［解析］ ①本题属于行政法试题中难度较大的综合性考查试题。

②关于A选项，《行政强制法》第45条规定："行政机关依法作出金钱给付义务的行政决定，当事人逾期不履行的，行政机关可以依法加处罚款或者滞纳金。加处罚款或者滞纳金的标准应当告知当事人。加处罚款或者滞纳金的数额不得超出金钱给付义务的数额。"本案中，社会抚养费征收数额是12万元，所以，加处的滞纳金数额不得超出该本数。故A选项正确。

③关于B选项，很多考生从题目中看出"某计划生育委员会以李某、周某二人于2010年7月违法超生第二胎，作出要求其缴纳社会抚养费12万元"，于是认为，李某、周某以夫妻关系组成家庭，这个家庭因为违法超生被征收社会抚养费，如果不服而提起行政诉讼的话，应当只有一个原告，所以不可能出现共同诉讼。这也是大多数考生在异议时提出的观点。本题的最大陷阱就在于此，由于参加法考的大部分考生对社会生活和司法实务经验的欠缺，导致作出了错误的判断。本案中，李某、周某二人超生属于共同作出的违法行为，某计划生育委员会也是对二人共同作出了征收12万元社会抚养费的决定。所以，如果二人不服，应当共同提起行政诉讼，即本案存在两个原告，李某和周某。依据《行政诉讼法》第27条的规定："当事人一方或者双方为二人以上，因同一行政行为发生的行政案件，或者因同类行政行为发生的行政案件、人民法院认为可以合并审理并经当事人同意的，为共同诉讼。"可见，本案为共同诉讼。故B选项正确。

④首先，本案中征收社会抚养费并不是行政处罚行为，而是行政征收，所以并不适用行政处罚的时效制度。故C选项错误。其次，即使退一步说，假设本案行政机关作出的是罚款12万元的行政处罚，那么是不是该选项说法就正确呢？《行政处罚法》第36条规定："违法行为在二年内未被发现的，不再给予行政处罚；涉及公民生命健康安全、金融安全且有危害后果的，上述期限延长至五年。法律另有规定的除外。前款规定的期限，从违法行为发生之日起计算；违法行为有连续或者继续状态的，从行为终了之日起计算。"可见，对于一次性违法行为，一般处罚时效2年的起算点从行为发生之日起计算；对于继续或者连续状态的，从行为终了之日起计算。本案中，二人违法超生行为自发生之日起就一直持续存在，所以，本案处罚时效的起算点不能从违法行为发生之日起计算。比如，某人于2010年7月建造一栋违法建筑，行政机关到2012年9月才对其作出责令自行拆除的处罚决定，当事人就不得以从违法行为发生之日起已经超过2年处罚时效来逃避处罚。理由同样在于，该违法建筑自建造之后一直持续存在。可见，C选项说法仍然是错误的。

⑤关于D选项，《行政诉讼法》第77条第1款规定："行政处罚明显不当，或者其他行

政行为涉及对款额的确定、认定确有错误的，人民法院可以判决变更。”本案中，征收社会抚养费属于行政征收，涉及对款额的确定、认定问题。所以，法院如果审理认为本案中某计划生育委员会征收12万元社会抚养费在数额上确有错误，可以作出变更判决。故D选项错误。

［举一反三］行政诉讼判决类型与具体行政行为效力的关系

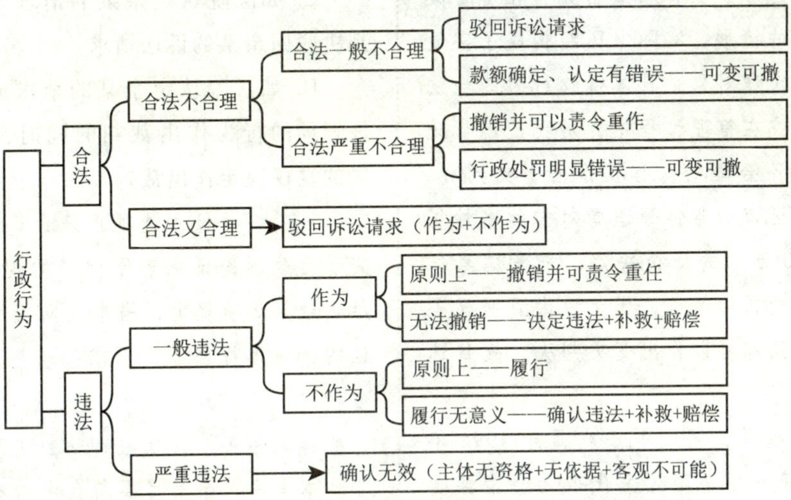

答案：AB

3. 杭州市西湖区个体工商户方林富炒货店，因为在其经营场所内外及包装袋上发布广告，使用了“最好”“最优”“最香”“最特色”“最高端”等顶级词汇的宣传用语，被西湖区市场监督管理局认定违反了《广告法》，作出罚款20万元的处罚决定，方林富不服，向西湖区法院起诉，法院经审理发现，方林富炒货店的广告仅张贴3天，其持续时间短，广告用语并不会产生欺骗、误导消费者的后果，而且该炒货店积极整改及时纠正，法院认为对该炒货店的罚款数额过高，遂将罚款降低为10万元。下列说法正确的是？（2020年真题回忆版）

A. 西湖区市场监督管理局作出的行政处罚决定违反合理行政原则

B. 法院不得作出变更判决

C. 《广告法》是行政法规

D. 法院判决符合权责一致原则

［解析］①关于A选项，方林富炒货店使用顶级词汇的宣传用语属于违反《广告法》的行为，依法应当被行政处罚。依据《广告法》第57条的规定，由市场监督管理部门责令停止发布广告，对广告主处20万元以上100万元以下的罚款，情节严重的，并可以吊销营业执照。《广告法》中没有规定减轻处罚、不予处罚的情形，也没有规定过罚相当的原则。本案中，行政机关对罚款选择了从轻处罚，即在处罚幅度内选择较轻的处罚。如果只适用《广告法》，这样的处罚决定好像没有问题。但是，本案不仅要适用《广告法》，也要适用《行政处罚法》。《行政处罚法》对减轻处罚、不予处罚以及过罚相当都有相应的规定。因此，行政机关在适用法律的时候，在《广告法》规定的违法行为处罚规定的种类和幅度范围内作出相应处罚，只是第一步，还需要根据《行政处罚法》的规定，对案件事实进行综合认定，决定是否需要减轻处罚，乃至不予处罚，最终实现过罚相当，在个案中实现公平正义。方林富炒货店的违法行为情节轻微且及时纠正，主动减轻了危害结果，根据《行政处罚法》第32条第1项的规定，依法应当从轻或者减轻行政处罚。而西湖区市场监督管理局并未考虑到本案的具体案情，机械地适用《广告法》而

无视《行政处罚法》的规定，作出了相当于当年普通人近10年的纯收入的天价罚款，违反了合理行政原则中关于比例原则的要求。故A选项正确。

②关于B选项，具体行政行为存在着重大且明显不合理的情形，实际上已经构成了实质性违法。法院审理对象是具体行政行为的合法性，所以，法院在审理过程中，发现被诉行政处罚决定明显不合理的，有权作出变更判决。本案中，西湖区市场监督管理局对方林富炒货店作出罚款20万元的处罚决定，未考虑具体从轻或者减轻处罚的情节，属于重大且明显不合理的情形，法院可以作出变更判决。故B选项错误。

③关于C选项，《广告法》是于1994年10月27日由第八届全国人民代表大会常务委员会第十次会议通过的立法，属于法律，而不是国务院制定的行政法规。故C选项错误。

④关于D选项，权责一致原则是指行政机关行使行政职权作出行政管理时享有优益权，行政行为具有强制力，但是如果违法作出行政行为使当事人合法权益遭受损害的，行政行为应当被撤销，行政机关应当承担相应的赔偿责任。本案中，行政机关作出的罚款20万元的处罚决定违反了合理行政中关于比例原则的要求，此时法院作出的这一判决正是从司法审查的角度对行政机关作出监督，体现比例原则的要求，而不是权责一致原则的要求。故D选项错误。

答案：A

4. 余某拟大修房屋，向县规划局提出申请，该局作出不予批准答复。余某向市规划局申请复议，在后者作出维持决定后，向法院起诉。县规划局向法院提交县政府批准和保存的余某房屋所在中心村规划布局图的复印件一张，余某提交了其房屋现状的录像，证明其房屋已破旧不堪。下列哪些说法是正确的？（2011/2/82）

A. 县规划局提交的该复印件，应加盖县政府的印章

B. 余某提交的录像应注明制作方法和制作时间

C. 如法院认定余某的请求不成立，可以判决驳回余某的诉讼请求

D. 如法院认定余某的请求成立，在对县规划局的行为作出裁判的同时，应对市规划局的复议决定作出裁判

［解析］①A选项正确。《最高人民法院关于行政诉讼证据若干问题的规定》第10条第1款第2项规定，当事人向人民法院提供书证的，应当符合下列要求：提供由有关部门保管的书证原件的复制件、影印件或者抄录件的，应当注明出处，经该部门核对无异后加盖其印章。本案中，余某房屋所在中心村规划布局图是由县政府保管的，因此，县规划局提交其复印件，应加盖县政府的印章。

②B选项正确。《最高人民法院关于行政诉讼证据若干问题的规定》第12条第2项规定，当事人向人民法院提供计算机数据或者录音、录像等视听资料的，应当符合下列要求：注明制作方法、制作时间、制作人和证明对象等。因此，余某提交的录像应注明制作方法和制作时间。

③C选项正确。起诉不作为理由不成立的，判决驳回原告诉讼请求。《行政诉讼法》第69条规定："行政行为证据确凿，适用法律、法规正确，符合法定程序的，或者原告申请被告履行法定职责或者给付义务理由不成立的，人民法院判决驳回原告的诉讼请求。"从原告余某的角度看，县规划局对其大修房屋的申请不予批准的行为属于行政不作为，如法院认定余某的请求不成立，则可以适用本条规定判决驳回余某的诉讼请求。

④D选项正确。《行政诉讼法》第26条第2款规定："经复议的案件，复议机关决定维持原行政行为的，作出原行政行为的行政机关

和复议机关是共同被告；复议机关改变原行政行为的，复议机关是被告。”《行政诉讼法》第79条规定：“复议机关与作出原行政行为的行政机关为共同被告的案件，人民法院应当对复议决定和原行政行为一并作出裁判。”可知，本案属于经过复议而被复议维持的案件，故本案的共同被告是原机关县规划局和复议机关市规划局，法院经过审理，应当对县规划局作出的不予批准答复的合法性和复议机关市规划局的复议决定一并进行审查并作出裁判。

答案：ABCD

5. 在行政诉讼中，针对下列哪些情形，法院应当判决驳回原告的诉讼请求？（2014/2/82）

A. 起诉被告不作为理由不能成立的

B. 受理案件后发现起诉不符合起诉条件的

C. 被诉具体行政行为合法，但因法律变化需要变更或者废止的

D. 被告在一审期间改变被诉具体行政行为，原告不撤诉的

［解析］ 本题考查的是法院驳回诉讼请求的判决类型。行政诉讼一审案件，如果被告胜诉，无论被诉行政行为是作为还是不作为，也不管该行为现在是否还存在，都是作出驳回诉讼请求的判决。但是，要注意区分驳回诉讼请求与驳回起诉，一个是实体性的判决，另一个是程序性的裁定。

①原告起诉被告不作为，法院经过审理认为被告依法并无作为的义务，即被告不作为是合法的，则应当判决驳回原告的诉讼请求。故A选项正确。

②法院受理案件后发现起诉不符合起诉条件的，应当作出驳回起诉的裁定，而不是驳回诉讼请求的判决。前者是程序性审查，作出的是裁定；后者是实质性审查，作出的是判决。故B选项错误。

③被诉行政行为合法，无论是该行为继续生效，还是因法律变化需要变更或者废止的，按照现行《行政诉讼法》的规定，都应当作出驳回诉讼请求的判决。故C选项正确。

④被告在一审期间改变被诉行政行为，原告不撤诉的，法院就必须对原行政行为进行审理。经过审理，如果原行政行为合法的，法院应当作出驳回诉讼请求的判决。如果原行政行为违法，则法院应当作出确认违法的判决。故D选项错误。

答案：AC

6. 某镇政府以一公司所建钢架大棚未取得乡村建设规划许可证为由责令限期拆除。该公司逾期不拆除，镇政府现场向其送达强拆通知书，组织人员拆除了大棚。该公司向法院起诉要求撤销强拆行为。如一审法院审理认为强拆行为违反法定程序，可作出的判决有？（2015/2/99）

A. 撤销判决

B. 确认违法判决

C. 履行判决

D. 变更判决

［解析］ 裁判类型一直是行政诉讼部分的重要考点，现行《行政诉讼法》对此更是作出了重大修正。本案中被诉的强拆属于作为，如果违法了法院应当判决撤销，但问题是大棚已经被拆掉了，没有可供撤销的对象，为时晚矣。所以，主判决撤销无法作出，法院只能使用替代判决，即确认违法。

①本案中，镇政府组织人员强拆了公司的大棚，公司不服镇政府的强拆行为，起诉到法院请求判决撤销拆除行为。《行政诉讼法》第70条规定：“行政行为有下列情形之一的，人民法院判决撤销或者部分撤销，并可以判决被告重新作出行政行为：（一）主要证据不足的；（二）适用法律、法规错误的；（三）违反法定程序的；（四）超越职权的；（五）滥用职权的；（六）明显不当的。”对于违反法定程

序的强拆行为，法律规定法院可以判决撤销。但是由于强制拆除行为一旦实施，大棚即已经被拆除，在物理上不具有撤销拆除行为的条件。此时判决撤销已经没有任何现实意义。而《行政诉讼法》第74条规定："行政行为有下列情形之一的，人民法院判决确认违法，但不撤销行政行为：（一）行政行为依法应当撤销，但撤销会给国家利益、社会公共利益造成重大损害的；（二）行政行为程序轻微违法，但对原告权利不产生实际影响的。行政行为有下列情形之一，不需要撤销或者判决履行的，人民法院判决确认违法：（一）行政行为违法，但不具有可撤销内容的；（二）被告改变原违法行政行为，原告仍要求确认原行政行为违法的；（三）被告不履行或者拖延履行法定职责，判决履行没有意义的。"可见，法院不应当作出撤销判决，而应当作出确认违法判决。故A选项错误，B选项正确。

②关于C选项，履行判决，《行政诉讼法》第72条规定："人民法院经过审理，查明被告不履行法定职责的，判决被告在一定期限内履行。"可见，履行判决主要适用于行政机关不作为案件，本案显然不符合适用条件。故C选项错误。

③关于D选项，变更判决，《行政诉讼法》第77条规定："行政处罚明显不当，或者其他行政行为涉及对款额的确定、认定确有错误的，人民法院可以判决变更。人民法院判决变更，不得加重原告的义务或者减损原告的权益。但利害关系人同为原告，且诉讼请求相反的除外。"变更判决适用于行政处罚行为，或者涉及款额的确定、认定行为，本案中的强拆行为显然不符合此条件。故D选项错误。

答案：B

7. 王某殴打李某，县公安局经过听证程序后，对王某作出拘留5天罚款200元的行政处罚，王某认为处罚太重提起行政诉讼，李某认为处罚太轻也提起诉讼，后法院对王某作出拘留15天罚款2000元的判决。下列说法正确的是？（2021年真题回忆版）

A. 判决加重了对王某的处罚，法院判决不合法

B. 法院可以作出对王某更为不利的变更判决

C. 县公安局在本案中适用听证不合法

D. 公安机关在判决前可改变原处罚决定

［考点］ 治安管理处罚；行政诉讼判决类型；被告改变原行政行为

［解析］ A、B选项，在一般的行政诉讼中，基于上诉不加刑原则，法院判决不得加重对原告的处罚，但是如果利害关系人同为原告且诉讼请求相反的，可以作出加重处罚的判决。本案中，被王某殴打的受害人李某认为公安局对王某处罚太轻而起诉，就属于利害关系人同为原告且诉讼请求相反的情形，可见法院经审理认为县公安局对王某处罚明显过轻了，有权作出更重的变更判决。故A选项错误，B选项正确。C选项，公安机关拟作出行政拘留决定，虽然不是应当告知当事人有申请听证的权利，但是可以告知当事人有权申请听证，如果当事人申请听证的，则应当举行听证会。故县公安局在本案中适用听证合法。C选项错误。D选项，基于合法行政原则，行政机关应当有错必纠，所以法律允许被告在一审、二审或者再审中都可以变更原行为。故D选项正确。

答案：BD

8. 市人社局将田某的养老保险关系转入社会保险关系，田某不服，认为自己应按事业单位保险缴纳，于是向市政府申请行政复议。市政府作出维持的复议决定。田某不服，向法院提起行政诉讼，在审理过程中法院以该案不属于行政案件受案范围为由，作出驳回起诉的裁定。则下列说法正确的是？（2022年真题回忆版）

A. 田某应当在收到复议决定书之日起 60 日内向法院提起诉讼

B. 市政府对市人社局作出的行政行为的合法性不承担举证责任

C. 本案应由中级法院管辖

D. 法院应一并裁定驳回针对市人社局行政行为和市政府复议决定的起诉

[考点] 起诉期限；复议机关作共同被告案件的审理

[解析] ①公民、法人或者其他组织不服复议决定的，可以在收到复议决定书之日起 15 日内向人民法院提起诉讼。复议机关逾期不作决定的，申请人可以在复议期满之日起 15 日内向人民法院提起诉讼。法律另有规定的除外。A 选项说法错误。

②基于被告对被诉行政行为合法性承担举证责任的原则要求，针对复议维持案件而言，作出原行政行为的行政机关和复议机关对原行政行为合法性应当共同承担举证责任，可以由其中一个机关实施举证行为。对于复议决定而言，由于复议决定是复议机关作出的，应由复议机关对复议决定的合法性承担举证责任。B 选项说法错误。

③复议机关作共同被告的案件，以作出原行政行为的行政机关确定案件的级别管辖。本案是复议维持案件，应以原行政机关和复议机关作为共同被告，以原行政机关确定案件的级别管辖，应由基层法院管辖。C 选项说法错误。

④原行政行为不符合复议或者诉讼受案范围等受理条件，复议机关作出维持决定的，人民法院应当裁定一并驳回对原行政行为和复议决定的起诉。D 选项说法正确。

答案：D

9. 李某向省生态环境厅申请环评许可，省生态环境厅受理申请后，一直未作答复。李某不服，向省政府申请行政复议，复议机关经过审理后作出驳回复议申请的决定，李某仍不服，向法院起诉，请求法院判决责令省生态环境厅准予环评许可。在案件审理过程中，省生态环境厅作出了准予许可的决定，李某仍不撤诉。关于本案的说法，不正确的是？（2022 年真题回忆版）

A. 李某的起诉期限是 6 个月

B. 复议机关是生态环境部

C. 本案应由中级法院管辖

D. 法院应判决驳回李某的诉讼请求

[考点] 起诉期限；复议机关的确定；诉讼管辖；被告改变被诉行政行为的审理

[解析] ①公民、法人或者其他组织直接向人民法院提起诉讼的，应当自知道或者应当知道作出行政行为之日起 6 个月内提出。法律另有规定的除外。经过复议再起诉的，期限为 15 日。本案属于复议前置案件，可见 A 选项说法错误。

②对县级以上地方各级人民政府工作部门的具体行政行为不服的，应当向本级人民政府申请行政复议。故本案的复议机关应为省政府，而不是生态环境部。B 选项说法错误。

③本案被告为原机关省生态环境厅和复议机关省政府为共同被告，依法由原机关省生态环境厅决定级别管辖，所以本案应由基层法院管辖。C 选项说法错误。

④原告起诉了原机关的不作为，在诉讼中原机关作出行政行为，原告不撤诉的，说明原告的起诉仍然针对的是省生态环境厅之前的不作为，而不是其后续的行为。基于“不告不理”的基本要求，人民法院应当就原机关省生态环境厅的不作为依法作出确认判决，而非驳回原告的诉讼请求。D 选项说法错误。

答案：ABCD

考点 2　行政诉讼第二审判决

10. 县环保局以一企业逾期未完成限期治理任务为由，决定对其加收超标准排污费并处以

罚款1万元。该企业认为决定违法诉至法院，提出赔偿请求。一审法院经审理维持县环保局的决定。该企业提出上诉。下列哪一说法是正确的？（2011/2/50）

A. 加收超标准排污费和罚款均为行政处罚

B. 一审法院开庭审理时，如该企业未经法庭许可中途退庭，法院应予训诫

C. 二审法院认为需要改变一审判决的，应同时对县环保局的决定作出判决

D. 一审法院如遗漏了该企业的赔偿请求，二审法院应裁定撤销一审判决，发回重审

［疑难辨析］ 本题着重考查了行政诉讼二审判决的适用。行政诉讼二审是对原审裁判以及被诉行政行为合法性的全面审查，因此在撤销原判或者改判时，应当同时对被诉行政行为作出判决。这一点常被考生所忽视。另外，本题D选项是对《行诉法解释》第109条的考查，该法条考查频率极高，务必要牢固掌握。该选项实际上是将该条文中规定的遗漏诉讼请求与遗漏赔偿请求的处理方式张冠李戴，迷惑考生。

［解析］ ①A选项说法错误。本案中的罚款属于行政处罚，而加收超标准排污费不是行政处罚，属于我国《环境保护法》排污收费制度中的行政征收行为。加收超标准排污费并不具有惩罚性质，而是用于防治由于逾期未完成治理任务而造成的危害结果，不属于行政处罚。

②B选项说法错误。该企业未经法庭许可中途退庭，可以按撤诉处理。《行政诉讼法》第58条规定："经人民法院传票传唤，原告无正当理由拒不到庭，或者未经法庭许可中途退庭的，可以按照撤诉处理；被告无正当理由拒不到庭，或者未经法庭许可中途退庭的，可以缺席判决。"

③行政诉讼二审是全面审理，全面裁判。C选项说法正确。《行政诉讼法》第87条规定："人民法院审理上诉案件，应当对原审人民法院的判决、裁定和被诉行政行为进行全面审查。"所以，本案中，二审法院认为需要改变一审判决的，应同时对县环保局的原决定作出判决。

④D选项说法错误。《行诉法解释》第109条第4款、第5款规定："原审判决遗漏行政赔偿请求，第二审人民法院经审查认为依法不应当予以赔偿的，应当判决驳回行政赔偿请求。原审判决遗漏行政赔偿请求，第二审人民法院经审理认为依法应当予以赔偿的，在确认被诉行政行为违法的同时，可以就行政赔偿问题进行调解；调解不成的，应当就行政赔偿部分发回重审。"据此，二审法院对于一审法院遗漏赔偿请求的情形，应分情况处理：a. 应予赔偿的，二审法院可以调解，调解不成，仅就赔偿部分发回重审；b. 不应赔偿的，直接驳回赔偿请求。D选项所说"裁定撤销一审判决，发回重审"是没有法律依据的。

［举一反三］ 二审法院对一审遗漏赔偿请求处理的"三步走"

第一步，审理赔偿请求，不应当赔偿的直接判决驳回；应当赔偿的走第二步。第二步，就赔偿请求进行调解，调解成功的，结案；调解不成的，走第三步。第三步，就赔偿请求部分发回重审。

答案：C

11. 县政府以某化工厂不符合国家产业政策、污染严重为由，决定强制关闭该厂。该厂向法院起诉要求撤销该决定，并提出赔偿请求。一审法院认定县政府决定违法，予以撤销，但未对赔偿请求作出裁判，县政府提出上诉。下列说法正确的是？（2017/2/100）

A. 本案第一审应由县法院管辖

B. 二审法院不得以不开庭方式审理该上诉案件

C. 二审法院应对一审法院的判决和被诉行政行为进行全面审查

D. 如二审法院经审查认为依法不应给予

该厂赔偿的，应判决驳回其赔偿请求

[解析] ①《行政诉讼法》第15条规定："中级人民法院管辖下列第一审行政案件：（一）对国务院部门或者县级以上地方人民政府所作的行政行为提起诉讼的案件；（二）海关处理的案件；（三）本辖区内重大、复杂的案件；（四）其他法律规定由中级人民法院管辖的案件。"本案的被告是县政府，属于"级别高"，应当由中院管辖，故A选项错误。

②二审法院原则上开庭审理，无新证据，也可以不开庭。《行政诉讼法》第86条规定："人民法院对上诉案件，应当组成合议庭，开庭审理。经过阅卷、调查和询问当事人，对没有提出新的事实、证据或者理由，合议庭认为不需要开庭审理的，也可以不开庭审理。"由此可见，二审法院可以以不开庭方式审理该上诉案件，故B选项错误。

③全面审；全面判。《行政诉讼法》第87条规定："人民法院审理上诉案件，应当对原审人民法院的判决、裁定和被诉行政行为进行全面审查。"故C选项正确。

④《行诉法解释》第109条第4款规定："原审判决遗漏行政赔偿请求，第二审人民法院经审查认为依法不应当予以赔偿的，应当判决驳回行政赔偿请求。"由此可见，二审法院经审查认为依法不应给予该厂赔偿的，应判决驳回其赔偿请求。故D选项正确。

答案：CD

✪ 考点3　行政诉讼的执行

12. 某公司向区教委申请《办学许可证》，遭拒后向区政府申请行政复议，复议机关作出维持决定，公司向法院提起诉讼，法院判决撤销复议决定同时，判决区教委在判决生效后30日内对该公司申请进行重新处理。判决生效后，区教委逾期拒不履行，某公司申请强制执行。关于法院可采取的执行措施，下列哪些选项是正确的？（2010/2/87）

A. 对区教委按日处100元的罚款

B. 对区教委的主要负责人处以罚款

C. 经法院院长批准，对区教委直接责任人予以司法拘留

D. 责令由市教委对该公司的申请予以处理

[疑难辨析] 法考中有关行政诉讼执行考点主要规定在《行政诉讼法》第96条，与此相关的法条有《行诉法解释》第152条至第161条。

[解析] ①根据《行政诉讼法》第96条的规定："行政机关拒绝履行判决、裁定、调解书的，第一审人民法院可以采取下列措施：（一）对应当归还的罚款或者应当给付的款额，通知银行从该行政机关的账户内划拨；（二）在规定期限内不履行的，从期满之日起，对该行政机关负责人按日处五十元至一百元的罚款；（三）将行政机关拒绝履行的情况予以公告；（四）向监察机关或者该行政机关的上一级行政机关提出司法建议。接受司法建议的机关，根据有关规定进行处理，并将处理情况告知人民法院；（五）拒不履行判决、裁定、调解书，社会影响恶劣的，可以对该行政机关直接负责的主管人员和其他直接责任人员予以拘留；情节严重，构成犯罪的，依法追究刑事责任。"可见，法院对行政机关的强制执行措施仅限于划拨账户。对行政机关负责人可以处以罚款，具体是每日50元至100元。故A选项错误，B选项正确。

②根据《行政诉讼法》第96条第5项的规定，如果作为被告的行政机关拒不履行判决、裁定、调解书，社会影响恶劣的，法院可以对该行政机关直接负责的主管人员和其他直接责任人员予以拘留。罚款、拘留须经法院院长批准。故C选项正确。

③法院无权"责令"被告的上级机关直接处理原告涉诉的请求。故D选项错误。

答案：BC

专题十八 国家赔偿

考情分析

本专题是法考的重要考查对象，其分值年均在3—8分之间，可以说是法考中的命题大户，考生对此一定要予以重视。其主要考点有：行政赔偿的范围、程序及义务机关确定；刑事赔偿的范围、程序及义务机关确定；行政、民事司法赔偿范围；国家赔偿的方式与计算标准。

2010年及2012年《国家赔偿法》的修改，使本专题的内容成为考查热点。考生对修改变化的内容一定要熟练掌握，特别是一些标志性的变化，如行为违法确认程序的取消、精神损害赔偿的引入等，在对其深入理解的同时，对于细节性的变化也不可忽视。另外，《最高人民法院关于审理行政赔偿案件若干问题的规定》于2021年12月6日由最高人民法院审判委员会第1855次会议通过，自2022年5月1日起施行，是需要学习的最新规定；对于2022年法考大纲中新增加的《最高人民法院关于审理国家赔偿案件确定精神损害赔偿责任适用法律若干问题的解释》，也要予以关注。

考点1 行政赔偿的范围

1. 某区规划局以一公司未经批准擅自搭建地面工棚为由，限期自行拆除。该公司逾期未拆除。根据规划局的请求，区政府组织人员将违法建筑拆除，并将拆下的钢板作为建筑垃圾运走。如该公司申请国家赔偿，下列哪些说法是正确的？（2013/2/84）

A. 可以向区规划局提出赔偿请求

B. 区政府为赔偿义务机关

C. 申请国家赔偿之前应先申请确认运走钢板的行为违法

D. 应当对自己的主张提供证据

［解析］①关于A、B选项，考查的是赔偿义务机关的确定。本案中当事人认为区政府强制拆除违法建筑行为损害其合法权益，从而申请国家赔偿，赔偿义务机关应当是实施拆除行为的区政府而不是区规划局。故A选项错误，B选项正确。

②关于C选项，因为2010年《国家赔偿法》修正时已经废除了申请赔偿之前的行为违法确认程序，当事人只要认为国家机关的行为侵害其合法权益就有权提起赔偿的请求。故C选项错误。此考点曾经连续3年重复考查。

③国家赔偿原则上谁主张谁举证，例外是行政机关的原因导致当事人无法举证的，则举证责任倒置。关于D选项，根据《最高人民法院关于审理行政赔偿案件若干问题的规定》第11条第1款的规定：“行政赔偿诉讼中，原告应当对行政行为造成的损害提供证据；因被告的原因导致原告无法举证的，由被告承担举证责任。”本案中，公司如果申请国家赔偿，应当对自己的主张承担证明责任，故D选项正确。

答案：BD

考点2 行政赔偿义务机关及赔偿程序

2. 关于行政赔偿诉讼，下列哪些选项是正确的？（2010/2/88）

A. 当事人在提起行政诉讼时未一并提出行政赔偿请求，法院审查认为可能存在行政赔偿的，应当告知原告可以一并提起行政赔偿诉讼

B. 行政行为未被确认为违法，公民、法人或者其他组织提起行政赔偿诉讼的，法院应当视为提起行政诉讼时一并提起行政赔偿诉讼

C. 如复议决定加重损害，赔偿请求人应当以复议机关为被告

D. 原告在法院一审庭审结束后，一审判决前提出赔偿请求的，法院应当不予准许

［解析］ ①根据《最高人民法院关于审理行政赔偿案件若干问题的规定》第14条第1款、第2款的规定："原告提起行政诉讼时未一并提起行政赔偿诉讼，人民法院审查认为可能存在行政赔偿的，应当告知原告可以一并提起行政赔偿诉讼。原告在第一审庭审终结前提起行政赔偿诉讼，符合起诉条件的，人民法院应当依法受理；原告在第一审庭审终结后、宣判前提起行政赔偿诉讼的，是否准许由人民法院决定。"故A选项正确，D选项错误。

②根据《最高人民法院关于审理行政赔偿案件若干问题的规定》第13条第1款的规定："行政行为未被确认为违法，公民、法人或者其他组织提起行政赔偿诉讼的，人民法院应当视为提起行政诉讼时一并提起行政赔偿诉讼。"由此可知，当事人提起行政赔偿诉讼，无须先确认行政行为违法。故B选项正确。

③复议加重的赔偿责任：共同告，分别赔。根据《最高人民法院关于审理行政赔偿案件若干问题的规定》第9条的规定："原行政行为造成赔偿请求人损害，复议决定加重损害的，复议机关与原行政行为机关为共同被告。赔偿请求人坚持对作出原行政行为机关或者复议机关提起行政赔偿诉讼，以被起诉的机关为被告，未被起诉的机关追加为第三人。"复议机关的复议决定加重损害的，原则上应当以复议机关与原行政行为机关为共同被告。故C选项错误。

综上，本题正确答案为AB选项。

答案：AB

考点3 司法赔偿义务机关

3. 区公安分局以涉嫌故意伤害罪为由将方某刑事拘留，区检察院批准对方某的逮捕。区法院判处方某有期徒刑3年，方某上诉。市中级法院以事实不清为由发回区法院重审。区法院重审后，判决方某无罪。判决生效后，方某请求国家赔偿。下列哪些说法是错误的？（2012/2/83）

A. 区检察院和区法院为共同赔偿义务机关

B. 区公安分局为赔偿义务机关

C. 方某应当先向区法院提出赔偿请求

D. 如区检察院在审查起诉阶段决定撤销案件，方某请求国家赔偿的，区检察院为赔偿义务机关

［疑难辨析］ 本题陷阱有二：一是"后置"，即赔偿义务机关确定采取后置原则；二是"前置"，即国家赔偿程序以赔偿义务机关先行处理为前提。如果考生能够理解相关法理和具体规定，则不难作出正确判断。

［解析］ ①根据《国家赔偿法》第21条的规定："行使侦查、检察、审判职权的机关以及看守所、监狱管理机关及其工作人员在行使职权时侵犯公民、法人和其他组织的合法权益造成损害的，该机关为赔偿义务机关。对公民采取拘留措施，依照本法的规定应当给予国家赔偿的，作出拘留决定的机关为赔偿义务机关。对公民采取逮捕措施后决定撤销案件、不起诉或者判决宣告无罪的，作出逮捕决定的机关为赔偿义务机关。再审改判无罪的，作出原生效判决的人民法院为赔偿义务机关。二审

改判无罪，以及二审发回重审后作无罪处理的，作出一审有罪判决的人民法院为赔偿义务机关。”本案属于一审判决有罪，上诉后发回重审改判无罪的情形，依法应当由一审法院即区法院作为赔偿义务机关。故A、B选项错误。

②关于C选项，从司法赔偿程序上来看，赔偿请求人要求赔偿，应当先向赔偿义务机关法院提出赔偿请求，如果对赔偿义务机关的赔偿决定不服的，才可以向其上一级法院的司法赔偿委员会提出赔偿申请。故C选项正确。

③如果区检察院在审查起诉阶段决定撤销案件，方某请求国家赔偿的，根据赔偿义务机关后置原则，区公安分局不需承担赔偿责任，由区检察院作为赔偿义务机关。故D选项正确。本题命题瑕疵是，依据《刑事诉讼法》的规定，本案应当由公安机关撤销案件，而不是由检察院撤销案件。

［举一反三］赔偿义务机关：后置

阶段	赔偿义务机关
公安侦查	公安局赔
检察院批捕	检察院赔
检察院公诉，一审判无罪	检察院赔
一审判有罪生效，或上诉二审认为无罪	一审法院赔
一审判有罪，上诉，二审维持	二审法院赔

答案：AB

4. 王大锤涉嫌寻衅滋事罪被县公安局刑事拘留，后县检察院将其逮捕并提起公诉，县法院判处其有期徒刑3年，王大锤提起上诉，市中院改判无罪。本案的赔偿义务机关是？（2019年真题回忆版）

A. 县公安局

B. 县检察院

C. 县法院

D. 市中院

［解析］按照赔偿义务机关后置原则，本案中一审法院作出有罪判决，市中院改判无罪，应当由一审法院即县法院作为赔偿义务机关。故C选项正确。

答案：C

考点4　司法赔偿范围

5. 甲打乙，经鉴定乙构成轻伤二级。2021年11月12日县公安局以甲构成故意伤害罪为由决定立案侦查，11月30日对甲刑事拘留，后县检察院决定批捕。2022年5月3日对乙进行重新鉴定，鉴定意见作出修改，认定乙构成轻微伤。5月5日县检察院变更强制措施为取保候审，并于同日释放甲，县公安局随后撤销案件。甲申请赔偿，赔偿义务机关作出不予赔偿决定。下列哪些说法是正确的？（2023年真题回忆版）

A. 对于2021年11月30日至2022年5月5日被羁押的期限应予以赔偿

B. 本案的赔偿义务机关是县检察院

C. 对于不予赔偿决定，甲可以向法院提起诉讼

D. 因鉴定机构作出错误鉴定，因而由鉴定机构赔偿

［解析］①针对侵犯人身自由的国家赔偿事项，只限于羁押期间的损失。A选项说法正确。

②对公民采取逮捕措施后决定撤销案件、不起诉或者判决宣告无罪的，作出逮捕决定的机关为赔偿义务机关。故本案赔偿义务机关应

为县检察院。B选项说法正确。

③司法赔偿是非诉程序，若作出不予赔偿决定，甲可以向上一级检察院申请复议。C选项说法错误。

④行使侦查、检察、审判职权的机关以及看守所、监狱管理机关及其工作人员在行使职权时侵犯公民、法人和其他组织的合法权益造成损害的，该机关为赔偿义务机关。鉴定机构不是法定的司法赔偿义务机关。D选项说法错误。

答案：AB

6. 2009年2月10日，王某因涉嫌诈骗被县公安局刑事拘留，2月24日，县检察院批准逮捕王某。4月10日，县法院以诈骗罪判处王某3年有期徒刑，缓期2年执行。5月10日，县公安局根据县法院变更强制措施的决定，对王某采取取保候审措施。王某上诉，6月1日，市中级法院维持原判。王某申诉，12月10日，市中级法院再审认定王某行为不构成诈骗，撤销原判。对此，下列哪一说法是正确的？（2010/2/50）

A. 因王某被判无罪，国家应当对王某在2009年2月10日至12月10日期间的损失承担赔偿责任

B. 因王某被判处有期徒刑缓期执行，国家不承担赔偿责任

C. 因王某被判无罪，国家应当对王某在2009年6月1日至12月10日期间的损失承担赔偿责任

D. 因王某被判无罪，国家应当对王某在2009年2月10日至5月10日期间的损失承担赔偿责任

［疑难辨析］ 本题考查刑事司法赔偿期间的范围。对于此类试题，一定要掌握刑事司法赔偿的一个基本原则，即违法羁押原则。具体来说需要满足以下两个条件：其一，当事人事实上被限制人身自由；其二，被限制人身自由缺乏法律依据。如果当事人虽然被判处刑罚，但是没有实际执行（尚未执行或缓刑等）或者当事人虽然被限制人身自由，但是属于合法羁押的，国家对此都不承担赔偿责任。

［解析］《国家赔偿法》第17条前3项规定："行使侦查、检察、审判职权的机关以及看守所、监狱管理机关及其工作人员在行使职权时有下列侵犯人身权情形之一的，受害人有取得赔偿的权利：（一）违反刑事诉讼法的规定对公民采取拘留措施的，或者依照刑事诉讼法规定的条件和程序对公民采取拘留措施，但是拘留时间超过刑事诉讼法规定的时限，其后决定撤销案件、不起诉或者判决宣告无罪终止追究刑事责任的；（二）对公民采取逮捕措施后，决定撤销案件、不起诉或者判决宣告无罪终止追究刑事责任的；（三）依照审判监督程序再审改判无罪，原判刑罚已经执行的。"据此，《国家赔偿法》对于限制人身自由的司法赔偿范围仅限于拘留、逮捕及已经执行刑罚的情形，即采取"实际羁押"原则，只对申请人被错误羁押并实际执行的期间给予赔偿。本案中，王某于2009年2月10日被拘留，至2009年5月10日被取保候审，在此期间是被"实际羁押"，国家应该给予赔偿。王某在2009年5月10日被取保候审后及从2009年6月1日至2009年12月10日期间的缓刑执行都不处于被实际羁押的状态，因此对于从2009年5月10日开始至其被宣判无罪的2009年12月10日止这段时间的损失，王某无权要求国家赔偿。因此，D选项正确。

［举一反三］司法赔偿范围

①刑事赔偿中的"前后"之分。在刑事案件中，如果将法院生效刑事裁判的交付执行作为划分案件前后基点的话，这里确实存在着"前后"之分。所谓"前"，是指法院刑事裁判交付执行之前当事人被羁押的全部期间。主要包括被刑事拘留、逮捕、提起公诉以及二审等阶段。所谓"后"，是指法院刑事裁判交付

执行之后当事人被羁押的期间。

②有罪之人不负或不被追究刑事责任的，“赔后不赔前”。有罪之人，说明当事人实施了犯罪行为，司法机关依法应当对其启动刑事责任追究程序，如刑事拘留、批准逮捕、提起公诉等。此时由于当事人自身实施了刑事犯罪行为，所以国家对其在责任追究程序期间被羁押而导致的损害不承担赔偿责任。但是依据《刑法》和《刑事诉讼法》的规定当事人不负刑事责任，或者国家不对其追究刑事责任，法院经过审理应当依法将其释放，解除羁押。此时如果法院判决其拘役或有期徒刑并交付执行，则应当对其在被执行期间遭受的损害承担赔偿责任。

③有罪之人无实刑，“前后都不赔”。所谓“无实刑”是指当事人经过法院刑事判决，没有被判处拘役或有期徒刑，或者虽然被判处实刑但却没有被实际交付执行，比如管制、有期徒刑缓刑、减刑、假释、保外就医、剥夺政治权利等没有实际羁押的刑事处罚。此时，无论是法院裁判前后，国家对当事人都不承担赔偿责任。

④无罪之人无实刑，“赔前不赔后”。“无罪之人”是指当事人实际上没有实施犯罪行为，而被刑事机关当作犯罪嫌疑人拘留、逮捕、起诉，并经法院审理后作出判决的人。如果当事人被判处的是上述的“无实刑”，实际上并没有因为法院的裁判而导致被羁押，则国家应当赔偿对当事人拘留、逮捕、起诉等被羁押期间所遭受的损失，法院裁判因为没有实际执行的内容而无须赔偿。

⑤无罪之人有实刑，“前后都要赔”。此种情况就是现实生活中所称的“冤案”。没有犯罪行为的当事人，被刑事机关错误地追究刑事责任，先后被拘留、逮捕、起诉和判决，以及之后的交付执行。当事人依法有权获得法院裁判前后所有被羁押期间的国家赔偿。

答案：D

7. 关于民事、行政诉讼中的司法赔偿，下列哪些说法是正确的？（2017/2/85）

A. 对同一妨害诉讼的行为重复采取罚款措施的，属于违法采取对妨害诉讼的强制措施

B. 执行未生效法律文书的，属于对判决、裁定及其他生效法律文书执行错误

C. 受害人对损害结果的发生或者扩大也有过错的，国家不承担赔偿责任

D. 因正当防卫造成损害后果的，国家不承担赔偿责任

［解析］ 关于民事和行政诉讼中的司法赔偿问题，最高法专门出台了司法解释，本题就是对该解释内容的直接考查。

①对同一妨害诉讼的行为重复采取罚款、拘留措施的，属于违法采取排除妨害诉讼的措施，应当承担赔偿责任。故A选项正确。

②执行未生效法律文书的，属于执行错误，应当承担赔偿责任。故B选项正确。

③根据过错相抵原则，受害人对损害结果的发生或者扩大也有过错的，应当根据其过错对损害结果的发生或者扩大所起的作用等因素，依法减轻国家赔偿责任。由此可知，受害人对损害结果的发生或者扩大也有过错的，国家不是不承担赔偿责任，而是减轻国家赔偿责任。故C选项错误。

④因不可抗力、正当防卫和紧急避险造成损害后果的，属于国家法定不承担赔偿责任的情形。故D选项正确。

答案：ABD

8. 李某因A、B两个不同罪名而在2020年8月20日被甲县公安局立案侦查，2020年9月2日被甲县检察院批准逮捕，然后甲县法院一审判处其A罪有期徒刑1年，缓刑2年，B罪有期徒刑2年，缓刑3年，合并执行2年，缓刑2年6个月，李某当日释放，但李某不服提起上诉，市中院维持原判，李某仍不服，申请

省高院再审，省高院经再审认为李某无罪。李某申请国家赔偿，下列说法正确的是？（2021年真题回忆版）

A. 因为法院判决缓刑，所以国家不承担赔偿责任

B. 因为市中院二审维持了原判，所以市中院是赔偿义务机关

C. 本案中的律师费不属于国家赔偿范围

D. 若本案赔偿义务机关作出不予赔偿决定，李某可向其上一级机关申请复议

[解析] ①A 选项，虽然法院判决缓刑，属于无实刑，但因为李某实际无罪，在判决确定以前被羁押的，应当予以国家赔偿。

②B 选项，刑事司法赔偿义务机关采取后置原则，本案中市中院二审判决维持有罪，则应当由市中院作为赔偿义务机关。

③C 选项，国家赔偿采取法定范围，主要是由国家机关及其工作人员行为对当事人人身权和财产权直接造成的损害，其中律师费不属于国家赔偿范围。

④D 选项，本案赔偿义务机关为二审法院，如李某对其作出的不予赔偿决定不服，可以向上一级法院赔偿委员会申请作出赔偿决定，而不是申请复议。

答案：BC

9. 2021年2月3日，张某因涉嫌盗窃罪被区公安分局刑事拘留，区检察院批准逮捕，区法院一审判处其有期徒刑1年，缓刑2年，并将其释放。张某不服，提起上诉，市中级法院裁定发回区法院重审。重审期间，区检察院经准许撤回起诉，并于8月12日作出不起诉决定。张某申请国家赔偿。关于本案中的国家赔偿，下列说法不正确的是？（2022年真题回忆版）

A. 张某应在1年内申请国家赔偿

B. 国家应当对张某承担2021年2月3日至8月12日期间的赔偿

C. 申请赔偿时时效从张某知道或者应当知道其人身权、财产权受侵犯之日起计算

D. 赔偿义务机关是区检察院和区法院

[考点] 赔偿时效；赔偿范围；赔偿义务机关

[解析] ①赔偿请求人请求国家赔偿的时效为两年，自其知道或者应当知道国家机关及其工作人员行使职权时的行为侵犯其人身权、财产权之日起计算，但被羁押等限制人身自由期间不计算在内。A 选项说法错误，C 选项说法正确。

②国家赔偿的人身自由赔偿金是针对赔偿请求人被羁押情形而言的，因而只对羁押期间的人身自由受到限制进行赔偿。B 选项说法错误。

③二审发回重审后作无罪处理的，作出一审有罪判决的人民法院为赔偿义务机关。故本案的赔偿义务机关应为一审法院即区法院。D 选项说法错误。

答案：ABD

考点5　司法赔偿程序

10. 2019年10月15日，区公安局以杨某寻衅滋事罪对其拘留，11月20日县检察院认为事实不清，证据不足，决定不予逮捕，11月21日区公安局对其由拘留变更为监视居住，当日释放。2020年5月20日监视居住期满。2020年7月20日，杨某申请国家赔偿，区公安局以不符合赔偿条件为由驳回。下列说法正确的是？（2023年真题回忆版）

A. 该案属于裁决，不予执行国家赔偿

B. 杨某符合申请国家赔偿条件

C. 赔偿时间是2019年10月15日至2020年5月20日

D. 杨某不服，可向市公安局申请复议

[解析] 依据《国家赔偿法》第17条第1项的规定，行使侦查、检察、审判职权的机

关以及看守所、监狱管理机关及其工作人员违反刑事诉讼法的规定对公民采取拘留措施的，或者依照刑事诉讼法规定的条件和程序对公民采取拘留措施，但是拘留时间超过刑事诉讼法规定的时限，其后决定撤销案件、不起诉或者判决宣告无罪终止追究刑事责任的，受害人有取得赔偿的权利。本案的刑事拘留已经超过刑事诉讼法规定的期限，公安机关撤销案件，终止追究刑事责任，符合违法拘留的赔偿条件，属于国家赔偿的范围。A选项说法错误；B选项说法正确。

针对侵犯人身自由的国家赔偿事项，只限于羁押期间的损失。监视居住是羁押，不属于赔偿的范围。C选项说法错误。

在司法赔偿中，除了赔偿义务机关是人民法院的，赔偿请求人可以依法向其上一级人民法院赔偿委员会申请作出赔偿决定外，赔偿义务机关在规定期限内未作出是否赔偿的决定，赔偿请求人可以向赔偿义务机关的上一级机关申请复议。D选项说法正确。

答案：BD

11. 县公安局以李某涉嫌盗窃为由将其刑事拘留，并经县检察院批准逮捕。县法院判处李某有期徒刑5年。李某上诉，市中级法院改判李某无罪。李某向赔偿义务机关申请国家赔偿。下列哪一说法是正确的？（2012/2/50）

A. 县检察院为赔偿义务机关

B. 李某申请国家赔偿前应先申请确认刑事拘留和逮捕行为违法

C. 李某请求国家赔偿的时效自羁押行为被确认为违法之日起计算

D. 赔偿义务机关可以与李某就赔偿方式进行协商

［疑难辨析］ 部分考生因为不了解刑事赔偿的义务机关确定采取“后置”原则，错误地认为检察院是赔偿义务机关。本题的第二个陷阱是新旧《国家赔偿法》之间的比较，先行确认行为违法是旧法中的前置程序，新法中已经废止。

［解析］ ①二审法院改判无罪，以及二审法院发回重审后作无罪处理的，作出一审有罪判决的人民法院为赔偿义务机关。根据后置原则，法院已经作出有罪判决的，检察院不可能再当赔偿义务机关。故A选项错误。

②赔偿请求人要求赔偿，应当先向赔偿义务机关提出，也可以在申请行政复议或者提起行政诉讼时一并提出。新的《国家赔偿法》删除了旧法中的先行确认行为违法的前置程序。故B选项错误。

③赔偿请求人请求国家赔偿的时效为2年，自其知道或应当知道国家机关及其工作人员行使职权时的行为侵犯其人身权、财产权之日起计算，但被羁押等限制人身自由期间不计算在内。所以，依据新法规定，申请赔偿的时效不是以确认违法为起算点，而是以当事人知道自己权利遭受侵害之日为起算点。故C选项错误。

④为了充分保护赔偿请求人的合法权益，《国家赔偿法》中规定了赔偿协商制度。赔偿义务机关应当自收到申请之日起2个月内，作出是否赔偿的决定。赔偿义务机关作出赔偿决定，应当充分听取赔偿请求人的意见，并可以与赔偿请求人就赔偿方式、赔偿项目和赔偿数额进行协商。故D选项正确。

答案：D

12. 李某被县公安局以涉嫌盗窃为由刑事拘留，后被释放。李某向县公安局申请国家赔偿，遭到拒绝，经复议后，向市中级法院赔偿委员会申请作出赔偿决定。下列哪一说法是正确的？（2011/2/45）

A. 李某应向赔偿委员会递交赔偿申请书一式4份

B. 县公安局可以委托律师作为代理人

C. 县公安局应对李某的损失与刑事拘留

行为之间是否存在因果关系提供证据

D. 李某不服中级法院赔偿委员会作出的赔偿决定的，可以向上一级法院赔偿委员会申请复议一次

[疑难辨析] 本题的难点在于 B、C 选项：其一，有的考生未能注意到司法解释关于“国家赔偿程序中，赔偿义务机关只能委托本机关工作人员为代理人”的规定，简单地从诉讼程序当事人的权利义务对等性出发判断，因此误选了 B 选项。需要注意的是，国家赔偿诉讼与行政诉讼是两种不同的诉讼形式，二者的审判组织和审理程序并不完全相同。根据《行政诉讼法》第 31 条的规定，行政诉讼原告、被告和第三人均可以自由选择委托代理人参加诉讼；而国家赔偿诉讼则不同，赔偿义务机关必须在法定范围内选择代理人，对于赔偿请求人则没有限制。其二，有的考生片面地理解《国家赔偿法》的举证规则，误以为与行政诉讼的举证责任一样，都由行政机关承担举证责任，原告只在有限情形下承担举证责任，因此误选了 C 选项。然而，国家赔偿的举证实行“谁主张、谁举证”的原则，只在《国家赔偿法》第 26 条第 2 款的情形下才实行举证责任倒置。

[解析] ①A 选项说法正确。赔偿请求人向赔偿委员会申请作出赔偿决定，应当递交赔偿申请书一式四份。赔偿请求人书写申请书确有困难的，可以口头申请。口头提出申请的，人民法院应当填写《申请赔偿登记表》，由赔偿请求人签名或者盖章。

②B 选项说法错误。县公安局只能委托本机关人员为代理人。专业的人做专业的事，司法赔偿委员会审理案件，弱势的赔偿请求人有权委托律师，强势的赔偿义务机关无权委托律师，只能委托本机关工作人员。赔偿义务机关、复议机关可以委托 1 至 2 名本机关工作人员作为代理人。

③C 选项说法错误。应由赔偿请求人即李某举证。法院赔偿委员会处理赔偿请求，赔偿请求人和赔偿义务机关对自己提出的主张，应当提供证据。被羁押人在羁押期间死亡或者丧失行为能力的，赔偿义务机关的行为与被羁押人的死亡或者丧失行为能力是否存在因果关系，赔偿义务机关应当提供证据。本案中，李某认为县公安局的刑事拘留行为给他造成了损失而主张国家赔偿，因此其必须对自己所受到的损失与刑事拘留行为之间存在因果关系提供证据。

④D 选项说法错误。赔偿委员会作出的赔偿决定是即时生效的决定，对其不服的，只能选择向上一级赔偿委员会申诉。赔偿委员会作出的赔偿决定，是发生法律效力的决定，必须执行。赔偿请求人或者赔偿义务机关对赔偿委员会作出的决定，认为确有错误的，可以向上一级人民法院赔偿委员会提出申诉。

答案：A

13. 甲市某县公安局以李某涉嫌盗窃罪为由将其刑事拘留，经县检察院批准逮捕，县法院判处李某有期徒刑 6 年，李某上诉，甲市中级法院改判无罪。李某被释放后申请国家赔偿，赔偿义务机关拒绝赔偿，李某向甲市中级法院赔偿委员会申请作出赔偿决定。下列选项正确的是？（2013/2/99）

A. 赔偿义务机关拒绝赔偿的，应书面通知李某并说明不予赔偿的理由

B. 李某向甲市中级法院赔偿委员会申请作出赔偿决定前，应当先向甲市检察院申请复议

C. 对李某申请赔偿案件，甲市中级法院赔偿委员会可指定一名审判员审理和作出决定

D. 如甲市中级法院赔偿委员会作出赔偿决定，赔偿义务机关认为确有错误的，可以向该省高级法院赔偿委员会提出申诉

[解析] ①关于 A 选项，赔偿义务机关决定赔偿的，应当制作赔偿决定书，并自作出

决定之日起10日内送达赔偿请求人。赔偿义务机关决定不予赔偿的，应当自作出决定之日起10日内书面通知赔偿请求人，并说明不予赔偿的理由。故A选项正确。

②关于B选项，赔偿请求人对赔偿的方式、项目、数额有异议的，或者赔偿义务机关作出不予赔偿决定的，赔偿请求人可以自赔偿义务机关作出赔偿或者不予赔偿决定之日起30日内，向赔偿义务机关的上一级机关申请复议。赔偿义务机关是人民法院的，赔偿请求人可以依照《国家赔偿法》规定向其上一级人民法院赔偿委员会申请作出赔偿决定。可见，如果赔偿义务机关是公安局或者检察院，那么赔偿请求人对赔偿义务机关的赔偿或不赔偿决定不服的，应先向赔偿义务机关的上一级机关申请复议，对复议决定不服的，再向复议机关的同级人民法院赔偿委员会提出赔偿申请。如果赔偿义务机关是法院的话，赔偿请求人则可以在对赔偿义务机关的赔偿或者不赔偿决定不服时，直接向赔偿义务机关的上一级法院赔偿委员会提起赔偿申请。本案中，一审法院作出有罪判决，二审法院改判无罪。二审改判无罪，以及二审发回重审后作无罪处理的，作出一审有罪判决的人民法院为赔偿义务机关。可见，本案的赔偿义务机关为作出一审判决的县法院。如前所述，李某应当直接向甲市中级法院赔偿委员会申请作出赔偿决定。故B选项错误。

③关于C选项，赔偿委员会审理赔偿案件，应当指定1名审判员负责具体承办。负责具体承办赔偿案件的审判员应当查清事实并写出审理报告，提请赔偿委员会讨论决定。赔偿委员会作赔偿决定，必须由3名以上审判员参加，按照少数服从多数的原则作出决定。可见，具体承办赔偿案件的可以指定1名审判员，但是作出赔偿决定时，必须由3名以上审判员参加，而不是1名审判员。故C选项错误。

④关于D选项，赔偿请求人或者赔偿义务机关对赔偿委员会作出的决定，认为确有错误的，可以向上一级人民法院赔偿委员会提出申诉。故D选项正确。

答案：AD

14. 某县公安局以涉嫌诈骗为由将张某刑事拘留，并经县检察院批准逮捕，后县公安局以证据不足为由撤销案件，张某遂申请国家赔偿。下列说法正确的是？（2015/2/100）

A. 赔偿义务机关为县公安局和县检察院

B. 张某的赔偿请求不属国家赔偿范围

C. 张某当面递交赔偿申请书，赔偿义务机关应当场出具加盖本机关专用印章并注明收讫日期的书面凭证

D. 如赔偿义务机关拒绝赔偿，张某可向法院提起赔偿诉讼

［解析］ 本题考查了司法赔偿的义务机关、赔偿范围、赔偿程序等知识点。

①关于A选项，司法赔偿义务机关的确定采取后置原则，即由作出后面程序的机关作为赔偿义务机关。行使侦查、检察、审判职权的机关以及看守所、监狱管理机关及其工作人员在行使职权时侵犯公民、法人和其他组织的合法权益造成损害的，该机关为赔偿义务机关。对公民采取拘留措施，作出拘留决定的机关为赔偿义务机关。对公民采取逮捕措施后决定撤销案件、不起诉或者判决宣告无罪的，作出逮捕决定的机关为赔偿义务机关。再审改判无罪的，作出原生效判决的人民法院为赔偿义务机关。二审法院改判无罪，以及二审法院发回重审后作无罪处理的，作出一审有罪判决的人民法院为赔偿义务机关。本案中，某县公安局以涉嫌诈骗罪为由将张某刑事拘留，并经县检察院批准逮捕，如果本案中需要进行国家赔偿，也应当由批准逮捕的县检察院承担赔偿责任，而不是县公安局和县检察院共同赔偿。故A选项错误。

②关于B选项，司法赔偿的范围，对公民采取逮捕措施后，决定撤销案件、不起诉或者

判决宣告无罪终止追究刑事责任的情形，属于司法赔偿的范围。故B选项错误。

③关于C选项，国家赔偿的申请及处理，张某当面递交赔偿申请书，赔偿义务机关应当场出具加盖本机关专用印章并注明收讫日期的书面凭证。故C选项正确。

④关于D选项，赔偿义务机关拒绝赔偿的救济途径，司法赔偿义务机关拒绝赔偿的，当事人无法向法院提起赔偿诉讼，而是最终通过向法院的赔偿委员会提出赔偿申请实现救济。理由在于司法赔偿义务机关自身就是司法机关，当事人不可能到司法机关起诉司法机关。故D选项错误。

[举一反三] 司法赔偿程序

赔偿义务机关	程序	第一步	第二步	第三步
法院	两步走	赔偿义务机关作出赔偿决定	向上一级法院赔委会申请赔偿	无
公安局、检察院	三步走	赔偿义务机关作出赔偿决定	向上一级机关申请复议	向复议机关所在地的同级法院赔委会申请赔偿

答案：C

15. 王大锤涉嫌受贿罪被区检察院批准逮捕，区法院经审理认为王大锤违法情形不严重，故决定免予追究其刑事责任，王大锤未上诉，一审判决生效。此后，市中院再审改判王大锤无罪。王大锤申请国家赔偿，法院赔偿委员会认为一审判决为免予追究刑事责任，不应当予以赔偿，下列说法正确的是？（2019年真题回忆版）

A. 本案不属于国家赔偿的范围

B. 本案的赔偿义务机关是区法院

C. 王大锤在向法院赔偿委员会申请之前应当先向上一级法院申请复议

D. 王大锤对法院赔偿委员会不予赔偿决定不服的，可以向省高院赔偿委员会申请复议

[解析] ①本案中王大锤被提起公诉并被判决有罪，逮捕和审判采取结果归责原则，只要造成当事人损害就应当承担赔偿责任。故本案属于国家赔偿范围。故A选项错误。

②按照赔偿义务机关后置原则，既然一审法院即区法院作出有罪判决并生效，应当由其作为赔偿义务机关。故B选项正确。

③关于司法赔偿程序，如果赔偿义务机关是法院，则赔偿程序“两步走”，先向赔偿义务机关申请赔偿，赔偿义务机关要在2个月之内作出赔偿决定；当事人不服的，应当在30日内向上一级法院的赔偿委员会申请赔偿。如果赔偿义务机关是公安局或者检察院，则赔偿程序“三步走”，向赔偿义务机关提出赔偿申请，对赔偿决定不服的，应当在30日内向其上一级机关申请复议一次；对复议决定仍不服的，在30日内向复议机关所在地的同级法院赔偿委员会申请赔偿。故C选项错误。

④当事人对法院赔偿委员会作出的赔偿决定不服的，可以向其上一级法院赔偿委员会提起申诉。注意此处是“申诉”，而不是“复议”。故D选项错误。

答案：B

16. 2014年11月，市公安局以王某涉嫌盗窃罪为由将其刑事拘留。2016年12月，市检察院作出批捕决定。2017年7月，市中院审理后判处其有期徒刑5年，王某提起上诉。2018年3月，省高院发回重审，市中院重审改判王某无罪。王某于2019年3月申请国家赔偿。下列说法正确的是？（2019年真题回忆版）

A. 本案赔偿义务机关是市中院

B. 王某不服赔偿决定，可以向上一级法院赔偿委员会申请复议

C. 赔偿义务机关应当在 2 个月内作出赔偿决定

D. 对王某的赔偿标准应当按照 2018 年年度国家职工日平均工资计算

［解析］ ①按照赔偿义务机关后置原则，本案一审法院市中院作出有罪判决，二审法院未作出维持判决，所以赔偿义务机关是市中院。故 A 选项正确。

②赔偿请求人对赔偿义务机关市中院作出的赔偿决定不服的，可以向其上一级法院赔偿委员会申请作出赔偿决定，而不是“复议”。故 B 选项错误。

③赔偿义务机关应当在 2 个月内作出赔偿决定。故 C 选项正确。

④赔偿标准是赔偿决定作出之时的上一年度国家职工日平均工资。每年 5 月中旬由国家统计局公布上一年度国家职工日平均工资，但是本案中只是提到王某于 2019 年 3 月申请国家赔偿，并不知道生效赔偿决定作出的时间，所以现有条件无法确定赔偿标准。故 D 选项错误。

答案：AC

17. 2017 年，张某因涉嫌合同诈骗罪被市公安局刑事拘留，后被市人民检察院逮捕和起诉，市中院以合同诈骗罪判处其有期徒刑 13 年，张某不服上诉到省高院，2019 年省高院改判无罪，张某申请国家赔偿。下列说法不正确的是？（2020 年真题回忆版）

A. 如果张某和赔偿义务机关对赔偿决定不服的，可以向上一级法院申请复议

B. 市人民检察院是赔偿义务机关

C. 应以 2017 年年度职工日平均工资为赔偿标准

D. 赔偿委员会认为应当质证的，原则上质证应当公开进行

［解析］ ①关于 A 选项，依据《国家赔偿法》的规定，赔偿请求人或者赔偿义务机关对赔偿委员会作出的决定，认为确有错误的，可以向上一级人民法院赔偿委员会提出申诉。可见 A 选项中的“向上一级法院申请复议”说法错误。

②关于 B 选项，刑事司法赔偿义务机关的确定采取后置原则，即处于后面刑事司法程序的机关为赔偿义务机关。本案中，张某先后被刑事拘留、逮捕、一审法院判决有期徒刑、二审法院改判无罪，依法应当由作出有罪判决的一审法院即市中院作为赔偿义务机关，而不是检察院。故 B 选项错误。

③关于 C 选项，侵犯公民人身自由的，每日赔偿金按照国家上年度职工日平均工资计算。所谓“上年度”，是指赔偿义务机关作出赔偿决定时的上一年度；复议机关或者法院赔偿委员会改变原赔偿决定，按照新作出决定时的上一年度国家职工平均工资标准计算人身自由赔偿金。作出赔偿决定、复议决定时国家上一年度职工平均工资尚未公布的，以已经公布的最近年度职工平均工资为准。本案中，命题人只提到二审法院于 2019 年作出无罪判决，当事人依法享有向赔偿义务机关提出赔偿申请的权利，但是具体何时提出申请，并未告知，所以，存在着不确定的情况。如果当事人的赔偿申请和生效的赔偿决定在 2018 年国家职工日平均工资标准公布之前，则依法应当适用已经公布的 2017 年的标准。如果当事人的赔偿申请和生效的赔偿决定在 2018 年国家职工日平均工资标准公布之后，则依法应当适用已经公布的 2018 年的标准。故 C 选项错误。

④关于 D 选项，《国家赔偿法》第 27 条规定：“人民法院赔偿委员会处理赔偿请求，采取书面审查的办法。必要时，可以向有关单位和人员调查情况、收集证据。赔偿请求人与赔偿义务机关对损害事实及因果关系有争议的，赔偿委员会可以听取赔偿请求人和赔偿义务机

关的陈述和申辩，并可以进行质证。”由此可见，对于事实没有争议、只涉及法律适用的可以采用书面审理方式；对于事实有争议的原则上均应当采用质证审理方式。另外，法院赔委会审理司法赔偿案件，除涉及国家秘密、个人隐私或者法律另有规定的以外，质证应当公开进行。赔偿请求人或者赔偿义务机关申请不公开质证，对方同意的，赔委会可以不公开质证。由此可见，赔委会认为应当质证的，原则上质证应当公开进行。故D选项正确。

答案：ABC

18. 甲县公安局以涉嫌盗窃罪为由对王某立案侦查，后由甲县检察院对王某批准逮捕，提起公诉，甲县法院审理期间，甲县检察院以证据不足撤诉。下列说法正确的是？（2020年真题回忆版）

A. 精神损害赔偿不低于人身自由赔偿金的两倍

B. 赔偿义务机关为甲县检察院

C. 如果甲县检察院不予赔偿，应向上一级检察院申请复议

D. 不得就赔偿项目、赔偿范围进行协商

［解析］①A选项，根据《最高人民法院关于审理国家赔偿案件确定精神损害赔偿责任适用法律若干问题的解释》第8条规定：“致人精神损害，造成严重后果的，精神损害抚慰金一般应当在国家赔偿法第三十三条、第三十四条规定的人身自由赔偿金、生命健康赔偿金总额的百分之五十以下（包括本数）酌定；后果特别严重，或者虽然不具有本解释第七条第二款规定情形，但是确有证据证明前述标准不足以抚慰的，可以在百分之五十以上酌定。”故A选项不低于人身自由赔偿金两倍的说法错误。

②B选项，刑事司法赔偿义务机关的确定采取后置原则。检察院在提起公诉后撤诉的，应当由检察院作为赔偿义务机关。故B选项正确。

③C选项，检察院作为赔偿义务机关的，赔偿程序采取三步走原则。第一步是赔偿请求人向甲县检察院申请国家赔偿，对赔偿义务机关作出的赔偿决定不服的；第二步向上一级检察院申请复议，对上一级检察院作出的复议决定不服的；第三步向上一级检察院所在地的同级法院司法赔偿委员会申请赔偿。可见C选项正确。

④D选项，在刑事司法赔偿中，赔偿请求人和赔偿义务机关可以就赔偿项目、赔偿数额和赔偿方式进行协商，但是赔偿范围不得协商。故D选项错误。

答案：BC

19. 李某因涉嫌故意伤害王某，于2019年12月14日被检察院批准逮捕，2020年6月15日检察院作出撤销逮捕决定并将李某释放，2021年9月公安局撤销案件。李某申请国家赔偿，其中主张人身自由赔偿金10万元，精神损害抚慰金6万元。下列关于本案说法正确的是？（2022年真题回忆版）

A. 人身自由赔偿金应当按照2020年度职工日平均工资标准计算

B. 赔偿义务机关是检察院

C. 对李某提出的精神损害赔偿超过人身自由赔偿金、生命健康赔偿金总额50%部分的赔偿请求，不予支持

D. 若检察院不受理赔偿申请，则李某可以向上一级检察院申请复议

［考点］赔偿标准；赔偿义务机关；精神损害赔偿；赔偿程序

［解析］①《国家赔偿法》规定的上年度，是指赔偿义务机关作出赔偿决定时的上一年度；复议机关或者人民法院赔偿委员会改变原赔偿决定，按照新作出决定时的上一年度国家职工平均工资标准计算人身自由赔偿金。本案中并未表明赔偿决定是何时作出的，故直接确定人身自由赔偿金应当按照2020年度职工

日平均工资标准计算是不准确的。A选项说法错误。

②对公民采取逮捕措施后决定撤销案件、不起诉或者判决宣告无罪的，作出逮捕决定的机关为赔偿义务机关。B选项说法正确。

③致人精神损害，造成严重后果的，精神损害抚慰金一般应当在国家赔偿法规定的人身自由赔偿金、生命健康赔偿金总额的50%以下（包括本数）酌定；后果特别严重，或者虽然不具有司法解释规定情形，但是确有证据证明前述标准不足以抚慰的，可以在50%以上酌定。本案不存在后果特别严重的情形，故精神损害抚慰金一般应当在人身自由赔偿金、生命健康赔偿金总额的50%以下（包括本数）酌定。C选项说法正确。

④司法赔偿程序是非诉程序，在检察机关作为赔偿义务机关的情形下，赔偿义务机关在规定期限内未作出是否赔偿的决定，赔偿请求人可以向赔偿义务机关的上一级机关申请复议。D选项说法正确。

答案：BCD

20. 李某因涉嫌故意伤害罪被县公安局刑事拘留，后县检察院批准逮捕。县检察院经审理认定犯罪情节轻微，作出不起诉的决定，李某申请国家赔偿。下列说法正确的是？（2022年延考真题回忆版）

A. 赔偿义务机关为县检察院

B. 赔委会审理案件，应当由三人以上审判员集体讨论决定

C. 赔偿义务机关拒绝赔偿是正确的

D. 李某对赔偿决定不服，可以向上一级法院申请复议

［解析］ 刑事司法赔偿义务机关的确定采取后置原则。本案中，县检察院批准逮捕后作出不起诉决定，依法应当由县检察院承担赔偿责任。故A选项正确。司法赔偿委员会审理案件，应当由3人以上审判员，集体讨论决定，故B选项正确。本案中，李某先后被刑事拘留和批准逮捕，后县检察院经审理认定犯罪情节轻微，作出不起诉决定，可见李某实施了犯罪行为，属于有罪之人，那么在生效的有期徒刑之前被羁押的期间，不属于国家赔偿范围，赔偿义务机关拒绝赔偿正确。故C选项正确。本案的李某向县检察院申请赔偿而被拒绝，对赔偿决定或不赔偿决定不服的，有权向上一级检察院申请复议，对复议决定不服的，可以向复议机关所在地的同级法院赔偿委员会提出赔偿申请。故D选项错误。

答案：ABC

21. 徐某因盗窃罪被法院判决有期徒刑并执行，2020年2月21日，徐某在服刑期间被监狱管理人员殴打造成右眼失明，2021年3月23日出狱，出狱后作了伤情鉴定，2021年6月28日徐某申请国家赔偿。下列哪一说法是正确的？（2022年延考真题回忆版）

A. 伤情鉴定费属于国家赔偿

B. 请求时限超出国家赔偿期限

C. 应当先向监狱管理机关提出赔偿请求

D. 赔偿机关不受理，徐某可以向法院提出赔偿诉讼

［解析］ ①《国家赔偿法》规定，造成身体伤害的，应当支付医疗费、护理费，以及赔偿因误工减少的收入。减少的收入每日的赔偿金按照国家上年度职工日平均工资计算，最高额为国家上年度职工年平均工资的5倍；造成部分或者全部丧失劳动能力的，应当支付医疗费、护理费、残疾生活辅助具费、康复费等因残疾而增加的必要支出和继续治疗所必需的费用，以及残疾赔偿金。可见，伤情鉴定费不属于国家赔偿的范围。A选项错误。

②当事人应当在知道或应当知道自己权利被侵犯之日起2年内申请国家赔偿。本案中，徐某被执行有期徒刑，期限应当从其出狱之日起计算。可见，本案没有超过时效。B选项错误。

③在公安局、检察院作为赔偿义务机关的案件中，实行三步走方案，当事人应当先向提出赔偿请求，赔偿义务机关应当在2个月之内作出赔偿决定，当事人不服的应当在30日内向上一级机关申请行政复议，复议机关应当在2个月内作出复议决定，当事人对复议决定不服的，应当在30日内向复议机关的同级法院司法赔偿委员会提出赔偿申请。C选项正确。

④刑事司法赔偿程序是非诉程序，当事人不得提起赔偿诉讼。D选项错误。

答案：C

考点6 民事、行政司法赔偿范围

22. 某法院以杜某逾期未履行偿债判决为由，先将其房屋查封，后裁定将房屋过户以抵债。杜某认为强制执行超过申请数额而申请国家赔偿，要求赔偿房屋过户损失30万元，查封造成屋内财产毁损和丢失5000元，误工损失2000元，以及精神损失费1万元。下列哪一事项属于国家赔偿范围？（2013/2/49）

A. 2000元

B. 5000元

C. 1万元

D. 30万元

［解析］ ①本题考查行政司法赔偿的范围，难度适中。行政司法赔偿的范围是直接的物质损失和因侵犯人身权而引起的精神损害。本案中，杜某逾期未履行法院生效的判决偿还债务，法院有权对其强制执行，所以，查封、裁定过户都是执行行为的具体表现。

②关于A、D选项，误工损失2000元和房屋过户损失30万元不属于法院强制执行直接导致的物质损失，不予赔偿。

③关于B选项，查封造成屋内财产毁损和丢失5000元，属于法院执行行为直接导致的物质损失，应当予以赔偿。故B选项正确，当选。

④关于C选项，因为本案中法院的执行行为并未侵犯杜某的人身权，所以，本案不存在精神损害赔偿问题。

答案：B

考点7 国家赔偿计算标准

23. 廖某在监狱服刑，因监狱管理人员放纵被同室服刑人员殴打，致一条腿伤残。廖某经6个月治疗，部分丧失劳动能力，申请国家赔偿。下列属于国家赔偿范围的有？（2012/2/100）

A. 医疗费

B. 残疾生活辅助具费

C. 残疾赔偿金

D. 廖某扶养的无劳动能力人的生活费

［疑难辨析］ 本题的陷阱在于D选项中的无劳动能力人生活费支付问题。根据法律规定，只有死亡或者全部丧失劳动能力的情况下，才存在支付生活费问题。而本案中廖某属于部分丧失劳动能力，故无须支付其扶养的无劳动能力人的生活费。一些考生因为没有注意到这一细节问题导致题目做错，非常可惜。这也再次验证了我们一再强调的“陷阱无处不在，细节决定成败”。

［解析］ 根据《国家赔偿法》第34条的规定：“侵犯公民生命健康权的，赔偿金按照下列规定计算：（一）造成身体伤害的，应当支付医疗费、护理费，以及赔偿因误工减少的收入。减少的收入每日的赔偿金按照国家上年度职工日平均工资计算，最高额为国家上年度职工年平均工资的五倍；（二）造成部分或者全部丧失劳动能力的，应当支付医疗费、护理费、残疾生活辅助具费、康复费等因残疾而增加的必要支出和继续治疗所必需的费用，以及残疾赔偿金。残疾赔偿金根据丧失劳动能力的程度，按照国家规定的伤残等级确定，最高不超过国家上年度职工年平均工资的二十倍。造成全部丧失劳动能力的，对其扶养的无劳动能

力的人，还应当支付生活费；（三）造成死亡的，应当支付死亡赔偿金、丧葬费，总额为国家上年度职工年平均工资的二十倍。对死者生前扶养的无劳动能力的人，还应当支付生活费。前款第二项、第三项规定的生活费的发放标准，参照当地最低生活保障标准执行。被扶养的人是未成年人的，生活费给付至十八周岁止；其他无劳动能力的人，生活费给付至死亡时止。”故A、B、C选项正确，D选项错误。

答案：ABC

24. 某市公安局以朱某涉嫌盗窃罪于2013年7月25日将其刑事拘留，经市检察院批准逮捕。2015年9月11日，市中级法院判决朱某无罪，朱某被释放。2016年3月15日，朱某以无罪被羁押为由申请国家赔偿，要求支付侵犯人身自由的赔偿金，赔礼道歉，赔偿精神损害抚慰金200万元。下列哪一说法是正确的？(2017/2/50)

A. 市检察院为赔偿义务机关

B. 朱某不能以口头方式提出赔偿申请

C. 限制人身自由的时间是计算精神抚慰金的唯一标准

D. 侵犯朱某人身自由的每日赔偿金应按照2014年度职工日平均工资计算

［解析］①《国家赔偿法》第21条规定：“行使侦查、检察、审判职权的机关以及看守所、监狱管理机关及其工作人员在行使职权时侵犯公民、法人和其他组织的合法权益造成损害的，该机关为赔偿义务机关。对公民采取拘留措施，依照本法的规定应当给予国家赔偿的，作出拘留决定的机关为赔偿义务机关。对公民采取逮捕措施后决定撤销案件、不起诉或者判决宣告无罪的，作出逮捕决定的机关为赔偿义务机关。再审改判无罪的，作出原生效判决的人民法院为赔偿义务机关。二审改判无罪，以及二审发回重审后作无罪处理的，作出一审有罪判决的人民法院为赔偿义务机关。”本案的案情是，朱某被某市公安局刑事拘留，并经市检察院批准逮捕，后市中院判决朱某无罪，属于“对公民采取逮捕措施后决定撤销案件、不起诉或者判决宣告无罪的，作出逮捕决定的机关为赔偿义务机关”。故市检察院为赔偿义务机关。《最高人民法院、最高人民检察院关于办理刑事赔偿案件适用法律若干问题的解释》第11条规定：“对公民采取拘留措施后又采取逮捕措施，国家承担赔偿责任的，作出逮捕决定的机关为赔偿义务机关。”此时，采取拘留措施的机关不是赔偿义务机关。故A选项正确。

②《国家赔偿法》第12条规定：“要求赔偿应当递交申请书，申请书应当载明下列事项：（一）受害人的姓名、性别、年龄、工作单位和住所，法人或者其他组织的名称、住所和法定代表人或者主要负责人的姓名、职务；（二）具体的要求、事实根据和理由；（三）申请的年、月、日。赔偿请求人书写申请书确有困难的，可以委托他人代书；也可以口头申请，由赔偿义务机关记入笔录。赔偿请求人不是受害人本人的，应当说明与受害人的关系，并提供相应证明。赔偿请求人当面递交申请书的，赔偿义务机关应当当场出具加盖本行政机关专用印章并注明收讫日期的书面凭证。申请材料不齐全的，赔偿义务机关应当当场或者在五日内一次性告知赔偿请求人需要补正的全部内容。”由此可知，申请人申请国家赔偿原则上书面，书写确有困难，可以委托他人代书，也可以口头申请，所以朱某可以口头方式提出赔偿申请。故B选项错误。

③《最高人民法院关于审理国家赔偿案件确定精神损害赔偿责任适用法律若干问题的解释》第9条规定：“精神损害抚慰金的具体数额，应当在兼顾社会发展整体水平的同时，参考下列因素合理确定：（一）精神受到损害以及造成严重后果的情况；（二）侵权行为的目的、手段、方式等具体情节；（三）侵权机关

及其工作人员的违法、过错程度、原因力比例；（四）原错判罪名、刑罚轻重、羁押时间；（五）受害人的职业、影响范围；（六）纠错的事由以及过程；（七）其他应当考虑的因素。”由此可知，精神损害抚慰金的具体数额是参考多种因素综合确定的，而不是以限制人身自由的时间作为计算的唯一标准。故C选项错误。

④《国家赔偿法》第33条规定：“侵犯公民人身自由的，每日赔偿金按照国家上年度职工日平均工资计算。”《最高人民法院、最高人民检察院关于办理刑事赔偿案件适用法律若干问题的解释》第21条规定：“国家赔偿法第三十三条、第三十四条规定的上年度，是指赔偿义务机关作出赔偿决定时的上一年度；复议机关或者人民法院赔偿委员会改变原赔偿决定，按照新作出决定时的上一年度国家职工平均工资标准计算人身自由赔偿金。作出赔偿决定、复议决定时国家上一年度职工平均工资尚未公布的，以已经公布的最近年度职工平均工资为准。”本题未交代赔偿义务机关何时作出赔偿决定、是否复议或申请赔偿委员会作决定以及何时作决定，故无法给出确切的上一年度。故D选项错误。

综上，本题的正确答案为A选项。

答案：A

25. 某县公安局于2012年5月25日以方某涉嫌合同诈骗罪将其刑事拘留，同年6月26日取保候审，8月11日检察院决定批准逮捕方某。2013年5月11日，法院以指控依据不足为由判决方某无罪，方某被释放。2014年3月2日方某申请国家赔偿。下列哪一说法是正确的？（2016/2/50）

A. 县公安局为赔偿义务机关

B. 赔偿义务机关可就赔偿方式和数额与方某协商，但不得就赔偿项目进行协商

C. 方某2012年6月26日至8月11日取保候审，不属于国家赔偿范围

D. 对方某的赔偿金标准应按照2012年度国家职工日平均工资计算

［解析］本题考查了司法赔偿的若干重要考点，难度适中。

①关于A选项，司法赔偿中的赔偿义务机关，《国家赔偿法》第21条第3款规定：“对公民采取逮捕措施后决定撤销案件、不起诉或者判决宣告无罪的，作出逮捕决定的机关为赔偿义务机关。”本案中，2012年8月11日检察院决定批准逮捕方某，2013年5月11日，法院以指控依据不足为由判决方某无罪，可见，本案属于批捕并起诉后被法院宣判无罪的情形，依法应当由决定逮捕的县检察院赔偿，而不是由县公安局赔偿。故A选项错误，不选。

②关于B选项，国家赔偿中的协商问题，《国家赔偿法》第13条第1款规定：“赔偿义务机关应当自收到申请之日起两个月内，作出是否赔偿的决定。赔偿义务机关作出赔偿决定，应当充分听取赔偿请求人的意见，并可以与赔偿请求人就赔偿方式、赔偿项目和赔偿数额依照本法第四章的规定进行协商。”可见，赔偿义务机关既可以就赔偿方式和数额与方某协商，也可以就赔偿项目进行协商。故B选项错误，不选。

③关于C选项，考查的是取保候审期间的不予赔偿问题。依据《国家赔偿法》第17条规定，行使侦查、检察、审判职权的机关以及看守所、监狱管理机关及其工作人员在行使职权时有下列侵犯人身权情形之一的，受害人有取得赔偿的权利：对公民采取逮捕措施后，决定撤销案件、不起诉或者判决宣告无罪终止追究刑事责任的。此处国家赔偿的是因逮捕措施而限制人身自由造成当事人的损害。而取保候审是指在刑事诉讼中公安机关、人民检察院和人民法院等司法机关对未被逮捕或逮捕后需要变更强制措施的犯罪嫌疑人、被告人，为防止其逃避侦查、起诉和审判，责令其提出保证人

或者交纳保证金，并出具保证书，保证随传随到，对其不予羁押或暂时解除其羁押的一种强制措施。可见，取保候审期间当事人并未被羁押，不属于国家赔偿的范围。故C选项正确，当选。

④关于D选项，赔偿金标准问题，依据《国家赔偿法》第33条规定："侵犯公民人身自由的，每日赔偿金按照国家上年度职工日平均工资计算。"《最高人民法院、最高人民检察院关于办理刑事赔偿案件适用法律若干问题的解释》第21条规定："国家赔偿法第三十三条、第三十四条规定的上年度，是指赔偿义务机关作出赔偿决定时的上一年度；复议机关或者人民法院赔偿委员会改变原赔偿决定，按照新作出决定时的上一年度国家职工平均工资标准计算人身自由赔偿金。作出赔偿决定、复议决定时国家上一年度职工平均工资尚未公布的，以已经公布的最近年度职工平均工资为准。"2014年3月2日方某申请国家赔偿，赔偿义务机关县检察院应当在2个月内作出赔偿决定，如果方某接受了该决定不申请复议，此时如果上一年度（即2013年）的国家职工日平均工资标准已经公布，则以2013年度为准，如果尚未公布，则以2012年度为准。当然，如果方某对县检察院的赔偿决定不服，向市检察院申请复议，或者对复议决定仍不服而向市中院的司法赔偿委员会申请赔偿的话，则应以复议决定或赔偿决定作出时的上一年度标准为准。故D选项错误，不选。

答案：C

26. 2006年9月7日，县法院以销售伪劣产品罪判处杨某有期徒刑8年，并处罚金45万元，没收其推土机一台。杨某不服上诉，12月6日，市中级法院维持原判交付执行。杨某仍不服，向省高级法院提出申诉。2010年9月9日，省高级法院宣告杨某无罪释放。2011年4月，杨某申请国家赔偿。关于本案的赔偿范围和标准，下列哪些说法是正确的？（2011/2/83）

A. 对杨某被羁押，每日赔偿金按国家上年度职工日平均工资计算

B. 返还45万元罚金并支付银行同期存款利息

C. 如被没收推土机已被拍卖的，应给付拍卖所得的价款及相应的赔偿金

D. 本案不存在支付精神损害抚慰金的问题

[解析] ①《国家赔偿法》第33条规定："侵犯公民人身自由的，每日赔偿金按照国家上年度职工日平均工资计算。"故A选项正确。

②《国家赔偿法》第36条规定："侵犯公民、法人和其他组织的财产权造成损害的，按照下列规定处理：……（五）财产已经拍卖或者变卖的，给付拍卖或者变卖所得的价款；变卖的价款明显低于财产价值的，应当支付相应的赔偿金……（七）返还执行的罚款或者罚金、追缴或者没收的金钱，解除冻结的存款或者汇款的，应当支付银行同期存款利息……"根据该条第（七）项规定，B选项正确。根据该条第（五）项，财产被拍卖的，仅给付拍卖所得的价款，不存在支付赔偿金的问题，只有在财产被变卖且所得价款明显低于财产价值时才应当支付相应的赔偿金。故C选项错误。

③《国家赔偿法》第17条规定，行使侦查、检察、审判职权的机关以及看守所、监狱管理机关及其工作人员在行使职权时有下列侵犯人身权情形之一的，受害人有取得赔偿的权利：依照审判监督程序再审改判无罪，原判刑罚已经执行的。本案中，杨某于2006年12月6日被交付执行，后依照审判监督程序再审改判无罪，因此杨某有权要求国家赔偿。依据《国家赔偿法》第35条规定："有本法第三条或者第十七条规定情形之一，致人精神损害

的，应当在侵权行为影响的范围内，为受害人消除影响，恢复名誉，赔礼道歉；造成严重后果的，应当支付相应的精神损害抚慰金。”本案中，杨某从2006年12月6日一直被关押到2010年9月9日，应当认定为“造成严重后果”，故杨某可以要求支付精神损害抚慰金。故D选项错误。

答案：AB

27. 区城管局工作人员王大锤在执法过程中，对路边卖烤红薯的流动商贩赵二小实施殴打，导致赵二小眼睛受伤，经鉴定为7级伤残。赵二小申请国家赔偿，下列属于国家赔偿范围的是？（2018年真题回忆版）

A. 医疗费

B. 未成年子女抚养费

C. 残疾器具费用

D. 残疾赔偿金

［解析］ 本题考查了国家赔偿的范围，难度适中。但是很多考生因为对国家关于伤残等级及赔偿标准不清楚，所以无法做对题目。

①根据《国家赔偿法》第34条第1款的规定，造成部分或者全部丧失劳动能力的，应当支付医疗费、护理费、残疾生活辅助具费、康复费等因残疾而增加的必要支出和继续治疗所必需的费用，以及残疾赔偿金。残疾赔偿金根据丧失劳动能力的程度，按照国家规定的伤残等级确定，最高不超过国家上年度职工年平均工资的20倍。造成全部丧失劳动能力的，对其扶养的无劳动能力的人，还应当支付生活费。

②根据相关规定，造成公民身体伤残的赔偿，应当根据司法鉴定人的伤残等级鉴定确定公民丧失劳动能力的程度，并参照以下标准确定残疾赔偿金：

第一，按照国家规定的伤残等级确定公民为1级至4级伤残的，视为全部丧失劳动能力，残疾赔偿金幅度为国家上年度职工年平均工资的10倍至20倍。

第二，按照国家规定的伤残等级确定公民为5级至10级伤残的，视为部分丧失劳动能力。5级至6级的，残疾赔偿金幅度为国家上年度职工年平均工资的5倍至10倍；7级至10级的，残疾赔偿金幅度为国家上年度职工年平均工资的5倍以下。

③本案中，赵二小所受伤害构成7级伤残，只属于部分丧失劳动能力，而不是全部丧失劳动能力，对其赔偿范围里，不包含未成年子女的抚养费。而A、C、D选项中的医疗费、残疾器具费用、残疾赔偿金，都属于国家赔偿金的范围。故，A、C、D选项正确，B选项错误。

答案：ACD

28. 县矿业局认定甲公司存在非法采矿行为，责令其停产停业，甲公司不服，提起行政诉讼，法院认为矿业局认定错误，予以撤销，甲公司申请国家赔偿，下列属于国家赔偿范围的是？（2019年真题回忆版）

A. 设备租金

B. 预期利润

C. 留守职工工资

D. 缴纳的水资源费

［解析］ 企业被动停产停业期间造成损害的国家赔偿范围：停产停业期间必要的经常性费用开支，是指法人、其他组织和个体工商户为维系停产停业期间运营所需的基本开支，包括留守职工工资、必须缴纳的税费、水电费、房屋场地租金、设备租金、设备折旧费等必要的经常性费用。故A、C、D选项属于国家赔偿范围，B选项的预期利润不属于直接的物质损失，不属于国家赔偿范围。

答案：ACD

答案速查表

专题一

1. C	2. BC	3. BC	4. AC	5. ACD	6. D	7. ACD	8. ABCD
9. BCD	10. AD	11. BC	12. AC	13. BC	14. ABD	15. B	16. BC
17. ABC	18. CD	19. C	20. D				

专题二

1. C	2. C	3. C	4. A	5. B	6. D	7. BC	8. AB
9. A	10. B	11. AD	12. C	13. B	14. C	15. C	16. B
17. BC	18. BC	19. BCD	20. C	21. AB	22. D	23. CD	24. D
25. B	26. D	27. D	28. BC	29. AC	30. AC	31. D	32. B
33. C	34. BD	35. A					

专题三

1. ACD	2. AC	3. B	4. A	5. C	6. BC	7. B	8. B
9. AC	10. BC	11. BCD	12. BD	13. A	14. ABC		

专题四

1. B	2. B	3. C	4. BC	5. BC	6. AB	7. B	8. C
9. AC	10. CD	11. A	12. AB	13. C	14. BD	15. C	16. ABC
17. B							

专题五

1. ABCD	2. ABC	3. CD	4. B	5. B	6. A	7. ACD	8. ACD
9. ABCD	10. B	11. ABCD	12. B	13. B	14. ABCD	15. B	16. A
17. BC							

专题六

1. B	2. A	3. ABD	4. ABCD	5. ACD	6. C	7. B	8. ABD
9. C	10. D	11. ACD	12. BD	13. BD	14. BCD	15. C	16. A

17. BCD	18. ABD	19. AC	20. C	21. D	22. C	23. ABC	24. AC
25. B	26. B	27. D	28. CD	29. AD	30. A		

专题七

1. B	2. ABD	3. BCD	4. B	5. D	6. ABD	7. A	8. AC
9. ABC	10. ABD	11. A	12. ABC	13. ABC	14. ABD	15. B	16. ABD
17. ACD	18. B	19. AC	20. B	21. C	22. BCD	23. AC	24. C
25. AB	26. BC	27. AD	28. BD	29. B	30. ABC		

专题八

1. ABC	2. A	3. ACD	4. C	5. B	6. AC	7. AD	8. 无答案
9. C	10. AB	11. BC	12. AB	13. BCD	14. ABD	15. ABD	16. D

专题九

1. BC	2. ABD	3. B	4. BC	5. ABCD	6. CD	7. C	8. B
9. B	10. CD	11. A	12. A	13. CD	14. D	15. AC	16. ACD
17. A	18. D	19. BD	20. ABC	21. ABCD	22. AB		

专题十

1. A	2. AB	3. BCD

专题十一

1. BCD	2. D	3. BCD	4. AD	5. D	6. A	7. C	8. BC
9. ABC	10. CD	11. CD	12. A	13. A			

专题十二

1. BC	2. C	3. BC	4. AC	5. C	6. ABD	7. BCD

专题十三

1. B	2. BCD	3. BCD	4. ABD	5. AD	6. CD	7. 无答案	8. AC
9. BC	10. B	11. C	12. B	13. D	14. A	15. AD	16. ABC
17. ABC	18. ABCD	19. ABCD					

专题十四

1. D	2. BC	3. B	4. A	5. BCD	6. BD	7. C	8. ABC
9. BC	10. ABD						

专题十五

1. BCD	2. BD	3. ACD	4. D	5. ACD	6. AB	7. C	8. AC
9. BC							

专题十六

1. AC	2. AC	3. AB	4. C	5. C	6. AD	7. BC	8. ACD
9. C	10. BCD	11. CD					

专题十七

1. ABC	2. AB	3. A	4. ABCD	5. AC	6. B	7. BD	8. D
9. ABCD	10. C	11. CD	12. BC				

专题十八

1. BD	2. AB	3. AB	4. C	5. AB	6. D	7. ABD	8. BC
9. ABD	10. BD	11. D	12. A	13. AD	14. C	15. B	16. AC
17. ABC	18. BC	19. BCD	20. ABC	21. C	22. B	23. ABC	24. A
25. C	26. AB	27. ACD	28. ACD				

瑞达法考直属分校联系方式

总部网校

客服值班电话：400-1660-360 转 2

办公地址：北京市海淀区西三环北路 72 号世纪经贸大厦 B 座 2700

庄老师 13641209704（微信同号）

小敏老师 13641286476（微信同号）

丽娜老师 13121455028（微信同号）

胡老师 13611204137（微信同号）

高老师 13641286414（微信同号）

徐老师 18612311042（微信同号）

小韩老师 13641216547（微信同号）

谭老师 13121480978（微信同号）

小巫老师 18511635156（微信同号）

赵老师 13641268443（微信同号）

孙老师 13141272610（微信同号）

晓慧老师 13260096705（微信同号）

小海老师 13611204873（微信同号）

北方分校

办公地址：北京市海淀区西三环北路 72 号世纪经贸大厦 B 座 27 层 2700

上课地址：天津市武清区新源道 18 号奥蓝际德商务酒店（园区免费停车）

1. 客服值班电话：400-1660-360 转 1 转 1 再转 1；王老师 17343174185（微信同号）；杨老师 17812032760（微信同号）
2. 北京市面授及网课咨询：闫老师 15910626131（微信同号）；卜老师 15901252307（微信同号）；王老师 17810798753（微信同号）
3. 天津市面授及网课咨询：王老师 17810798753（微信同号）
4. 河北省面授及网课咨询：卜老师 15901252307（微信同号）
5. 辽宁省面授及网课咨询：陈小龙老师 17810632673（微信同号）
6. 吉林省面授及网课咨询：陈鸿丰老师 17810712815（微信同号）
7. 黑龙江面授及网课咨询：陈鸿丰老师 17810712815（微信同号）
8. 内蒙古面授及网课咨询：陈鸿丰老师 17810712815（微信同号）
9. 河南省面授及网课咨询：陈小龙老师 17810632673（微信同号）
10. 山西省、陕西省咨询：卜老师 15901252307（微信同号）
11. 甘肃省、新疆区域咨询：闫老师 15910626131（微信同号）
12. 青海省、宁夏区域咨询：杨老师 17812032760（微信同号）

南京分校

客服值班电话：400-1660-360 转 1 转 1 再转 5

办公地址：南京市鼓楼区新楼花马路 66 号南邮大厦 1714 室

江苏、安徽、山东报名咨询：沙老师 13812318935

上海分校

客服值班电话：400-1660-360 转 1 转 1 再转 2

1.（市区报名）上海市静安区汉中路 158 号汉中广场 902 室；地铁 1 号线、12 号线、13

号线汉中路站下。电话：021-52902865、021-52902869、18516307172（微信同号），陈老师13738188215（微信同号）

2.（大学城报名）上海市松江区三新北路1800弄8号楼3002室（松江大学城六期）；上海海事大学、江西省报名咨询：余老师13052397071（微信同号）

3. 上海政法学院、上海商学院、华东理工、上师大、厦门报名咨询：陈老师13052393272（微信同号）

4. 上大、贤达、金融、衫达、海关、漳州、泉州咨询：李老师13395718787（微信同号）

杭州分校

客服值班电话：400-1660-360转1转1转4

1. 杭州分校报名咨询：0571-87756276、13738188215（微信同号）；地址：杭州市西湖区文二路195号（靠近教工路）耀江文欣大厦1503室

2. 浙大宁波理工、温州、嘉兴地区：梅老师13738188215（微信同号）

3. 下沙地区、杭州商学院、现科、浙大城院：梅老师13738188215（微信同号）

4. 万里学院、宁波科技学院、浙江工业大学、杭州师范大学：梅老师13738188215（微信同号）

5. 绍兴地区、金华地区、农林大学、警官学院、东方财经、科艺学院：谢老师15168367817（微信同号）

广州分校

客服值班电话：400-1660-360转1转1再转3

广州地址：广州市天河区广州大道北613号城光大厦700A-B

咨询热线：020-62875806　手机：17688466828

乘车路线：地铁天号线平架A出口（南洋长胜酒店方向）；公交：兴华路口站

1. 广技师、五邑大学、新华学院：林老师16624710323

2. 广外、广大、广警、北理、北师：李老师18124065249

3. 广海、岭师、广油、华农、中山电子：林华老师13922309460

4. 广应科、培正、华师：柳老师13602889765

5. 韶关学院、广东工业大学、广东财经大学、广州商学院、嘉应学院、惠州学院、肇庆学院、东莞理工学院城市学院：张老师18620087770

深圳分校

客服值班电话：400-1660-360转1转1再转6

深圳地址：深圳市福田区深南中路2016号兴华大厦B座829

咨询热线：0755-23964781，手机：13316856786

乘车路线：地铁科学馆站B口出前行150米

深圳大学：王老师13311520165（微信同号）

海南分校

服务热线：0898-65719192

办公地址：海南省海口市美兰区兴洋大道118号海口创业创客服务中心4楼

海南大学、海南师范大学、三亚学院等高校咨询热线：

王老师13398922417（微信同号）

黄老师17789832417（微信同号）

陈老师15308928589（微信同号）

法考 免费课程听课流程

电脑听课流程

① 通过浏览器输入瑞达法考的网址进行搜索，进入瑞达法考官网首页。

https://www.ruidaedu.com

② 进入首页后向下滑动找到“热门课程”点击课程即可观看。

（提示：这里展现的是近期最新部分课程，观看更多请点击右边“更多精彩课程”进行观看）

③ 进入首页后，点击导航条上的“免费课堂”再点击课程即可观看。

（提示：您也可以根据专业/讲师/阶段/年份来找到对应课程进行观看）

首页 **免费课堂** 配套教材 瑞达讲师 面授班次 加盟分校 瑞达e学 最新资讯

APP手机听课流程（提示：图书封底扫二维码下载“瑞达法考APP”）

进入“瑞达法考APP”首页—公开课—点击课程—去学习—就可以听课啦！

（提示：没有注册的瑞宝请先进入“瑞达法考APP”我的—注册/登录—登录账号）

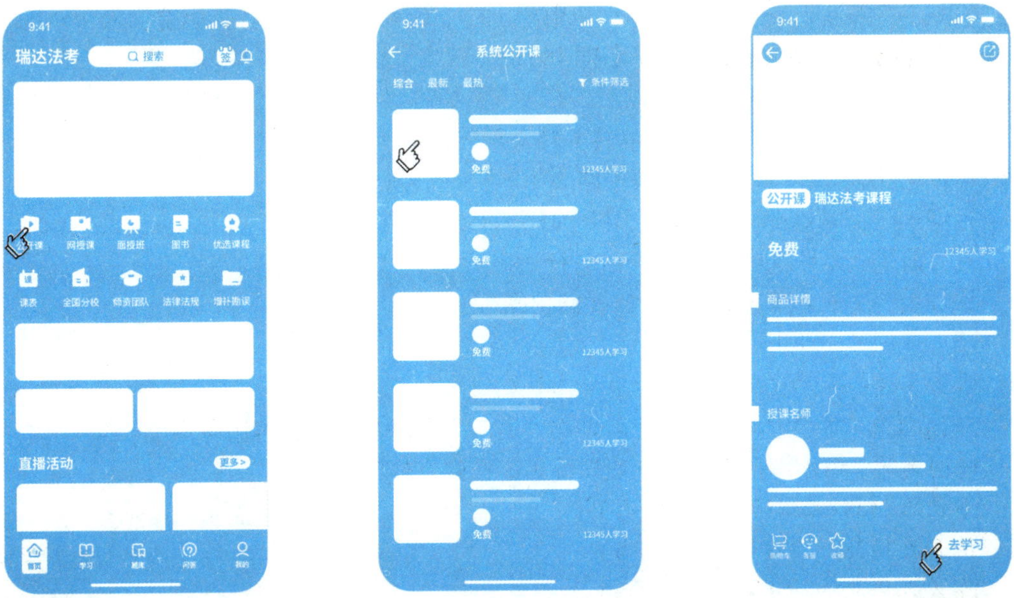